国際電子銀行業

edited by
Joseph J. Norton, Chris Reed, Ian Walden

国際電子銀行業

泉田栄一
監訳

CROSS-BORDER ELECTRONIC BANKING
CHALLENGES AND OPPORTUNITIES

信山社

The original English edition, "Cross-Border Electronic Banking:
Challenges and Opportunities" edited by Joseph J. Norton,
Chris Reed and Ian Walden, published by Informa Professional,
a trading division of Informa (UK) Ltd. and previously known as
Lloyd's of London Press Ltd., jointly with the Centre for
Commercial Law Studies and the Chartered Institute of Bankers
© 1995, Joseph J. Norton and contributors

All rights reserved.

Japanese translation rights granted by Informa Professional to Shinzansha
© 2002, Eiichi IZUMIDA, Nobukazu SASAKI and Fumiyuki NISHIZAWA

訳者はしがき

　本翻訳は新潟大学大学院現代社会文化研究科（博士課程）の授業の成果である。受講者は西澤文幸さん（新潟商業高校情報処理科教諭）及び院生佐々木信和君である。佐々木君は第１章・第２章の試訳を担当し、それ以外の章は私が担当した。試訳を下に３人が議論を重ね、本翻訳となった。誤りがあれば、私の責任である。本書は、1995年に刊行されているので、若干古い。特に第６章の関係では、1998年連合王国データ保護法と EU の1995年個人データ処理に関する個人の保護及びそのようなデータの自由移動に関する指令がその後制定されているので、その感を否めない（データ保護法については Ian Lloyd, A Guide to the Data Protection Act 1998, Butterworths 等参照）。しかしわが国には、電子銀行法に関するまとまった本格的な著書が出版されていない。例えば、アメリカでは Melanie L. Fein, Law of Electronic Banking, Aspen Law & Business 1999. ルーズ・リーフ式）が出版されており、わが国の遅れが気にかかる。日本経済新聞には電子取引に関する記事が連日といってよいくらい掲載されており、実務の方がはるかに進んでいる（毎年金融情報システムセンターから公表されている『金融情報システム白書』（財経詳報社）参照のこと）。本書は、論点をしっかり押さえているので、依然としてわが国の議論に有益な示唆を提供するように思われる。なお本書の第２版が2000年10月に出版されている。内容が大幅に改められているので、第１版だけでも独立して出版するに値すると判断し、第１版を最初に出版することにした。第２版も近い時期に出版したいと考えている。そこで新情報を注記することは控えた。本書がいくらかでも読者の役に立てば幸せである。出版を快諾して頂いた信山社の袖山貴様には心より感謝申し上げる。

　　平成14年１月

　　　　　　　　　　　　　　　　　　　　　　　　　泉　田　栄　一

まえがき

　公認銀行協会（Chartered Institute of Bankers）とクイーン・マリー・カレッジ商法研究センター（Centre for Commercial Law Studies at Queen College）（当時）が、一連の年次銀行法セミナーを始めてから今12年経過した。セミナーの主要な目的は、法の技術的解説を行うことでなく、むしろ銀行と金融における法発展の新興の類型を確認し、顕著な政策的問題を調査し、分析の概念的枠組みを立てることであった。特に刺激的なのは、立法又判例法がほとんどないか、全くない論題に関する議論であって、そのため政策の最初の原則と考慮から論じることが必要であった。連合王国と海外からの学問的法律家と実務法律家、銀行家と同盟職業者のメンバーの幸福な合流の結果、議論となるテーマが非常に広い見地から検討された。そして1984年に *Electronic Banking : The Legal Implications* と共に始まったシリーズ出版の成功は、未知の知識領域における法的分析に対する認知された必要性の良いしるしである。

　センターの銀行法ユニット長である Joe Norton 教授および情報技術法ユニット所属 Chris Reed 及び Ian Walden により巧みに編集された本巻は、シリーズに価値を加えるものである。本巻は1984年に相対的に手つかずの領域であったテーマを再び扱い、特に国境を越えた活動の面で10年の間に起こった巨大な発展を示している。編集者の2人を含む10人の寄稿者は全部各自の分野における指導者である。彼らはたくさんの異なる視点からテーマを検討している。即ち、支払概念とグロスとネットの双方的及び多角的ネッティング・システムを通して行われる電子的資金移動に係わる支払義務；データ・セキュリティ、知的財産権及び消費者保護の見地からの EDI の原則と問題；国際売買契約における運送中の物品の扱いの非物質化；ソルベンシーに関連する規制問題と清算システムにおける大きなリスクから生じるリスク・コントロール；そして法規則の調和化に向かって採られる様々な措置である。

　魅力的に製作された本巻において、この早く動く領域における主要な発展の大部分の完全に最新の情況が十分に詳細に述べられていると読者は感じるであろう。この領域には検討されるべき基本問題に関する相当程度のコンセンサス

vii

まえがき

とそれらの解決に対するアプローチがある。

従って商法研究センターと公認銀行協会との協力でロイド・ロンドン出版から今出版されているシリーズにこの最新巻を迎えることは、特別な喜びである。それは周到な研究に報いる優れた出版物である。私はその前任者として大いに歓迎されるであろうことを疑わない。

1994年10月3日

St. John's College, Oxford.　　　　　　　　　　　　　　　　Roy Goode

Professor Roye Goode : Norton Rose Professor of English Law, St. John's College, Oxford.

序　論

　1984年に公認銀行協会（the Chartered Institute of Bankers）と商法研究センター（the Centre for Commercial Law Studies）は共同で、指導的銀行家と銀行法律家が出席するセミナーの継続的シリーズの第3弾である、学内居住の週末セミナー、Electronic Banking : The Legal Implications を組織した。論文は翌年公表された[1]。9年後の1993年にセミナーのシリーズは電子銀行業の領域に戻り、この時に国境を越えた密接な関係に集中した。本書はその成果である。本書は、Benjamin Geva, Gregor Heinrich, Raj Bhala および Alvin Harrell により提出された付加的論文と共にセミナーに提出された論文の改訂版を含んでいる。公認銀行協会と商法研究センターを代表して、私は寄稿者の努力に対し感謝する。

　この領域の変化の速さと電子銀行取引の複雑性の増加についてのいくつかの考えは、2つのセミナーで議論されたテーマを比較することから得ることができる。1984年には電子銀行業法は研究と実務の非常に新しい領域であった。同日振替の CHIPS システムはたった6カ月だけ稼働し、1977年に稼働を始めた SWIFT 国際資金移動システムは1日あたり50万を下まわる取引を処理し、そして販売時点電子資金移動（Electronic Funds Transfer at Point of Sale (EFTPOS)）は、単なる提案にすぎなかった。これらの全部がその後現代銀行業実務の全体にとって欠くことのできない部分になり、さらに、特にホールセールと法人銀行業部門と金融デリバティブにおいてサービスが展開された。1984年に世界の全てのコンピュータが理由もなく消えたなら、銀行システムはショックを切り抜けたかもしれない。しかし、1994年ならそれは崩壊するであろう。

　1984年の電子銀行法の珍しさは、出版された11の論文のうち、2編が当時の分野とシステムの一般的概観を行い、7編が電子銀行業を規律する法の一般原則の異なる局面を検討したという事実によって証明される[2]。これらの問題に関する報告された訴訟はないけれども、テーマに関する文献の増大[3]は、これらの多くに一致が達せられたことを示している。ただ2つの論文──Alan Ur-

序　論

bachによる「船積書類の電子的呈示と移転 (The Electronic Presentation and Transfer of Shipping Documents)」及び「国際取引データ交換システム」——は、1993年セミナーで再び議論されたテーマを包含していた。そしてこれらの場合においてさえ、その間の年月の間に、特に国際的レベルで、1993年に検討された問題が全く異なるほどの多くの活動を経験した。今日の電子銀行法の法律家は理論的又は経験的問題に固執しないで、現代の商業に広がるコンピュータ化した銀行施設の導入と使用から生じる実際的法律問題、本巻で諸論文に反映されている変化に専念している。

　この分野における思考の発展に影響を及ぼした更なる要素は、法律問題の増大する国際化である。この理由のために、1993年セミナーは、特に電子銀行業の国境を越えた問題に取り組むことが決定された。これらの問題は、国際電子資金移動（EFT）のための決済システムを設立するような問題及びそのような移動を規律する法の統一規則を考え出す問題に現在向かっているホールセール銀行業に限らず、消費者が外国で購買にデビット・カードを益々使用するようにリテール・レベルでも現れる。これらの問題を検討する諸論文は[4]、法的問題を解決することに向かってなされた進歩を示している。

　国境を越えた電子銀行法は、それ自体資金移動にのみ関係しない。コンピュータ技術の使用は、銀行が銀行業に伝統的な紙ベースの方法から生じない新しい問題を考えることを要求する。コンピュータに個人情報を保管し、ネットワークを越えてそれを潜在的にアクセスすることができることによってうまれた個人プライバシーに対する潜在的な脅威は、データ保護法の導入をもたらした。これらの法は、顧客情報の保管及び使用に拘束を置くだけでなく、その情報を国境を越えて移動する銀行の能力を制限している。これらの問題は、「支払システム、データ保護及び国境を越えたデータフロー」に関するJan Berkvenの論文で検討されている。関連問題は、銀行のデータ保護義務に従し、且つその商業上の利益とセンシティブな金融データにおけるその顧客の利益を保護するために必要なデータ・セキュリティの問題である。Ian Waldenは、「データ・セキュリティと文書イメージ処理」の論文で関連法律問題を説明し、潜在的解決を示唆している。

　本書で扱った他の主要な問題は、「環状線を完全にする」問題である。益々、トレーダーは電子データ交換（EDI）のために紙ベースの通知を放棄している。これは、特に紙の文書から情報を再度検索するよりも、EDI通知から直接に

序　論

　情報を捕らえることにより2重記帳の複写を減らすという、ユーザにとって重要な利益がある。しかしこれらの利益の多くは、企業が銀行との通知のために人的交換手を使用することを強制されるのであれば、失われる。銀行はそこで益々顧客に電子的手段による口座への直接的アクセスとそのコントロールを提供している。Gill Andrews は、「金融 EDI」についての彼の論文で、これらの問題を扱い、銀行が EDI ユーザとの関係を定義する方法を示唆している。EDI は、積荷がまだ海上にある間に、それを売買する能力を成し遂げるために伝統的に有価証券という紙の種類を使用する国際運送契約の関係で特別な問題を提起する。「国際取引証券の不発行化」において Paul Todd は、電子船荷証券のための提案された CMI 規則を評価し、信用状のような伝統的支払方法に対するインパクトを論じている。

　電子銀行業の間で本巻で論じた法律家と立法のイニシアチブの理解のレベルが増しているけれども、多くの領域で法的問題に対する解決がまだない。1984年のセミナーの本の序で、Goode 教授は次のように述べた。

　「本巻は、これらのたくさんの複雑な問題に解決を提供するとは言わない。行おうと努めていることは、問題を確認し、存在する法の EFT に対する潜在的インパクトを証明し、将来のもっと広範囲の研究に対する道を示すことである[5]。」

　この記述は、多分程度が劣るが、本書にもなお真実である。しかし、我々は、本書が法律問題の理解に貢献し、立法を通して又は国際的に同意される契約と協定を起草することにより、法律問題を明らかにすることに責任がある人々を助けることを希望している。

　セミナーの主催者である、Norton 教授、Ian Walden 博士および私は、セミナーを立ち上げ、準備する労をとった商法研究センターの Mildred Schofield さんと公認銀行研究所の Val White さんに感謝します。本書の原稿の収集と準備を大いに手助けしてくれた商法研究所センターの Lorraine Mulpter さんにも感謝します。

1994年7月

Chris Reed

(1) Goode (ed.), *Electronic Banking : The Legal Implications* (Institute of Bankers/

序　論

　　　 Centre for Commercial Law Studies: London, 1985.
（2）　これらの論文は、小切手と類似の支払債務、証拠の問題、電子的詐欺を扱う方法、システム不履行に対する責任の問題、用済小切手の電子記録処理システム（cheque truncation）に対する EFT の効果を論じ、裁判所がこれらの問題を扱うときに適用すべき基本原則を確認しようと努めた。
（3）　例えば、Saxby (ed.), *Encyclopedia of Information Technology Law* (Sweet & Maxwell: London); Reed, *Electronic Finance Law* (Woodhead Faukner: Cambridge, 1991); Arora, *Electronic Banking & the Law* (IBC Financial Books: London——1st. ed., 1988: 2nd. ed., 1994); Geva, The Law of Electronic Funds Transfer (Matthew Bender: New York, 1992) 参照。
（4）　Mario Giovanoli, "Legal Issues regarding Payment and Netting Systems"; Benjamin Geva, "International Funds Transfers: mechanisms and laws"; Gregor Heinrich, "Funds Transfers, Payments and Payments Systems: International initiatives towards legal harmonisation"; Bhala, "The Inverted Pyramid of Wire Transfer Law"; Harrell, "Wholesale Funds Transfers—UCC Article 4A"; Reed, "Consumer Electronic Banking Dimensions".
（5）　Goode (ed.), *Electronic Banking: The Legal Implications* (Institute of Bankers/Centre for Commercial Law Studies: London, 1985), p. xi.

目　次

訳者はしがき　(v)

まえがき　(vii)

序　論　(ix)

第1章　国際資金移動──そのメカニズムと法
Benjamin Geva

- Ⅰ　序 …………………………………………………………………………… 1
- Ⅱ　国際大口資金移動 ……………………………………………………… 1
  - （1）　振　込 …………………………………………………………… 1
  - （2）　国際振込 …………………………………………………………… 4
  - （3）　同時並行的国際移動とヘルシュタット・リスク ……………… 7
- Ⅲ　大口資金移動システム──その構成要素、リスクおよびモデル …… 8
  - （1）　LVTSの構成要素 ………………………………………………… 8
  - （2）　LVTSリスク ……………………………………………………… 11
  - （3）　各国のLVTSモデル ……………………………………………… 14
- Ⅳ　振替法──選択された比較の局面 ………………………………………… 21
  - （1）　基本的なコンセプト──特徴表示、撤回不能および履行 …… 21
  - （2）　危険配分──被仕向銀行の債務不履行 ………………………… 23
  - （3）　危険配分──被仕向銀行以外の銀行による債務不履行 ……… 25
- Ⅴ　結　論 ……………………………………………………………………… 27

第2章　データ・セキュリティと文書イメージ処理
──国境を越える電子銀行業のための法的保護
Ian　Walden

- Ⅰ　序 ……………………………………………………………………………… 35
- Ⅱ　データ・セキュリティ法 …………………………………………………… 35

xiii

目　次

　　　（1）立　　法 …………………………………………………… *36*
　　　（2）責　　任 …………………………………………………… *40*
　　　（3）標準化 ……………………………………………………… *42*
　Ⅲ　法的効力 ………………………………………………………… *45*
　　　（1）制定法上の要件 …………………………………………… *45*
　　　（2）記録保存 …………………………………………………… *49*
　　　（3）証拠法 ……………………………………………………… *50*
　Ⅳ　結　　論 ………………………………………………………… *55*

第3章　金融電子データ交換

Gill Andrews

　Ⅰ　序 …………………………………………………………………… *67*
　Ⅱ　標準EDI契約の既存のひな形と提案されたひな形 ………… *68*
　Ⅲ　コンピュータ・ソフトウェア ………………………………… *70*
　Ⅳ　通信接続 …………………………………………………………… *72*
　Ⅴ　通信接続またはコンピュータシステムの使用不能性 ……… *77*
　Ⅵ　EDIメッセージの紛失または不達 …………………………… *78*
　Ⅶ　送信中のEDIメッセージの修正 ……………………………… *81*
　Ⅷ　EDIメッセージの機密性──不正アクセスの問題 ………… *84*
　Ⅸ　EDIメッセージの正当な送信者の識別 ……………………… *87*
　Ⅹ　EDI契約によりカバーされる付随的事柄 …………………… *89*

第4章　消費者電子銀行業

Chris Reed

　Ⅰ　序 …………………………………………………………………… *95*
　　　（1）デビットカード技術 ……………………………………… *95*
　　　（2）デビットカード、PINsおよび顧客の指図 …………… *96*
　　　（3）データ保護とプライバシーの問題 …………………… *99*
　Ⅱ　顧客／銀行契約の監督 ………………………………………… *102*

目　次

　　　(1)　合衆国 …………………………………………………………… *102*
　　　(2)　スカンジナビア ………………………………………………… *103*
　　　(3)　EC 及び EFTA の提案 ………………………………………… *103*
　　　(4)　ECSA の最良実務準則 ………………………………………… *105*
　　　(5)　Jack 報告書の改正勧告 ……………………………………… *105*
　　　(6)　連合王国白書 …………………………………………………… *108*
　　　(7)　自主規制――銀行実務準則、良い銀行 …………………… *109*
　　　(8)　1974年消費者信用法 …………………………………………… *111*
　　　(9)　既存の監督と提案された監督の評価 ……………………… *111*
　　Ⅲ　デビットカード――契約条件 …………………………………… *112*
　　　(1)　消費者の口座から引落をする銀行の権利 ………………… *112*
　　　(2)　消費者のセキュリティ義務 ………………………………… *115*
　　　(3)　取引の撤回不能性 …………………………………………… *116*
　　　(4)　一般的免除 …………………………………………………… *116*
　　Ⅳ　結論――デビットカードの将来の発展 ……………………… *117*

第5章　国際取引証券の不発行化
　　　　　　　　　　　　　　　　　　　　　　　　Paul Todd

　　Ⅰ　非流通性の文書を使用できるなら、その使用を ………… *125*
　　Ⅱ　不発行化するなら、完全に ………………………………… *126*
　　Ⅲ　電子船荷証券 ………………………………………………… *128*
　　Ⅳ　CMI モデル …………………………………………………… *130*
　　Ⅴ　CMI モデルの更なるコメント ……………………………… *135*
　　Ⅵ　他の可能なモデル …………………………………………… *137*
　　Ⅶ　結論 …………………………………………………………… *139*

第6章　支払システム、データ保護及び国境を越えた
　　　　データのフロー
　　　　　　　　　　　　　　　　　　　　　　Jan M. A. Berkvens

　　Ⅰ　序 ……………………………………………………………… *145*

xv

目　次

- II　支払取引 …………………………………………………………… *145*
- III　現代の支払取引の機能 ………………………………………… *146*
- IV　プライバシー立法の適用可能性 ……………………………… *148*
- V　支払取引と指令案 ………………………………………………… *152*
- VI　指令案の幾つかの条文の議論 ………………………………… *154*
- VII　ダイレクト・マーケティング ………………………………… *160*
- VIII　IIからVIIまでの結論 …………………………………………… *163*
- IX　指令のために勧告されるシステム …………………………… *163*
  - （1）　定　義 ……………………………………………………… *163*
  - （2）　原　則 ……………………………………………………… *165*
  - （3）　ECのデータフロー ……………………………………… *166*
  - （4）　EC外のデータフロー …………………………………… *166*
- X　付　録——モデル契約 ………………………………………… *167*

第7章　電信移動法の逆ピラミッド

Raj Bhala

- I　序 …………………………………………………………………… *181*
- II　小切手は機能しない …………………………………………… *184*
- III　資金移動法のもうひとつの説明 ……………………………… *187*
  - （1）　バックストップ …………………………………………… *188*
  - （2）　コモン・ローに対する反応 …………………………… *191*
  - （3）　消費者の保護 ……………………………………………… *193*
- IV　逆ピラミッド …………………………………………………… *195*
  - （1）　資金移動法のマクロ経済的目的 ……………………… *195*
  - （2）　逆ピラミッド内の移動 ………………………………… *197*
  - （3）　トレーダーの利益——ハイ・スピードとロー・コスト ……… *198*
  - （4）　決済部門の利益——4つの方法で明示される確実性 ………… *201*
  - （5）　資金移動システムの利益——システミック・リスクの減少 … *204*
- V　結　論 …………………………………………………………… *207*

目　次

第 8 章　ホールセール資金移動——UCC4A 編
Alvin C. Harrell

- I　序 …………………………………………………………………… *231*
- II　定義および基本的概念 ……………………………………………… *231*
- III　誤りおよび無権限指図に対する責任 ……………………………… *232*
- IV　支払指図を承諾する銀行の債務 …………………………………… *233*
- V　支払指図の伝送 ……………………………………………………… *234*
- VI　手数料および決済 …………………………………………………… *234*
- VII　支　払 ………………………………………………………………… *235*
- VIII　その他の問題 ………………………………………………………… *238*
- IX　要約と結論 …………………………………………………………… *241*

第 9 章　支払とネッテング・システムに関する法的諸問題
Mario Giovanli

- I　序 …………………………………………………………………… *247*
  - （1）　現金支払に対する現金によらない支払の優越性 ……………… *247*
  - （2）　支払取引と支払システム ………………………………………… *247*
  - （3）　支払システムに対する中央銀行と監督者の関心 ……………… *248*
- II　支払の種類と決済システム ………………………………………… *249*
  - （1）　グロス決済システム ……………………………………………… *249*
  - （2）　ネット決済システム ……………………………………………… *250*
  - （3）　契約的義務ネッティング ………………………………………… *251*
  - （4）　支払ネッティング ………………………………………………… *252*
- III　リスクとリスク減少 ………………………………………………… *252*
  - （1）　支払システムに係わるリスク …………………………………… *252*
  - （2）　ネット支払システムにおけるリスクの減少 …………………… *253*
  - （3）　グロス支払システムにおけるリスクの減少 …………………… *254*
- IV　国内立法の発展と国際的イニシアチブ …………………………… *254*

目　次

　　　（1）様々な国における立法の発展 ·· *254*
　　　（2）G-10の後援の下での国際的イニシアチブ（バーゼル委員会
　　　　　を含む） ·· *255*
　　　（3）EC/EU の中央銀行の援助の下での国際的イニシアチブ ······ *257*
　Ⅴ　結　論 ··· *258*
　　　（1）国際的に調和化した国内立法の必要性 ····································· *258*
　　　（2）継続的国際的協力の必要性 ··· *258*

第10章　資金移動、支払及び支払システム
　　　　　――法的調和化に向けた国際的イニシアチブ

Gregor C. Heinrich

　Ⅰ　序 ··· *275*
　Ⅱ　国際的イニシアチブ ··· *277*
　　　（1）支払場所／支払時期／時間的制限 ··· *277*
　　　（2）外国通貨債務 ··· *282*
　　　（3）資金移動／支払――一般的問題 ··· *283*
　　　（4）支払システム／清算／ネッティング ··· *297*
　　　（5）電子データ交換――EDI ·· *305*
　　　（6）取　立 ··· *309*
　　　（7）破　産 ··· *310*
　　　（8）国際私法 ··· *314*

付録　Ⅰ　注釈付きデラウエア法典 ·· *323*
付録　Ⅱ　国際振込に関する UNCITRAL モデル法 ·· *353*

第1章　国際資金移動——そのメカニズムと法

I　序

　本章では、国際資金移動（international funds transfers）に関する取引要件、システム構成要素、リスクおよび法的問題について概観する[1]。第2節では、典型的な取引の面における、一般的な大口の国際資金移動である、振込（credit transfer）の要件について述べる。第3節では、大口の国際資金移動で頻繁に利用される国内の大口資金移動システム（large value transfer system：LVTS）に焦点をあてる。そこでは、LVTSの主要な構成要素を紹介し、移動の際にLVTSが負う大口の支払システムのリスク、およびリスク統制措置を概観する。また主要通貨国におけるLVTSの概観を述べる。第4節では、主要通貨流通圏における振込に関する法の基本的な側面の大要を述べる。

II　国際大口資金移動

　国際大口資金移動は、一般に信用の支払機構である。以下では、ジーロ支払機構の一類型としての振込の要件について述べ、また国際振込の大要を述べ、同時並行的国際移動に伴う内在的リスクを紹介する。

（1）振込

　最も単純な意味において、支払は、金銭（鋳貨および／または紙幣）が支払人（payor）から受取人（payee）に物理的に引き渡されることが必要である。金銭の運搬と支払人から受取人への金銭の物理的な引渡しの全部または一部を避け、金銭の譲渡を容易にし、それによって保管と送金のためのコスト及びそれに伴う損失や窃盗のリスクを排除するか、少なくとも軽減する組織が支払機構である。
　支払が、ただ受取人により、ただ銀行において[2]、ただ支払人によりまたは

支払人の権限で銀行に発せられた方法で（これら3人全部は支払指図で指定される）、受け取られなければならない支払機構がジーロ・システムである。「ジーロ（giro）」という用語は、環、循環、回状、または周期的という意味を持つギリシャ語の gigros に由来する。この関連で、ジーロは、銀行口座間での資金（すなわち銀行に預金された金銭）の移動を意味する。したがって、通常、ジーロ移動は同一の銀行であれ、2つの異なる銀行においてであれ、ある銀行口座から別の銀行口座への資金の移動によってもっぱら行われる支払である[3]。

　ジーロ移動は、（必然的ではないが）おそらく支払人が受取人に負う債務の履行のために、同額で支払人に対する銀行の債務に、受取人に対する銀行の債務が代替する過程として機能する。この関係で、支払人に対する銀行の本来の債務が譲渡されていないので、「移動（transfer）」はやや誤解を招くような用語であることは正確に認識されていた。むしろ、債務はその範囲において（pro tanto）消滅または縮小され、受取人のための銀行による新債務がそれに代わって生じる[4]。

　ジーロ移動は、支払人により、または支払人の権限のもとに最終的には支払人の銀行になされる支払指示により開始される。支払人の口座から引き落とすか、または受取人の口座へ入金する際に、銀行の連続的操作に影響を及ぼす、これらの指示が支払人の銀行に通知される方法により、ジーロ移動は振替（debit transfer）と振込に分けられる。概して、通知の流れと資金移動は、振替では逆方向で、振込では同一方向である。

　振替では、支払人の指示は、受取人により受取人の銀行を通じて支払人の銀行に伝達される。例えば、繰り返される譲渡抵当や保険料の支払に関して行われているような指示は、支払人の権限に従って受取人により発せられる。その指示が最初に受取人より受取人の銀行に伝達されるとき、受取人口座に入金される。その指示が支払人の銀行に最終的に到達するときに、支払人口座から引き落とされる。すなわち、振替では、受取人口座への入金が支払人口座からの引落より先に行われる。しかし、受取人口座への入金は最初暫定的であって、例えば、資金不足のために、支払人の銀行が支払人の指示を拒絶し、その拒絶を受取人の銀行に伝達する場合には取り消される。受取人口座への入金は、支払人口座からの引落が取消できないようになる場合にのみ完了的である。振替では、受取人口座に入金された資金は、支払人口座から取立てられるかまたは「引出（pulled）」が行われる。手続の大部分は、小切手の手続と同様である。

対照的に、給与、利益、利子、年金または配当を直接預けるような振込では、支払人の指示は、受取人の銀行の受取人口座への入金を経ることなく、支払人より直接支払人の銀行に伝達される。支払人の指示が伝達されると、支払人口座から引き落とされる。そのように、振替と異なり振込では、銀行システムに対する支払人の指示の最初の影響は、支払人の銀行の支払人口座からの引落である。支払人の指示を受けて、支払人口座から引き落とすことにより、支払人の銀行は指示を受取人の銀行に転送し、受取人の銀行はそれから受取人の口座に入金をする。したがって、振込では、支払人の口座からの引落は、受取人の口座に対する入金より先に行われ、例えば資金不足により取消を受けない。振込では、支払人口座から引き落とされる資金は受取人口座に「振込（pushed）」まれる。

　振替と振込の双方において、支払人と受取人の口座が同じ銀行にあるときには、銀行間伝達は不要である。それにもかかわらず、上述したような一連の銀行の行為は影響を受けない。

　通常、大口国際資金支払では振込が用いられる。したがって、以下では、もっぱら振込を論じる。

　振込では、支払人は、振込依頼人（originator）と呼ばれ、また受取人は受取人（beneficiary）と呼ばれる。したがって、支払人の銀行が仕向銀行（originator's bank）で、受取人の銀行は被仕向銀行（beneficiary's bank）である。取引に関与するその他の銀行は、仲介銀行（intermediary bank）である。支払指示は、「支払指図（payment order）」の主題である。各々の支払指図は、送信人（sender）により、受信銀行に伝達される[5]。

　振込は、振込依頼人から仕向銀行に支払指図を発信することにより開始される。この取引は、仕向銀行の振込依頼人口座から引き落とされ、そして被仕向銀行の受取人口座に振り込まれることで最終的に実施される。これらの取引が異なる銀行でなされる場合、仕向銀行は、振込依頼人自身による支払指図の発信により、被仕向銀行か、または仲介銀行のどちらかに対して振込依頼人の支払指図を執行（execute）する。仲介銀行は、被仕向銀行か、または別の仲介銀行に振込依頼人自身の支払指図を発するが、それは、最終的な支払指図が被仕向銀行に発せられるまで同様に行われていく。各銀行間支払指図は、送信人により、受信銀行に支払わなければならない。したがって銀行間意思伝達は、銀行間支払または決済機構と同一である。すなわち、各銀行は、そのような決

済機構が利用できる、受信銀行にのみ支払指図を発する。典型的には、そのような決済機構は、例えば、ある銀行が別の銀行[6]に口座を持っている場合のように取引先銀行口座の形態で双方的であるか、幾つかの銀行が中央銀行でありうる中央機関に保有する口座の形態で多角的であるかのどちらかである。

そのため、振込には、行内移動、コルレス移動又は複合移動がある[7]。振込依頼人と受取人の口座が同一の銀行にあるときには、振込は行内で行われ、振込依頼人の支払指図を執行するために銀行間支払指図を要しない。振込依頼人と受取人との口座が、それらの一方が他方に口座を持つという意味でのコルレス先である異なる銀行にある場合には、取引はコルレス移動であって、2つのコルレス先間での銀行間支払指図を要する。そのときには、支払指図の支払は、この口座で行われる。

そうでない場合、この取引は、仲介銀行の参与を要し、複合移動と分類される。その最も単純な型では、共通のコルレス先、すなわち仕向銀行と被仕向銀行の双方にコルレス先関係にある第三の銀行が、これらの間を仲介する。そのような共通のコルレス関係にない場合には、一行以上の仲介銀行が必要となる。最も複雑な型では、複合移動は、多角的銀行間情報伝達や、中央銀行のように、あらゆる銀行が口座を有している中央機関の帳簿での決済を容易にする清算所を含むであろう。各国または各通貨にとって、あらゆる主要銀行を連結する国内の大口資金移動システム（「LVTS」）は、そのような機構である[8]。

（2） 国際振込

一般的に、国際振込は、少なくとも銀行の1つが通貨国以外の国にあるとき、仕向銀行から被仕向銀行へ行われる[9]。仕向銀行および被仕向銀行が通貨との関係で占める位置により、国際資金移動はオンショア（onshore）かオフショア（offshore）のどちらかである。

2つの銀行の1つが通貨国にある場合はいつでも、資金移動はオンショアである。すなわち、それは、国内向け（incoming）か外国向け（outgoing）のどちらかである。国内向けオンショア資金移動では、海外の／国境を越えた、仕向銀行から発せられて、その仕向先は（通貨国にある）被仕向銀行であり、他方、外国向けオンショア資金移動では（通貨国にある）仕向銀行から発せられて、その仕向先は海外の／国境を越えた被仕向銀行である。

逆に、仕向銀行と被仕向銀行の双方が通貨国外にある場合はいつでも、資金

第1章　国際資金移動──そのメカニズムと法

移動はオフショアである。2つの銀行とも通貨国にない限り、銀行が1つの国にあるか、2つの国にあるのかは重要ではない。いずれにせよ、オフショア資金移動では、通貨国にある1つ以上の仲介銀行を「通過」(pass through)することは、ごく自然であり、そのためオフショアは「通過」資金移動となる[10]。

　仕向銀行および被仕向銀行がコルレス先でない場合には、オフショア「通過」取引と同様、オンショア国内向けと外国向け資金移動は、部分的に移動通貨のLVTSを介して行われることになろう。したがって、仕向銀行および被仕向銀行がコルレス関係にない典型的な国内向けオンショア資金移動では、仕向銀行により、仲介銀行として行為し、その支払指図を国内のLVTSを介して被仕向銀行により通貨国内のそのコルレス先に発せられるであろう。同様に、仕向銀行と被仕向銀行がコルレス関係にない典型的な海外向けオンショア資金移動では、仕向銀行により、国内のLVTSを介して、海外の／国境を越えた被仕向銀行のコルレス先に伝達され、さらに被仕向銀行に発せられるであろう。その場合、オフショア資金移動は、一般に通貨国内にある1つ以上の仲介銀行を通過するであろう。したがって、資金移動は、仕向銀行により通貨国内のそのコルレス先に発せられるであろう。後者が、被仕向銀行とコルレス関係にない場合には、その通貨のLVTSを介して、通貨国内の被仕向銀行のコルレス先にその支払指図を伝達するであろう。最終的に、被仕向銀行のコルレス先は、被仕向銀行にその支払指図を伝達するであろう。

　これらの各状況では、国内のLVTSへのアクセスのない、および／または海外の／国境を越えた、コルレス先のない小規模銀行は、必要な機構を有するコルレス先を利用する。このことから、振込に参加する仲介銀行数が増加するであろう[11]。

　振込では、振込依頼人から仕向銀行に対するものであろうと、ある銀行から他の銀行に対するものであろうと、各支払指図は、文書、口頭[12]、または電子的方法で伝達することができる。支払指図は、ケーブルまたはテレックス（「電信（wire）」）で具体化されるときはいつでも電子的に伝達され、その物理的に配信可能な磁気テープや磁気ディスク（diskette）を通して始められ、または専用の通信ネットワークを通して情報端末から送信される。電信または専用のネットワークによる情報伝達は、「オンライン」である。入力してすぐ伝達されるときには、それは「リアルタイム（即時）」である。電子資金移動（electronic funds transfer「EFT」）は、支払指図が電子的方法でなされたとき

5

第1章　国際資金移動──そのメカニズムと法

はいつでも発生する。

　国内の大口通貨支払指図のための国内での銀行間情報伝達は、たいてい地方のLVTSを通して行われる。主要通貨国では、地方のLVTSは、銀行間支払指図の伝達のためのコミュニケーション・ネットワークを用いる。かつて、海外の／国境を越えた、銀行間情報伝達は、航空便またはケーブルもしくはテレックス（「電信」）のいずれかにより行っていた。そのため、大口振込は、事実上今日まで「電信取引（wire transfer）」と呼ばれてきた。しかしながら、海外の／国境を越えた、銀行間情報伝達では、次第にSWIFTの専用通信ネットワークが電信に取って代わっている。

　SWIFT（Society for Worldwide Interbank Financial Telecommunication）は、ベルギー法に基づいて組織された、世界の多数の銀行が出資している非営利協同組合である。それが管理するSWIFTシステムは、会員と会員以外でネットワークに接続した利用者との間で専用線を通して金融メッセージを伝達するための全世界的な情報処理システムを統制するコンピュータ化された電気通信ネットワークである。

　現行のSWIFT IIの形態では、SWIFTは世界中のありとあらゆる銀行端末に接続している中央交換システムである[13]。現行の中央交換は、2台の処理装置からなり、1つはオランダに、もう1つはアメリカにあるが、互いに、SWIFTのアクセス・ポイントを接続する、独立した、また特別なネットワークとして機能している。各国はSWIFTのアクセス・ポイントを割り振られる。銀行間情報伝達は、処理装置の一つを媒介としてSWIFTのアクセス・ポイントを経由して行われる。システム・コントロール・プロセッサー（system control processor）は、システムの機能を監視および統制するが、通信内容のルーチン・メッセージに関わらない。

　より具体的には、SWIFTでの各メッセージは、送信銀行の端末からその端末のある国のSWIFTのアクセス・ポイントへ国内の回線上で最初に伝達される。そこから、国際回線上で処理装置へと伝わり、その後、受信銀行のある国のSWIFTのアクセス・ポイントへと伝わる。そこで、その国の国内回線上で受信銀行の端末の最終的な仕向先へと発信される。各メッセージは厳重なセキュリティの下で、認証および電算処理される。

　被仕向銀行による受取人に対する振込の通知は、口頭、文書または電子的方法で行われる。そのことは、個別的に、一括して、おそらく定期通知の一部と

第1章　国際資金移動——そのメカニズムと法

して行われることができる。

（3）　同時並行的国際移動とヘルシュタット・リスク

　外国為替取引では、2人の当事者間で、2つの通貨が同時並行的に引き渡されることが必要である。したがって、取引は、2つの銀行間における、各通貨における2つの振込の交換を伴う。双方の取引は、契約で定められたのと同じ日に行われることになる。原則として、各銀行の交付義務は、相手方銀行のそれと同時に発生する。しかし実際には、引渡と代金決済の同時履行の機構（a delivery against payment：DVP）がない場合には、各取引は、大抵、それぞれの通貨のためのLVTSを通して、支払日に別個に行われる。特定の通貨につき、仕向銀行および／または被仕向銀行が、当該通貨国外にある場合には、SWIFT上での通信とコルレス先移動が、仕向銀行から通貨国にあるコルレス先へ、および／またはコルレス先から被仕向銀行へ、さらに利用される[14]。

　外国通貨取引における双方の移動が分別される限り、自己の義務の履行として資金を移動した銀行は、相手方が対価の移動を行わないというリスクを負う。このリスクは、1974年6月26日のドイツのヘルシュタット銀行の破綻以降、「ヘルシュタット・リスク」（Herstatt risk）として知られている[15]。

　ヘルシュタット・リスクの程度は、行われるべき資金移動の価値を掛けた、2つの通貨間の（時間単位の）引渡遅延で測定される。引渡遅延は、相手方が取引を行う上で正確な時間（時および分）の統制を行うことができないことからも、全世界の時間が異なることからも発生する。例えば、ヘルシュタット・リスクは、既にヨーロッパ通貨で対価を支払った、アメリカ・ドルまたはカナダ・ドルの支払の受取人にとっては特に重要である。日本円については言及しない[16]。スイスのSICで行われ、すぐその後で、アメリカのFedwireで行われる主要通貨LVTSのための時間的操作は、ヘルシュタット・リスクを制御するための処置である。しかし、ヘルシュタット・リスクを完全に除去するには、主要通貨LVTSの調和的操作または共通の代理人を通じて中央諸銀行によって行われる複数通貨の決済サービスの共同的提案を含むDVP制度の発展が必要である[17]。

III 大口資金移動システム——その構成要素、リスクおよびモデル

　前述のように、仕向銀行と被仕向銀行が、コルレス関係も、共通のコルレス先も有しない国際振込では、移動される資金のためのLVTSは、資金を送金する上で普通重要な連接環である。以下では、LVTSの主要な構成要素を述べ、LVTSによる資金移動中に生じる大口支払システム・リスクとリスク・コントロールの方法を概観し、既存の主要通貨LVTSについて簡単に概要を述べることにする。

（1） LVTSの構成要素
　大まかにいって、債務の多角的交換（「清算（clearing）」）[18]とそれらの支払（「決済（settlement）」）を行う組織が清算所（clearing house）である。所定の国において、キャッシュレス支払に関する限り、国内支払システムは多角的銀行間清算と支払指図の決済のための全国的規模の清算所取り決めにより構成される。取り交わされる支払指図は、紙片または電子的なメッセージに表現されうる。決済は、各支払指図毎になしうる（「グロス（gross）」決済）か、またはその結果生じる残高（「ネット（net）あるいはネット・ネット（net net）」決済）のために行われうる。最終的に、全国規模の銀行間決済は、通常、中央銀行の帳簿上で行われる。事実各通貨のために、中央銀行に保有された口座における預金形式の「中央銀行通貨」はキャッシュ、すなわち銀行券や鋳貨と同然である。
　大口振込の交換および決済のための国内支払システムの部分は、大口資金移動システム（LVTS）と呼ばれる。いくつかのLVTSでは、支払指図の限度額または最低価格が明確に規定されている。他方、ほかのLVTSでは、支払がLVTSのより個別的な、従ってより高価な扱いを受けることを参与者がみずから決定することを認めている。
　LVTS機構への地方銀行の直接的な接続可能性は一様ではない。いくつかのシステム（例えば、アメリカのFedwireまたはスイスのSIC）では、アクセスは広範にわたる。他方、別のシステム（例えば、イングランドのCHAPS）では、大銀行のみがLVTS機構を利用し、小銀行は、直接的な参加者である取引先の大銀行を通じて、間接的にそのサービスから利益を受ける。さらに、いくつ

第1章　国際資金移動──そのメカニズムと法

かのLVTS（例えば、アメリカのCHIPS）では、厳格な地理的制限が適用されるため、地理的範囲外の銀行は、域内の銀行とコルレス関係を築く必要がある。最後に、情報伝達機構へのアクセスは、決済機構へのアクセスと同義ではなく、あるものは、代理および／またはコルレス関係が間接的参加のために構築されねばならない他方のものよりも広い。例えば、アメリカのCHIPSは、情報伝達機構への広範囲にわたる接続可能性を構築しているが、ニューヨークの準備銀行における直接的決済機構へのアクセスは完全に制限されている。逆に、情報伝達機構へのアクセスは制限されているが、多角的決済に広範に参加するシステムを予想することができる。

　かつては、LVTSの行為は、個別に、または国内支払システムにおける全面的日々の決済の一部として、受領書の銀行間交換とその差額の決済を常に前提としていた。イングランド・ロンドン・タウン清算所（The London Town Clearing in England）はそのような同日決済を特別に用いる組織の一例である。カナダにおける現行IIPSシステム以前のものは、決済がカナダ銀行における全面的日々の決済に融合した紙ベースのシステムであった。

　今日では、すべての主要通貨国はメッセージの交換のためコンピュータ化（または自動化）された組織を有している。また、すべての主要通貨国は、大口振込のための特別決済取り決めを採用しているか、または採用に向けて動いている。

　技術的に発展したLVTS（または「有線資金移動システム」）は、即時のオン・ライン情報伝達を提供しうる専用線によって参加銀行を連結する情報伝達システムにより性格づけられる。ある論者によれば、「送受信可能な電話線情報伝達ネットワークによる支払データの事実上瞬時の移動は」、LVTSの「顕著な経済的行為の特徴を言い表している」。これらの特徴は、「スピード、単一取引への焦点整合、および……セキュリティ」であり、各支払のための相対的に費用がかる個々的な取扱、確認および通知を容易にしている[19]。

　いくつかのLVTSでは、国内の銀行から銀行への支払指図の交換のためにSWIFTネットワークを用いている。フランスおよびカナダはこのカテゴリーに属する。国内指図のSWIFTでの伝達は、国際回線を迂回しないで、各指図は、その国のSWIFTアクセス・ポイントを経由して、オランダまたはアメリカにあるスライス・プロセッサーに向かい、そしてその国のSWIFTアクセス・ポイントに戻るというように2つの国内銀行間を行き交う[20]。

9

第1章 国際資金移動——そのメカニズムと法

　その他のLVTSは国内専用ネットワークを発展させた。この例としては、オーストラリア、香港、シンガポールや、USA、イングランド、ドイツ、スウェーデン、日本が挙げられる。
　コンピュータ化されたLVTSは、中央交換ネットワークか、ゲートウェイ・ネットワークのどちらかである。前者では、銀行間情報伝達は中央交換所を通して伝達される。後者では、銀行間情報伝達はコンピュータ対コンピュータの直接的情報伝達により促進されている。アメリカのCHIPSは、中央交換ネットワークの一例であり、それに対してイギリスのCHAPSはゲートウェイ・ネットワークの一例である。
　一般に、中央交換システム（central switch system）は、中央交換所への情報伝達のみを必要とし、各参加銀行への情報伝達を要しないので、規模およびコンピュータの処理能力が異なるたくさん銀行が参加することを容易にする。従って、中央交換システムは、断片的銀行システムを適応させるために、各参加者と中央コンピュータ間の最少の双方的互換性を課す開かれたアクセス政策と一致する。中央交換システムは、さらに、広範な異なる銀行システムを適応させるため中央集権的組織を必要とする。
　他方、ゲートウェイアーキテクチャは、各参加者と他の銀行間の直接的情報伝達を容易にする[21]、すべての参加銀行間のもっと高い程度の多角的な互換性を必要とし、その組織においてもっと分散的である。各銀行のために、それは、そのゲートウェイ・システムと支払システムとの間のより優れた交差を促進する。ゲートウェイ・システムは、技術的進歩により感応しやすく、少数の大銀行に支配された金融システムを調節しそうである。
　LVTS決済は、すべての直接参加銀行が口座を保有している中央機関の帳簿上で通常行われる。一般的に、すべての主要通貨国では、この中央機関は中央銀行である。
　通常、決済はネット・ネット（多角的ネット）基準か、またはグロス基準で行われる。前者では、決済は、いつも定期的に、通常は毎日、清算周期（clearing cycle）に交換される支払指図については各清算周期の終わりに行われる。後者では、各支払指図がそれぞれ情報伝達されて、処理されるので、各支払のための決済は、即時で行われる。
　このことは、ネット・ネット決済システムでは、支払指図は清算周期、通常は一日の間に参加銀行の間で交換されることを意味している。清算周期の終わ

りに、(しばしば双方的ネッティングが先立つ)多角的ネッティングが、時にはその日の全交換を通してなされる会計手続の結了として行われる。それから、差引勘定は、通常、その日の業務の終わりのすぐ後に[22]、ネット・ネット債務者銀行からネット・ネット債権者銀行への振込によって、中央銀行の帳簿上で調整される。反対に、グロス決済システムでは、各資金移動は、受信銀行へ情報伝達されるときに、中央銀行の帳簿上で個別に決済される。

USA では、Fedwire がグロス決済基準であるのに対して、CHIPS はネット・ネット決済システムである。

中央交換所が、中央銀行またはすべての参加銀行の口座を有するその他の中央機関により運用されている場合には、グロス決済はそれ以上の情報伝達なしに各支払指図の伝達中に行われうる。アメリカの Fedwire はこの形態のよい例である。他方、中央交換システム同様、ゲートウェイ・システムでは、中央交換所が中央機関以外の誰かによって運用されている場合には、グロス決済は中央機関への各支払指図の情報伝達をさらに必要とする。そのようなさらなる情報伝達はイングランドのゲートウェイ・ネットワークである CHAPS で、フランスの中央交換システムである TBF と同様に、即時グロス決済システムへの転換に基づいて行われるであろう。

（2） LVTS リスク

グロス決済では、各債務につきそれぞれの支払を必要とする。ネッテイングは実際の支払数を減少させる。すなわち、支払は、それぞれ個別になされるというよりは、ネッテイングされた債務額のためのみになされる。双方的ネッテイングでは、ある支払は一連の双務的債務のため、各一組の相手方との間でなされるが、多角的ネッテイング（ネット・ネッティング）では、ある支払は、一連の様々な債務のために中央機関へまたは中央機関から、相手方の各々によりまたは各々へなされる[23]。

ネッティングは、送信額より少ない受取額の支払をもたらす。従って、支払が送信額についてのみ行われるシステムと比べた場合、ネッティングが支払不能に耐性を持つとすれば、ネッティングは、支払不能損失を減少させる。コモン・ローの法域では、双方的ネッティングは、支払不能の際に相殺する権利の有効性により相手方の支払不能に耐性を持つ。しかし、有効な相殺は支払不能前の相互性を必要とする。すなわち、同じ相手方同士の債務についてのみ互い

第1章 国際資金移動——そのメカニズムと法

に相殺しうるのである。従って、支払不能に耐性を持った多角的ネッティングのために、それぞれの相手方と、連帯的に他の全員を有効に代表する、中央機関との相互性は、支払不能前に構築されなばならない。換言すると、支払不能前に、あらゆる相手方同士間の双務は、それぞれの相手方と中央機関との双務に取って代わらなければならない(24)。

相手方の支払不能に耐性を持つネッティング協定の有効性は、さらに、各個別的双方債務が創造されるとすぐに、それを絶えず全面的多角的ネット・ネットに吸収していくことで契約上増大されうるので、その結果、いつでも決済期間を通して各相手方の中央機関に対するまたは中央機関からの絶えず更新する１つの債務が存在する。そのような「更改または代位によるネッティング」が行われている例としてアメリカのCHIPSがある。

アメリカ(25)およびイングランド(26)における特別立法は、金融ネッティングの効力をさらに補強している。対照的に、いくつかのヨーロッパ諸国におけるネッティング協定が支払不能に耐性を持つことの法的効果についての疑問は、欧州の中央銀行を促して、即時グロス決済モデルをEEC諸国で採択するよう勧告させた(27)。このようなグロス決済システムでは、各支払指図は処理されるのと同程度に支払われ、その結果支払不能リスクを受信銀行は負担しない。

明らかに、ネット・ネット決済システムでは、法的措置は支払不能に耐性を持つためのネッテングの効果を支援しうる一方、決済の不履行、即ち、（支払不能によるものであれ、一時的流動性問題によるものであれ）多角的決済債務を支払わないネット・ネット債務者の債務不履行によって生じた損失を除去しない。債務を履行しない参加者の一人またはそれ以上のネット上の債権者が、最初の決済不履行により生じた損失を吸収できないために履行しない場合には、決済不履行のリスクは「システミック・リスク」になる。

LVTSへのアクセスを制限する細心の措置リスクや減少措置により、完全には除去されないとしても、決済不履行のリスクは減少させうる。全般的に、「ランファルシィ基準」（Lamfalussy standard）として知られていることに基づいて、「「多角的」ネッテングは、少なくとも、最大の単一ネット債務ポジションを有する参加者が決済できない場合に、日々の決済を適時完了することが確保できなければならない」(28)。

特別なリスク制御措置には、相対受取限度額の設定（bilateral credit limits）、多角的負債上限制（multilateral debit caps）、予想される債務不履行額の担保差

入れ（collateralisation）および損失分担協定がある。

相手方と向かい合う各当事者のために、相対受取限度は、双方の信用の最高限度額を、ほかの相手方は交換の何時の時点でもそれまで広げることができる、受取額から送った額を控除した合計額に設定する。同時に、あらゆるほかの者と向かい合う各当事者のために、多角的負債上限制は、許容されうるネット・ネット負債残高の最大値を意味する。すなわち、それは、あらゆる相手方が交換の何時の時点でもそれまで広げる用意がある、受取額から送った額を控除した合計額である信用の最高限度額である。相対受取限度は相対負債ポジションを測定する一方、負債上限制は、１人の多角的または全部の負債ポジションを測定する。当事者は、相対受取限度を設定するにあたり、無制限の裁量を有するかまたはガイドラインの下で行動せねばならない。負債上限は、相対受取限度の総額か、普通、資本妥当性基準に関係するガイドラインに基づいて設定される。

担保差入れは、普通、容易に換金できる証券の形式をとる。損害分担は、恐らく相手方により不履行者に対して広げられる（または広げることができる）信用に基づく。必要な担保の規模は、上限および損失分担計画の下での予想分担を考慮して、相手方の全体的危険との関係で決定される。

アメリカ合衆国では、CHIPS は４つすべてのリスク削減措置を用いている。同時に連合王国では、CHAPS は目下、双方的信用限度および多角的負債上限制を用いているが、担保差入れおよび損失分担は用いていない。

グロス決済システムは、電算処理されるのと同じくらいの各支払指図の即時の（即ち、リアルタイムの）決済を要求するので、決済の不履行によるリスクを負わない。それでも、相手方の流動性の困難はネットワークの停止をもたらし、運営を停止させることができる。日本にあるような、同じ日に借りて支払をすることを容易にするその日の資金市場は、問題解決に向けた一つの方法である。

すべての主要通貨国の中では、スイスのみが、各参加者による有効な流動性管理に依拠する、もっぱら純粋なグロス決済機構から成る LVTS を持っているようである。ほかでは、流動性問題を回避するために、国内支払システムがグロス決済機構を持たないもの（例えばカナダ）、グロス決済 LVTS に限定しないもの（例えば、日本、ドイツおよび USA）、双方的ネッティング操作（即時に決済される１つの支払に終わる）が指定時に行われることを認めるもの（例え

ば、日本および TBF がきちんとするとフランス)、または、相手方に中央銀行との口座上での当座借越を認めるもの（例えば、USA）がある。

　最後の実務、すなわち、口座内の資金が不足しているにもかかわらず、即時グロス決済を許容するために、相手方に中央銀行との、口座上での当座借越を認めることは、日中当座貸越を発生させる。日中当座貸越は、中央銀行との決済口座での当座貸越であり、日毎の決済行為中に生じ、その日の終わりにまでに決済される。その実務はグロス決済システムの円滑な運用を促進するが、それ自体のリスク、即ち、日中当座貸越を招いた銀行によるその日の終わりの決済の不履行（すなわち保証金の供給の不履行）のリスクを発生させない訳にはいかない。ネット・ネット決済システムにおけるのとは異なり、日中当座貸越を許すグロス決済システムにおける決済リスクを、中央銀行が負担し、他の相手方は負担しない。これはつまり、グロス決済システムにおいては、各支払指図が処理され、決済されるように支払が受信銀行に対して中央銀行により行われるからである。

　日中当座貸越機構をもたらすグロス決済システムにおける決済リスクは、一連のリスク削減措置を使用することによって完全には除去されないとしても、減少することはできる。利用できる措置は、多角的負債上限制（しかし相対受取限度制はそうではない）、担保差入れおよびその日の当座貸越である。このような措置は現在アメリカ合衆国の Fedwire で利用されており、フランスの TBF によって運用されようとしている。

(3)　各国の LVTS モデル[29]

　以下では、7 つの主要通貨国、すなわち、アメリカ合衆国、スイス、連合王国、日本、カナダ、フランスおよびドイツのオートメーション化された LVTS の主な特徴を論じる。

(a)　合衆国

　アメリカ合衆国には 2 つの LVTS がある。1 つは、Fedwire で、全国規模のグロス決済システムであり、もう 1 つは CHIPS で、ニューヨークに基礎を置くネット・ネット決済システムである。外国為替取引の大部分は CHIPS を経由して伝えられる。

　Fedwire を、中央銀行、すなわち、連邦準備制度 (Federal Reserve Sys-

第 1 章　国際資金移動――そのメカニズムと法

tem）が所有し、運営している。それは、アメリカ中の銀行をつなぐ電子通信ネットワークを利用する全国的なグロス決済システムである。各加盟銀行は、国全体で12の連邦準備銀行の１つに通信接続と口座を保持している。接続はオンラインか、オフラインである。Fedwire へのオンライン・アクセスは、コンピュータ・インタフェース接続によるか、Fedline 端末によってなされる。オフラインの接続は、通常、認証コードかあるいはコールバック手続のようなセキュリティを施して、電話により行われる。準備銀行間の通信は、全ネットワークの中央交換所として効率的に役目を果たしている連邦準備銀行通信システム（Federal Reserve Communication System：FRCS）上で行われる。しかしながら、FRCS は単独では、現在、各準備銀行が直接、あるいは他の準備銀行を経由して通信できる、ひとつのゲートウェイ・システムである。まもなく中央交換所がオートメーション統合プログラムの下で確立されるであろう。

　区内での振替は、１つの連邦準備銀行にそれぞれの口座を持つ送信銀行と受信銀行間で行われる。各銀行が別の連邦準備銀行に口座を持っている場合には、Fedwire 振替は区間での振替となる。前者ではなくて、後者だけが FRCS 上の電送を意味する。Fedwire 移動では、移動が処理されると直ちに、送信銀行の口座から引き落とされ、受信銀行の口座へ入金される[30]。同日決済が普通である。

　日中当座貸越は、Fedwire において可能ではあるが、権利として与えられてはない。リスクのコントロールは、負債上限制と、日中当座貸越の値付け、および担保財産によって行われる。

　CHIPS（Clearing House Interbank Payments Systems）は、大口振替のためのニューヨークに基礎を置く自動化された民間清算機構である。それを New York Clearing House Association が所有し、運営している。それは中央交換通信・ネット・ネット決済システムであって、そこで参加銀行は、CHIPS の中央コンピュータに接続した専用の通信で同じ日の撤回不能の支払指図を交換する。信用リスクは、事実上決済完了性を備える、相対受取限度額の設定、ネット負債上限制、担保およびすべての関係者の損失負担協定によりコントロールされている。

　CHIPS の決済は、毎日、銀行業務の終わりに行われる。比較的少数の決済参加者は自分のためにも、決済を約束した決済参加者ではない各々の取引先銀行のためにも決済している[31]。決済参加者でない被代理人の残高を含む決済

15

第1章　国際資金移動——そのメカニズムと法

関係者の多角的残高は、ニューヨークの連邦準備銀行のFedwire上でネット・ネット債務者銀行とネット・ネット債権者銀行との間に決済される。すべての銀行の担保付きの損失負担債務にもかかわらず、毎日の全体的決済が完了しなければ、決済を初めからやりなおすことになりうるが、このようなことは、まず起こらない。

(b) スイス

スイスのSIC (Swiss Interbank Clearing) システムは中央交換所グロス決済機構である。通信は、中央銀行であるスイス国立銀行のために、スイスの複数の銀行が共同で設立した私企業であるTelekurs株式会社が所有し、運営するホストコンピュータを経由する。中央銀行は口座管理に責任を負っている。

SICは、銀行営業日に24時間のスケジュールで稼働している。それは準備口座における日中当座貸越を許していない。資金供給のない振替は、資金が到着するまで列をなして未処理の状態にされる。相対的にたくさんの銀行がシステムに参加している。

関係者が早く支払指図をなすことが、取引価格構造により促進されている。10日間の後日付で入力しておくと、「評価日前ファイル」に保管されて稼働する。決済の前に、支払指図を送信銀行は取り消すことができる。増大した照会選択を関係者は利用することができ、海外向け支払のための資金の利用の可能性を予想することを助けている。関係者は、適切な資金を伴わないため、決済できない高額な支払によって、少額の支払が「阻止される」ことを排除するため、海外向け支払の順序を替えることができる。

SICは、(アメリカのような) 当座貸越機構、(日本のような) 指定時間振替、または (フランスのような) 最適化を採らないグロス決済システムとして稼働している。SICは、さらに、それを、セキュリティ振替を扱うSEGAのコンピュータ化された機構であるSECOMに接続することにより、本当の引渡と代金決済の同時履行システム (delivery-versus-payment (DVP)) を促進するであろう。

(c) 連合王国

連合王国では、オートメーション化されたLVTSはCHAPS (Clearing House Automated Payment System) である。それは、連合王国支払業のための統合組織であるAssociation for Payment Clearing Services (APCS) の一

第1章 国際資金移動——そのメカニズムと法

部である CHAPS and Town Clearing Company によって運営されている。

　CHAPS は、同日ネット・ネット決済システムである。それは、大銀行（「決済会員」）が取消不能の同日支払指図を交換し、それ自身会員である中央銀行、すなわちイングランド銀行の交換の日の終わりに多角的に決済をするゲートウェイ機構である。支払指図の送受信のために使われるゲートウェイは、専有か、共有である。非決済会員は、システムの外で決済会員と取引先関係を開くことによってのみ間接的に交換と決済に参加することができる。

　現在採用されているリスクコントロール・メカニズムは、相対受取限度とネット負債上限制である。CHAPS は、即時グロス決済システムに変えることを明らかにしている。来たるべきシステムの下では、CHAPS による各支払指図は、受信銀行に送られる前にイングランド銀行で決済されるであろう。ゲートウェイ・ソフトウェアは変更され、各支払指図に由来する決済請求は、初めにイングランド銀行に送られるであろう。イングランド銀行が決済請求に応えて送信銀行に伝達する決済確認に基づいてのみ、送信銀行は受信銀行に主な支払指図を自動的に放出するであろう。各支払指図のために、決済は、送信銀行の口座の十分な資金に対して即時に行われるであろう。それにもかかわらず、手詰まり状態を避けるために、循環処理（最適化）機構（circles processing (optimisation) facility）が開発され、主として互いに相殺をする、異なる銀行のために列を作る支払の同時的決済を認めるであろう。イングランド銀行は、同日売り・買戻契約の下で参加銀行から良質の有価証券を購入することにより、担保付きのその日の流動性を参加銀行に提供するであろう。

　(d) 日 本

　日本は2つの LVTS を持っている。BOJ-NET 資金振込システムは、グロス決済機構である。「Gaitame-Yen」は、中央の交換所の同日ネット・ネット決済システムである。前者がアメリカの Fedwire、スイスの SIC に相当するのに対して、後者はアメリカの CHIPS に相当する。

　BOJ-NET を、コンピュータセンターが中央交換所である、中央銀行である日本銀行が管理している。システムは主に国内支払を処理する。全銀電子リテール支払ネットワークとの競合を避けるために、第三者移動のために3億円の高い限度がある。

　BOJ-NET は、リアルタイムの瞬時移動と指定時間移動の両方を認めている。

17

一旦入力されると、リアルタイム支払指図は取消できない。指定時間支払指図は、1日前に記録することができ、実行まで撤回可能である。それらは資金移動取引の大部分を構成している。システムは、オンラインの電子アクセスとオフラインのペーパーベースのアクセスの双方を受け入れる。

合衆国 Fedwire と異なるが、スイスの SIC のように、日中当座貸越は認められてない。各移動は、中央銀行における送信銀行の口座における貸方残高によって資金を供給されなくてはならない。資金供給のない支払指図は直ちに拒絶される。SIC と異なり、並んで順番を待つ仕組みはない。指定時間振替は同時に処理されるので、ただネット間ポジションだけが移される。送信銀行は、資金を伴わないネット間借方ポジションの額での海外向け支払指図を削除しなければならない。資金の流れは、準備金のための私的な半日の銀行間貸方マーケットによって容易にされている。

Gaitame-Yen(「外国為替」)システムは、外国為替とその他の海外支払のための中央交換所の同日の貸方駆動のネット・ネット決済機構である。それを東京銀行協会が管理しているが、BOJ-NET を通して処理され、決済される。

参加銀行は、そのコンピュータを直接日本銀行のホストコンピュータと結ぶ。支払指図は、取引日の3日前にインプットできる。撤回機構は利用できない。信用リスクは、任意の双方的ネット信用限度額と損失分担規則によって減らされる。

(e) カナダ

現在のところ、カナダのオートメーション化された LVTS は、IIPS (Interbank International Payment System) である。IIPS は、メッセージの銀行間交換のため SWIFT 通信ネットワークを利用する全国的な翌日[32]のネット・ネット決済システムである。

カナダ決済協会 (Canadian Payment Association：CPA)[33] は、改良された又は拡張された IIPS として CPA 附属定款及び規則の下で運用されることを意図した新モデルを現在開発している。それ以前の LVTS のように、新しい LVTS は SWIFT 通信ネットワークを利用するが、(翌日というよりも) その日に終わるネット・ネット機構であって、リスクを縮小する特徴を組み入れるであろう。

採用されるリスクコントロール・メカニズムは、多角的負債上限制、相対受

取限度の設定、付担保および損失負担契約であろうことが予想される。多角的負債上限と相対受取限度を、中央機構がモニターするであろう。これは、受取銀行へ送られる各支払指図の関連部分を送信銀行が中央機構のために複写する、SWIFT の「T」回線の使用により容易にされるであろうことが、予想される。

(f) フランス

フランスにおける現在のオートメーション化された LVTS は、SAGITTAIRE (「Système Automatique de Géstion Intégrée par Télétransmission de Transactions avec Imputation de Réglement Etranger」——電気通信による外国取引の扱いと決済を統合した自動管理システム——)である。これは、中央銀行であるフランス銀行が管理するネット・ネット決済システムであって、銀行間メッセージのために SWIFT を利用している。朝の移動（morning transfers）のための決済は、中央銀行の帳簿上でその日の終わりに行われる。

そのリスク防止プログラムの下で、フランス銀行は、最終的には SAGITTAIRE に取って代わるであろう、TBF (「Transferts Banque de France」——フランス銀行移動）と呼ばれるグロス決済システムを現在実施中である。

TBF は SWIFT 通信ネットワークを利用するであろう。リアルタイムのグロス決済を促進するために、「T」回線が使われるであろう。すなわち、各支払指図のために、送信手続の一部として、送信銀行は、受取銀行に向けられた、決済のために必要とするメッセージの中からそれらの部分を中央銀行のため複写すであろう。中央銀行は、支払指図が承諾されるか、拒絶されるなら、送信銀行と受信銀行に即座に通知するであろう。承諾すると、中央銀行は送信銀行と受信銀行の口座から引き落とし、入金するであろう。拒絶すると、支払指図は、未処理の列に入れられるであろう。中央銀行に対すると中央銀行からの通信を含む、あらゆる銀行相互通信は、SWIFT 上で行われるであろう。

資金の滑らかな移動を容易にするために、特別な「最適化」手続が、指定時間内で実行されるであろう。その下で、未処理の列の支払指図は、多角的ベースに基づいて決済されるであろう。これは日本の BOJ-NET の指定時間機構に類似している。

さらにシステムの混雑による手詰まり状態を避けるために、日中当座貸越が認められるであろう。各参加銀行に、担保の付いた当座貸越機構が許容されるであろう。中央銀行が定めた客観的な基準に基づきおよび請求により、無担保

第1章　国際資金移動——そのメカニズムと法

の当座貸越機構も恐らく規定される。各銀行のために、支払いが処理され、2つの当座貸越機構の下で許された負債ポジション最高限度額まで決済される。各決済は、それが処理されるように、取消不能的に決済されるので、中央銀行は無担保の当座貸越機構のデフォルトのリスクを負担するであろう。無担保機構の使用料は、現在検討されている。

(g) ドイツ

ドイツには中央銀行であるドイツ連邦銀行（Deutsche Bundesbank）が運営するグロス決済システムとネット・ネット決済システムの両方がある。

グロス決済システムは、地方口座移動と都市間口座移動である。地方口座移動は中央銀行の同じ支店の、ある口座から別な口座への振込である。都市間口座移動は、ある支店のある口座から、別の支店の別な口座への振込である。都市間口座移動は、速達便か、電信である。同日完了が、地方口座移動と都市間口座移動では保証されており、速達便都市間口座移動でも通常達成される。

地方振替サービスと都市間振替サービスへのアクセスは、紙によるか、電子によってなされる。電子アクセスは、専有電気通信回線、共有のゲートウェイまたはフロッピー・ディスクの物理的な配達による。都市間口座移動では支店間の通信は、中央銀行の専有電気通信ネットワーク（「EIL-ZV」）で行われる。

地方口座移動と都市間口座移動は、処理されるように決済される。日中当座貸越の機構は用意されていない。

中央銀行が提供する同日ネット・ネット決済サービスは、紙によるか、電子によってなされる。伝統的な地方的清算は、もっぱら紙によっており、支店で行われている。それは小切手、借用証書類（debit vouchers）および振込を含む。

電子地方清算（EAF）は、ただ振込だけである。現在のところそれは、フランクフルト支店だけで行われ、電子アクセス能力を持った関係者のみを受け入れている。中央清算所は支払を20分ごとにバッチで各受信銀行に配達する。現在のところ、全部の清算は、ネット上ではその日の終わりに決済されている。

変更された今度のEAF-2手続では、一連の相対ネッティングは、一日中周期的に、20分ごとのサイクルで行われ、その結果生じる相対の各ネットの負債は、次のサイクルに移され、その日の終わりに、残額の多角的（ネット・ネット）決済が行われる。相対仕向限度と担保差入れが、リスク縮小処置として役

第1章 国際資金移動——そのメカニズムと法

く立つであろう。進行中の相対ネッティングは、国内向け支払と外国向け支払の相殺に早めの決着を用意するであろう。

IV 振込法——選択された比較の局面[34]

　アメリカ合衆国では、たいていの法域は、振込を規制する法律として統一商法典第4A編（以下「4A編」）を採用している。同法は、国連国際商取引法委員会（UNCITRAL）により準備された国際振込に関するモデル法（Model Law on International Credit Transfers 以下「モデル法」）の内容に影響を与えている[35]。これまでのところ、どの法域もモデル法を採用していない。以下では、4A編またはモデル法を制定する法域を「特別制定法域」と呼ぶ。
　他では、振込は、現在、法の一般原則により規制されている。以下ではそのすべてが大陸法であるフランス、ドイツ、スイスおよび日本とイギリスのコモン・ローに注意する。イギリスの原則はカナダ[36]およびオーストラリアでも振込を規制している。このような大陸法とコモン・ローのすべての国は、「一般法域」と呼ばれる。
　一般に、4A編とモデル法は、銀行による不履行の結果と同様に時間的制限の要件を定める際に、一般法域より明確である。さらに、一般法域と比べて、4A編とモデル法は、関係問題の解決の際によりプラグマティクで、学理的ではない傾向がある。これらの2つの制定法が特に振込取引を規制しようとする限りで、少しも驚きでない。
　以下では、特別法域と一般法域における振込法の主要な状況を概説する。包括的な比較法的研究は行われない。共通の要素と異なる要素を目立たせる顕著な特徴をどちらかというと強調する。

（1）　基本的なコンセプト——特徴表示、撤回不能および履行

　原則として、振込は、それぞれ受信銀行を含む一連の連続した双方的行為から成る1つの且つグローバルな取引とみるか、あるいは区分された取引とみることができる。フランスの学説とおそらくすべて一般法域は、前者の見解を採る[37]。同時に、モデル法が従う4A編は、後者のアプローチを選択している。主要な実際的な相違は、準拠法（choice of law）の選択規定に反映するはずで

21

第1章 国際資金移動——そのメカニズムと法

あった。それで、取引の区分された見解の下では個別的法則がそれぞれの双方的関係に適用されるのとは対照的に、単一の法が全部で1つの且つグローバルな取引に適用されると考えることが予期された。実際、4A編とモデル法はこの期待を確認して、そして、少なくとも別段の同意のない限りにおいて、後者の（「区分された」）アプローチに従っている。同時に、フランス法が本当に前者の（「単一的」）見解を支持しているかどうかは、全く不確かである[38]。総体的に、各受信銀行の場所による区分が、あらゆる法域における主な抵触法 (conflict of laws) のアプローチである。

一般法域では、振込依頼人の支払指図を仕向銀行に与えられた権限と分析する。そのようなものとして、全部の行為は、代理または委任に関する法により規制される。対照的に、特別法域は、支払指図を規制する契約を独自のもの (sui generis) と見なす。4A編は、受信銀行が送信者の代理人であると言う概念を全く拒絶することにおいて明示的である。

4A編とモデル法の双方では、送信人とされる者は、商業的に合理的なセキュリティ手続に基づいて同意されたところに従って受信銀行により確認されたなら、授権されていなくても、認証された支払指図に対して責任がある。多分類似の結果は、銀行契約の下での当事者の相互の義務に基づいて他のところでも達せられるであろう[39]。

4A編とモデル法によると、振込の完了は、被仕向銀行の口座に入金する前でも、被仕向銀行への支払によって示される。このことは、フランスの学説と一致しないと言われた。フランスでは、完了を示すのは受取人の口座への入金である[40]。それにもかかわらず、4A編とモデル法は、被仕向銀行の後の完了義務、特に受取人の口座に入金することによって受取人に支払う義務を定めている限りにおいて、この点は全くアカデミックであるように思われる。

振込の撤回不能、すなわち、支払が振込依頼人によって取り消されることができない点については広範な見解の一致がある。フランス法では、行内移動と取引先移動については、取消不能は、仕向銀行による振込依頼人の口座からの引き落としにより示される。しかし、複合移動では、すなわち仲介銀行が関係するときにはいつでも、フランス法での撤回不能性は、資金が被仕向銀行に使用可能になる時点まで延期される。4A編とモデル法の下では、振込依頼人は、被仕向銀行が振込依頼人の支払指図に基づいて行為しなかった限り、支払を取り消すことができる。行内移動と異なり、このことは、撤回は、仕向銀行が振

込依頼人の指図を遂行する際に自己の支払指図を発するまで可能であることを意味するであろう。それにもかかわらず、遂行銀行が協力することを選択する場合には、撤回は、受取人への又は受取人による支払まで、行われることができる。

コモン・ローでは、撤回不能は、おそらく被仕向銀行による資金の受取が受取人への支払の前に行われる限り、それによりによって示される。普通は受取人の口座に入金することによる、受取人への支払は、ドイツ、スイスおよび日本では撤回不能を示す。すべての国において、LVTSを規制するルールは、被仕向銀行に対するまたはそれによる支払いの前においてさえ、支払指図のインプットの撤回不能を定めるであろう[41]。

受取人のための被仕向銀行に対する無条件の権利の増加による、振込により支払われる債務の免除の点を明らかにすることについては普遍的な意見の一致がある。しかし、いつこのような権利が生じるか決定することにおいては一致していない。

4A編とモデル法により提出された提案では、この点は、被仕向銀行がその送信人によって支払われたか、あるいは受取人に代金を払ったときはいつでも、どちらの支払いが最初になされても達せられる。フランス、ドイツ、スイスおよび日本の法は受取人の口座への入金を決定的な点と見なしている。コモン・ローは動揺している。受取人の口座への入金「決定」が恐らく十分である[42]。

以下では、種々の法による参加銀行による債務不履行の場合の危険配分がどのようなものか分析する。

（２）　危険配分──被仕向銀行の債務不履行

銀行が受取人に対する支払を遅滞し、資金を支払不能になりうる予定外の受取人の口座に誤って指示し、または被仕向銀行それ自体が支払不能になる場合のように、被仕向銀行よる債務不履行は、遅滞または損失を含む。4A編の下では、被仕向銀行が、指定口座が指名された受取人に属さないことを知らない場合には、指定された銀行口座に対する支払は債務不履行とならない。債務不履行は恐らく、有利な契約を終了させる消滅の損失と同様、利子または交換の損失、海外向け支払手段の拒絶、機会コストを起こす。さらに、資金がまったく受取人に届かなかったときはいつでも、資金の損失が起きる。振込依頼人と受取人の間と同じように、被仕向銀行で生じた遅滞または損失のリスクを誰が

負担するかについては種々の法の間で一致がない。

特別法域では、被仕向銀行で生じる遅滞または損失のリスクは、被仕向銀行が支払指図のための支払を受け取った時点から、受取人に割り当てられている。4A編は、特に受取人が、間接的な、しかし予見可能な損害と同様、利子と共に被仕向銀行から振込額を取り戻すことを許している。このような損害は、関係する特定の事情を被仕向銀行に受取人が知らせたなら、取り戻される。

一般法域では、被仕向銀行は広く一般に受取人により雇用されているとみなされる。振込依頼人と受取人の間におけるように、被仕向銀行において生じる遅滞または損失のリスクは、受取人にかからなくてはならないということになるように思われる。それにもかかわらず、若干の一般法域では、被仕向銀行は二重の資格で行動をしているとみなされている。したがって、受取人のためだけではなく、振込依頼人あるいは仕向銀行のためも行為しているとみなされている。実際、振込依頼人の受取人に対する債務は、受取人の口座が被仕向銀行によって入金されるまで、免除されないときにはいつでも、その時点まで全部のリスクが振込依頼人に残ると主張することは心をそそる。

実際、債務不履行の被仕向銀行は、スイスとフランスにおいて振込依頼人により訴えられる[43]。しかしながら、フランス法は、受取人が被仕向銀行の本人である限り、受取人は被仕向銀行の債務不履行につき振込依頼人に対して責任があることを認めている。これは受取人に最終的リスクを置く。事実、損失のリスクに関する限り、フランス法は、特に受取人にリスクを割り当てている。逆に、損失が不可抗力（force majeure）によって起こされた場合を除き、スイス法は、被仕向銀行で生じた損失のリスクを振込依頼人に割り当てている。しかしながら、遅滞のリスクは、スイス法で受取人により負担されている。日本では、ある見解は、振込依頼人が支払指図において被仕向銀行を受取人に向かって指定する限り、振込依頼人は、振込依頼人の直接的代理人とみなされるう
る被仕向銀行による債務不履行の全部のリスクを負担することを示唆しているように思われる。しかし、日本の他の人たちは、被仕向銀行による債務不履行の全部のリスクを受取人に割り当てている。

私見では、被仕向銀行は受取人によって選択される限り、受取人は、その銀行で生じる遅滞または損失の全部のリスクを負担すべきである。これは特別法域における法の状態である。一般法域ではこれはドイツで、恐らくイギリス、そして最終的にはフランスにおける法ではあるが、スイスでは法ではない。日

本にはこの点につき意見一致がない。

　原則として、受取人と比較して (*vis-à-vis*)、被仕向銀行による債務不履行のリスクが振込依頼人に割り当てられる状態では、振込依頼人は、振込依頼人のために行動をする際の被仕向銀行によるその義務違反に基づいて被仕向銀行に対して訴訟原因を持つ。

　日本では、ある見解によれば、被仕向銀行は、仕向銀行の復代理人であるから、仕向銀行は、被仕向銀行の債務不履行につき振込依頼人に対して責任がある。順番に、被仕向銀行の債務不履行が受取人に割り当てられ場合には、すべての法域において、振込額に関する受取人に対する被仕向銀行の責任は説明責任に基づいている。しかしながら、間接的損失にに関する受取人に対する被仕向銀行の責任は、認められる場合は、受取人に対する被仕向銀行による義務の違反に基づいている。

（3）　危険配分──被仕向銀行以外の銀行による債務不履行

　振込依頼人と受取人の間におけるように、被仕向銀行以外の銀行（すなわち仕向銀行または仲介銀行）で生じた損失のリスクは、一般に振込依頼人に割り当てられる。ドイツを除いて、このことは、被仕向銀行以外の銀行で生じた遅滞のリスクについて真実である。ドイツでは、被仕向銀行以外の銀行で生じた遅滞（損失ではない）のリスクは、契約あるいは特別法[44]により別段のことが定めている場合を除き、受取人に割り当てられる

　4A編とモデル法の下では、振込依頼人は、被仕向銀行以外の銀行で生じた損失のリスクを仕向銀行に移してもよい。これは、特に振込依頼人により選択されない仲介銀行の支払不能による振込の不履行から振込依頼人を保護する、2つの法律の「資金返還保証ルール (money-back-guarantee rule)」である。順番に、仕向銀行は、支払不能の仲介銀行に支払指図を発送した銀行まで、前方へ損失を動かすことができる。同様に、4A編およびモデル法の下では、振込依頼人は、被仕向銀行以外の銀行で生じた資金の損失または遅滞により振込依頼人が受けた利子の損失を取り戻すことができる。

　このような元本または利子の損失以外に、被仕向銀行以外の銀行で生じた遅滞または損失によって生じた損害は、4A編とモデル法の下で、振込依頼人により完全に負担される。すなわち、振込依頼人は、振込の未完了またはそれを実行する際の遅滞によって生じた間接的損失を取り戻すことはできない。4A

編ではなくて、モデル法の下では若干の例外がある。すなわち18条であって、銀行が「損失を起こす特定の意思で」または「無謀に、そしてその損失が結果として生じる可能性が高いであろうという実際の知識をもって」行為した場合であり、この場合には、間接的損害はその法域では一般法の下に取り戻される。一般に、間接的損害は、交換の損失と時宜にかなった支払いの懈怠による有利な契約の終了を含む[45]。

振込依頼人のための絶対責任を定める類似の「資金返還保証ルール」は、おそらく日本を除いて、一般法域では認められていない[46]。どちらかと言うと、一般法域で回復するためには、振込依頼人は振込の遅滞、その内容の変更または前へ伝達する能力のない取引先の選択のような、仕向銀行または仲介銀行による過失または義務違反を証明しなくてはならない。さらに4A編およびモデル法と対照的に、間接的損害は、予見可能であったなら、すべての一般法域で取り戻される。それにもかかわらず、間接的損害に対する責任の範囲については意見の相違があるかもしれない[47]。

原則として、4A編およびモデル法の下での回復は、もっぱら直接的関係にある銀行からである。直接的関係にある**義務違反銀行**からの回復は、すべての一般法域で普遍的に認められている。しかし、仲介銀行による債務不履行に関連する回復については、意見一致が種々の一般法域では存在していない。各法域では、違反する仲介銀行の直接の責任銀行の使用者責任（vicarious liability）の間の選択は、特定法域における一般法の他の局面と同様に、部分的に仲介銀行の復代理、復代理人または被用者／履行補助者としての分類に依存する。一般に、被用者・履行補助者には使用者責任があるが、復代理人にはない。通常、ただ復代理人だけが直接責任である。

仲介銀行はコモン・ローでは振込依頼人の復代理人である。それはフランスそしておそらく日本とドイツにおける復代理人である。それはスイスでは被用者／履行補助者である。

スイスでは、被仕向銀行の被用者／履行補助者としての仲介銀行からの回復は、排除されている。しかしながら、スイス法の下では、仕向銀行は、仲介銀行の過失または義務の違反によって起こされた損害につき振込依頼人に対し使用者として責任がある。

コモン・ローでは、振込依頼人の代理人として、仕向銀行は、仲介銀行復代理人による違反に対し振込依頼人－本人に対し責任がある。しかし、直接関係

第1章 国際資金移動——そのメカニズムと法

がなければ、仲介銀行復代理人は、振込依頼人に対して責任がない。

　フランスでは、仕向銀行は、(明示的または黙示的に) 代位の権限を有する代理人として復代理人を監督する義務を負わない限り、仲介銀行－振込依頼人の復代理人による義務違反につき振込依頼人に対し責任を負わない。仕向銀行が悪名高く無能であるかまたは支払不能の仲介銀行を選択しないなら、そうである。逆に、振込依頼人の復代理人として、仲介銀行は直接振込依頼人に対して責任を負う。

　日本では意見が一致していない。仕向銀行は、おそらく不可抗力 (force majeure) を例外として、振込の絶対的完了に対して、振込依頼人に対して責任を負うとみなす者がいる。契約でないが、振込依頼人への仲介銀行または被仕向銀行の現状回復、不法行為責任を述べる者がいる。他の人々は、振込依頼人によって指定された仲介銀行または被仕向銀行を、振込依頼人に対しそのような債務不履行の仲介銀行または被仕向銀行は直接責任を負う、振込依頼人の直接的代理人とみなしている[48]。

　ドイツで有力な見解は、仲介銀行は復代理人であって、被用者／履行補助者ではないということである。仕向銀行は、したがって、振込依頼人により適切に選任された仲介銀行の債務不履行に関して責任がない。同時に、各支払指図の執行は、受信銀行による「保護の任務」を発生させる。この基礎の上に、受取人は、違反する仕向銀行または仲介銀行から直接回復することができる。さらに、ドイツにおける遅滞のリスクが振込依頼人に割り当てられるそれらの例外的な状況[49]と同様、損失のリスクに関しては、振込依頼人は違反する仲介銀行から直接回復することができる。仲介銀行から回復する振込依頼人に利用可能な代わりの方法は、振込依頼人の代理人とし行為する仕向銀行からの（振込依頼人の損害賠償請求権）の譲渡である。

V　結　論

　大口振込の実務と法は絶えず進展している。本章では、主要通貨国における様々な国のシステムと法に関する共通のテーマと顕著な特徴を明らかにしようとした。金銭がより速く且つ大量に動き続ける電子時代にますます移行しているので、リスク・コントロールと法的安全性はいよいよ重要になる。本章が重

第1章 国際資金移動——そのメカニズムと法

要な問題の評価とそれらの解決に貢献することを希望する。

(1)　本章の内容は拙著、*B. Geva, The Law of Electronic Funds Transfers* (New York: Matthew Bender, 1993)、特に2章—4章で詳述している。
(2)　本章で「銀行」とは、単に金融機関を示すものとする。
(3)　受取人が銀行口座を持たない場合には、通常受取人が自由に利用できる仕向銀行の一般口座に保管される。
(4)　この点については「債権譲渡を扱うある事件における傍論（原文のまま）」を正当にも認めない *Libyan Arab Foreign Bank* v. *Manufacturers Hanover Trust Co.* [1988] 1 Lloyd's Rep. 259, 273 (QB)参照。ある事件とは *Delbrueck & Co.* v. *Manufacturers Hanover Trust Co.*, 609F. 2d 1047, 1051 (2nd Cir., 1979)。
(5)　アメリカ統一商法典（UCC）第4A編（資金移動）および国際振込に関するUNCITRAL（国連国際商取引法委員会）モデル法からの借用。これらの制定法は、第Ⅳ節で簡単に論じる。
(6)　金融用語では、当行（*nostro*）または預金者の銀行によって管理されている口座から（「due from」account）というよりも、貴行（*vostro*）または資金保有銀行の帳簿で保有されている口座へ（「due to」account）と言われる。一般に、ひとつは小さく、ひとつは大きい国内の2つの取引先銀行間におけるのと同様に、おそらく、前者は預金者、後者は資金保有者である。海外または国境を越えた取引先銀行に関しては、おそらく、ある銀行は自国通貨の資金保有者であり、海外または国境を越えた通貨の預金者である。
(7)　この用語は、前掲注4 *Libyan Arab Foreign Bank* 事件から借用。
(8)　清算、決済およびLVTSについては、Ⅲ節(1)「LVTSの構成要素」を参照。
(9)　定義上、国際資金移動は「行内」ではなされない。
(10)　もう1つの方法として、（通貨国における）決済されたオンショアである残高とオフショアがネット相殺できるなら、オフショアを交換する、通貨国を「通過」しない資金移動がある。そのような場合、各々の資金移動は「被仲介外部（offshore intermediated outside）」資金移動と分類しうる。大口資金移動の場合、そのような残高を証明するオフシェア仲介清算を容易にする唯一の機構は、チェースマンハッタン銀行東京支店によって運営されている東京USドル清算機構である。さらに、オフシェア資金移動は通貨国外にある取引先口座で決済される場合もある。この場合には、例えば、仕向銀行および被仕向銀行が、双方に共通したコルレス関係を持つロンドンのある大きな銀行にUSドル口座を保有する小規模銀行の場合のように、「外部通過」（passing outside）資金移動として分類することができる。H.S. Scott, "Where Are The Dollars?—Off-Shore Funds Transfers" 3 Bkn'g and Fin.L.Rev. 244 (1988-1989) 参照。
(11)　次のオフショア「通過」資金移動の例を考えてみる。ある顧客が小規模なスペインの

第1章　国際資金移動——そのメカニズムと法

銀行の口座に US ドルで支払うよう小規模なフランスの銀行に指図すると仮定する。典型的には、小規模なフランスの銀行はそのコルレス先（大規模かフランスの銀行）にその指図を伝え、そのコルレス先はニューヨークのコルレス先に指図するであろう。ニューヨークのコルレス先は、指定された小規模なスペイン銀行のコルレス先である大規模のスペインのニューヨークのコルレス先に資金移動を行うため、US ドル LVTS、おそらく CHIPS を用いるであろう。この取引は、大規模なフランスの銀行に伝達され、それから指定口座に入金する小規模かスペインの銀行に伝達されることによって完了する。全体的にみて、この筋書きにおいては、6つの銀行が関与する。すなわち、小規模なフランスの銀行、大規模なフランスの銀行、2つのニューヨークの銀行、大規模なスペインの銀行および小規模なスペインの銀行である。LVTS を用いる2つのニューヨークの銀行を除いて、その他の銀行は、コルレス関係を用いる。明らかなことだが、あるニューヨークの銀行が大規模なフランスの銀行と大規模なスペインの銀行双方とコルレス関係にあるならば、LVTS を必要とせず、関与する銀行の総数は5行に縮減される。いずれにせよ、仕向銀行および被仕向銀行がアメリカの国外にある限りは、資金移動はオフショアである。またアメリカを通過する限りは、資金移動はオフショア「通過」資金移動である。

(12)　通常は電話で行い、秘密コードやコール・バックのようなセキュリティ措置をとる。しかし、仕向銀行の相手方になされた口頭での支払指図を論ずる *El Zayed* v. *Bank of Nova Scotia* (1988) 87 N.S.R. (2d) 171 (Tr. Div.) を参照。

(13)　この用語については後述するIII節(1)「LVTS の構成要素」を参照。

(14)　日本円とカナダ・ドルの外国為替取引がシンガポールと香港の間で行われると仮定する。円の資金移動は、香港に向けてシンガポールから振り込まれ、カナダ・ドルの資金移動は、シンガポールに向けて香港から振り込まれる。従って、円の資金移動は、シンガポールの銀行からその銀行の日本における取引先銀行へ SWIFT を通して行われる。日本の取引先銀行が香港の銀行とコルレス関係にない場合（すなわち、共通のコルレス関係にない場合）、シンガポールの銀行の日本における取引先銀行から、香港の銀行の取引先銀行への資金移動は、日本の LVTS を通して行われるであろう。最終的に、香港の銀行の日本における取引先銀行は、SWIFT を通して香港にその指図を伝達する。同様にカナダ・ドルの資金移動は、SWIFT を通して香港からカナダへと行われる。香港の銀行のカナダにおける取引先銀行が、共通のコルレス関係にない場合、カナダの LVTS を通してシンガポールの銀行のカナダにおける取引先銀行へ資金移動を行う。シンガポールの銀行のカナダにおける取引先銀行は、SWIFT を通してシンガポールへその指図を送るであろう。

(15)　2つの画期的な事件で記述されている。両者は大西洋の向こう側からのものである。*Momm* v. *Barclays Bank* [1976] 3 All E.R. 588 (QB) および *Delbrueck & Co.* v.

29

第1章 国際資金移動——そのメカニズムと法

    Manufacturers Hanover Trust Co., 609 F. 2d 1047 (2d. Cir., 1979), *aff'g* 464 F. Supp. 989 (SDNY, 1979).
(16) つまり、前掲注14の事例において、ヘルシュタット・リスクはシンガポールの相手側銀行によって負担される。東京における銀行の営業日に、取引の一部を円で支払う場合、トロントにおける銀行の営業日までカナダ・ドルの受取を待たねばならない。一般に、東京における銀行の営業日は、トロントで同日の銀行営業日が始まる前に終わる。
(17) 国境を越えた決済および複数通貨での銀行間取引における効率を向上させ、リスクを減少させるため中央銀行のとりうる選択肢として、10カ国中央銀行支払・決済システム委員会（Committee on Payment and Settlement Systems of the central banks of the Group of Ten countries）の *Central Bank Payment and Settlement Services with Respect to Cross-Border and Multi-Currency Transactions*（Basle：Bank for international Settlements, September 1993）参照。同報告書は、支払・決済システム委員会により設立された中央銀行支払・決済サービスに関するワーキング・グループの委員長の名にちなんで、ノエル・レポート（Noël Report）として知られている。
(18) 「清算（clearing）」の定義は、一般に、債務の交換だけではなく、債務の相殺（またはネッティング）をも包摂する。これについては、例えば *Webster's Ninth New Collegiate Dictionary*（Markham, Ont.：Thomas Allen & Sons, 1984）を参照。しかしながら、決済に先立つものとして相殺（またはネッティング）は、グロス決済システムとの関連で行われない（以後の議論を参照）。従って、おそらく「清算（clearing）」は、債務の交換と決済のための予備的行為を包摂すると解される。
(19) B.K. Stone, "Electoronic Payment Basics", 71 *Ec. Rev. Fed. Res. Bank of Atlanta* 3：9-10（1986）. 電信取引は他の支払制度に比べ、相対的に高価であるが、支払規模との関係では必ずしもそうではない。
(20) SWIFT については、本書の前掲注13を参照。
(21) または少なくとも各参加銀行とその他の幾つかの銀行との間でなされ、最終的には、各参加銀行は、直接的に、または別の参加銀行を通じて、他の銀行へ情報伝達しうる。
(22) この場合のシステムは「同日ネット・ネットシステム」である。他方、残高が翌日にのみ記帳される場合は「翌日ネット・ネットシステム」である。
(23) 包括的概観のために、専門家グループの委員長にならって Angell Report として知られる、Group of Experts on Payment Systems of the central banks of the Group of Ten countries, *Report on Netting Schemes*（Basle：Bank for International Settlements, February 1989）参照。
(24) リーディング・ケースとしては、*British Eagle International Airlines Ltd.* v. *Compagnie Nationale Air France* [1975] 2 All E.R. 390 (HL). また、B. Geva, "The Clearing House Arrangement" 19 Can.Bus.L.J.138（1991）参照。フランスの見解につ

いては、H. Le Guen, "Financial Risks and Legal Problems of International Netting Schemes Seen from a French Point of View" in W. Hadding and U.H. Schneider, *Legal Issues in International Credit Transfers* (Berlin: Duncker & Humblot, 1993) 393. アメリカの見地については E.T. Patrikis and D.W. Cook, *ibid*. at 363. の論文参照

(25) Federal Deposit Insurance Corporation Improvement Act (FDICIA) 1993. 12 USC §4400 *et seq.*

(26) Companies Act 1989, Chap. 40, Pt. Ⅶ, particularly s. 159

(27) Working Group on EC Payment Systems, *Minimum Common Features for Domestic Payment Systems* (Report to the Committee of Governors of the Central Banks of the Member States of the European Economic Community, November 1993)、特に Principle 4 および 24 頁を参照。本報告書はワーキング・グループの委員長の名にちなんで、Padoa-Schioppa Report として知られている。

(28) *Report of the Committee on Interbank Netting Schemes of the Central Banks of the Group of Ten Countries* (Basle: Bank for International Settlements November 1990), p. 26. 本報告書は委員会の委員長の名にちなんでランファルシィ・レポートとして知られている。「ランファルシィ基準」とは、中央銀行で決済され、リアル・タイム総決済システムに対応して行われる同日ネット・ネット LVTS のために、前掲注 27 Padoa-Schioppa Report の Principle 5 において特別に認められた。

(29) 本節および本章に含まれた情報をアップデートするための協力に関係国の中央銀行、銀行、および支払業界の上部団体に感謝します。なお、10カ国中央銀行支払・決済システム委員会 *Payment Systems in the Group of Ten Countries* (Basle: Bank for International Settlements, December 1993) 参照。同報告書はその表紙の色にちなんで「赤本」(Red Book) として知られ、現在 4 版である。間違いまたは誤解は私の責任である。ダイナミックなこの分野では、細部がいつも変化しており、概念は進化し続けるという事実について読者に警告したい。

(30) 12の連邦準備銀行間の地区間決済は、毎日、地区間決済口座を一致させることからなっており、それは財務省の金証券・有価証券口座で年度決済される。

(31) 決済まで、決済関係者は決済参加者でない被代理人のために決済する義務はない。前者が退場する walk out 場合には、後者は他の決済関係者を見つけなくてはならず、この場合には「変則的決済」が行われる。そうでない場合には、損失分担規制および担保が設定される。

(32) 実際には、中央銀行の帳簿上、翌日に決済される、全国決済システムを通した全取引のための銀行の総差引残高に組み入れられる各銀行の最終ポジションは、為替の銀行営業日に日付を遡らせる。明らかに、このことは前夜の債務不履行のリスクを取り除かな

31

第1章 国際資金移動──そのメカニズムと法

　い。
(33)　この団体は、カナダ決済協会法（R.S.C. 1985, c.C-21）により設立された。構成員は中央銀行を含む預金金融機関である。この制定法の目的は、全国清算決済システムの確立および運営と全国的支払システムの発展の策定である。
(34)　なかんずく Hadding, Huber, von der Seipen および Holzwarth（以上4人全員ドイツ）、Cranston（イギリス）、Vasseur（フランス）、岩原（日本）、Bischoff（スイス）および Felsenfeld（アメリカ合衆国）（この論文の範囲外のイタリアについては Costa）による各国の法に関する章を含んでいる、W. Hadding and U.H. Schneider (eds.), *Legal Issues in International Credit Transfers* (Berlin : Duncker & Humblot, 1993) 参照。アメリカ法については Geva、前掲注1第2章参照。スイス法については D. Guggenheim, *Les Contrats de la Pratique Bancaire Suisse*, 2ème édition (Genève : Georg, 1981) *ch.* 20 ; および I . Billotte-Tongue、*Aspects juridiques du Virement Bancaire*（Zürich : Schulthess, 1992）参照。イギリス法については R.M. Goode, *Payment Obligations in Commercial and Financial Transactions* (London : Sweet & Maxwell, 1983) 序章、I 章およびIV章と E.P. Ellinger, Modern Banking Law (Oxford : Clarendon Press, 1987) 12章参照。フランス法については M. Cabrillac and J.L. Rives-Lange, *Encycl. Dalloz,* Rep. de Cour v Virement 参照。日本法については the Electronic Banking Committee of the Financial System research Council による1988年6月9日の中間報告書 *Report on Electronic Funds Transfers,* (以後「日本 EFT 報告書」と呼ぶ) 参照。カナダの観点については B. Crawford, *Crawford and Falconbridge Banking and Bills of Exchange,* 8th ed., Vol. I (Toronto : Canada Law Book, 1986), pp. 1011-1035参照。
(35)　詳細は、B. Crawford, "International Credit Transfer : The Influence of Article 4 A on the Model Law" 19 Can. Bus. L.J. 166 (1991) 参照。2つの制定法間の比較は、Geva、前掲注1、§4.05でなされている。モデル法については、Hadding and Schneider 前掲書の Schneider 論文参照。
(36)　少なくとも9つのコモン・ロー州において。ケベック州の見解については、N. L'Heureux, *Le Droit Bancaire* (Sherbrook : Les éditions revue de droit université de Sherbrooke, 1988), *pp*. 347-367, 370-374参照。
(37)　このアプローチのモデル法のそれとの対比については、M. Vasseur, "The Main Articles of UNCITRAL's Model Law Governing International Credit Transfers and their Influence on the EC Commision's Work Concerning Transfrontier Payments" [1993] RDAI/IBLJ, 155, 161-162, 165参照。
(38)　Hadding and Schneider 前掲書の Vasseur 論文 n. 34, 264-266頁参照。Vasseur は前者の「単一的」（「unitary」）見解を選んでいるが、支配的見解は後者の「区分された」

(「segmented」)アプローチを支持することを示唆しているように思われる。
(39) Hadding and Schneider 前掲書注34の岩原論文 p. 300および Billotte-Tongue 前掲書注34、p. 171以下参照。
(40) Vasseur 前掲書注37、p. 188以下参照。
(41) 例えば、日本では、BOJ-NET および Gaitame-Yen システムの管理規則により撤回可能性は厳格に制限されている。第III節(c)(iv)参照。実際、インプットと履行の間の撤回は、BOJ-NET 上で指定時間移動だけに許されている。同様に、アメリカ合衆国および連合王国では、CHIPS と CHAPS 規則は、撤回不能を許していない。第III節(c)(i)および(iii)参照。被仕向銀行に対するまたは被仕向銀行による支払前の CHIPS 支払指図の撤回不能については *Delbrueck v. Manufactures Hanover Trust Co.*, 609 F. 2d 1047 (2nd Cir., 1979) 参照。
(42) 関連判例法の分析については、例えば B. Geva, "Payment into a Bank Account" [1990] J.I.B.L. 180参照。
(43) アメリカの4A編以前のコモン・ロー下での同様のルールについては、*Securities Fund Services Ltd. v. American National Bank*, 542 F. Supp. 323 (N.D. I 11., 1982)参照。そこでは、受取人に対する被仕向銀行の直接責任は過失と代理の原則によって説明された。
(44) このような法の1つは、国際物品売買契約に関する国連条約である。Hadding and Schneider 前掲書注34の Huber 論文 pp. 46参照。
(45) 古典的な例は *Evra v. Swiss Bank*, 637 F.2d 951 (7th Cir., 1982), *rev'g* 522F. Supp. 820 (N.D. I 11., 1981) である。本件では、27,000US ドルのテレックスの取扱いミスが、傭船契約者の時間内支払の不履行に基づく有利な傭船契約の終了による間接的損害として210万 US ドルになった。
(46) しかし論点は定まっていない。そこで、資金伝送過程における仕向銀行による振込依頼人に対する責任の関連で、岩原氏は、過失に限定されない「ネットワーク責任」の可能性を提案している。(Hadding and Schneider 前掲書注34, pp. 308-310参照)。他方、前掲注34「日本 EFT 報告書」p. 46は、仕向銀行は「不可抗力から生じる問題」には責任はないと述べている。
(47) Vasseur および岩原氏は、銀行による過失に広い責任を負わせる判例法を批判している。Hadding and Schneider 前掲書注34, pp. 260-261（フランスに関する）および p. 311（日本に関する）参照。ドイツの以前の普通取引約款は、アメリカ合衆国の4A編以前のルールを採用し（Evra、前掲書注45参照）、特別な状況が振込依頼人により伝達された場合における間接損害に対する銀行の責任を定めていた。4A編により否定されたこのルールはスイスでは Billottee-Tongue 前掲書注34, pp. 252-255により支持されていない。

第1章 国際資金移動——そのメカニズムと法

(48) 直接的代理関係は、仲介銀行の破産の場合に、支払不能の仲介銀行から受信した銀行は、直接代理人として、直接その本人である送信人から、支払不能の仲介銀行に対する支払を請求する「スキップ規則」(skip-rule) に導くことができる（もちろん、支払が仲介銀行の破産の前に仲介銀行に対して送信人によってなされていないことを前提とする）。例えば、Hadding and Schneider 前掲書注34の岩原論文 p. 311参照。「スキップ規則」は4A編以前の版の下で存在していた。B. Geva, "The Evolving Law of Payment by Wire Transfer—An Outsider's View of Draft UCC Article 4A" 14 Can. Bus. L. J. 186, at. pp. 230 *et seq* (1988) 参照。この「スキップ規則」は、4A編の最終テキストには採用されなかった。

(49) 本書および注44で述べられた例外的な状況において。

Benjamin Geva

Professor of Law, Osgood Hall Law School of York University, Ontario, Canada.

第2章 データ・セキュリティと文書イメージ処理
——国境を越える電子銀行業のための法的保護

I 序

　現代銀行業は、主に、情報、すなわち、顧客とその銀行との間でのメッセージの連続的交換に関係している。このプロセスに技術を導入するインパクトは、スピードと効率性の面から質的である、と共に量的であって、銀行がその顧客に新たな分野のサービスを提供しうるようにした。しかし、このような技術利用の成功は、部分的には、銀行の能力が技術に依存するようになったことによる。紙に対する継続的必要性は、そのような技術の恩恵の多くを縮小または取り去る。本章の関連では、依存は2つの構成要素を有している。即ち、情報が、機密性、完全性および利用可能性の評価基準に従って信用できるということと、そのような情報は、法的に有効でなければならないということである。

　本章では、これらの異なる2つの構成要素を論ずる。銀行が情報財を守るという法的状況は、銀行がその情報システムを保護すべき義務の面から論じられている。「法的効力（legal efficacy）」は、情報の細目が制定法上の義務の履行の面と裁判所において有する価値に関連している。法的効力の面からは、紙の継続的使用に対する技術的解答としての文書イメージ処理（document image processing）の採用が、電子記録の許容性の関係から検討される。

II データ・セキュリティ法

　データ・セキュリティ（data security）は、伝統的には、もっぱら技術的プロセスとして理解されてきた。データのユーザは、人による故意の妨害や自然的および偶発的な事故から生じる脅威からそれらのシステムを隔離することを目的とした物理的、論理的および操作上の措置の範囲でその情報財を保護する[1]。しかし、データ・セキュリティは、単に技術的プロセスとしてみるべき

第2章 データ・セキュリティと文書イメージ処理

ではなく、銀行も、データ・セキュリティを補完する法的側面の認識が必要である。

　データ・セキュリティ法は、3つの主要な分野に関係している。すなわち、
　——個人のプライヴァシー、例えば、データ保護
　——データの利用に関する権利の保護、例えば知的財産権
　および
　——情報の秘匿、認証、完全性および有効性の確保。

　法的セキュリティ問題は、2つの点で組織にインパクトを与える。すなわち、組織が、データ・セキュリティ手続を侵害する者に対し訴訟を起こすことを認める、それ故、抑止力として行動することを認める法（以下で議論される一例は、コンピュータ不正使用立法である）と、しばしば消費者のような第三者を保護するために、組織にデータ・セキュリティ手続を実行する義務を負わせる法においてである。銀行の秘匿義務（duty of confidentiality）とは、許容された4つの例外を除き開示を防止するデータ・セキュリティ措置をとる義務であることを明らかに意味している[2]。

　データ・セキュリティ義務に関する法源と不法行為法上の根拠を以下で考察する。しかし銀行もまた、法的セキュリティ問題が、対内的（例えば雇用契約[3]）および対外的標準契約関係に包摂されるべき範囲を検討する必要がある[4]。

（1）立　　法

　データ・セキュリティの立法的法源は、4つに細分化されうる。刑事法だけでなく、民事法および行政法をも包摂する。
　—情報セキュリティ問題を直接扱う「独自の（*sui generis*）」立法
　—データ・セキュリティを直接扱う条項を含む情報技術（IT）を規制する立法
　—情報技術（IT）を考慮して改正された、それ故データ・セキュリティを間接的に高める立法[5]
　—データ・セキュリティの面から意味を有する要件を課す通常の商事立法的枠組みと規則的枠組み[6]。

　本章は、前2つのカテゴリーを検討する。
　近年において、外部からの侵害に対するコンピュータ・システムの脆弱性の

第2章　データ・セキュリティと文書イメージ処理

認識が増していることに対応した、社会のコンピュータ・システムに対する依存の増大の結果、独自の (*sui generis*) データ・セキュリティ立法の必要性が国内の立法者達の間で検討されている。欧州評議会 (The Council of Europe) は、「コンピュータ関連犯罪」に関するあるレポートの中で、加盟国は「……製造会社およびユーザに、少なくともコンピュータ・セキュリティに関する最低限の規則の遵守を要求する法的枠組を構築し」うることを提案した[7]。

これらの方針に沿った最初の重要な制定法上のイニシアチブは、アメリカの1987年コンピュータ・セキュリティ法 (US Computer Security Act) であった[8]。本法は、連邦政府機関に対して適用され、全国標準・技術研究所 (National Institute of Standards and Technology：NIST) に、コンピュータ・システムについての標準、ガイドラインおよび関連手続を発展させる権限を与えている。合衆国政府は世界最大のコンピュータ・ユーザを意味しているから、本法の潜在的衝撃は重要である。しかし、現在までのところ、政府機関のデータ・セキュリティ実務が著しく改善したようには思われない[9]。

連合王国では1990年に、コンピュータ・ユーザがコンピュータ災害の適切な修復取り決めをし、システムをあらかじめ決められた高い基準に維持することを要求する議員法案が提出された。災害修復のための取り決めは、現金管理システムのような、ビジネス上戦略的に重要であると思われるような、ある組織のコンピュータ・システムの特定の範囲に適用される[10]。この法案は、十分な議会の支持を受けなかった[11]。

データ保護およびコンピュータ不正使用は、日常のセキュリティの諸局面を直接含む最近の立法上のイニシアチブの分野である。データ保護法は、データ処理の諸主体を保護することを予定し、過去20年間にヨーロッパ中に急に広まった。そのような法は、国境を越えた電子銀行業に明らかにインパクトを与えている[12]。効果的なデータ保護の決定的要素は、データ・セキュリティの必要性である。1984年データ保護法の第8原則は、データ・ユーザが、以下のことを保証すべきことを命じている。即ち、「適切なセキュリティ措置が、個人データへの無権限のアクセス、改変、開示または破棄、および個人データの偶発的事故による消失または破棄に対して講ぜられるべきである」[13]。

そのためデータ・ユーザは、その者が保有する個人データのセンシティビティ (sensitivity) を斟酌し、適当なセキュリティ手続を実行することが期待されている。そのような措置は、様々な局面を包含している。即ち、無権限ア

第2章　データ・セキュリティと文書イメージ処理

クセスのほか大量のテキストをチャネルに流すこと（flood）に対する、ディスク記憶装置のセキュリティのような、物理的セキュリティ；全ての失敗したアクセスの要求のログを残しておくような、ソフトウェア・セキュリティ；そして、例えば、従業員が自宅で行う作業データに関する、およびコンピュータ・システムの定期的データ保護検査に関する、操作上のセキュリティ[14]。

　その原則に従わないことは、直接的には犯罪にならないが、「強制実施通知」（enforcement notice）が登録官（the Registrar）によって発行される場合もある。セキュリティ違反があったという単なる事実は、データ・ユーザが「合理的に期待されうる」すべてのことを行ったなら、データ・ユーザに過失があったということの証明ではないと、データ保護登録官は述べている[15]。

　1990年に、データ保護法のセキュリティ規定の影響を拡大する試みがなされた。ハリー・コーエン庶民院議員は、庶民院に、「コンピュータ、データまたはプログラムの信頼性の欠如またはセキュリティの欠陥によって……被害を被った個人に、特定の状況の場合、金銭賠償を受ける資格を付与する」ことを企図する議員法案を提出した[16]。同法案は議会の支持を受けなかったが、異なる政治的信条を持った政府の下での将来の立法の可能性を説明している。

　他の国のデータ保護立法もまた、詳細さの程度およびデータ保護機関による直接介入において一様ではないが、データ・セキュリティ措置の必要性を明示している[17]。いくつかの国のデータ保護立法は、特に、犯罪が行われるには、セキュリティ措置の違反を必要とする、「無権限アクセス」のような、特定の類型のコンピュータ不正使用を包摂するために広く起草されている[18]。

　1990年6月、欧州委員会（the European Commission）は、データ保護に関する指令草案を発した。現在の改正案第17条では、データ・ユーザは、「[1]保護されるべきデータの技術および性質並びに潜在的リスクの評価を考慮するセキュリティの妥当なレベルを……確保している［ような］措置」を実行しなければならない、と定めている[19]。「潜在的リスクの評価」の指示は、何らかのリスク分析を行うことを要求しているように見える[20]。規定は、また、データ・ユーザが、指令の下に委員会によって発せられたデータ・セキュリティに関する勧告を考慮することを要求している。

　データ保護法の発展に平行して、且つ密接に関連して、コンピュータ化の進展の結果、コンピュータ不正使用の領域における関心が増すようになった。ITを用いた犯罪に伝統的刑法概念を適用する場合に問題が生じた[21]。また、

先例のない脅威や活動が急に増えた[22]。OECD[23]および欧州評議会[24]はともに、そのような関心にならう報告書を公表した。連合王国では、この圧力はついに、1990年コンピュータ不正使用法（Computer Misuse Act 1990）となった[25]。

　おそらく、コンピュータ不正使用の分野における最も宣伝された論点は、一般に「ハッキング（hacking）」として知られている、無権限アクセスに関する。データ・セキュリティ用語における無権限アクセスは、情報の完全性および機密性を確保する必要性に関連している。アクセスは、コンピュータ・システムに直接アクセスするか（例えば従業員による無権限アプリケーションへのアクセスの獲得）、リモート端末を通して行われる。

　いくつかの国内法は、コンピュータへのアクセス「のみ」を犯罪類型化しているが[26]、他の国内法は、正式事実審理待ちの被告人（culprit）に損害の故意があったことが立証されるか、機密情報にアクセスしたか、または、データを改変したことを必要としている[27]。OECDのレポートは、「ハッキング」が加害者に「故意」または「セキュリティ措置」違反を要求すべきと述べている[28]。

　「ハッキング」に対する訴訟において、検察官は大抵、アクセスが無権限でなされたことを証明する立証責任を負っており、その立証は、内部の従業員による場合には潜在的に困難である。従って、銀行は、従業員が故意または意図的に権限を逸脱したことを立証するために、全ての従業員のために明瞭に指定されたアクセス手続を確立し（そしてその手続を定期的に検査し続ける）必要がある[29]。

　国境を越えた電子銀行業に関する別の犯罪領域は、マネー・ロンダリングの問題である。マネー・ロンダリングは、罪人が「犯罪行為の収益の真の源泉および真の所有権を隠匿する」方法である[30]。特に欧州共同体内における、国際金融システムの統合の増大と資金の自由な移動のための障壁の除去により、そのような常習的行為を調べ、抑制するための立法が生じた[31]。規則は、銀行に対し、顧客の口座の操作を監視する付加的義務を課している。そのようなモニタリングは、データ保護に関する銀行の義務と潜在的に矛盾する。

　電子銀行業そのものの発達は、近年、国内外の立法者の注意をひきつけてきた[32]。そのような立法の性質は、データ・セキュリティが相当程度まで明確に示されていることを要求する。例えば、

第2章　データ・セキュリティと文書イメージ処理

——1984年デンマーク支払カード法（Danish Payment Card Act 1984）第10条は、オンブズマンがセキュリティ措置に不満を抱いたときには、当該機関と変更が取り決められなければならない。それに失敗した場合、オンブズマンは受諾命令を発することができる(33)。

——合衆国では、「ホールセール」資金移動を規律する統一商事法典(UCC) 4A編は、「セキュリティ手続が、授権されていない支払指図に対するセキュリティを備えた**商業的に合理的な**（*commercially reasonable*）方法である」ならば、支払指図は有効であると述べている。(34)

——国際振込に関するUNCITRALモデル法(35) 5条(2)(a)は、「認証は、その情況下で**商業的に合理的な**セキュリティ方法である」ことを要求している。

そのような規定は、ごく一般的な用語で表される傾向にあるが、将来のイニシアチブの可能な方向を暗示している。しかし、銀行にとってそのような規定は、どのようなセキュリティ水準が「商業的に合理的」と解されうるのかどのようにして決めるかの問題を棚上げにしたものである。

(2)　責　任

責任には3つのカテゴリーがある。すなわち、制定法上の責任、契約上の責任、および不法行為上の責任である。データ・セキュリティを実行しないことにより生じることがありうる制定法上と契約上の責任の範囲は、本章の範囲外である。本節では、不法行為上の過失とデータ・セキュリティを適切に行う義務との関係を論ずる。

コモン・ローでは、不法行為上の責任は、ある当事者が相手方に対する責任を果たす際に過失があった場合に生じる。過失責任は、次の3つの要件が必要である。

——被告は原告に「注意義務（duty of care）」を負わねばならない。2人の当事者間に十分に密接な関係があることが証明されなければならない。即ち、被告の過失が原告に損害を与えることができたということが合理的に予見可能でなければならない(36)。

——注意義務違反が発生していなければならない。即ち、被告は、「十分な」かつ／または「適正な」予防措置をとることを怠っていなければならない。

——原告は、注意義務違反の結果として損害を被らなければならない。即ち、

第2章　データ・セキュリティと文書イメージ処理

被った損害の類型は、注意義務違反から直接発生しなければならず、注意義務違反の性質から合理的に予見可能でなければならない[37]。

　序で述べた様に、完全性は、データ・セキュリティの主要原則の一つである。過失については、*Hedley Byrne & Co. Limited* v. *Heller and Partners Limited* 事件判決[38]は、英国コモン・ローを情報の過失的用意にまで拡大した。その後、裁判所は、広範にまき散らされる情報の性質と能力が、多くの訴訟を引き起こであろうことから、情報提供者が「注意義務」を負うべき範囲について慎重である[39]。

　銀行の情報技術活動が「法的に安全な」環境の中で行われていることを確保する見地から、過失の第2の要件は重要である。何が適切なセーフ・ガードと考えられるか。これは裁判所により客観的に達せられうる事実問題とみなされている。しかし、アメリカ判例法は、どのように裁判所がデータ・セキュリティに関する事件に判決を下すかについての幾つかの思考を我々に提供している。

　アメリカの、*T. J. Hooper* 事件[40]は、船上でのラジオの使用に関するものである。本件タグボートはひどい嵐の中で船荷を運搬する艀を失った。原告（船荷所有者）は、被告（船の所有者）が天気予報を聞くためにラジオを使用し、必要な回避行為を取っていたなら、その損失は避けることができた、と主張した。

　ラジオの使用は、強制的要求や産業上の基準ではなかった。実際、船の所有者の多くは、そのような装置を設置してなかった。それにもかかわらず、裁判所は、原告に有利に認定し、「すべての職業は、新しい有用な装置の採用の際には、充分に時間がかかる」から、別の船の所有者がラジオを使っていなかったという事実は、関連性がないと、判示した[41]。同様の意見は、*General Cleaning Contractors* v. *Christmas* 事件[42]においてイングランドの裁判所により表明されたが、本判決は、転落から清掃会社の清掃員を保護しなかったことにつき、清掃員を保護しないことが一般的な産業上の慣行であったにせよ、清掃会社に過失があると判示した。レイド卿は、「仮にこの危険を看過するような一般慣行があると証明されたとしても、私は、それは看過されるべきではなく、予防措置が取られるべきであると解する……」と述べた。明らかに、裁判所は、一般の商業関係におけるものよりも個人の安全問題に関してはそのような義務を進んで課すと言ってさしつかえない。

　T. J. Hooper 判決の背後にある決定的要件の１つは、関連技術を安く取り付

けることができるという事実である。このことは、セキュリティ手続および技術は、産業内の使用に必然的には基づかないで、目下利用できる生成物の見地から最新式に維持されなければならないということを示唆している。実行費用はまた、保護されるデータの性質、即ち、関連する者全部に対する情報の価値との関連で考えられなければならない。

　他のイギリスの判例法において、裁判所は、セーフティ設備を持つだけでなく、それを適当に使用することが必要であると判示した[43]。このことは、従業員がセキュリティ手続および技術の使用と適用において十分な訓練を受けているということを確保する義務を雇い主に課す。また、コンピュータのハードウェアの質の向上と最新ソフトウエアの使用の観点から特に重要な、監視システムの実行を通して情報を最新のものに保つ法的義務があるように思われる[44]。

　不法行為責任の問題にとって重要な他の領域は、部門的または産業的実務準則（codes of practice）の使用である[45]。このような準則は特定の分野内で任意であったり、または団体資格の条件の一部でありうる。議論の場合には、データを損失、変更から保護することを怠るかまたはその他のセキュリテイ違反に基づく行為に過失を考えるときに、被告組織が認める実務準則と基準を、裁判所は考慮することができる。

（3）　標準化

　「我々の情報社会では、ますます技術的標準が、法、規則、判決等を表す際に使用されている。……標準は、契約上の義務を立案し、法廷であろうとなかろうと、その意味を解釈する際に、より重要になって来ている」[46]。

　近年において、データ・セキュリティに関するユーザの懸念を示す反応として、IT 生成物およびシステムのセキュリティに関する国内的および国際的基準の創設に向けた動きがあった。「オレンジブック」として通常知られている、アメリカ国防総省の「信頼されるコンピュータ・システム・セキュリティの評価基準」（*Trusted Computer Systems Security Evaluation Criteria*：TCSEC）は、IT 環境で必要とされるセキュリティのレベルに関する基準を定める最初の主要な試みであった[47]。

　連合王国では、1990年8月、英国通産省が、IT システムおよび生成物のセ

第2章　データ・セキュリティと文書イメージ処理

キュリティ評価および認証のための新たな国内計画の詳細を発表した。本計画は、初め試験的に運用され、1991年1月に完全に運用されるようになった。本計画は以下のことを規定している。
　―公的および私的両部門のITユーザのための単一のセキュリティ評価基準
　―国際的に承認された認証システム。
　評価手続は幾つかの方法で適用されうる。即ち、システム・アセスメント、生成物認証、サービス・レベルの定義、コンピュータ・ベース・システムの正しい運用の認証および公益／取締システムの認証[48]。証明書は、認証団体からの免許の下に、商事団体である、商業認可評価機構 (commercial licensed evaluation facilities (CLEFS)) により授与される[49]。
　評価のために用いられる基準である、情報技術セキュリティ評価基準 (information technology security evaluation criteria (ITSEC))[50]は、連合王国、フランス、ドイツおよびオランダにより共同で開発された。そのような調和は、ヨーロッパ共同体基準として最終的に採用されるであろうことが望まれている[51]。大商業データ・ユーザである60人の集団からなる、ヨーロッパ・セキュリティ・フォーラムは、そのような提案に腹蔵なく意見を述べて、「同じセキュリティ原則が商業、政府、および国防部門に適用されるというアイディア」を拒否した[52]。1992年に、ヨーロッパ委員会は、理事会決定を通して、「情報システムのセキュリティに関する細目、標準化、評価および認証の促進」を盛り込んだデータ・セキュリティ分野におけるアクション・プランを提起した[53]。
　1993年9月に、英国通産省は、商業ITユーザのためのデータ・セキュリティに関する実務準則を発表した[54]。本準則は、最良の産業実務に基づき、「情報技術生成物およびサービスの下請契約または調達のための……共通準拠基準として」の利用可能性も認めたけれども、諸組織に一般的指標を提供することを目的としている[55]。本準則は英国標準となり、最終的には国際標準にすらなることが期待されている。
　そのような標準化計画の将来は、産業データ・ユーザらの間での標準化計画が受け入れらるか否かで決まるであろう。択一的に、そのような基準は、データ・ユーザが保証しなければならないセキュリティのミニマム・レベルを明示する制定法上の規制の基礎を形成するであろう。アメリカ合衆国において、合衆国会計検査院長は、「「連邦」機関は、セキュリティおよびプライバシーのた

43

めの NIST 基準を満たす EDI システムを用いる合法的義務を創設しうる」ことを最近決定した。本決定は、私的部門におけるそのような基準の使用による「フィルター（filter-down）」効果があるのは明らかであろう[56]。

銀行業分野については、1987年銀行業法別表3第4条7項では次のように記述されている。

「機関が、……適切な会計、その事業の他の記録、およびその事業および記録の適切な管理システムを維持していない場合には、慎重な方法で、その事業を行っていると見なされるべきではない。」

本規定に関して、イングランド銀行銀行監督部（Banking Supervision Division）は、そのような管理の性質の大要を述べる「機関への通知（notice to institutions）」を発した[57]。特に、第3.4節の「情報技術環境における管理」は、以下のように規定している。

「機関が電子的情報に依拠する範囲を理解し、その情報の価値を評価し、そして適切な統制システムを構築することは、経営陣の責任である。」

本通知は、そのような統制構造の内で考えられるべき問題を列挙している。本通知の最近の1992年改正は、IRA の爆破活動のためにシティーが受けた破壊に対する対策の一部である。この一要素は、銀行に不慮の事態への適切な対策案を用意する必要があるという圧力の強まりを反映している[58]。

銀行業サービスに関する1989年報告書[59]は、セキュリティ基準の必要性を明確に認め、「従って銀行は、EFT システムが、その認可手続において、セキュリティに関する一定のミニマム・スタンダードを満たさねばならないという原則を採用すべき」ことを勧めている[60]。しかし、本報告書に対する返答である政府のホワイト・ペーパー[61]では、適正なセキュリティ・セーフ・ガードに関する委員会の関心を示しているが、セキュリティの整備は、銀行と顧客双方の利益となるので、「現在および将来の EFT システムでセキュリティのミニマム・スタンダードを維持し続けると述べる規定を、銀行実務準則に入れて欲しい」ということが示されただけであった[62]。

III 法的効力

　文書のイメージ化技術は、電子的記録保存に対する不可避的傾向の単なる一側面である。文書イメージ処理（document image processing：DIP）は、小切手や顧客の手紙のような紙文書を、データの別の方式と同様の方法で処理できるディジタル・イメージに変換する。銀行と顧客との間にある、通常は法人よりも個人顧客との、関係の性質の結果[63]、この技術的解決が熱烈に導入されることとなった。銀行界では、そのようなシステムは完全には法的に認められたものではなく、従って信用できないという懸念が表明されている[64]。ディジタル・イメージは伝統的な紙文書が持つ法的効力に匹敵する法的効力を有するとは解せない。

　この紙のため、「法的効力（legal efficacy）」とは、一つの情報が、裁判所内で利用できる能力だけでなく、制定法上の要件の充足の点から有する価値に関する。記録保存に電子的手法が採用される場合には、そのような記録が紙形式におけると同様の効力があることが重要である。そのような立場が確約できない場合、そのような電子的技術の活用による利益はかなり減少する。

（1） 制定法上の要件

　制定法上、文書形式についての要件がある。例えばイングランド銀行法では、小切手は、「指図をなす者が**署名**した、相手方に対する**書面による**（in writing）無条件の指図」であることを要求する1882年為替手形法（Bills of exchange Act 1882）により規律されている[65]。そのような要件は、銀行部門における技術の採用に対する障壁となりうる。従って銀行は以下のどちらかを選ぶ必要がある。

　―既存の用語は、電子的方法の選択を含むほど十分に広く解することができるか、またはできそうである、と考えるか、
　―条項が改正されるまでは、銀行は紙を一掃することはできない、と考える。

　本節は、電子的記録保存に関し、3つの鍵となる法律用語を検討する。不確実性がある場合、銀行は、どのような契約事項が「商業的に許容できる」法的確実性を確立するために、採用できるか検討する必要がある[66]。

第2章　データ・セキュリティと文書イメージ処理

　後者の結論の一例は、「小切手用紙の省略」の分野に見られる。紙での支払指図が支払データの電子的交換システムにより銀行間で伝達される場合、小切手用紙の省略は、銀行に現行制度からの移行を可能にする。これは銀行が、証拠法上の目的のため元の物理的な小切手のイメージを電子的に記録し、保存するために、DIP 技術を導入することができる一分野である。小切手用紙の電子的省略に対する第一の障壁は、為替手形は「支払のため適切に呈示されなければならない。呈示されない場合、振出人および裏書人は解除される」と規定している、1882年為替手形法第45条にある。当該制定法上の要件は、情報が電子的形式だけで呈示されたことを妨げる効果がある。すなわち、手形は、物理的に呈示されなければならない(67)。1989年 Jack レポートは、電子的情報の呈示ができるよう本条を改正すべきであると勧告し、これは政府に容認された(68)。しかしそのような立法はまだなされていない。

　国境を越えた銀行業の環境内で、制定法の形式についての法的不確実性は、各国の法域は、それぞれ特別な規定を有しているので、明らかにかなり増大する。そのような問題はヨーロッパレベル(69)および国際的レベル双方で研究がなされており、様々な法改正勧告が各国政府になされている(70)。しかし、現在までのところ、前進は、制定法の全般的な改正よりも断片的な改正による傾向がある(71)。

　（a）文　書　「解読可能な形で記述または印刷しているものであればいつでも文書であり、どのような素材に表現され、記述されているかを問わない」(72)。船荷証券のような文書が後に発生する事柄のための必要な前提条件として呈示される場合には、「文書（document）」の概念は、証拠法上の面でかなり確固たるものとして築き上げられている。加えて、そのような文書の呈示は、また、裁判手続における主要な要素である。

　行政法では文書は、一定類型の情報を提供するため政府機関に提出され、及び／又は、制定法上の要件を満たすため維持されることが必要である(73)。行政文書の要件は、通常、第一次的な立法の要件よりも単純に改正しうる規則（第二次的立法）に含まれている。

　商法では、文書は、不動産の売却や消費者信用取引のような、特定契約様式における立法上の要件である。そのような要件の目的は、通常、取り交わされた契約の正確な性質を当事者に明らかにし、消費者を保護するためである(74)。

第2章　データ・セキュリティと文書イメージ処理

データ通信環境では、障壁となるような、文書に関する法定要件の解決は、2つの方法でなしうることが示されている。
　―電子的メッセージは、「文書ではなく、人が必然的に読みとることができる性格の電子的文書であってもそうである」(75)ことを認容すること。従って、法上の無用な文書要件の除去を要求する。
　―電子的手法まで拡大するため制定法上の定義を定義し直すこと。例えば、1879年銀行帳簿証拠法（Banker' Books Evidence Act）を修正している、1979年銀行法は、帳簿が「マイクロフィルム、磁気テープまたはその他の機械的若しくは電子的なデータ検索機構の形式で保存された」記録を含むことを明確に認めている(76)。

（b）「書　面」　1990年のUNCITRAL報告書(77)では、「書面で」行われるべき情報の要件は4つの主要な理由から生じたと述べられている。即ち、
　―論争を減らすため
　―当事者に結果を認知させるため
　―第三者に信頼可能なものにするため
　―租税、会計、および規則上の諸目的を助長するため。

1978年法律の解釈に関する法律（Interpretation Act）では、「書面（writing）」は、タイプ印刷、印刷、リソグラフ、写真およびその他可視的方法で言語を表現または複写する方式を含む(78)。電子銀行業システム内での電子的インパルスの記録および変換は、この定義の範疇に含まれるであろうか。重要な問題は、電子的メッセージが「可視的方法（visible form）」の内に含まれると解せられるかどうか、ということであろう(79)。裁判所が本定義に文理解釈を採用するなら、電子的メッセージにまで拡張することはありそうにない。

「書面」の択一的定義は、1988年著作権、意匠および特許法（Copyright, Designs and Patents Act）第178条に規定されており、「書面」を「手書きであるかどうかを問わず、記録される方法又は媒体に関わらず、表記または符号の何らかの形式」と定義している。そのような拡張的な定義は、電子的メッセージを含むことになろう。規則上の枠組みでは、VAT要件は、記載された商業送り状の記録についての要件を満たすように、商業送り状の電子的呈示を認めるよう改正された(80)。従って、裁判所がそのような規定を新たな技術が認められるべき先例と解することが可能であろう。しかし、裁判所は、「書面」の

47

定義が特定の立法で明白に広げられているので、そのような広い定義が採用されていない場合には、伝統的な紙ベースの解釈が有効である、と結論することは可能である。

電子的メッセージが「書面」となりうるか判決する裁判例がなく、または特別にそのような電子的メッセージ・システムを考慮する法改正がない場合には、これは、法的に不確実かつ不安定な分野である。「書面」についての制定法の要件がある各状況の中で、問題は、「固有の制定法上の文言および制定法の下で形成された判例法に基づいて評価されなければならない。」[81]

(c) 署名　イギリス法では、一定の法律文書は、関連する者により認証されねばならない。この手続は通常、手書き[82]、サイン[83]、印影または捺印証書により認証された文書の点から指示される。これが特に銀行業において重要なのは、銀行が、銀行の顧客のために適正に認証された処理を行うことが必要とされる場合である。

捺印証書または印影についての伝統的な要件は、電子的環境では繰り返すことができず、電子的な選択肢の利用を可能とする立法的改正が必要である[84]。電子的な選択が「署名」された文書として法的に認めることができるか、または認めるべきかを考察するときには、署名の機能が確認されることが必要である。ある著者は署名の5つに異なる機能を確認している。即ち、署名者の同一性確認、内容の認証、証拠としての機能、最終性（finalisation）、つまり、文書の内容が、最終的な形式をなしていること、そして、署名者が内容に関して法的責任を認める署名者への警告としての機能[85]。

イギリス法では、「署名」の正式な法的定義はないが、しかし、過去のイギリスの裁判例は、手書きについての選択の広範な範囲は、複写による署名[86]やイニシャルによる署名[87]と一緒のゴム印を含めて、署名についての要件を満たしている、と判示している。実際、法的意見は、テレックスの送り手のアンサーバック（answerback）は署名を構成するということさえ示している[88]。

様々なタイプの電子的「署名」が存在するか、または発展中である。現在、最も一般的に用いられている型式は、パスワードか、PINシステムである[89]。また銀行は、テレックス経由で行われる資金移動の認証のため、「テスト鍵（test keys）」の利用に長いこと信頼を寄せている。銀行は安全な「ディジタル署名」を創造する手段として、暗号技術にますます期待をよせている[90]。生

第2章 データ・セキュリティと文書イメージ処理

物測定学的技術の発展は、ひとたび商業的に実現可能なものとなれば、極めて高い水準の認証を提供するであろう[91]。従って、裁判所が、署名者に独自のサイン、記号または刻印であって且つ文書／メッセージの内容を認証するかまたは同意することを意図したものとされる、伝統的な署名の法的機能を十分に満たすものとして電子的な選択肢を認めることは不合理なことではないように思われる。

(2) 記録保存

　銀行は、紙環境で処理しようが、電子的環境で処理しようが、適正な記録保存手続が以下の補完的理由のために確立されていることを保証する必要がある。
　　―商業的ニーズのため、
　　―様々な制定法上の／規則類似の要件を充足するため、
　　―紛争の場合における事件の証拠とするため。
　銀行は、行内の管理目的のため情報を収集し、記録を保持する必要がある。管理は、特に、景気後退中に、キャッシュ・フローのような組織の日々の効率をモニターすることができることとますます関係し、それ故、銀行は一連の使用中の数字へのアクセスを望む。
　従って、記録保存は、ビジネス上重要なデータの変造、喪失、または破棄に対する商業セキュリティ政策の重要な一面でなければならない。
　制定法の記録保存の要件は、2つの大きなカテゴリーに分けられる。
　　―例えば、1987年銀行法や1993年マネー・ローンダリング規則[92]における、記録保持の要件、
　　―例えば1984年データ保護法における、記録を保存する必要性を意味する様々な関係当局／人に対する情報開示の要件。
　制定法上の目的のため必要な記録に加えて、諸組織も、国内および国際的な統治組織のために、統計目的の記録を保持することが求められうる[93]。
　銀行も、自行および取引の相手方・消費者双方により、契約の遵守をモニターする手続の一部として特定の記録を保全する必要がある。不遵守の場合には、イギリス法では、1980年出訴期限法（the Limitation Act 1980）第5条で定められているように、行為のあった日から6年の間、契約または不法行為上の違反に対して訴訟を起こすことができる[94]。従って、契約の存在の結果生じ、当該契約の下で発生した事態の証拠となる文書は6年間保全されるべきである。

49

第2章　データ・セキュリティと文書イメージ処理

　イギリス法には保管記録のため用いられる記録媒体の形式を規律する一般規則はないが、いくつかの規則は、電子記録のために付加的条件を規定し、特定の当局は、ある組織がもっぱら電子記録に依拠する前に、承認を得ることを要求する権利を有している。例えば、
　　―1985年金融法（Finance Act）第10条。そこでは、租税目的のため保有される記録は、データ記憶媒体が読み取り可能な形式に容易に変換でき、且つ請求次第、関税・間接税検査官が記録を使用できる場合には、コンピュータに保全しうる(95)。
　　―1983年付加価値税法（Value Added Tax Act 1983）付則7は、以下の条件で、VATの目的のための情報の電子記録を明確に是認している。
　　（ⅰ）検査官に少なくとも1月前に書面で通知され、
　　（ⅱ）検査官により定められた条件が守られていること（付則7、第3項）(96)。

　このような記録保存の要件は、電子記録が、発生から適切な期間の間読み取り可能なフォーマットで継続的に保全される必要があることを明白に意味している。従って、銀行は、適正な手続が、最初に記録するときコンピュータ・プログラム・マニュアルおよび使用説明書のような項目の記憶を含む、そのような管理を容易にきるよう確保する必要がある。

（3）　証　拠　法

　紛争が裁判所にもちこまれる場合には、当事者は証拠を提出する必要があろう。イギリス証拠法では、裁判所におけるコンピュータ記録の提出および利用につき特別規定が定められている。これらの要件に従うことは、銀行のITシステムのセキュリティに直接的な影響を与える。この点に関して、2つの異なる論点を区分することが重要である。
　　―電子的記録は、証拠として裁判所に提出しうるか。すなわち「許容性（admissibility）の問題」である。
　　―そのようなコンピュータによる証拠が裁判所にどれほどの重みを与えるか。すなわち「証明力（probative value）」である。

　（a）　許　容　性　　コモン・ローの法域では、コンピュータ記録の一般的な許容に対する主要な障壁は、「伝聞法則（hearsay rule）」である。

第 2 章　データ・セキュリティと文書イメージ処理

　それは、当事者が事件に関する個人的な知識をもった証人を召喚することにより事件を証明する、コモン・ローの伝統における司法手続の当事者主義的性質に由来する。……事件の現場で得た知識のない証人は、……反対尋問においてこの方法では異議を申し立てられることができず、そのような証拠は……通常排除される[97]。

　一般に、コンピュータ記録が伝聞証拠として扱われるかどうかは、それに含まれた情報とそのような情報を証拠として用いる目的によって決まる。コンピュータ記録に伝聞法則が適用されない主な場合は、以下の場合である。
　―「物的証拠（real evidence）」として分類される記録の場合。例を挙げると、例えば、複雑な分析機器としてよりも、自動レーダー・トラッキング・システムや呼気検査機など、コンピュータが自動記録システムとして単に機械的方法で情報処理しているときである[98]。明らかにそのような区別は、裁判所にとって決定を下すことが難しい問題であることが証明されうる。R. v. Wood 事件では以下のように判示された。「2つの事件は同一ではない。むしろ、単なる保管と検索コンピュータ・プログラムおよび演算プログラムとの間には多くの中間段階がある。」[99]
　―供述書が真正なものかどうかを証明するものではなくて、供述書が作成されたということを証明するためだけに、記録が行われた場合。
　―紛争当事者が、そのような証拠の使用を認めることに同意する場合。「本法において、……司法手続上、（一般にか、または特別な目的のためか、いずれかのために）許容される証拠についての司法手続における当事者間の（なされるいかなる場合も）合意の効力を害するものは何もない。」[100]
　イギリス法には、コンピュータ記録が許されることを認める特別規定がある。しかし、その条件があらゆるコンピュータ証拠に適用されるのか、または、伝聞証拠として許されるときのみであるかは、現在、不明確である。1968年民事証拠法第5条は以下のように規定している。

　民事手続において、コンピュータにより作成された文書に含まれる供述書は、……そこで述べられた事実の証拠として許容され、それに関する直接的口頭証拠が許容される。

　しかし、以下の条件を満たす場合のみである。
　(i)　営利の有無を問わず、法人であるかどうかを問わず、団体または個人に

より、期間中に通常行われる行為目的のための情報を記録または処理するためにコンピュータが通常用いられる当該期間中に、当該コンピュータにより、供述書を含む文書が作成された場合、

(ii) 当該期間中に、供述書に含まれているような種類の情報、またはそこに含まれているような情報が引き出されるような種類の情報が、それらの行為の通常の過程において、コンピュータに通常提供される場合、

(iii) 当該期間の実質的部分を通してコンピュータが適切に機能していた場合、または、そうでなかった場合には、当該期間中にコンピュータが適切に機能しなかったか若しくは操作されなかった箇所が、文書の作成またはその内容の正確性に影響を及ぼすほどのものでなかった場合、

(iv) 供述書に含まれる情報が、それらの行為の通常の過程でコンピュータに提供された情報を再生するか、または当該情報から引き出される場合。

これらの条件が満たされていたことを裁判所に納得させるには、「コンピュータ使用目的のための行為の管理に関し責任ある地位」[101]にある者から口頭の証言を得るか、または事件の大多数の場合のように署名のある供述書を得ることが必要である。ユーザがこれらの条件に従うことを援助するために、マイクロフィルムの処理のための手続を詳述する BSI 基準がある。また、類似の基準が、文書イメージ処理システムのために目下準備中である[102]。

1968年民事証拠法の起草者は、コンピュータの証拠に与えられるべき重さまたは価値に関する問題と裁判所における証拠の許容性の問題とを混同しているように思われる、と注釈者達は指摘している[103]。そのような混同は、裁判所がコンピュータ記録の許容性を認めことを確実にしようする組織により、過度に複雑な監査実務が導入されることを意味する。何人かの注釈者は、コンピュータの証拠をもはや「伝聞証拠」として扱われず、そのようなコントロールを「コンピュータの信頼性およびセキュリティの客観的に高い基準を確保することを目指した（多分結局は法的に強行可能な重さを有する）ガイドラインおよび実務準則」に代替させることすら要求している[104]。しかし、これらの立法上の要件および不明確性があるにせよ、裁判所は、「反対の証拠がない場合には、裁判所は「機械的証書」が重大な時期に適切であったと推定するであろう」と言明したことは、指摘されるべきである[105]。

実際に裁判所に達する（刑事事件に対峙されるような）民事的紛争の場合には、当事者は紛争に関連するすべての文書を相互に「開示」をすることが必要であ

る⁽¹⁰⁶⁾。この手続は、当事者があらかじめ証拠の提出に同意し、それにより、上述の正規の手続に従う必要性を通常避けることを一般に意味している。実際、学術的な論争が民事証拠法第5条の適用可能性およびその性格に関する解釈問題を取り巻いているにもかかわらず、直接関連する判例法は非常に少ない。

コンピュータ犯罪に関する事例において、コンピュータ証拠の許容性は、1984年警察および刑事証拠法（Police and Criminal Evidence Act. PACE）第69条並びに1988年刑事裁判法（Criminal Justice Act）第23条および24条に服する。本法は、民事手続における要件に類似する要件を含んでいる。これらの規定の性格および範囲は、最近、重要な *R. v. Shepherd* 事件における貴族院判決で検討された⁽¹⁰⁷⁾。

本判決の一側面は、「あらゆる重大な時期に、コンピュータが適切に稼働していた」ことを証明する供述書を要求するPACE69条1項（b）に関係した。グリフィス卿は、多くの事件では、コンピュータの操作に通じた者がいることで足りるので、コンピュータの専門家を召喚する必要性はめったにないと考えたが、与えられる必要がある口頭証拠の性質は、コンピュータおよびコンピュータ操作の複雑性に従って一様でない、と述べた⁽¹⁰⁸⁾。

しかし、本貴族院判決のもっと重要な要素は、69条の要件の範囲に関係した。同裁判所は、これらの要件は、物的証拠として提出されようが、伝聞証拠として提出されようが、あらゆるコンピュータ記録に適用され、「訴追側がコンピュータにより作成された文書に依拠したいのであれば、あらゆる場合において69条に従わねばならない」、と判示した。

PACE第69条と1968年民事証拠法第5条との間の文言の類似性を理由に、同裁判所は、民事事件における証拠に関する場合と同様の見解をとり、従って、以前の判例法を覆したように思われる。

1993年9月に、イギリス法委員会（English Law Commission）は、長らく待たれていた伝聞法則に関する報告書を公刊した⁽¹⁰⁹⁾。全体を通して、本報告書は、許容性の目的のために物的証拠と伝聞証拠の区別を除去する立法草案を提案した。この勧告の一部として、本報告書は、1968年民事証拠法第5条の削除と、コンピュータに基づく記録を他のビジネス上の記録と同様に扱うことを要求し、「第5条の現行規定は、保護を提供せず、保護的に法律を制定することは可能でない」と述べている⁽¹¹⁰⁾。この立場は、1988年にスコットランドで採用され⁽¹¹¹⁾、USA⁽¹¹²⁾およびヨーロッパ大陸⁽¹¹³⁾のような他の主要な法域にお

第2章 データ・セキュリティと文書イメージ処理

ける一般的な実務に影響を与えている。本報告書は、専門家の意見を好意的に言及している。すなわち、「当事者にそのシステムのセキュリティに関する情報を提供することを勇気付けて、そのような証拠はその信用性に従って評価されるべきである。」国会の予定表に適当な時間を設けるまで、第5条の規定を廃止する提案が政府により採択されることが期待されうる[114]。

コンピュータ記録が裁判所に証拠として提出されることは、銀行がデータ・セキュリティ政策において取り組む必要がある証拠要件のただ一つの面である。裁判所が適当な証明または良い記録として内容を認めてくれることが、より一層重要な問題である。

（b）証明力[115] イギリスの民事および刑事証拠法はともに、裁判所が証拠の重さまたは証明力をどのように判断すべきかに関する規定を含んでいる。電子記録については現在、許容性要件と開示手続に従うことが、文書の真正性の問題が正式事実審理前審理で扱われたを効果的に保証することになろう。

1986年民事証拠法は、供述書は「裁判所が承認するような方法で真正であることが証明」され得ると規定している[116]。1988年刑事裁判法第27条は、民事証拠法第6条1項の文言に加えて、「謄本と原本との間にどれくらい多くの相違があるかは、本項の目的にとって重要ではない」と規定している[117]。文書が開示手続中に認容される場合、最高法院規則第27条4項（1）は、謄本は、真正性が相手方により争われない場合には、「真正」なものと推定される、と規定している。1879年銀行帳簿証拠法第3条によれば、認証された帳簿の謄本は、同条の範囲内で記録された情報の一応の（*prima facie*）証拠として、認められる。この特別な証拠法上の推定は、あらゆる銀行の情報に適用されるわけではないが、銀行が技術を採用することへの誘因であった。

1984年警察および刑事証拠法は、以下のように規定している。

「供述書に付与される重さを評価する際には、……特に次の各号に掲げる事由を考慮しなければならない。
（a）当該情報が……事実の発生又は存在と同時に、関係するコンピュータに入力され……たか否か。
（b）当該コンピュータへの情報の入力……に関係した者に、事実を秘匿し、又は偽る誘因があったか否か[118]。」

第2章　データ・セキュリティと文書イメージ処理

コンピュータ証拠に与えられる重さ（および場合によっては「許容性」も）に関する付加的な問題は、**最良証拠**（*best evidence*）法則である。この証拠法則は、当事者が、謄本よりも元々の証拠文書を裁判所に提出すべきである、とする。情報が、文書イメージ処理システムのように電子的に記録された場合、イメージは原本の謄本に必然的になるであろうから、最良証拠法則が潜在的な問題を引き起こすことは明白である。

しかし、英国裁判所は、最良証拠法則の電子的記録への適用について、極めて柔軟であることを証明した。裁判所は、フィルム、テープおよびビデオ記録物は、「性質上、信用でき」、「古い法則は、記述された文書に限定または制限される」ので、「最良証拠」法則の対象たる文書とはみなされない、と判示した[119]。論者によっては、文書が記録された場合と同様に処理された場合にも適用されないとするものもあるが、裁判所のこの解釈はコンピュータ記録に適用されうる[120]。裁判所は、最良証拠法則は、原本が失われたか、または「その作成が物理的に不可能か、若しくは極めて困難である」場合には、要件ではない、と判示した[121]。

概していえば、裁判所は「最良証拠法則の適用は、当事者が原本を持っており、原本を作成することができるが、それをしないということが証明されうる場合に制限されることは今や十分に確立されている」と判示した[122]。従って、文書が謄本である場合には、他方当事者は、謄本が作成された手続に関して重大な問題が生じた場合にのみ、証拠の証明力を問題にするために、この事項を大いに利用することができる[123]。

IV　結　論

本章の主たる問題は、銀行が、そのような技術が法的保護の枠内で運用されないなら、およびそのように運用されるまで、国境を越えた電子銀行業のために情報とコミュニケーションの技術の利益を活用することは十分にできないであろうということである。そのような枠組みは2つの要素からなることが示された。

―データ保護法のような立法のほかに、一般的注意義務の下に、銀行は適切なデータ・セキュリティ手続を行うべきとの義務の理解、

第2章　データ・セキュリティと文書イメージ処理

―電子的記録の効力の国内立法における明示的な承認と統制当局による明示的な承認。

将来的には、銀行界内におけるデータ・セキュリティの促進は、独自の（sui generis）規則によることになろう。詳細な立法条項の起草は、それらが将来の技術の発展を制限しうるために、適当ではないアプローチのように思われる。より適切なアプローチは、おそらく、電子的記録が（適切な監督機関により明示的に承認された）一定基準に従って維持される場合には、制定法上／規則上の要件を満たしていると推定される、と述べる立法であろう。そのようなセキュリティの基準または実務準則は、認証、および紙の原本の破棄を含む、電子的手続に関するあらゆる問題に取りかかるために包括的に取り組む必要があろう。

特別の立法上の義務がない場合、契約上の義務は、データ・セキュリティに関する立法上の規定を補完し続けるであろう。契約手続を通して、当事者は、当事者が互いに期待するセキュリティ・レベルと全体としてのシステムを決定することができる。法的効力に関しては、法域によって採用される電子的記録に対するアプローチの違いが、銀行が特定の国内法の下で契約することを選択する場合の一要因となりうるであろう。

「法的確実性」を達成することは、銀行が国境を越えた電子銀行業のためにデータ通信の効率を十分に活用することを認めるであろう。全体として、電子的記録に関する法制度の関心は、結局、銀行が銀行の情報ネットワークを通して行う一連の保護手続に従って、記録が作成され、分類され、蓄積され、消去されることを証明できるということである。国内的および国際的なセキュリティ基準の発展のみが、銀行がそのような「信頼性」を達成することを手助けできる。

最後に、1990年に筆者によってなされた多国籍企業の実地調査において、回答者の三分の一は、そのデータ・セキュリティ手続の標準的特徴として紙でのバック・アップを継続する、と述べた。そのような発見は、しばしばユーザ自身がそれらのシステムの信頼性を欠いているから、電子的環境へ移行する際の問題の範囲を例示している。データ・セキュリティ政策を行う明確な義務だけではなく、司法的保証により補完される電子的記録の明確な立法的承認が、結局は、この観点を改めるために期待される。

第 2 章　データ・セキュリティと文書イメージ処理

(1)　しかし、最近、連合王国の Mori Poll（ICL Secure Systems と DTI により委託された）は、5 社中 1 社のみがリスクを徹底的に査定したが、10パーセントのみがセキュリティ侵害に対して満額保険をかけていることを発見した。*Computing*, 25 November 1993, p. 3 参照。
(2)　*Tournier* v. *National Provincial and Union Bank of England*［1924］1 K.B. 461. 4 つの例外とは以下のものをいう。(a)法に強制されて開示が行われる場合、(b)公衆に対し義務である場合、(c)銀行の利益が開示を要求する場合、および(d)開示が顧客の明示的または黙示的な同意によりなされる場合、である。
(3)　「下級事務職員によって行われた統制の重要性を過小評価することは非常に容易である。この多くは、どの手続マニュアルにも記載されておらず、コンピュータ・アプリケーションにも組み込まれていない」in Morriss, P.W., "Electronic Data Interchange : Security, Control, and Audit", pp. 81-96, COMPSEC 89, London, 11-13 October 1989.
(4)　最近の調査では、回答者の50パーセントが、セキュリティ政策の範囲内に法的義務を含めている。"IT Security Breaches Summary", NCC (in conjunction with the DTI and ICL), 1992参照。一般的には Walden, I., "Information Security and the Law", pp. 179-238, in W. Caelli, D. Longley, and M. Shain, *Information Security Handbook*, Macmillan Stockton Press, 1991参照。
(5)　例えば、1988年著作権、意匠および特許法（the Copyright, Designs and Patents Act 1988）は、「創作物に関し人間の創作者がいない状況下でコンピュータによって創作された」創作物に著作権の保護を拡張した（ss. 9(3) and 178)。
(6)　本文「記録の保管」を参照のこと。
(7)　Council of Europe, "Computer-related crime", Recommendation No. R (89) 9, adopted by the Committee of Ministers on 13 September 1989 and Report by the European Committee on Crime Problems ; at p. 75.
(8)　Public law 100-235, 40 USC.
(9)　Foremski, T., "Lax case of security standards", *Computing*, 16 August 1991, p. 10 参照。
(10)　*Applied Computer and Communications Law*, Vol. 7, No. 2, February 1990, p. 2参照。
(11)　データ・セキュリティに対する企業の態度に関する1991年の報告書は、回答者の41パーセントが、データ・セキュリティのために立法が適当であると考えていると述べている。過半数はまた、既存の立法が十分に包括的であるとはいえないと感じていた。Warman, Dr A., "Organisational Computer security Policies", L.S.E., London, 1991 参照。
(12)　Berkvens, J., 第 6 章参照。銀行業慣行規約である「Good Banking」（1991年11月）

57

第2章 データ・セキュリティと文書イメージ処理

は、6.3で、銀行および住宅金融組合（building societies）の1984年データ保護法に従う義務について明白に述べている。

(13) 1984年データ保護法（以下、DPA '84として引用）は、データ・ユーザに対しさらなるガイダンスを示している。

「6　以下のことは考慮されるべきである。

（a）個人データの性質およびこの原則で述べられたようなアクセス、改変、開示、消失または破棄から生じる被害

（b）個人データが蓄積されている場所、関連する装置にプログラムされたセキュリティ措置およびデータにアクセスするスタッフの信頼性を確保するため講じられる措置」

(14) また Security and the 1984 Data Protection Act, NCC, 1987参照。

(15) Guideline 4, at p. 28.

(16) Rowe, H., "The UK Computers (Compensation for Damage) Bill", *Applied Computer and Communications Law*, Vol. 7, No. 8, September 1990, p. 6.

(17) 例えば、デンマーク法では、データ・ユーザが適度なセキュリティ措置をとることを怠った場合には、犯罪となる。*Lov om private registre m.v.*, Lovr nr. 293 at 8 juni 1978 (private sector, as amended on 1 April 1988), at s. 2-1(4).

(18) 例えば、フィンランドの個人データファイル法（Personal Data Files Act）45条。また、「データまたはプログラムにアクセスをするためにセキュリティ措置に違反する」者を含める、ノルウェー刑法第145条（1987年改正）、および、「データ侵害」の犯罪を創設した、1973年スウェーデン・データ法(SFS：Swedish Code of Statutes 1982：446, 改正法1988年4月1日施行) 21条を参照。

(19) 個人データ処理についての個人保護および個人データの自由な移動に関する理事会指令のための改正案、COM(92) 422 final, SYN 287, 15 October 1992. 原案では、「措置を行うためのコスト」が定められていた。しかしこれは、後で削除された。

(20) 第11条2項では、国の「監督機関」（例えばデータ保護登録機関）に、第18条2項に従って講じられたセキュリティ措置の「一般記述」を提供することがデータ・ユーザに要求されている。第24条1項も、データ管理者が第三者のデータ処理業者にセキュリティ義務を負わせることを要求している。

(21) 例えば、*R. v. Gold* [1987] 3 W.L.R. 803. 本件では、裁判所は、1981年文書および通貨偽造処罰法（the Forgery and Counterfeiting Act 1981）に基づく犯罪訴追を是認することを拒否した。しかし、刑法が首尾よく適用された一例として *R. v. Thompson* [1984] 3 All E.R. 565も参照。

(22) 例えば、「ハッキング」や、電子盗聴およびコンピュータ・ウィルスがある。

(23) "Computer-related crime: Analysis of legal policy", OECD, Paris, 1986.

(24) "Computer-related crime", Report by the European Commitee on Crime Problems

第2章　データ・セキュリティと文書イメージ処理

and Recommendation No. R(89)9, Strasbourg, 1990.
(25) Halsbury's Statutes Service : Issue 35, 12 Criminal Law, pp. 25-41.
(26) 例えば、1990年コンピュータ不正使用法第1条は、「……コンピュータの中に記録されたプログラムまたはデータへのアクセスを保証する目的で、何らかの機能をコンピュータに実行させる……コンピュータ機器に対する無権限アクセス」についての犯罪を新設している。
(27) ドイツ, Second Act on Economic Criminality (1986) ; para. 202a StGB ; およびフランス, Computer Crime Act of January 1988参照。
(28) 前掲注(22)参照。「セキュリティ措置」の意味は、国際電気通信条約（International Telecommunications Convention）（1973, TIAS 8572）中に含まれているものと同一であり、専門的かつ組織的技術を包摂する（すなわち、用いられた技術の質は言及されていない）。
(29) ロンドン警視庁コンピュータ犯罪部（the London Metropolitan Police Computer Crime Unit) は、ユーザに無権限アクセスを警告するためにフロント・エンド「全段抜きの大見出し」メッセージの使用を提案している。*Applied Computer and Communications Law*, Vol. 8, No. 5, 1991, p. 6 参照。ある最近の調査は、ユーザの10パーセントがこの技術を採用している、と指摘している。NCC Report, *op. cit.* n. 2参照。
(30) "Guidance notes for mainstream banking, lending and deposit taking activities", Joint Money Laundering Steering Group, October 1993, at p. 1, para. 3.
(31) 例えば、マネー・ロンダリングのための金融システムの利用の防止に関する理事会指令(91/308/EEC)。連合王国では、1993年マネー・ロンダリング規則(Cmd. 1933)で規定されている。
(32) 例えば the "Banking Service : Law and Practice" Report by the Review Commitee (Chair : Professor R.B. Jack), Cm. 622, February 1989.
(33) *Lov om Betalingskort* of 14 December 1984, reissued with amendments as Lovbekendtgørelse 1992-06-15, No. 464, at §12a, pp. 1-3.
(34) 4A-202条（b）。「授権され且つ確認された支払指図」。「セキュリティ手続」は201頁で定義されている。署名標本と署名との照合は「それのみでセキュリティ手続とはならない」ことを明記する。後の付録Ⅰ、277頁参照。
(35) Report of the United Nations Commission on International Trade Law on the work of its 25th session, 4-22 May 1992 (UN : General Assembly, Official Records, 47th Session, Supplement No. 17, A/47/17), pp. 48-60. 後の付録Ⅱ、298頁参照。
(36) *Anns* v. *Merton London Borough Council* [1978] A.C. 728および *Peabody Donation Fund Governors* v. *Sir Lindsay Parkinson & Co. Limited* [1985] A.C. 210参照。
(37) フランス、ベルギー、ドイツ、およびオランダの不法行為責任原理の概観のために、

59

第2章 データ・セキュリティと文書イメージ処理

一般的に、European Commission, Tedis final report "The Liability of Electronic Data Interchange Network Operators", Juli 1991, at pp. 52-57参照。

(38) [1964] A.C. 465.

(39) 情報提供者の注意義務は製造業者の注意義務よりもより限定的である、とイングランドの裁判所は結論づけたように思われる、*Caparo Industries plc* v. *Dickman & Others* [1990] 1 All E.R. 568 (およびその後では *Al-Nakib Investments Ltd.* v. *Longcroft* [1990] 3 All E.R. 321と *James McNaughton Paper Group Ltd.* v. *Hicks Anderson & Co., The Times*, 2 October 1990) 参照。

(40) 60 F. 2d 737 (1932). See also *Evra Corp.* v. *Swiss Bank Corp.*, 522 F. Supp. 820 (N. D.Ill., 1981)aff'd in part, rev'd in part and vacated in part, 673 F. 2d 951 (7th Cir.), cert. denied, 459 US 1017 (1982). また、サービス・プロバイダは単なる送信以上の義務があると判示した *Dun & Bradstreet* v. *Greenmoss Builder Inc.*, 472 US 749 (1985), さらに、「損失を防ぐため時間的にエラーを発見するのに不十分なシステムを維持していることに過失……」があると裁判所が判示した、*Shell Pipeline Corp.* v. *Coastal States Trading Inc.*, 1990 WL 12249 (Tex. Ct. Appl. 1990)。

(41) Quoted in Baum, M., "Analysis of Legal Aspects" in Walden (ed.), *EDI and the Law*, Blenheim Online/London 1989, p.131.

(42) [1953] A.C.180.

(43) *The Lady Gwendolen* [1965] P. 294(CA), レーダーの過失のある使用。

(44) *Grand Champion Tankers* v. *Norpipe A/S (The Marion)* [1984] A.C. 563(HL), は、古い地図を用いたことによってオイル・パイプラインに過失による損害を与えた事例である。

(45) 例えば the ICC UNCID Rules for electronic data interchange : ICC Document No. 452(1988), and ECE document TRADE/WP.4/R.483.

(46) Stuurman, C., "Legal aspects of standardization and certification of information technology and telecommunications : an overview" in *Amongst Friends in Computers and Law*, Computer/Law Series, No. 8, 1990, at pp. 75-92. *The Legal Aspects of Computer Crime And Security*, document prepared for the European Commission's Legal Advisory Board(LAB), December 1987 も参照。

(47) DOD 5200.28-STD (26 December 1985).

(48) Marsh, S., "Information technology security evaluation and certification" in Walden and Braganza (eds.), *EDI Audit and Control*, NCC Blackwell 1993参照。

(49) 共同認証団体は、Communications-Electronics Security Group と英国通産省により管理されている。

(50) Pub. No. 1, UKSP, Issue 1.0, DTI, 1991.

第2章　データ・セキュリティと文書イメージ処理

(51) European Commission Document "ITSEC" (version 1.2) issued in June 1991 by DG XIII参照。
(52) "Users brand government security draft irrelevant", *Computing*, 10 October 1991.
(53) Council Decision of 31 March 1992 in the field of security of information systems (92/242/EEC) [1992] O.J. L123/19, s. 2(iv).
(54) "A Code of Practice for Information Security Management", DISC PD 0003, BSI 1993. それは Midland Bank や Nationwide Building Society のような主要企業ユーザの援助を受け DTI と BSI 双方が共同で主導したものである。
(55) *Ibid.*, at p. 3.
(56) Decision: "Use of Electronic Data Interchange Technology to Create Valid Obligations" B-245714, 13 December 1991.
(57) イングランド銀行監督部の、1987年銀行業法の下で認可された法令通知である、"Guidance note on accounting and other records and internal control systems and reporting accountants' report thereon", BSD/1987/2, September 1987, amended July 1992を参照。
(58) 1992年末から1993年初頭にかけて行われたIDC調査で、11の産業分野のうち、銀行がIT保護サービスに最低のお金を使用していることが分かった。*Computing* 4 November 1993, p. 8参照。
(59) 注.29。
(60) *Ibid.*, at Recommendation 10(1). Recommendation 10(5) は、銀行は、提案された最良業務基準に含まれている必要はないが、EFT取引を保護するため暗号化技術を利用すべきである、と述べる。
(61) "Banking Service: Law and Practice", Cm. 1026, HMSO, March 1990.
(62) *Ibid.*, at para. 1.36, p. 12.
(63) 法人顧客間の技術水準は、BACSTEL 経由の BACS への直接接続から、National Westminster's "Bankline Interchange" service および Barclay's "Trading Master" EDI settlement Service のような、EDI サービスの用意まで、データ通信のより有効な形式を採用することが可能である。第3章55頁参照。
(64) Cranfield Imaging User Group により組織されたセミナー (Cranfield, 16 September 1993) で表明されたコメント。
(65) Bills of Exchange Act 1882, s. 1.
(66) 例えばEDI協会の標準交換契約 (Standard Interchange Agreement) 5.2条は、「各当事者は、すべてのメッセージの完全性を認め、電子的方法以外の方法で送られた文書、または情報に適用されるのと同様の地位とすることに同意する」と定める。
(67) *Barclays Bank plc and others* v. *Bank of England* [1985] 1 All E.R. 385参照。

61

(68) The 1989 Jack Report, *op. cit.* n. 29, Recommendation 7(8):「法律文書そのものによらない、電子的情報の呈示による支払を認めること」。White Paper, "Banking Service: Law and Practice", Cm. 1026, at paras. 5.11-5.13.

(69) European Commission, TEDIS final report, *The Legal constraints relating to the use of EDI in the field of accounting and tax*, 1994参照。

(70) 例えば Council of Europe Recommendation R(81)20(1981); UNCITRAL Report on "the legal value of computer records", A/CN.9/265(1985); Customs Cooperation Council Recommendation, TRADE/WP.4/R.330(1986)参照。

(71) UNCITRAL は最近「電子データ交換及び取引データ通信の関連手段に関する統一規則草案」("Draft uniform rules on the legal aspects of electronic data interchange (EDI) and related means of trade data communication") を起草している。A/CN.9/WG.IV/WP.57. それは、国内法による採択のための「原本 (original)」という用語の国際的定義を規定している。

(72) *R.* v. *Daye* (1908) 77 L.J.K.B. 659 at 661. *Huddleston and another* v. *Control Risks Information Service Ltd.* [1987] 2 All E.R.1035において、ホフマン裁判官は「文書または写真、録音されたテープ若しくはコンピュータ・ディスクのような情報を媒介するその他の物は、……「文書」になり得ると私には解される」と判示した。また *Derby & Co. Ltd. and others* v. *Weldon and others* (*No.9*) [1991] 2 All E. R, 901 and *Alliance & Leicester Building Society* v. *Ghahremari & Others* (Ch.D., (1992) 142 New L.J. 313; The Independent, 9 March) 参照。

(73) 例えば Money Laundering Regulations 1993, "Guidance notes for mainstream banking, lending and deposit taking activities" (October 1993) at para. 101は、「勘定記入のため用いられる元の受領証の場合、……そのような元の文書は法科学的分析を補助するため少なくとも1年間は保存すべきである」とする。

(74) Lindberg, Agne, Electronic Documents and Electronic Signatures, p. 10, IRI Papers: The Institute of Legal Informatics, University of Stockholm, Sweden.

(75) Troye, A., "The European Dimension: Particular legal requirements to consider when trading throughout Europe", paper presented at EDI '90, London, 30 October —1 November 1990.

(76) 付則6. 帳簿は銀行内の情報の第一の源であるような記録である。従って、紙記録がマイクロフィルムやコンピュータ記憶装置に置き換われば、新たな記録は「帳簿」になる。*Barker* v. *Wilson* [1980] 1 W.L.R. 884, in Reed, *Electronic Finance Law*, Woodhead Faulkner, 1991, at p. 128参照。また「従って記録は、マイクロフィッシュや、コンピュータまたは電子的な形式で記録されたものを原本として扱うことになろう」と述べている the Money Laundering Guidance Notes, *op. cit.*, n. 69, at para. 99

第2章　データ・セキュリティと文書イメージ処理

も参照。
(77) "Electronic data Interchange: Preliminary study of legal issues related to the formation of contracts by electronic means", A/CN.9/333, 18 May 1990.
(78) Sched. 1.
(79) Millard, C.J., "Contractual issues of EDI", p. 47(in Walden, *op. cit.* n. 45)は、「可視的方法」の要件は電子的メッセージを「書面」と考えることに「不利である」と考えている。他方 Bradgate, R., in "Evidential Issues of EDI", *ibid.*, at p.32は「論証上、このことは、EDIメッセージを含めるだけ十分に広い」と述べている。Reed, C., in "Contractual and Liability Issues", Proceedings of the EDI and Law Conference, London, 3-4 October 1989は、無条件にEDIメッセージが定義を満たさないとする。
(80) The Value Added Tax Act 1983, Sched. 7, para. 3.
(81) McCarthy Tétrault, "Electronic Data Interchange: A survey of the legal issues", p. 6, prepared for the EDI Institute, January 1991.
(82) 例えば1925年物権法（Law of Property Act）136条：「譲渡人の手で書かれたものによる無条件譲渡……」。
(83) 例えば1906年海上保険法（the Marine Insurance Act）22条—24条。複写による署名の利用に関する最近の研究では、「署名」は、27の国際取引文書の法的要件であり、他の14文書で商業慣行基準であったと述べている。"Facilitation Measures Applicable to Particular, Selected Procedures", TRADE/WP.4/R.555参照。
(84) 例えば1989年動産（雑則）法（the Law of Property (Miscellaneous Provisions) Act 1989）1条1項は、
「以下の法の準則は廃止する。
（a）捺印証書が作成される実体を制限する
（b）個人による捺印証書のような証書の有効な作成のため印影を要求する
（c）捺印証書により、ある者が他方に、証書をその者のための捺印証書として交付する権限を与えることを要求する」
また、印影要件を除去する、1985年会社法（Companies Act）に36A条を挿入する、1989年会社法130条参照。
(85) Lindberg, *op.cit., supra*, n. 70, at p. 39.
(86) *Goodman* v. *J. Eban* [1954] 1 Q.B. 550.
(87) *Re Wingrove*, 15 Jur. 91.
(88) Staughton, J. obiter, in *Clipper Maritime* v. *Shirlstar Container Transport* [1987] 1 Lloyd's Rep. 546, 554.
(89) スマート・カードに準拠した、「ダイナミック」パスワード技術も参照。それは、使用ごとに変わるものである。Caelli, Longley, and Shain, *op. cit.*, n. 2, at p. 235,

第2章 データ・セキュリティと文書イメージ処理

  Macmillan Stockton Press, 1989. ナショナル・ウェストミンスター銀行の「バンクライン交換」は、電子取引支払サービスであるが、スマート・カード経由のアクセスおよび権限付与を統制している。
(90) 「ディジタル署名」は、ISO 基準 (ISO 7498-2) では、「データ単位の受取人に、当該データ単位の出所および完全性を証明し、ねつ造を防ぐことを可能にする、データ単位に付属するデータまたはデータ単位の暗号変換」と定義されている。文書イメージに署名して、圧縮されたイメージ・ファイルの最初の数行が暗号化され、暗号鍵なしにファイルを復元されることを防ぐ。金融 EFT システムは、通信中の、例えば SWIFT の、メッセージの機密性のため、暗号を一般に利用している。
(91) 例えば、網膜のスキャン、親指の指紋、静脈紋の確認、手の外面的形態、音声、書名(の筆跡)、キー・ストローク力学など。
(92) Bank and Banking and Financial Service, S.I. 1993 No. 1933, at regs. 12-13. 記録は5年間保全されなければならない。一般的には the Institute of Chartered Secretaries & Administrators, "A Short Guide to the Retention of Documents", 1991参照。
(93) 例えば（1972年欧州共同体法〔the European Communities Act〕2条2項を受けて制定された）Statistics of Trade (Customs & Excise) Regulations 1992, reg. 5.
(94) 第11条により、過失、生活妨害または義務違反による個人的な権利に対する被害のための損害賠償請求訴訟は、3年以内に起こされなければならない。
(95) Subs. (2)(a)は、検査官は「相当の時間、コンピュータおよび関連機器にアクセスし、その演算処理を検査および確認するための権限を与えられなければならない」と規定している。
(96) VAT (General) Regulations 1985 (S.I. 85, 886), at regs. 12-13は、特有の商品送り状があることを要求している。フランス税法は、電子送り状を考慮して最近改正された。*Loi de finances rectificative pour 1990* (No. 90-1169 du 29 décembre 1990), *Journal Officiel*, 30 December 1990, Art. 47.
(97) Bradgate R., "Evidential Issues of EDI" in Walden, *op. cit.*, n. 45, p. 12. 1968年民事証拠法 (the Civil Evidence Act 1968) の包括的伝聞法則規定は、2条および4条に含まれている。
(98) *The Statue of Liberty* [1968] 2 All E.R. 195参照。本件は、完全自動レーダー・トラッキング・システムからのプリントアウトに関する事件である。*Castle* v. *Cross* [1984] Crim. L.R. 682は、呼気検査機のプリントアウトの事例である。*Sophocleous* v. *Ringer* [1988] R.T.R. 52. では、コンピュータが分析を容易にするツールとして用いられる場合には、伝聞法則の要件は適用されない、と裁判所は判示した。以下参照。
(99) (1982) 76 Cr.App.R. 23 (CA) at p. 28. *R.* v. *Pettigew* (1980) 71 Cr.App.R. 39も参照。
(100) CEA 1968, s. 18(5). 伝統的な銀行・取引先契約では、銀行の記録は、行われた取引

第2章 データ・セキュリティと文書イメージ処理

の「確定証拠」となると、通常述べられている。しかし、Council Dir. 93/13/EEC of 5 April 1993 on unfair terms in consumer contracts（[1993] O.J.L95/29), at Annex 1(g)参照のこと。そこでは、「不当に、彼に利用可能な証拠を制限するか、または、……契約の相手方にあると、彼に挙証責任を課す」規定は、不公正なものと見なされる、と述べている（3条3項）。

(101) CEA, s. 5(4). Ord. 38, r. 25 of the Rules of the Supreme Court, Civil Evidence Act Notice も参照。

(102) No. 6498, "Guide to the preparation of microfilm and other microfilms that may be required as evidence", 1991. Draft discussion document (DD206): "Recommendation for the preparation of electronic images (WORM) of documents that may be required as evidence."

(103) 例えば Reed, C., "Document Imaging in Banking", pp. 220-231, (1993) 8 Journal of International Banking Law, No.6.

(104) Castell, S., "Evidence and Authorisation: Is EDI 'legally reliable'?" (1991) 5 CLSR 2; the CCTA, "Verification of Electronically Reproduced Documents in Court" (VERDICT Report) (1987) and "Appendix on Evidence Admissible in Law" (APPEAL Report) (1988) も参照。

(105) *R. v. Spiby, The Times,* 16 March 1990で賛成として引用された *Phipson* v. *Evidence* (13th ed., 1982, p. 209). *R. v. Governor of Pentonville Prison, Ex parte Osman* [1990] 1 W.L.R.277 at 306も参照。本判決は、大きなコンピュータ・プリントアウトが間違った内部証拠を含んでいない場合には、機械は適切に稼働していたと推論される、と述べている。

(106) the Rules of the Supreme Court, Ord. 24参照。一定状況下では、開示は、訴訟に関連する情報を持っている第3者に対してすら行われうる。*Norwich Pharmacal* v. *Commissioners for Customs & Excise* [1974] A.C.133参照。Armstrong, N., "Discovering databases: computers and RSC Order 24" (1993) 9 *Computer Law and Practice* 108-110も参照。

(107) [1993] 1 All E.R. 225.

(108) より限定的な見解として *R. v. Wood* (1982) 76 Cr.App.R. 23参照。本判決でレーン卿は次のように判示した。「実質的にはあらゆる装置は、それを作った者、それを調整し、プログラムを作り、セット・アップした者……および、当該装置を使用するか、または監視する者を必要とする。特別な事件において、これらの者の何人を召喚するのがふさわしいかは、事実、生じた論点、および裁判でなされた譲歩にかかっている。」

(109) "The Hearsay Rule in Civil Proceedings" Report No. 216, Cmnd. 2321, HMSO.

(110) *Ibid.*, at para. 4.43, p.36 and Recommendation 14.

第2章 データ・セキュリティと文書イメージ処理

(111) The Civil Evidence (Scotland) Act 1988.
(112) Federal Rules of Evidence, Rule 803(6).
(113) 例えばフランス：1980年法律575号により改正された商法典109条：商行為はあらゆる手段を使って ("*pour tous moyens*") 立証されうる。
(114) 刑事法については、刑事司法に関する王立委員会の報告書（委員長：オックスフォードのヴィスカウント・レンチマン）(Cm 2263, July 1993) は、「伝聞証拠は、現行よりも広い範囲で認められるべきである。しかし、現行の法則がゆるめられる前に、論点は法律委員会で検討されるべきである」と勧告している (Recommendation 189)。
(115) 上記「署名」も参照。
(116) 6条1項。6条3項(c)も参照。
(117) Criminal Justice Act 1988, s. 25(2)(a) および Sched. 2参照。
(118) Sched. 3, Pt. II : Provisions Supplementary to s. 69, at 11, para. 3.
(119) *Kajala* v. *Noble* (1892) 75 Cr.App.R. 149, はビデオ・テープに関するものである。see also *Buxton* v. *Cumming* (1927) 71 Sol.Jo. 232, はディクタフォンの記録に関するものである。*R.* v. *Senat* (1968) 52 Cr.App.R. 282 は電話の会話についてテープ録音したものに関するものである。
(120) Amory, B.E. and Poullet, Yues, "Computers in the Law of evidence —a comparative approach in civil and common law systems" *Computer Law & Practice* March/April 1987, at p. 117; しかし Reed, *op. cit*. n. 76 at p. 92 はフィルムやビデオと同様「コンピュータに記憶された複写物は類似の方法で扱われるであろう」と記述する。
(121) Reed, C., "Authenticating Electronic Mail Messages—Some evidencial problems" (1989) 52 M.L.R.652.
(122) *R.* v. *Wayte* (1982) 76 Cr.App.R. 110 (per Beldam J. at p. 176).
(123) 反対の推論は文書の不存在から導かれるであろう。*Infabrics* v. *Jaytex* [1985] F.S.R. 75参照。

Ian Walden

Tarlon Lyons Senior Fellow in Information Technology Law, Centre for Commercial Law Studies, Queen Mary and Westfield Collge; Vice-Chair of E.D.I. Association's Legal Advisory Group.

第3章　金融電子データ交換

I　序

（1）本章の範囲
　本章の目的は、EDI（電子データ交換 [electronic data interchange]）契約の基本的性質を論じ、EDIネットワークおよび諸通信接続がどのように構築されるのかを考察し、EDI通信において生じうる問題の幾つかとそれらの諸問題を契約規定で扱う様々な方法を検討することである。しかし、最初に、EDI契約のための動機を考察し、EDI関係にとって有用な基礎を形成することができる幾つかの標準契約を明らかにしておくことは有用である。

（2）EDI契約の目的
　EDI契約は、取引当事者（または他の法主体）が電子的な手段で通信することを決めるので、特に適用される特定のルールを定めている。従ってEDI契約は、一般に、当事者間の原因関係上の取引または契約を包含しない。例えば、保管関係では、管理者／銀行は、顧客と保管契約を行う。そして、顧客が情報を銀行に電子的に伝達しようと、さらに伝統的な手段で伝達しようと、この保管契約が利用されることは適当である。しかし、EDIがこの状況で使用されるときには、当事者は、通信の電子的な方法のために特に生じるこれらの諸問題を包含する別個のEDI契約に署名することもできる。

（3）EDI契約のひな型
　本章では、「EDI契約（EDI contract）」という用語は、両方の当事者により署名された（通常きわめて短い形式の）契約だけでなく、普通は、別個のユーザ・マニュアルで述べられる電子通信取り決めのさらに複雑で詳細な規定も含めて用いている。ユーザ・マニュアルは、技術が進歩し、電子通信に対するEDI当事者のアプローチが発展するので、時がたつにつれて変化しそうな規定の種類を一般に含んでいる。そこでEDI契約のそれら2つの部分を考察する。

（a） 正式な EDI 契約　　この書類は、しばしばたった2頁または3頁の長さであって、通常、比較的稀な場合にのみ変更される。しかし、この書類はユーザ・マニュアルの条件に従う両当事者の義務を含むべきである。

（b） ユーザ・マニュアル　　ユーザ・マニュアルは数百頁に渡って書かれ、技術的進歩およびソフトウェアの修正を考慮するため絶えず変更させる相当に変わりやすい書類である。EDI 取り決めが2通作成されている（または比較的類似した状態の当事者間である）場合には、両当事者の合意がなければ、ユーザ・マニュアルは変更されない事を合意する。しかし、ある当事者が多くの EDI 顧客を持つ EDI サービス・プロバイダ（EDI service provider）である場合には、別のアプローチが適当でありうる（例えば、数多くの顧客に適用する EDI サービスの標準条件を用いる銀行）。そのような状況では、単一のユーザ・マニュアルは、総ての銀行の EDI 顧客を包括する、全 EDI ネットワークについて通常適用される。このような場合には、ユーザ・マニュアルを変更する前に、銀行が各顧客の同意を要することは、おそらく実用的ではない。従って、このような状態では、EDI 契約は、単にその顧客にその趣旨の通知を提供することによって、銀行にユーザ・マニュアルを修正することを認める条項を含むのは通常である。

　ユーザ・マニュアルと短い正式な契約の両方は、EDI 関係を規律する契約条件を定めているので、本章ではそれらをまとめて「EDI 契約」と呼ぶ。

II　標準 EDI 契約の既存のひな形と提案されたひな形

（1）　序

　標準的 EDI 契約（または「交換契約（"interchange agreement"）」）は、様々な業界で公表されている。ある EDI 契約に含まれるであろう規定のタイプを詳細に論じる前に、既存の標準契約のひな型と提案された標準契約のひな型に対し特別の注意を払う価値がある。これらの標準的書類は適切な出発点ではあるが、EDI 当事者は、自己の取り決めがどのように作用するのか、当事者にとって最も重要なリスクはどこにあるのかを注意深く考えることは肝要である。この情報に関して、EDI 当事者は、既存の標準契約をその関係に有効に組み

第3章 金融電子データ交換

込むことができるかどうか、または EDI 契約の個別の書式が適切かどうかを考えることは可能であろう。筆者の経験では、しばしば個別の EDI 契約が必要であるということである。

(2) UNCID 規則

遠距離伝送による取引データ交換行為統一規則（The Uniform Rules of Conduct for Interchange of Trade Data by Teletransmission (UNCID)）は、国際商業会議所によって1980年代末に制定された。それらの諸規則は、電子交換行為準則を定めている。それらは相対的に短い書式であり、EDI 関係の詳細を述べるというよりむしろ、様々な EDI 関連問題に対して取られるべきアプローチの高水準の指標を提供している。

(3) 国連作業グループの統一規則案

電子データ交換に関する国連作業グループ（The United Nations Working Group on Electronic Data Interchange）は、「電子データ交換および取引データ通信関連手段の法的側面に関する統一規則案（"draft uniform rules on the legal aspects of electronic data interchange (EDI) and related means of trade data communication"）」を出版した[1]。この協定案は、国際的 EDI 取り決めに適用されるであろう。同案は UNCID 規則によって特に扱われていない多くの問題に取り組んでおり、標準文書の発展がどのように進んでいるのかを知ることは興味深い。まだ国連国際取引法委員会（the United Nations Commission on International Trade Law）による正式には採択されてはいないが、統一規則案の条文は、個別の―特に国際的な―EDI 契約を準備する際の有効な出発点である。

(4) TEDIS (Trade Electronic Data Interchange Systems) プログラム

ヨーロッパの水準では、EDI の領域で生じる問題は、その目的が EDI の利用の促進と互換性の無い EDI システムの急増の回避を含むところの EC の TEDIS プログラムの下で扱われている。TEDIS プログラムの一部として、標準ひな型の EDI 協定は、準備されている。この文書案は、目下完成に近づいている。

(5) EDI 協会規則

連合王国 EDI 協会は、標準 EDI 規約を準備し、それは UNCID 規則の規定

を考慮に入れている。EDI 協会の標準規約の最新案は1993年12月付けの第3版である。

（6） 特定産業の EDI 取り決め

EDI 規則の特別規則は、産業別に展開されている。それらの事例には、自動車産業における OEDTTE（Organisation for Data Exchange by Teletransmission in Europe）や化学産業における CEFIC（Counseil Européen des Fédérations de l'Industrie Chimique）を含んでいる。

III コンピュータ・ソフトウェア

（1） 背　景

おそらく、EDI ネットワークを確立する際に第一に考慮されることのひとつは、EDI 当事者の誰が、EDI 接続の「基本要素」の準備に対して責任を負うべきかということである。本節では、適切なプロトコルに従って EDI メッセージを送受信するのに必要とされるソフトウェアを考察する。次いで、本章の次節ではデータ通信接続の制度を考察する。

EDI 当事者は、当事者の1人が EDI メッセージの送受信のために相手方に対してソフトウェアを提供することに時折同意するであろう。これは、ある EDI 当事者が基本的に EDI 取り決めのための基本規則を定める場合には、ごく一般的なアプローチである。例えば、銀行がその特定の顧客に役に立つ EDI 通信の便益を供与する場合には、その銀行は適切なメッセージ・プロトコルに従ったメッセージの送受信のために有用なソフトウェアも作る。比較的新しい、あるいは独特のメッセージ書式が予想されたり、ある他の理由で、注文して作られたソフトウェアが必要とされる場合には、この方法は特に適当である。（他の EDI 当事者により使用されるソフトウェアに対し一定程度の統制をまだ許す）択一的方法は、1つのタイプのソフトウェアが使用されなければならないが、そのソフトウェアをソフトウェア供給者から手に入れることを他の当事者に任せることを明示することである。

（2） EDI 契約の規定

EDI 当事者の一方が相手方にソフトウェアを供給するか、使用されるソフトウェアのタイプに制限をかける場合には、この問題は契約で扱われることが

極めて重要である。

（a）ソフトウェアがEDI当事者の一人から供給される場合　ソフトウェアが1人のEDI当事者（例えば銀行）によって相手方に提供される場合には、契約で、そのソフトウェアが許される条件を細かく規定する必要がある。金融部門では、銀行はしばしば彼らがこれらの目的のために使用できる標準ソフトウェア・ライセンスを有している。これらの標準文書はEDI目的にとっては十分である。しかし、顧客にEDIにより通信することを奨励するときには、銀行はときどき手数料なしかまたは単なる名目的手数料で関連ソフトウェアを提供するであろう。これらの情況では、EDI顧客に対するソフトウェア・ライセンスが、普通のライセンス取り決めとは異なる規定を含むべきかどうか考えることを銀行は望む（商事ライセンス手数料が払われる場合）。

この関連で重要である特別の領域は次のことを含む。
（ⅰ）ソフトウェアが使用される目的：銀行／ライセンサーは、顧客／ライセンシーが銀行とのEDI通信目的以外にソフトウェアを使用することを禁止することを望む。
（ⅱ）銀行／ライセンサーにメインテナンス又は定期的にソフトウェアを最新のものにすることを要求する一般規定は、注意深く吟味されなければならない。
（ⅲ）幾つかのケースでは、顧客にソフトウェアを供給する主たる理由は、EDI通信のための銀行の操作上の要件を満たすことである。これらの情況では、銀行は、普通のライセンス取り決め下では適当であるものよりも、顧客に迅速に最新のものにする義務を負わせ、固有のメインテナンス契約を続けさせるためにより強い権利を要求するかもしれない。

（b）ソフトウェアが第三者から供給される場合　ソフトウェアがEDI当事者の1人によって提供されなくても、そのような当事者（例えば銀行）は、EDI通信のために顧客によって使用されるソフトウェアが自己の要件に応じることを確実にすることを望む。銀行は、この目的を達する意図の下に、EDI契約に次の規定を含めるかもしれない。
（ⅰ）銀行が特に承認したソフトウェア売主からソフトウェアを購入する義務（そのソフトウェア売主は多分銀行のためにあつらえの一括ソフトウェアを開発した）及び／又は、

第3章　金融電子データ交換

（ⅱ）　第三者のソフトウェアが銀行仕様に応じること。

（ソフトウェアそれ自体を供給しなかったにもかかわらず）銀行が EDI 目的のために顧客によって使用されるソフトウェアに相当に厳格な管理を保有するよう気づかう場合には、さらなる予防措置として、ソフトウェアが銀行の要件に応じることを確実にするために、定期的にソフトウェアを検査する権利を EDI 契約に留保することが勧められる。

銀行が EDI 顧客に特定の出所から EDI ソフトウェアを購入するか又は特別の種類の EDI ソフトウェアを購入するよう指示する場合には、銀行が暗に以下のことを保証すると考えるのは疑わしい。
―指定されたソフトウェア売主が高品質のソフトウェアを供給する評判のよいソフトウェア売主である、及び／又は
―銀行により指定された仕様書に応じるソフトウェアは特に良質である。
一般に、銀行はそのような暗黙の保証を契約で排除しようとする。

Ⅳ　通信接続

（1）　通信接続の各方式

EDI 取り決めを作成する際に考えるべき最初の問題の一つは、使用される通信接続（communication links）の方式と、どの EDI 当事者がその接続を獲得（又は提供）する責任を負うかという問題である。EDI 当事者に開かれている一つの選択は次のものを含む。

（a）　ダイヤルアップ接続（Dial-up links）　公衆交換電気通信又はデータ・ネットワーク（data network）を使用することができる。この場合には、EDI メッセージの送信人は、メッセージの意図した受取人の電話番号に単に電話をかける（このダイヤル手続は送信人のコンピュータにより自動的に行われうる）。そしてメッセージは、管理されたデータ・ネットワークのように、標準電話ネットワーク、標準データ・ネットワーク又は他の交換ネットワークを通して回わされる。ダイヤルアップ回線は普通、BT、Mercury 又は新しく設立される電気通信事業者（operator）の1つより提供される。これらの情況では、公衆電気通信ネットワーク事業者（例えば BT［ブリティッシュ・テレコム］又

第3章　金融電子データ交換

はMercury）による通信接続の準備を規律する契約関係は、その電気通信事業者の標準条件により一般に規律される。

（b）借用回線（leased lines）　EDI当事者は、電気通信事業者から借用した回線（時々私的回線［private circuit］と呼ばれる）を使用することができる。顧客の観点からは、借用回線は、EDI当事者のコンピュータ間の単一回線（single line）——ファイバー光ケーブルが増えている——として考えられうる。回線は、BT/Mercury/その他の電気通信事業者ネットワークの一部であるが、BT/Mercury/その他の電気通信事業者と契約する当事者の排他的使用に割り当てられる。実際には、状態は少し複雑である。即ち、電気通信事業者は、事実上、その顧客の1人の排他的使用のために特別のケーブルを物理的に割り当てない。むしろ、事業者は、顧客に、常に特別ルートでの一定の受容量の利用可能性を保証する。支払は、一般に、コール・ベースよりも、月ベースで電気通信事業者に行われる。借用回線は主に2つの理由から有利であろう。第1に、2当事者間の一定の伝達受容量の留保は、大量のデータ通信が行われる場合、極めて重要である。第2に、電気通信事業者が借用回線を喜んで提供する条件は、ダイアルアップ・サービスに用いられる条件より有利であるか、又は少なくとももっと交渉に開かれている。

（c）借用回線とダイヤルアップ接続の統合　EDI当事者は時々借用回線取り決めとダイアルアップ取り決めの統合を行う。例えば、巨大銀行は世界中の公衆電気通信事業者から借用した回線から構成される自分の世界的規模の私的ネットワークを持ちうる。（例えば）バーミンガムの顧客は、ニューヨークの銀行の支店と通信する必要がある。これらの状況では、銀行とその顧客の間で達せられる商事取り決めは、次の2つの接続を通して回されなければならない。即ち、（a）第1に、顧客のバッキンガムの屋敷からロンドンの銀行の連合王国の本社へのダイアルアップ接続による（従って顧客はEDIメッセージの伝達のこの部分に関係するあらゆる手数料を支払う）。そして、（b）このポイントから、銀行はそのロンドン営業所からそのニューヨーク営業所に自己の内部ネットワークを通してメッセージを伝える。このタイプの取り決めの使用可能性は電気通信の取締の観点から考えられる必要がある。データ接続の2つの端がEC内かどうかによって状況は異なる。

（i）EC内であれば、このタイプのデータ・ネットワークの運営は、電気

通信取締の観点からは認められなければならない。

（ⅱ） EC 外である場合。データ・メッセージが連合王国と EC 外の国との間で伝えられる場合には、状態はもっと複雑である。連合王国の取締の観点からは、EDI メッセージがただ一国の公衆交換電気通信ネットワーク（public switched telecommunications network：PSTN）と通して伝えられる限り、このタイプの設備を銀行が供給することにいかなる制限もあるべきでない。従って、EDI メッセージが、どちらかが連合王国か海外のダイアルアップ接続を通して伝えられることを（連合王国の取締の見地からは）認めることはできるが、連合王国と海外の双方でのダイアルアップ接続はそうではない(2)。非 EC の端の PSTN 接続がスウェーデン、オートラリア又はカナダである場合には、このルールに対する例外が存在する(3)。このタイプの取り決めが連合王国の電気通信取締制度の下では許されても、他の関連諸国法の観点から立場を検討することも必要であることは書きとめられなければならない。

（d） 付加価値サービス・ネットワーク（valued added services networks） 様々の付加価値サービス・プロバイダも EDI 当事者間の通信接続を供給することができる。

（e） 専用ネットワーク（self-provided networks） 電気通信部門における自由化が進んで、（巨大金融機関のような）巨大なユーザが自己の電気通信ネットワークを運営することが、益々実行できるようになってきている。かれらは（以下で述べる）個別電気通信ライセンスに従って又は多分いわゆる自己設備ライセンス（self-provision licence）の下にこのことを行うことができる(4)。自己設備ライセンスは、連合王国の全ての人又は会社に実際上自動的に適用される「種類」（class）または「一般的」（general）ライセンスである。このライセンスに従って、すべての人は、個別ライセンスを申請する（又は Oftel ［= Office of Telecommunication.電気通信局］若しくは DTI ［= Department of Trade and Industry.通商産業省］にその活動を届ける）ことを要せずに、特定の技術的義務及び 2 つの主要な要件に従って、遠距離にわたる自己の電気通信ネットワークを経営することができる。

（ⅰ） ネットワークを通して送られる各メッセージ（即ち、EDI 通信接続）は、ネットワークを運営する会社又はそのグループの他の構成員により

初めに始まるか又は最後に終わらなければならない。
(ⅱ) そのネットワーク上でのメッセージの伝達は（概して）無料でなければならない。

　EDI システム事業者は、高い EDI 通信量に対する必要がある場合には、他の事業者からの借用線ネットワークを集めることと対照的な、自己の電気通信ネットワークを物理的に構築しようとする。このことは確かに、実際的観点からは非常に大きな事業であるが、幾つかの主要な EDI ユーザによりおそらく考慮に値するものである。自己設備ライセンスは、私的又は公的土地に通信回線を取り付ける権利を必然的には含まないということは、特に言及されなければならない。この実際上の制限から、これらのタイプの通信回線は従っておそらく比較的小さい距離で（全ての関係土地所有者から回線の取り付けに対する同意を得ることが可能な場合）又は取り決めが例えば英国鉄道（British Rail）又はロンドン地下鉄（London Underground）のような土地の大きな区域の所有者と達せられる場合にのみ実行できるであろう。

　(f) 個別電気通信ライセンス (individual telecommunications licences) EDI 当事者が自己の通信接続を実行したい（即ち、電気通信事業者から接続を獲得したくない）が、ある理由から、自己設備ライセンスの条件では稼働できない場合には、その者は、英国通商産業省からこれらの接続を実行することを許す個別電気通信ライセンスを得ることは可能である。また、個別ライセンスは私的又は公的土地にケーブル又はファイバーを取り付ける権利を必然的に与えることは、まずない。

(2) 通信ネットワーク・プロバイダとの契約
　(a) 伝統的状態　　連合王国の電気通信取締制度の自由化の程度にもかかわらず、EDI システムにおける通信接続の大部分は現在ダイアルアップ接続と公衆電気通信事業者から借用した回線から構築されている。従って本章の残りはこのベースで準備されている。それ故、全体的 EDI 取り決めを考察する際には、(BT または Mercury のような) 通信ネットワーク・プロバイダとの契約と責任を考察することが必要である。

　歴史的には、通信ネットワーク・プロバイダとの契約は、通信ネットワーク・プロバイダが（大部分）命じた標準条件に基づいている。しかし、顧客－特に高い通信量を有する顧客－はその通信サービス契約の条件を交渉すること

75

第3章　金融電子データ交換

が益々可能になって来ている。これらの状況では、ネットワーク・サービス・プロバイダの責任と義務は、伝統的にそうであったよりももっと手を加えた方法で述べることができる。

　（b）　契約条項　　ネットワーク・プロバイダとの契約が交渉できる限りでは、EDI当事者がネットワーク・プロバイダに課そうとする主たる責任の幾つかは、以下を確保する義務である。即ち、
　（ⅰ）　接続が（実行可能である限り）永久に利用でき、問題を素速く解消すること、
　（ⅱ）　EDIメッセージが意図した受取人に届くこと、
　（ⅲ）　EDIメッセージの内容が伝達中に歪められないこと、そして、
　（ⅳ）　第三者はメッセージにアクセスできないこと。

　しかし、ネットワーク事業者の標準契約書式に関する実質的な交渉が実行可能でなければ、EDI当事者は現実の選択の自由がなく、それに署名するのみである。ネットワーク事業者が引き受ける責任は極端に狭く定められることが、電気通信サービスのための標準契約書式の共通の要素のように思われる。1977年の不公正契約条項法（Unfair Contract Terms Act（UCTA））3条2項で定められた「相当性（reasonableness）」の要件を満たさないことが立証できるなら、ネットワーク・プロバイダのこれらの比較的広い免責に異議を申し立てることは可能である[5]。さらに、電気通信事業者が特別の場合に電気通信サービスに相当の注意と技能（reasonable care and skill）を用意しなかったことが立証できる場合には、UCTA2条2項[6]と1982年の物品及びサービス供給法（Supply of Goods and Services Act）13条[7]の結合した効果は、相当な注意と技能をもって行為することの懈怠に対する免責は、あらゆる事情において「相当である（reasonable）」場合を除き、おそらく無効であるということである。しかし、大部分、通信接続に関する問題に対する責任の配分は、EDI当事者間で行われるであろう。

　（3）　**通信接続がうまくいかない場合どうなるか？**
　EDI当事者が望んだようには通信接続が作用しない様々なシナリオがある。これらは次のものを含んでいる。即ち、
　（ⅰ）　通信接続の完全障害。その結果、意図したEDIメッセージを伝達することができない、

(ⅱ) EDI メッセージが紛失するか又は配達されない、
(ⅲ) 伝送中の EDI メッセージの変造
(ⅳ) EDI メッセージの「バギング（bugging）」。その結果その内容が無権限の人に知られるようになる、
(ⅴ) 事実はそうでないが、EDI 当事者の一人から来たと称するメッセージを送る「ハッカー」。

これらの状況の各々を、順次本章の次の節で論じる。

Ⅴ 通信接続またはコンピュータシステムの使用不能性

(1) 序——問題に対する実践的アプローチ

EDI 通信ネットワークまたはコンピュータ・システムが何らかの理由で利用できない状況を最初に考察する。理想的には、もちろん、このようなことは起こるべきではない。このようなことが起こることを避ける方法と生じた場合に問題を扱う方法は、次のものを含む。

（a） 代替経路　　伝達される EDI の重要性と価値により、EDI 当事者は代替回線（alternative line routing）が利用できることを確実にすることは適当である。このことは、全 EDI ネットワークを停止させる単一ルートの機能停止のリスクを最小化することを助ける。この点につき決定をする際には、代替経路を手に入れるコストが、EDI メッセージをいつであれ伝達することができないことにより起こされる潜在的損害と釣り合いが取れる必要がある。この代替経路を手に入れる事に対する責任が特別の EDI 当事者に与えられるべき場合には、そのための規定が EDI 契約に含められるべきである。

（b） 厳重な保守義務　　障害（faults）の明白な修理時間と（理想的には）障害が適当な時間内に修理されなかった場合の状態をカバーするための損害賠償額約定規定（liquidated damages provisions）を含む、厳重な保守義務を、ネットワーク・プロバイダである第三者と協定することを試みる価値がある。同様に、各 EDI 当事者は契約上コンピュータのハードウェアとソフトウェアを適切に維持することを義務付けられることは適当である。

（ c ） フォールバック状態　　しかし、EDI 当事者がお互いにメッセージを送ろうとするときに、通信接続が利用できないリスクが常にある。この可能性をカバーするために、接続できない場合には当事者は他の手段で通信するという、フォールバック状態（fallback position）を EDI 契約に含めることは賢明である。これらの手段はファックス又は（特に大きなデータ量が係わっている場合には）おそらくコンピュータのディスク又はテープの物理的引渡である。

（ 2 ）　**通信接続またはコンピュータ・システムの使用不能性に対する責任**

　可能な限り、当事者は、通信接続又はコンピュータ・システムが使用不能性から重大な損害が生じる状態を制限することを EDI 契約で試みるべきである。しかし、EDI 当事者に対する潜在的損害は完全には除外できない。そのような損害は、接続不能が偶発的事故以上である場合には特に生じうる。理想的には（EDI 当事者の見地からは）、通信の不可用性が第三者であるネットワーク・プロバイダの懈怠により起こされる場合には、ネットワークの不可用性から生じる損害は、ネットワーク・プロバイダから取り戻すことができるべきである。しかしネットワーク・プロバイダの契約は、一般に（少なくとも）利益の損害および間接的損害の免責のために起草されている。これらは、EDI 当事者がこれらの状況で被った損害の主なタイプであるから、ネットワーク・プロバイダに対する意味のある償還請求は稀に利用できる。従って、EDI 契約を準備する際には EDI 当事者は、そのどちらがネットワークの不可用性から生じる損害を負担するか、又は EDI 当事者の各々が単純に自己の損害を負担するかどうか考えることが重要である。

VI　EDI メッセージの紛失または不達

（ 1 ）　**序**

　ある当事者が他方に送る（又は送ったと信じる）EDI メッセージがシステムの中でどういうわけか失われるリスクは常にある。これは、どちらかの EDI 当事者の構内での人的又はコンピュータの誤りによるか、通信接続の何らかの不調による。択一的に、その送信中のメッセージを傍受する、例えばハッカーのような、無権限の第三者のかかわり合いによって問題が生じることがある。

契約でこの問題を扱う際には、EDI 当事者の第一の関心は、できるだけ早く、そして損害が EDI 当事者の事業に問題を起こす前に、そのような「EDI のメッセージの紛失」を見つける手続を発動させることである。EDI 契約でカバーされる第二の事柄は、それにもかかわらず生じる紛失に誰が責任を負うかということである。

(2) 実務で問題を予防する手段

　EDI 当事者の最初の目的は、害が起こる前に EDI メッセージの未受領が見分けられることを可能にする契約上の手続を発動されることである。これを行う主たる方法は、「受取通知（acknowledgements）」による。従って、EDI 契約は一般に、受取人は、EDI メッセージの受取から相当に短時間（例えば 1 時間）内に、受取通知を（一般には EDI 接続を通して）メッセージの最初の送信人に送るべきことを明示するであろう。受取通知は普通、メッセージが受領されたことを単に確認する。EDI メッセージの内容の確認は受取通信から少し後に提供されるかもしれない（メッセージ内容の確認は後で論じる）。受取通知のシステムを使用することによって、EDI メッセージの送信人は、そのメッセージが受け取られていない場合には、即座に警戒させられる。EDI 契約は、受取通知又は受取が EDI メッセージの送信人に戻されるまで、メッセージは「受け取られた」とみなされない—そして受取人はそのメッセージの関係で何も行う義務がない—と述べるかもしれない。

　少なくとも理論的には、メッセージの紛失に対する責任は、それが「失われた」ときのメッセージの物理的位置によらせる案を考案することは可能である。これは、メッセージの紛失がどこで起こったのか確認することはほとんど不可能であるとの同じく、おそらく実務で適用するのに極端に困難であろう。従って EDI 契約は一般に、メッセージの受取人は、受取通知が送られるまでメッセージに関し責任がないと述べる。メッセージが失われた通信接続の場所にかかわりなく、これが実情であろう[8]。

(3) EDI メッセージの不達に誰が責任を負うのか？

　前の段落で述べた受取通知は、不達が問題を引き起こす前に、EDI メッセージの不達の多くの例を際立たせる。しかしシステムは100％完全ではない。従って、EDI 契約で定められた受取通知に従ったにもかかわらず、EDI メッセージの不達からある当事者が損害を受けた場合のために、EDI 契約が定め

ることは重要である。これらの状況での様々な当事者の潜在的責任と義務は以下で論じる。

(a) EDI契約の当事者　受取通知手続は、受取人がただ実際に受け取りかつ受取通知したメッセージに関してのみ義務を負う点で、効果的にメッセージの送信人に個々のメッセージの不達のリスクを転嫁している。しかし、EDI契約は、付加的に、EDI当事者に相当な注意と技能を以てEDIシステムの一部分を操作し、そのシステムが適切に維持されることを確実にする一般的義務を課すことができる。EDIメッセージの紛失がEDI接続部分を適切に保つEDI当事者の一方の懈怠による場合には、損害に対する契約責任がそのEDI当事者にある。しかし、個々のEDIメッセージを考察するときには、特にメッセージの紛失の理由が完全に明らかでない場合には、EDI契約はしばしば、EDIメッセージの不達のリスクはそのメッセージの送信人が負うと述べるであろう。

(b) 通信接続のプロバイダ　EDIメッセージが送信中に失われた場合には、電気通信事業者に請求することは可能である。この請求に成功するには、(EDI当事者のどちらかの構内においてというよりも) メッセージが関連通信ネットワークのどこかで失われたことを証明する必要がある。多くの場合これを証明することは困難である。その上、ネットワークの故障がときどき起こる事実を認めて、大抵の電気通信事業者のサービス条件は、このタイプの責任を免責することを意味し、しばしば電気通信事業者に意図された目的地へのメッセージの伝達義務を課してさえいない。従って、サービス契約条件違反に基づき電気通信事業者に対して請求することは困難である。

(c) コンピュータ・ハッカー　EDIメッセージの不達の多くの場合は、人的誤りか又はシステムの誤作動により生じる。しかし問題は、EDIメッセージがどちらかのEDI当事者のコンピュータ・システムをハックするか又は通信接続を通して送信中のメッセージを何らかの方法で傍受することによりEDIメッセージを攻撃する「ハッカー (hacker)」の行為によって生じうる。理想的にはもちろん (EDI当事者の観点からは)、ハッカー自身が、EDIメッセージの無権限の不法妨害によって受けた損害に対する責任を負うべきである。しかしハッカーを発見する機会はおそらく相当にわずかである。加えて、ハッ

カーは、EDI 当事者が受けた損害の賠償の訴えを起こすに値する十分な金融上の資力を有していないかもしれない。従ってハッカーの地位は本章では詳しく扱わない。しかし EDI 当事者が受けた損害のためにハッカーに対し一般不法行為の請求を起こすことも可能である。その上、本件のハッカーの行為は、1990年コンピュータ不正使用法（Computer Misuse Act）3条1項[9]又は通信傍受法（Interception of Communications Act）1条1項[10]の犯罪になりうる。EDI 当事者がハッカーによるこれらの犯罪の遂行の結果として現実的レベルの賠償を得る可能性は、おそらくわずかである[11]。

Ⅶ　送信中の EDI メッセージの修正

（1）　序──潜在的な問題

EDI メッセージが目的地に到達したように見えるが、送信人のコンピュータ・システム、通信接続、又は受取人の通信システムにおける誤作動又は二者択一的にコンピュータ・ハッカーの行為により、途中でそれが修正されるリスクは常にある。もちろん、間違って EDI メッセージの内容又はフォーマットを修正することができない申し分のないコンピュータ・システムと介在する通信接続を考案することが望まれる。その目的もハッカーの不法妨害を阻止することである。しかし事がうまくいかないことがある。本節の目的は、EDI 当事者のどちらかに損害を引き起こすメッセージの変造（corruption of a message）を回避する様々な実際的方法と、損害が生じる場合、誰がその損害の責任を負うかを考えることである。

（2）　メッセージ変造の結果としての問題を予防する手段

重大な有害な効果が EDI メッセージの変造から生じうる主たる状況は、EDI 当事者が、事件後長い間問題が生じたということを理解しない場合である。単純な例を使用する。ある EDI 当事者が「次の火曜日に私の銀行口座から1万ポンド移動してください」と述べて他の当事者に EDI メッセージを送るとする。メッセージが途中で変造され、他方の EDI 当事者が受けたメッセージは「次の火曜日に私の銀行口座から10万ポンド移動してください」と述べているとする。受取人に、受け取ったメッセージは不正確である事実を警戒さ

81

せる何らかの手段がある場合には、EDI 当事者が受けた主要な実際上の問題は、単純な迷惑である。EDI メッセージの受取人が、受け取ったメッセージは不正確であることを理解しないで、口座から10万ポンド支払って、9万ポンドの超過額は、何らかの理由で、支払を受けた人から回収できないことが判明した場合には非常に重大な問題が生じる。

　実務的観点からは、メッセージの可能な変造を扱う最良の方法は、変造が行われると直ちに、変造を見つけるためのシステムを実行することである。これらの不一致のタイプを見つけるために現在使用されている１つの方法は、メッセージ内容の確認によっている。内容の確認は、上述した受取通知手続と類似の方法で作用する。実際、「受取通知」と「内容の確認（confirmation of content)」は時々結び付けられる。システムは異なるが、メッセージ内容の確認の基本機能は、最初の EDI メッセージの送信者にその顕著な項目を後で繰り返すことである。そのときには、内容の確認が最初に送られたメッセージと一致するかチェックする負担を、メッセージの最初の送信人が負う。内容の確認が不正確な情報を含んでいる場合には、即座にその EDI 当事者に問題を通知し、メッセージの正しい版を明らかにする負担を、一般に EDI メッセージの最初の送信人が負う。

　この様にして、彼らが行動する前に、メッセージ内容の多くの変造を処理することが可能である。

（３）　メッセージ内容の変造危険の配分

　本節と前節で概説されたタイプの受取通知と確認手続の実行は、送信中のメッセージの変造に結び付いたあらゆるリスクを EDI メッセージの送信人に課すために有効に作用する。受取通知と確認アプローチを採用する EDI 契約は、しばしば EDI メッセージの受取人が、

　　―同意した期間に従って受取通知と確認を伝達し、かつ、
　　―（メッセージの最初の送信人に、内容の確認が最初のデータ・メッセージとマッチしないことを告げる機会を与えるため）特定の時間待つという条件で、

EDI メッセージの受取人は、彼が受け取ったメッセージは正しいと推定する資格があると述べるであろう。EDI メッセージの最初の送信人に最初の EDI メッセージと内容の確認の間の不一致を直ちに報告する負担を負わせることにより、契約は、データ・メッセージの送信人がその内容が変造されたメ

ッセージに基づいて行為する受取人の結果に対して責任を負うようにしている。

そこで、最初のメッセージは「次の火曜日に私の銀行口座から1万ポンド移動してください」と述べたが、受取人が受け取ったメッセージは「次の火曜日に私の銀行口座から10万ポンド移動してください」と述べていた、早くに挙げた例に帰ることは、有益である。これらの事情では、受取人は、EDI契約で定められた期間の範囲内で、「次の火曜日に私の銀行口座から10万ポンド移動してください」と述べるメッセージを受け取ったことを述べて、受取通知と内容の確認を伝達する。データ・メッセージの最初の送信人が不一致を見つけることを怠り、受取人に特定の期間の範囲内で問題を知らせることを怠る場合には、EDIメッセージの受取人は10万ポンドを支払う資格があり、メッセージの送信人は、その行為につき受取人に対し償還請求権を有しない。

(4) 賠償のその他の可能な原因

最後の節は、個々のEDIメッセージの変造の結果は、EDI当事者の間でのように、どのように分担されるべきか論じた。あるEDI当事者のシステムが恒常的に故障する場合には、付加的に他のEDI当事者が相当の注意と熟練を以て関連コンピュータ・システムを動かす契約義務違反に基づいて結果として生じる損害賠償を請求することができる。その上、当該事件の状況によっては、実際に問題を引き起こした者（ハッカー）又は通信接続プロバイダ（メッセージの変造が電気通信ネットワーク・プロバイダのシステムの誤作動により起こされた場合）から結果として生じる損害を請求することは可能である。

（a） 第三者であるネットワーク・プロバイダ　　（普通事実であるように）EDI通信接続が公衆電気通信事業者によって提供され、その公衆電気通信事業者が意図的にメッセージの内容を変更するか又は妨げる場合には、公衆電気通信事業者は、1984年電気通信法（Telecommunications Act）44条1項の犯罪を犯す[12]。しかし、これらの状況では、メッセージ内容の意図的変更を証明することは、困難である。

（b） ハッカー　　変造が外部の干渉（即ち、ハッカー）によって起こされる場合において、ハッカーを確認し、その者は訴えるに値することを立証できるときには、ハッカーは次の根拠の一つに基づいて責任を負う。

（ⅰ） ハッカーはEDI当事者に対して注意義務があるという趣意の一般不

法行為の原則。ハッカーはその行為がEDI当事者に損害を引き起こすことを知っており、従ってその損害に（少なくともその損害の多くが裁判所によって余りに離れていると考えられない限り）責任を負わなければならない。

（ⅱ） ハッカーが公衆電気通信ネットワークを通して送信中のメッセージを傍受し、修正した場合には、1985年通信傍受法（後述）の犯罪を犯したことに基づいてハッカーに対し訴訟を起こすことは可能である。

（ⅲ） メッセージが、「コンピュータ」と見なしうるものを通して伝達されている間に、ハッカーがメッセージを修正した場合には、1990年コンピュータ不正使用法（後述）3条によりハッカーに対し訴を起こすことも可能である。

しかし、上述する様に、犯罪を犯したことに基づいて、EDI当事者がハッカーから相当レベルの金銭賠償を手に入れる可能性は、おそらく、わずかである。

Ⅷ　EDIメッセージの機密性──不正アクセスの問題

（1）　序

通信接続とコンピュータ・システムはもちろんしばしば無権限の者がEDIメッセージを盗み聞きできるリスクを最小にする目的でできるだけ安全であることが予定されるであろう。しかしEDI当事者は契約に様々のセキュリティ規定を入れることによりEDIメッセージを盗み聞きされるリスクを最小にすることを試みることができる。しかしこれらの方法が特別の場合に失敗し、EDIメッセージの機密性が第三者によって破られる場合には、EDI契約が機密性のこの破れから生じる金融（又はその他の）損害に誰が責任を負うかの問題に取り組まなければならない。これらの問題は以下で論じられる。

（2）　メッセージのセキュリティを保護する技術的手段

本章では、EDIメッセージの機密性を確保する技術的手段を詳細には検討しない。技術が改良され、様々な技術がより低いコストで利用できるようになるのにつれ、メッセージの内容はますます安全になる。無権限者がEDIメッセージにアクセスできる見込みを避けることを試みる際には、次のアプローチがしばしば考えられる。

第3章　金融電子データ交換

（a）　暗号化システム　　効果的な暗号化システム（encryption systems）を用いることは、EDI メッセージにアクセスする無権限者がメッセージ内容を読むことを明らかに大変困難にする。

（b）　パスワード保護　　これは（大まかに言って）、EDI 関係者によって持たれた、メッセージを読む前に入力しなければならない鍵の一種として機能する。

（3）　不正アクセスの場合どうするか？

　最も進んだセキュリティ手続によってさえ、無権限者が機密の EDI メッセージにアクセスすることができる。本節は、関連当事者の関連で、EDI メッセージの機密違反から生じうる損害に対する責任の割当を論じる。

（a）　ネットワーク・プロバイダ　　（公衆電気通信事業者のような）第三者であるネットワーク・プロバイダがいる場合には、EDI メッセージがそのネットワークを通して伝達される間に、できるだけ、ネットワーク・プロバイダがセキュリティ違反に対する契約責任を取る（従って結果として生じる損害に責任を負う）ことを確保することは、明らかに EDI 当事者のためになる。この点で記すべき最初の点は、ネットワーク・サービス・プロバイダと契約する当事者は、－たぶん明らかに－契約が機密性の問題にできるだけしっかりと起草されることを確保することを試みるべきであるということである。第三当事者であるネットワーク・プロバイダが公衆電気通信事業者である場合には、その者は、そのシステムを通して送られるメッセージの機密性につき－全く EDI 関係の目的外の－特定の義務を有するであろう。ある行為がこれらの義務違反のためにネットワーク・プロバイダに不利であることは、もっともである。

（ⅰ）　ネットワーク・プロバイダが故意にメッセージの内容を無権限の第三者に開示する公衆電気通信事業者である場合には、その事業者は1984年電気通信法45条1項の犯罪を犯す[13]。

（ⅱ）　公衆電気通信事業者のライセンスに含まれる義務：BT および Mercury の双方の電気通信ライセンスは[14]、これらの事業者にその各顧客に関する情報の機密性に関する実務準則（code of practice）を制定する義務を課している。実務準則はほぼ間違いなくメッセージ内容をカバーしている。BT と Mercury は、従業員がこれらの実務準則を遵守する

85

第3章　金融電子データ交換

ことを確保するためのあらゆる相当の処置をとらなければならない。実務準則は電気通信長官（Director General of Telecommunications）の承認を必要とする。同長官は、適当と考える場合には、条件を修正する権限を有する。しかし最近与えられたもっと新しい公衆電気通信事業者ライセンスは、機密に関する実務準則を制定しかつ維持する類似の義務を含んでいない。BT と Mercury の実務準則は BT／Mercury システムを通して送られるメッセージの内容をカバーするために及ぶということは、恐らく間違いがない。（実務準則が明示的に別段の定めをしていなければ）BT と Mercury のライセンスの関連条件は BT／Mercury の顧客に直接的権利を与えないということは注意すべきである。従って EDI 当事者はおそらくライセンス条件の違反に基づく損害に対し BT／Mercury に請求を起こす資格がない。訴の方法は、電気通信局（Oftel）を経由するであろう。

（b）ハッカー　　機密の EDI メッセージに対し無権限のアクセスをするハッカーは、1990年コンピュータ不正使用法1条1項[15]、1949年無線電信法（Wireless Telegraphy Act）5条（b）[16]（「盗んだ」接続が無線接続の場合）又は多分1985年通信傍受法[17]により犯罪を犯すと述べるに値する。しかし、通信傍受法は、EDI メッセージがその目的地に到達することを物理的に妨げるよりも単に盗み聞きする場合には、適用されないということは、恐らく間違いない。これは、この面での「傍受」はほぼ間違いなくメッセージの物理的中断を意味するからである。もちろんそのメッセージの進行を何らかの方法で妨げることなく、電話通信回線に沿って伝達されるメッセージを盗み聞きすることは可能である。従って、このタイプの盗み聞きは通信傍受法1条1項により捕捉されないということは恐らく間違いない。

（c）EDI 当事者間の責任分担　　機密違反から生じる損害を、他の者が主張できないとすれば、各 EDI 当事者が機密違反の責任を負う範囲の問題は、EDI 契約によりカバーされなければならない。責任の他の分担についてと同様に、これは、大部分当事者の交渉力によって決められるであろう。当事者の交渉力が、事実上他の当事者に EDI サービスの条件を課すことができるほどであれば、秘密のあらゆる違反に対する責任を他の当事者が負うと述べる誘惑がある。取られるアプローチは、個々のケースの特別の事情に非常に依存する

であろう。しかし、EDI サービス・プロバイダは、自己の過失から生じる機密違反によりこれらの損害が生じる場合には、せめて、自己または他の当事者が受ける損害に対する責任を引き受けることはおそらく適当である。このレベルの責任さえ排除する試みは、不公正契約条項法の下で非常に厳密に吟味されるべきである。大ざっぱに言って、そのような免責は、「相当である」ことが証明できなければ、有効でない。

IX　EDI メッセージの正当な送信者の識別

（1）　序

　EDI 当事者にとっての基本的な関心点は、彼らが、特定の EDI 当事者（又は EDI 当事者の特定の従業員）から来るように思われるメッセージが事実上そうであるという事実に頼らなければならないということである。EDI 契約は、無権限のメッセージは送られず、メッセージが送られる場合には、それが容易に確認されるということを確実にすることを予定した手続的及び技術的ルールを定めることにより、この状態に取り組まなければならない。この様にして、誤った出所に由来する EDI メッセージに頼る又はそれに基づいて行為する EDI 当事者のリスクは、最小化される。EDI 契約は、また、そのシステムが狂ったなら、何が起こるのかの問題も取り組まなければならない。即ち、EDI 契約で定められた手続ルールに応じたにもかかわらず、受取人が、相手方から実際には来なかった（又は実際には他の EDI 当事者の権限ある従業員から来なかった）EDI メッセージに基づいて行為する場合、誰が責任を負うか。

（2）　問題を処理する実際的な方法──セキュリティ手続き

　EDI 関係を確立するときに、EDI 契約に相対的に堅実なかつ詳細なセキュリティ取り決めを含める傾向がある。このことは勿論奨励されなければならない。しかし、EDI 関係における詳細なセキュリティ処置の強調は、EDI 取引が紙の取引よりもっと不確かであるということを示唆するために、決して利用されるべきではない。実際は逆が真実である。国際取引における（EDI でない状況では）セキュリティの標準方法は簡単な白い封筒であると言われた。ちょっとの間止まって、紙の取引に固有なリスクを考えるなら、この推論はかなり

驚くべきことである。コンピュータ・ベースのシステムを確立する際には、あらゆるリスクは非常に安全な方法で扱われなければならないと仮定する傾向がある。かくして、EDI当事者はしばしば、EDI関係に入る以前には詰められなかったセキュリティ・ギャップを、EDI関係を展開するときには、詰めようとする。従ってEDI面でのセキュリティの強調は、紙の選択と比較して、EDI通信の弱点ではなくて、強みと見られなければならない。

セキュリティ要件が願わしい領域は次のものを含む。

（a） システムへの物理的アクセスの調整　特定の個々の従業員にEDI端末（EDI terminal）への物理的アクセスを制限することは可能である。これは、EDI取引のためにシステムを使用する権限が与えられていない当事者による濫用の機会を最小化する。

（b）　電子署名（electronic signatures）、PIN数字とスマートカード（smart cards）　これらは、権限ある者のみがEDIメッセージを伝達することができ、不正な出所からのEDIメッセージは容易に確認されることを確実にするために使用されうる方法の中にある。

（3）　結果として生じた損害に対する責任

これまでの段落は、EDI当事者が、無権限メッセージが送られないで、正しく授権されたEDIメッセージのみが作用することを確保するために実施できる特定の措置を示唆している。しかし、EDI契約は、それにもかかわらず無権限のEDIメッセージが通じる状態を扱うべきである。

この問題は、メッセージが「正しく見えて」、受取人が、受取通知と内容確認手続の間に（上述参照）、問題を警報されない場合には、メッセージが正しい出所からきているという事実に頼ることができることを明示することにより、しばしばEDI契約で扱われる。このことは、無権限のメッセージが作用しないことをチェックする責任の大部分をEDIメッセージの送信人に実際上移している。例えば「ハッカー」は、EDI当事者（この例では、銀行とその顧客）の間の通信接続に無権限でアクセスをする。ハッカーは顧客からのものと称するメッセージを銀行に伝送し、銀行に顧客の銀行口座から巨額の現金支払をハッカーの銀行口座にするよう指示する。ハッカーからのメッセージは全部適当なパスワードを持っているので、銀行はメッセージが顧客から来ていないことを疑う理由

第3章　金融電子データ交換

はない。適切な期間内に、銀行は受取通知と内容の確認を返すが、これらもまたハッカーにより傍受され、顧客に到達することが阻止される。この状況では、銀行はメッセージが顧客から来ていないことを疑う理由はなく、顧客は、銀行がそのようなメッセージを受け取ったことを疑う理由がない。上述のメッセージの出所の確認に対するアプローチが取られる場合には、銀行は、契約上、EDIメッセージを信頼して顧客の口座から移動を行い、その額を顧客から取り返する権限が与えられる。EDI当事者はこのような状況を考え、リスクはどこにあるかを決定することが重要である。

X　EDI契約によりカバーされる付随的事柄

　本節の目的は、EDI契約で扱われる必要がある特定のその他の事柄を、短く、概説することである。

（1）　裁判所の証拠としてのコンピュータ記録の許容性
　（a）　背　　景　　取引方法が紙ベースから、電子通信ベースに動く際に、潜在的EDI当事者に関係する主要な問題の一つは、原因関係上の契約に基づいて訴える必要がある場合、その取引を紙形式の文書で証明しないことにより、不利な立場にあるかどうかである。これは非常に現実的関心であり、EDI契約で扱われなければならない関心である。EDI通信が些細なメッセージ以上のものの伝達のために事業の面で使用されるときには、原因関係上の取引又は契約に基づいて訴える必要がある場合、EDI通信の使用がそのようにする権利を害さないという信頼をEDI当事者は持たなければならない。

　（b）　一般法の下での立場　　不幸にも、一般法での立場は相当に不安定な立場である。1968年民事証拠法（Civil Evidence Act）の特定の規定の解釈[18]と最近の刑事事件に依拠して[19]、－適当な規定がEDI契約に含まれていない場合には－コンピュータにより生成された証拠は、相当に複雑な要件[20]が満たされなければ、裁判所で証拠として認められないということが可能である。コンピュータが一般的に使用される目的が今日とは非常に異なっていた約25年前に1968年民事証拠法のコンピュータ関連規定が起草されたため、この問題が主として生じている[21]。

89

（c） EDI契約　　従ってこの領域における法は、今日のコンピュータ取引世界に適用することは困難である。EDI通信の全てのタイプのコンピュータ記録が裁判所で認められるということは決して確かではない。これらの事情では、立場はEDI契約で明らかにされなければならなず、契約が、EDIメッセージのコンピュータ・プリントアウトは裁判所で認められることを明記するのは当然である。EDI契約はまた、EDI当事者が裁判所のコンピュータ・プリントアウトの使用に適用すべきと考える特別の条件を定めることができる[22]。

（2）　法的義務の発生のタイミング

（a）　序　　多くの場合、法的義務が作用し始める時が重要である。例えば、「EDI会話」の目的が契約をすることであるときには、契約がなされる時は、当事者の1人がその契約を解約できる期間、その契約に対する出訴期限の適用、又は（多分、法が特定の日に変わる場合には）契約が特別の法的ルールに従うかどうかを決めるのに重要である。法的義務の発生のタイミングが決定的である他の状況がある。

（b）　非電子通信における位置　　契約が締結される正確な時間を決めるために、様々なルールが、より伝統的な通信方法の関係で展開された。これらのルールは、100年以上にわたる裁判所の多くの事例を通して進展し、この領域においてかなりの程度の確実性を創造している。従って例えば、契約がテレックスで行われる場合には、承諾が実際に意図された受取人よって受け取られるまでは、契約が締結されないことは明瞭である[23]。対照的に、契約の申込の承諾が郵便で通知される場合には、契約は（当事者の反対の意思の証明がない場合）、承諾が受け取られた時ではなくて、承諾が郵送される時に、締結されるであろう[24]。

（c）　EDI通信の不確実性　　これらの一般的な法原則が電子的取引環境において裁判所によってどのように適用されるのか及び—基礎レベルで—EDI通信がもっとテレックスや郵便のように考えられるかどうか知ることは困難である。これらの状況では、法的義務の発生のタイミングが重要である場合には、この問題はEDI契約で扱われるべきである。受取通知と内容確認手続が使用される場合には（上述参照）、EDI契約は、EDIメッセージの最初の送信人が最初のメッセージ内容と内容確認の間の不一致をEDIの相手方に知らせる期

第3章　金融電子データ交換

間を明示すべきである。これらの状況では、原因関係上の関連した法的義務（又は契約）はその期間の経過と同時に直ちに発効することが賢明のように思われる。しかしこれは、当事者が EDI 関係を実行する方法との関連で決められるべき事柄である。

（3）　データ保護

EDI メッセージが個人データを含む場合には[25]、1984年データ保護法の規定を考慮し、EDI 契約に妥当な規定を含めることは、重要である。同法は、連合王国外、そして（それ以上に）EC 外へのデータ移動の面においてとりわけ重要である。しかし、データ保護はそれだけで特別なテーマである。それ故、今日的な問題の適切な考察は本章の範囲外である（詳細は第6章参照）。

（1）　Note by Secretariat dated 9 August 1993(A/CN. 9/WG. IV/WP.57) 参照。
（2）　この状態は、「国際単純データ再販売サービス」の準備に関する規則(rules on the provision of "international simple data resale services"」の結果である。これらは、様々な面でわずかに異なって定義されている。1つの（相当に典型的な）定義は（例えば、「Class Licence to run Branch Systems to Provide Telecommunication Services」——いわゆる1992年7月15日付けの Telecommunications Services Licence ——の付則Cの定義参照）は、以下の各々と通したデータメッセージの伝達を伴うサービスとしている。即ち、
　（ⅰ）　連合王国の公衆交換網（即ち、BT/Mercury/その他の電気通信事業者の「ダイアルアップ」網）
　（ⅱ）　国際的私的回線（又は実際上同じ事を意味する国際的借用回線）
　（ⅲ）　海外の公衆交換ネットワークの同等物を通した。
（3）　連合王国政府は、連合王国と、その取締制度が逆方向の類似のサービスを供給する同等の自由を許す他の国又は領土間の国際的な単純なデータ再販売の準備のみを許すであろうと述べた。この基準を適用して、連合王国政府は、現在まで、連合王国とオーストラリア、スウェーデンとカナダ、EC の他の加盟国の各々の間の国際単純データ再販売の準備を自由化した。
（4）　"The Class Licence for the Running of Self Provided Telecommunication Systems granted by the Secretary of State under Section 7 of the Telecommunications Act 1984", dated 30 July 1992.
（5）　不公正契約条項法3条2項（a）は、「（消費者として扱われる当事者に）対し（又は相手方の書面事業標準条件に基づいて）、相手方は、契約条件を述べて、……自己が契

第 3 章　金融電子データ交換

約に違反しているときには、契約の条件が相当性の要件を満たす場合を除き、違反に関する責任を排除又は制限することができない」と述べている。
(6)　1977年の不公正契約条項法 2 条 2 項は、「その他の損害 (loss or damage)、即ち、死亡又は人身被害以外の損害）の場合には、条件又は通知が相当性の要件を満たす場合を除き、何人も過失に対する責任を排除又は制限することができない」と明確に定めている。
(7)　物品及びサービス供給法13条は、「供給者が事業中に行為するサービス供給契約には、供給者は相当な注意及び技能と共にサービスを実施するという黙示的条項がある」と明確に定めている。
(8)　問題がしばしば EDI 当事者の 1 人のシステムの誤作動によりしばしば起こされる状態は、しかし、以下で考察する。
(9)　1990年コンピュータ不正使用法 3 条 1 項は、「(a)コンピュータの内容の無権限の変更を引き起こす行為を行い、また(b)その行為を行う時に、必要な意図と必要な認識を有しているなら、犯罪を犯す」と明記している。これらの目的のために、「必要な意図」は「コンピュータの内容の変更を引き起こし及びそうすることによって……［コンピュータに保有された］データの信頼性を害する意図」を含む (1990年コンピュータ不正使用法 3 条 2 項（ c ））。また「必要な認識」は「その者［即ちハッカー］が引き起こそうとする変更が無権限であるという認識」を意味する (1990年コンピュータ不正使用法 3 条 4 項）。EDI 当事者のコンピュータ・システム又は電気通信事業者の通信交換からの EDI メッセージの意図的、無権限の削除は本条の犯罪を構成するということが示唆される。
(10)　1985年通信傍受法 1 条 1 項は、「公衆電気通信による……送信中の通信を意図的に［権限がないのに］傍受する者は違反を犯す」と述べている。
(11)　1973年刑事法廷権限法（Powers of Criminal Courts Act）35条は、犯罪を宣告する裁判所に、その犯行から生じる損害に対する賠償の支払いを命じる権限を与えている。しかし同法は EDI 当事者にハッカーをその行為に対する賠償のために直接訴える資格を与えていない。
(12)　1984年電気通信法44条 1 項は「公衆電気通信システムの管理に携わる者が、その義務の過程以外に意図的にそのシステムの手段によって送られるメッセージの内容を修正するか又は妨げるときには、犯罪を犯す」と述べている。
(13)　1984年電気通信法45条 1 項は「公衆電気通信システムの管理に携わる者が、その義務の過程以外に意図的にそのシステムの手段により伝達中に傍受されたメッセージの内容を開示するときには、犯罪を犯す」と述べている。
(14)　条件 BT ライセンス38および Mercury ライセンス34参照。
(15)　1990年コンピュータ不正使用法 1 条は、「(a)コンピュータの中に保有されたプログラム又はデータに対するアクセスを確実にする意図でコンピュータの機能を実行させ、

第3章　金融電子データ交換

(b)その者が確実にしようとするアクセスが無権限であって、(c)その者がコンピュータの機能を実行させる時に、それが事実であることを知っている場合には、犯罪を犯す」と明示している。これの犯罪は、ハッカーが「コンピュータ」（議論の余地があるが、電気通信交換をカバーする。しかしEDI通信リンクの各終わりの装置を確実にカバーする）として記述されうる装置にアクセスする場合にのみ立証される。この違反は、通信リンクを通して送信中のEDIメッセージの単なる盗み聞きをカバーしない。しかしこの問題は1985年通信傍受法によりカバーされる。

(16) （改正）1949年無線電信法5条（b）の下で、（特定の非常に僅かな例外を除き）メッセージの内容に関する情報を得る意図で無線電信装置を使用する者の犯罪である。

(17) 注10参照。

(18) 特に同法2条、4条及び5条参照。

(19) *R.* v. *Shepherd*［1993］1 All. E.R. 225：貴族院は、検察当局がコンピュータで生じた文書に頼ろうとするときには、単に伝聞であるそのコンピュータで生じた証拠でなく、コンピュータで生じた証拠の全部のタイプとの関係で、1984年警察及び刑事証拠法（Police and Criminal Evidence Act）69条（刑事上の1968年民事証拠法対応規定）の手続要件に従う必要はないと判示した。刑事領域外では厳密には拘束的ではないけれども、民事事件で類似のアプローチが取られることも可能である。

(20) これらの要件は1968年民事証拠法5条で定められている。

(21) コンピュータで生じた証拠に関する既存のルールの不適当性は1993年9月のLaw Commission Report, "the Hearsay Rule in Civil Proceedings"で承認された。Law Commissionは民事証拠法の広範囲の改正を勧告した。これらは、コンピュータで生じた文書は（概して）、証拠の観点からは非コンピュータで生じた文書と同様に扱われるべきとの勧告を含んでいた。

(22) このアプローチは、1968年民事証拠法18条5項で支持されるように思われる。同条は「本法は（一般的であれ、特別目的であれ）これらの手続で認められる証拠に関する法定手続の当事者間の契約（行われるとき）の作用を害さない」と述べている。

(23) 例えば *Entores Limited* v. *Miles Far East Corporation*［1955］2 Q.B. 327参照。

(24) このルールは1880年に *Byrne* v. *Van Tienhoven*（1880）5 C.P.D. 344において裁判所によってしっかりと確立された。

(25) 1984年データ保護法1条3項は、「個人データ」を「その情報（又はデータ・ユーザの占有するあれこれの情報から）確認されことができる生存中の個人に関する情報からなるデータであって、個人についての意見の表明を含むが、その個人に関するデータ・ユーザの指示を含まない」と定義している。

Gill Andrews
Associate, Sidley & Austin, London

第4章　消費者電子銀行業

Ⅰ　序

　消費者電子銀行業に関する法は最近まで比較的わずかな注目しか受けなかった[1]。銀行がコンピュータ技術を通して消費者にサービスを提供し始めたとき、当然契約を通してその関係を規律しようと試みた。しかし最近、この技術はこれらの契約では十分に扱われていない問題、特に現金自動預払機（ATM）からの「幽霊引出（phantom withdrawals）」の現象を消費者に対して提起することが明らかになった[2]。他の問題も最近ジャック報告書[3]で注目を受けた。立法を恐れて[4]、銀行は実務準則（code of practice）を通して自主規制を始めた[5]。

　本章は、プラスチックのデビットカードの機構を通した消費者への電子的銀行サービスの提供および消費者と銀行間の関係を規律する契約条項を検討する。他の形態の提供が存在しているが[6]、決して普及していない。しかし家庭でのコンピュータの使用と電気通信技術が洗練してきているから、銀行業サービスを提供する新方法が益々重要になりそうである。

（1）デビットカード技術

　消費者に関する限り、デビットカードは技術の比較的単純な一片である。それは、消費者の銀行口座の関する情報量が暗号化されている磁気ストライプを裏に有しており、3つの方法で使用できる。
　1.　カードをATMに挿入する場合。機械はカードを読みとることができると、顧客の個人識別番号（Personal Identification Number（PIN））をタイプすることを要求する。PINはカード読み取り機がオンライン・モードである場合には、銀行のコンピュータにより伝達された番号と比較することによりカードの正しい番号と対照される[7]。この番号が外見上正しければ、機械は実行できる機能メニューを表示する。顧客がこれらの機能の1つを選択し、機械の指示に従う。取引が終了すると、カードは戻され、

第4章 消費者電子銀行業

顧客はそれを保有する。
2. 例えばスーパー・マーケットの販売時点電子資金移動 (Electronic Funds Transfer at Point of Sale (EFTPOS)) システムにおける場合。EFTPOS取引の機構は全く単純である。顧客は購入を通常選択し、カードをレジに提出する。総額は出納窓口 (till) により計算される。しかし現金の代わりに、消費者は磁気ストライプの付けられたカードをレジに提出する。このカードをカード読取機に「通す (swiped)」。読取機は、消費者が署名する領収書を出す[8]。署名がマッチしていると仮定すると、消費者は銀行にその口座から引き落とし、スーパー・マーケットの口座に入金する権限を与える。この趣旨のメッセージは、EFTPOSネットワークに直接伝達されるか、小売商のコンピュータに保有され、営業の終了の時に伝達される。その時にその日のEFTPOSメッセージの全セットがバッチ・モードで処理される。ネットワークはメッセージを小売商の銀行と消費者の銀行に送り、口座は決済期間の終わりに調整される。現在連合王国のEFTPOS取引は、清算に3日必要である。これは小切手と同じである。小売商はこの期間を短縮するよう迫っている（カード読取機がオンラインで稼働する場合には引落／入金が瞬時に行えない理由はない）が、銀行界には消費者が「フロート (float)」のこの損害に反対し、現金支払いに切り替えるか否か、多少の迷いがある[9]。ヨーロッパの他の幾つかの法域、特にデンマークとオランダでは連合王国においてクレジットカードにより保有される理由の大部分占める、EFTPOSの使用が普及している[10]。
3. 電話で商品とサービスを購入する場合。この場合には消費者はそのカードの詳細を示す。これらは小売商によりEFTPOS端末に入れられる。それから端末は、普通のEFTPOS処理と同じように適当な銀行にメッセージを送る。

（2） デビットカード、PINsおよび顧客の指図

デビットカードを使用するために、各顧客に1つのPINが発行される。これは4つのデジタル数であり、従って理論的には1万の個々の組合せを示す[11]。PINとカードの組合せは、ATMに顧客を認証させ、従って機械で要求された引出又はその他の取引に対する顧客の指図 (mandate) である[12]。顧客がPINをタイプすると、それはそのカードと合ったPINの銀行記録と照合され

第4章　消費者電子銀行業

る。オンライン機械の場合には、照合は銀行の中央コンピュータの PIN 記録に対してなされる。番号が合った場合にのみ、取引を処理することが許される。大抵の場合、番号が合わないと、顧客は、正しい PIN をインプットするための2回又は3回の試みが与えられる。3回の試みが失敗すると、機械はカードを保持し、カードはただ顧客の物理的署名と引き替えに返却されるのが普通である。この目的は明らかである。—顧客に正しい PIN を押す無限の試みが与えられると、熱心な泥棒は、ATM の「錠をはずす」組合せを発見するまで、潜在的なあらゆる組合せを試みることができる。

しかし PIN は詐欺に対する証拠ではない。詐欺の最も普通の方法は、カードが PIN に関する顧客の記録と一緒に盗まれる場合である。非常に高い割合で顧客は PIN をカードそれ自体か又はカードと同じ場所に保管される紙片（例えば財布）に書くほど愚かである。これは泥棒の生活を著しく簡単にする。そしてカードが発行される契約条件は、しばしば顧客にこの種の損害の責任を負わせる（後述参照）。もっと重大な詐欺のタイプはオフライン機械に対して行われることができる。この場合には盗まれたカードは磁気ストライプが綺麗に消され、新しい暗号化された PIN がカードの上に暗号化される。そのようにするための装置は著しく安い。暗号化の技術は決して詐欺に精通した者の能力を超えない。この操作の結果カードに新しい PIN が与えられる。カードが中央銀行のコンピュータと照合されるなら、見抜かれるが、機械に利用可能な PIN の唯一の記録がカードそれ自体の記録であるというように、機械がオフライン・モードで稼働する場合には見抜かれないであろう[13]。詐欺のさほど手の込んでいない他の方法は、ATM の設計における弱点が利用される方法を含んでいる。大抵の場合、ATM は、日、週または月ごとのそれを使用して引き出すことができる現金額に限度を設けている。顧客が引出を行ったという情報が記録されないか又は機械がカードに既に記録された情報を無視するような方法で ATM を動かすことが幾つかの ATM では可能であることが判明した。このことは、正しい PIN を手に入れた泥棒が異なる機械から同じ日に又は詐欺が発見される前数日の間に何回もお金を引き出すことを可能にする。

銀行は、そのようにするようにとの顧客の指図がなければ、顧客の口座から引落をする資格はない[14]。顧客により入れられた正しい PIN は、これらの目的のための顧客の指図であることは確かなように思われる。しかし、PIN が無権限の者によりタイプされた場合には、その地位に関し問題が生じる。普通

97

第4章　消費者電子銀行業

のルールは、そのような行為は顧客の指図ではないということである。これは、1882年為替手形法24条が、手形の偽造又は無権限の署名は完全に効力がなく、手形の所持人にいかなる権利を与えないと規定しているので、小切手の場合明らかである。裁判所も、この原則は、顧客の自己の不注意が偽造を可能にした場合でさえ、適用されると判示している。*Tai Hing Cotton Mill Ltd.* v. *Liu Chong Hing* 事件[15]において、枢密院は、顧客の唯一の義務は、実際に彼の目を引く詐欺を銀行に報告することであり、無権限の小切手が発行される可能性を減らす方法で口座を管理する義務はないと判示した。ATM引出は、単に小切手による引出の電子的類似であるから、同じ原則が適用されるべきである。従って、顧客からカードと PIN を取得した顧客の家族のメンバーが資金を引き出すために使用しても、銀行は、何等のそれ以上の授権を欠いており、カードと番号の使用が顧客により授権されていなければ、顧客の口座から引落をする資格はない。しかし、このことは、PIN と共に無造作に置かれたカードを置き忘れる顧客が銀行に対して責任がないということを意味しない。銀行は、そのように行うことを銀行に許す契約条項が欠けている場合には、顧客の口座から引落をする権限が与えられていない一方[16]、顧客から契約の明示の条項違反の損害賠償を請求することができる。不法行為の一般的責任はないことは明らかであるが[17]、顧客は、彼の行為がカードの使用を争わないと銀行に信じさせた場合には、ATM カードの使用が授権されているということを否定することを禁反言により禁止される。*Brown* v. *Westminster Bank Ltd.* 事件では[18]、銀行は、顧客の使用人が小切手の署名を偽造することに関係した。数回、銀行は使用人の地位をチェックし、その度ごとに取引は適切であることが保証された。代理人の権限を持つ顧客の息子が、後に偽造小切手の支払を理由に銀行を訴えることを試みたときに、銀行は禁反言を提出することが許され、このようにして訴訟に勝訴した。

　PIN の無権限の使用から生じる更に面白い点は、立証責任の問題である。顧客の口座から引落をしようとするのは銀行であるから、立証責任は銀行にあるというのが普通のルールである。理論的には、銀行は、顧客の PIN が ATM に入れられただけでなく、この使用が授権されていることを証明しなければならない（事情によっては、顧客が反証を示すことができなければ、使用が授権されていると裁判所が推定する用意があるけれども）。PIN が銀行の中央記録で保有されている PIN か、カード自体に暗号化されている PIN とマッチしたと

第4章 消費者電子銀行業

いう記録をATMが保存することは、明らかである。しかしその筋からの噂は、大抵のATMは顧客によって入れられたキー操作の記録を保存しないということをほのめかしている。これが事実であるなら、「幽霊引出」の被害者であると主張する顧客は、その口座から引落をする指図を受けたとの銀行の主張を拒否することが可能となるはずである。銀行の記録は、消費者のカードがATMに挿入された、そしてATMは、PINがカードに暗号化されたPINか、又は銀行の中央記録のPINとマッチしたということを証明するであろう。しかし、何がカードのユーザによってタイプされたのかを証明することができない。少なくとも機械がその時オフラインで稼働していた場合には、銀行は、問題のカードが上述の様に偽造カードでなかったことを証明することができない。顧客がこれらの状況でATMの銀行の検査にアクセスするために、開示(discovery)手続を使用する場合にはそれも有益である。顧客がATM引出を争った県裁判所の幾つかの事件があるが、この問題を扱った事件は報告されていない。これらの事件では、銀行は、それが保管する記録は普通の銀行実務であり、これは顧客の指図を認証するのに十分であると主張した。これは顧客のための弁護士によって疑われたようには見えない。そして事件すべては、銀行に過失があったという前提で進んだ。上述の方針に基づいて適切に主張された訴訟は、筆者の意見では、成功する有力な見込みを持つべきである[19]。最大の成功への障害は、立証責任を転換しようするATM使用を規律する契約条項である。多くの事件では、PINが使用されると顧客の口座から引き落としをする資格があり、その使用が授権されているか否かはどうでもよいと規定している。これらの条件は、後で詳しく検討されるが、当然1977年不公正契約条項法（Unfair Contract Terms Act）違反である。

（3） データ保護とプライバシーの問題

顧客のデビットカード取引の銀行の記録は1984年データ保護法の「個人データ」に等しい[20]。従って、銀行は同法付則1で定められているデータ保護原則に従う義務がある。主要な点で、デビットカードの法律上の扱いは、銀行の他の記録の扱いと異ならないが、重要な一つの問題は、ATMの使用から生じる。即ち、銀行によって履行された技術は、適当なセキュリティ措置がとられなければならないというデータ保護原則第8の要件をどのくらい満たしているか、である。

第4章　消費者電子銀行業

　この問題は、上述した詐欺に対する可能性に由来する。無権限者が顧客の口座との関係でATMを使用することができるなら、顧客に関する情報、例えばその口座の顧客の残高を入手することができる。同法23条は、ユーザにデータの無権限の開示又はアクセスによって生じた現実的損害（actual loss or damage）に対する賠償のための権利を与えている。銀行が損害が生じるのを避けるために相当の注意が払われたことを証明することができる場合には、銀行は免責される―23条3項。もっと重大なことには、登録官は、適当なセキュリティ措置が採られなかったと決定すると、同法10条の強制実施通知を発することができ、改善処置がとられないと、11条の登録の抹消を発することができる。従って十分なセキュリティ予防策を採ることを懈怠した結果は全く厳格である。

　そのときには、セキュリティ予防策の相当性はどのようにして決定されのかという問題が生じる。無権限開示の損害賠償のための顧客の訴訟において、相当な予防策がとられたという抗弁は過失の主張に対する抗弁と非常に類似している。銀行がその装置は欠陥があることを知っているが、それを使用することを続けるなら、装置を直す費用が、それを使用し続ける顧客のリスクよりも重くないなら、過失の決定を引き起こしそうである。データ保護原則第8、即ち、強制実施又は登録の抹消さえ起こることができる遵守の懈怠に関する限り、セキュリティ予防策の十分性は現在の銀行実務の関係だけでなく、改良された技術の使用可能性の関係で評価されなければならない[21]。議論の余地がないように思われることは、あるとき十分である予防策は、泥棒とハッカーの能力が増し、予防策を阻む技術が進歩すると不十分になることである。この面でJack報告書は、銀行及びその他の金融機関がデータ保護法上の義務を考慮する際に、明らかに考慮すべきセキュリティに関連した多くの勧告をしている。連合王国の1990年の白書、*Banking Services : Law and Practice*における解答は、これらの勧告のすべてではないが、幾つかを受け入れている。

　同報告書は、銀行の主要な義務は顧客の指図を遵守することであることを認め、これは、無権限取引から消費者を保護するためのセキュリティの最小基準を満たすことにより遂げられるべきであることを示唆している。特に署名又は親指、網膜若しくは声紋のようなその他の人的特徴との関連で、技術を改良する銀行側の持続的方針（commitment）がなければならない[22]。PINはセキュリティ連鎖の最も弱い環であるから、

1. 銀行及び顧客の双方は、カードとPINを扱う際にあらゆる相当な注意

第4章　消費者電子銀行業

を行い、それらが無権限の手に落ちるリスクを最小にする相互義務を負い、
2. 顧客に対する PIN の求めてもいない郵送を禁じ、そして、
3. 顧客は、システムによりカードと PIN を使用することが許される前に、その双方の受領を確認することが要求されなければならない。

これらの勧告は、特に複合住宅に対する郵便配達の問題を狙っている。というのは、これらの状況でカードと PIN が盗まれる多くのケースが報告されているからである[23]。

顧客の PIN が、顧客が ATM に入力する番号を目撃する第三者によって手に入れられるという心配がさらにある。これを避けるために、報告書は、PIN が入力される間、誰か他の者によって読まれないことを確保するため、銀行は PIN を入力する者にプライバシーを提供すべきことを勧告している[24]。そうしても、ATM 詐欺は決して完全には阻止されない。そこで準則は、潜在的な詐欺的不正使用を発見するために、ATM 使用の様子を銀行がモニターすることを要求すべきである[25]。

これらは、白書に完全には受け入れられていないという事実にもかかわらず、何がセキュリティの十分なレベルであると考えられるかに関する有益なガイドラインを提供し、銀行がデータ保護法22条3項の防御を立証したかどうかを決定するときに、裁判官と、データ保護原則第8がどの程度遵守されたかを評価するときに、登録官に影響を及ぼしているようである。勧告は、もちろん、非常に個別の事情に依存し、いずれにしても技術の進展と同じく変化する十分なセキュリティの限度の決定的供述ではない。

ATM に関する Jack 報告書から生じる更なる要点は、データ主体について保有されたデータにアクセスする1984年データ保護法の下でのデータ主体 (data subject) の権利である[26]。Jack 報告書は、報告書で提案された最良実務標準は、顧客にアクセスの権利を銀行が気づかせることを要求すべきで、ATM 取引の面では、これは取引の書かれた記録を意味し、銀行実務準則 (Code of Banking Practice) は、単に正式のコース（即ち、口座の計算書によって）よりも、取引の時点で書かれた記録を受け取るオプションを顧客に与えるよう、解釈されることを要求すべきである旨示唆している[27]。

101

第4章 消費者電子銀行業

II 顧客／銀行契約の監督[28]

デビットカード使用の規制を完全に契約法に任せることは、顧客に関する限り、不十分であることが、一般に承認されている。銀行と小売商はこの技術により提出された問題に最も効率的且つ柔軟な解決を与えるため契約を利用できる一方、顧客は真の交渉力はなく、銀行により申し込まれた条項を承諾するか、または自動化された消費者銀行業の利益を差し控えることができるだけである。これらの理由から、採用される正確な構造は国によって異なるけれども、顧客／銀行関係の何らかの規制は必要である。

(1) 合衆国

1978年にアメリカ合衆国は、消費者に対するEFTサービス条項を規制するための電子資金移動法（Electronic Funds Transfers Act）を可決した[29]。電子資金移動は、以下のものを含めるために非常に広く定義されている。即ち、

電子的端末、電話機又はコンピュータ若しくは磁気テープを通して始められる［紙によって始められたもの以外の］資金移動……それは、販売時点移動、現金自動預払機取引、資金の直接預入又は引出及び電話によって始められる移動を含むが、それに限定されない[30]。

その最も重要な規定は、
1. 無権限取引に対し銀行が消費者に責任を課す能力に対する監督。これらの監督は、合衆国法律集（USC）15編1693条gの下でなされる規則に含まれており、責任は普通50ドルに制限されることを規定している。この制限は、次の2つの状況では拡大される。
   (a) 消費者が2日以内にカードの紛失又は盗難を報告しない場合には、責任は、(i)500ドル以下、又は(ii)50ドル以下若しくは当該最初の2日内の現実的損害に当該2日後に生じた報告の懈怠により起こされた現実的損害を加えた額に制限される[31]。
   (b) 消費者は明白な無権限取引を銀行計算書を受け取ってから60日以内に報告しない場合には、責任は、50ドル以下又は当該60日の現実的損

害に報告の懈怠によって起こされた当該60日後に生じた現実的損害を加えた額に制限される[32]。
2. 金融機関は、消費者の口座に十分な資金があることを条件として、正当に授権された移動の不履行に責任を負う。しかし、不履行が不可抗力又は、(ⅰ)当該機関が、発生を阻止するためのあらゆる相当の注意を払い、または(ⅱ)消費者が移動を開始しようと試みたときに、装置の誤作動が消費者に分かったという条件で、当該機関の監督外のその他の何らかの事情によって起こされたということを証明することができる場合には、当該機関は責任を負わない[33]。
3. カード発行者は、カード使用の条項および条件の完全な開示を行う義務がある[34]。
4. 同法はまた、カード又は PIN の請求されなかった発行に関する監督も含んでいる[35]。そして、取引が授権されていることの立証責任は、金融機関にあることを規定している[36]。顧客に発行された領収書と計算書は、それらが関連する取引の一応の証拠（*prima facie* proof）である[37]。

（2） スカンジナビア

スカンジナビア諸国は、強力な消費者保護の長い伝統がある。EFTPOS の分野では、これは、消費者オンブズマン（consumer ombudsman）の機構を通して大部分達せられている。当局者は、一般的に消費者のために契約条項を交渉する権限を有しており、交渉が失敗の場合には裁定を裁判所に申請することができる。その結果これらの諸国の ATM と EFTPOS 契約は、普通、連合王国で発見される不愉快な特徴を示していない。議論のある取引の場合、取引が有効に行われたとの立証責任は銀行にある。カードの不正使用に対する消費者の責任には明確な限度がある。デンマークはもっと進んでおり、これらの契約を規制する支払カード法を制定している[38]。

（3） EC 及び EFTA の提案

1988年 EC 委員会は、共同体の銀行システムに支払カードをカバーする条項および条件を規律する実務準則を実施するよう求める、「支払システム及び特にカード所持人とカード発行者間の関係に関する勧告」（*Recommendation Concerning Payment Systems and in Particular the Relationship between Cardholder and Card Issuer*）を発した[39]。勧告の付属は、準則の内容に関するガイドライ

第4章 消費者電子銀行業

ンを提供している。そして準則が役に立たないことが判明するなら、立法の暗黙の脅威がある。扱われる事柄の間には、次のものがある。
1. 議論のある取引を証明する責任は、カード発行者が負う[40]、
2. 支払カードは要求なしに発送されないし[41]、条項は消費者に通知後にのみ変更される[42]、
3. カード発行者は取引の実施の不履行に責任を負う[43]、および、
4. 紛失又は不正使用の通告前の消費者の責任には限度があり（詐欺又は重過失の場合を除く）、通知後には責任がない[44]。

ECを通しての支払カード条項が本勧告に従う範囲の包括的概観は、オランダのユトレヒト大学により出版されている[45]。

欧州自由貿易連合（EFTA）もこれらの事柄を考慮している。その諮問委員会の消費者政策問題小委員会は、「電子的資金移動システムの規制のためのガイドライン」(Guidelines for Regulation of Electronic Funds Transfer Systems) を採択した[46]。一般的に、ガイドラインはEC委員会よりもっと力強く表明され、もっと適切に遠くまで行くが、それは、EC委員会と同様の見解を採っている。かくしてパラグラフ5では、立証責任をカードの発行者が負担することに加えて、「システムの技術的欠陥がないことが十分な証明と考えられるべきでない」ことを示唆している。同様に、支払カードを規律する条項は、通知なしに変更されるべきでないことを合意する一方、「一方的変更は……消費者がそれを書面で（そして偽の暗黙の合意によらないで）受け取らなければ、［消費者を］拘束すべきでない」ということも主張している[47]。委員会とEFTAの間の一致のこの広い程度は、自主規制が失敗するなら、欧州の広いベースに基づく立法が次に来そうであることを示唆している。

デビットカード契約も一般的消費者保護措置と特に「消費者契約における不公正条項に関するEC指令」(EC Directive on Unfair Terms in Consumer Contracts) [48]によって影響されるであろう。本指令は、（a）条項が個別的に交渉さないで、（b）「誠実（good faith）の要件に反して、契約から生じる当事者の権利及び義務における重大な不均衡を消費者に不利益にもたらす場合には」、条項は、不公正でなくはないと規定している[49]。指令の付則は、「不公正と見なしうる」条項の例示的・非網羅的リストを含んでいる[50]。これらのうちでデビットカードにとって最も重要なのは、

（b）全面的又は部分的不履行の場合に……不適当に消費者の法的権利を排除するか制限すること、

（i）撤回不能的に、契約の締結前に知らされる本当の機会を持たなかった条項で消費者を拘束する[51]、

（k）売主又は供給者に、合法的理由がないのに一方的に、提供される製品又はサービスの特性を変更することを可能にさせる、

（q）特に……不当に消費者に利用できる証拠を制限するか又は準拠法によれば契約の他の当事者の義務である立証責任を消費者に課すことにより、訴訟又は他の法的救済を起こす消費者の権利を排除するか又は妨げること。

従って清算銀行により提出される大抵の条件は不公正でありうる条項を含んでいる（以下参照）。

指令は1994年12月31日までに条項されなければならず、規則案は既に準備されている[52]。これらは指令の表現に非常に親密に従っている。

（4） ECSA の最良実務準則

EC 委員会勧告に答えて、3 つの欧州カード部門協会（European Credit Sector Associations）は1990年3月に最良実務準則（code of best practice）[53]を制定し、それを承認のために委員会に提出した。準則はまだ次の点で銀行に有利であるけれども、委員会と EFTA により表明された関心事を扱っている。

1. カード発行者は、議論のある取引を証明する義務がある一方、その記録を示すことによってのみそうする必要がある。前とその後の取引の正確な記録は、取引が正しいという一応の証明を構成する[54]。
2. 発行者は、その支配内の技術的誤操作により引き起こされた損害についてのみ責任があり、カード保有者が誤操作に気づくべきである場合には責任を負わない。いずれにしても、当該責任は、顧客から引き落とされた利息を加えた取引価格までである[55]。そして、
3. 契約条項の変更に対する消費者の同意は、明記された期間内に契約を取り消さないことから間接的に示される[56]。

（5） Jack 報告書の改正勧告

（a） 顧客の責任　報告書の勧告10(10)は、立法が、カード/PIN の詐欺的使用に対する EFT 顧客の責任に制限を設けるべきことを示唆している。提

第4章　消費者電子銀行業

案された制限は、銀行に対する通知前の無権限使用の最初の50ポンドであり、銀行はその後の全損害を負担するというものである。報告書の付録Fは、1988年現在の支払カードの条項と条件の例を含んでいる。大抵の場合、これらの条件は、PINが使用された場合には（紛失の通知前の）カードの行われた全使用に対し責任を顧客が負うことを要求していたことは明らかである。これは、金融機関が既にこれらの状況における責任制限の原則を採用していた範囲を示す以下の分析と比較されなければならない。

勧告は、続けて、当事者のどちらかに重過失がある場合には、その者が損害の全部を負担すべきことを付け加えている。「重過失」は報告書で定義されていないし、法によっても多く使用されている用語ではない。それは、重過失にのみ責任を負う無償寄託と対立する有償受寄者が物品所有者に負う注意義務（相当の注意）を区別するために使用されている寄託に関する古い事件で発見されうる。これらの事件では、重過失は、受寄者が自己の財産に払うよりも寄託者の物品に注意を払わないということを意味した。そこで、原告の文書が銀行の錠のかかっていない金庫から盗まれた *Giblin* v. *McMullen* 事件[57]において、銀行は同時に盗まれた自己の文書と同様に不注意であったことを立証することにより原告の金銭賠償請求を覆すことができた。この用語はまた会社の取締役の失格の関係[58]とソリシタは個人的に当事者の費用を支払うべきとする決定をする際にも[59]使用された。最も役に立つ最近の判決は *Great Scottish & Western Railway Company Ltd.* v. *British Railways Board* 事件であって[60]、本件では、原告の財産に対する被告の損害賠償責任は「理事会の重過失又は故意の懈怠によって完全に起こされた」損害に契約により制限されていた。事件を判決する際に、裁判官は次のように述べた。

コモン・ローに関する限り、過失に適用される形容辞は意味がないと言われた。しかし、「重過失」という用語が「故意の懈怠」という用語と極めて接近して使用されている現在のような条項の状況では、相当の重要性が「重」という用語に与えられなければならないと確信する。私は、*McCulloch* v. *Murray*[61] のカナダの事件における Duff 主席裁判官の判決の次の文章の中にいくらかの援助を発見する。その事件において、彼は自動車の運転の関係で次のように述べている。「重過失、故意の誤った操作、無法な誤った操作、これらすべての言い回しは、故意の加害がない場合には、自動車を託された責任ある且つ資格のある人々が普段自らを規律する基準か

第 4 章　消費者電子銀行業

ら非常に明らかに逸脱した行為を間接的に示している」。この現在の状況では「重過失」は非常に大きな過失又は過失のひどい場合を意味し、無謀の要素を当然含むと考える。

「重過失」という用語は銀行実務準則と現在の銀行条項の幾つかで使用されており、裁判所がその意味につきど考えるのか見ることは興味深い。
　報告書も、銀行は損害に寄与した第三者に対する救済権 (right of relief) を有すべきであると勧告している。これは普通、過失という不法行為の際に有効である。

（b）　銀行の責任　　報告書は、勧告10(11)において、銀行は、EFT 装置の故障から起こされた直接的又は「明瞭に間接的な」[62]損害につきその顧客に対して責任を負うことを提案している。故障が銀行の支配を超えるか、又は顧客の意図又は重過失が不履行に寄与した場合には、金銭賠償は減額されるべきである。顧客が誤作動に気づいている場合には、責任は、口座の訂正と手数料の払い戻しに制限されるべきである。このことは、違反した当事者は余り関係の薄くない全損害に責任を負う場合には、普通の契約上の損害賠償の評価からの主要な逸脱を特色付け、1943年法改革（目的達成不能の契約）法（Law Reform (Frustrated Contracts) Act）の下で損害を配分する裁判所の権限により密接に関連しているように思われる。

（c）　論争の解決と損害の配分　　この領域における勧告は、顧客と銀行の間の契約関係の普通の制度からの根本的逸脱を特色付けている。報告書で提案されている銀行実務準則は、銀行／顧客契約の明示又は暗黙の条項というよりも、これらの問題を規制することである。勧告10(9)は、さもなければ共用された ATM と EFPTOS ネットワークから生じるであろう直接の契約関係 (privity of contract) の問題を克服することをもくろみ、EFT システムを通して供給された銀行サービスに関する不服申立は、その不服申立が銀行自身の活動から生じた否かにかかわらず、銀行とその顧客の間でのみ解決されるべきことを提案している。例えば ATM が共用されたネットワークにおいて誤作動する場合、関連する他の当事者に訴訟を起こすのは銀行の責任でなければならない。準則も消費者に立法に導入されるべき損害配分に関するルールを知らせ[63]、かくして消費者に直ちにカード又は PIN の紛失を報告するインセンテ

107

第4章　消費者電子銀行業

ィブを与え、責任の範囲に関する論争を避けなければならない[64]。

報告書も当事者の間のデビットカードからの損害配分の新しい方法を示唆している。EFT取引の授権が争われる場合には、勧告10(12)は、損害は当事者の作為又は不作為が損害に寄与した範囲を参照してエクイティ・ベースで配分されるべきことを示唆している。考慮されるべき要素は、（ⅰ）顧客がPINを守るために採った手段、（ⅱ）システムが顧客を無権限の取引から保護する範囲、および（ⅲ）取引が授権されたか否かの証明の相関的な重要性を含む。上述のコメントは、ここでは同等の効力を持って適用される。銀行は顧客の指図を遵守しなければならないという一般原則との幾つかの衝突が現れるということは書きとめられるべきである。即ち、銀行は指図を証明することが一般原則であろう。そしてこの提案はその立証責任を転換するように思われる。

（6）　連合王国白書

特に電子的銀行業の分野における銀行規制に対する連合王国のアプローチは、競争と自主規制に依っており、ただ最後の手段として法律を制定する。

政府が支持するアプローチは、可能な場合にはどこでも、銀行サービスの競争の上に構築されており、それを、必要な場合には、銀行実務に関する制定法上の法典ではなくて、任意準則で補強している[65]。

この理由のため白書は、銀行が（銀行実務準則、良い銀行 [Code of Banking Practice, Good Banking] として実行される―以下参照）[66] 最良実務準則を制定することを奨励されるべきであるというJack報告書の勧告を承認している。

しかし、政府も、この領域での幾つかの最小の法律改正の必要性を認めている。そこで政府は、Jack報告書の勧告の3つを立法で実施することを提案している。

1.　支払カードの、求められもしない郵送の禁止[67]。
2.　クレジットカードの無権限使用に対する顧客の責任の制定法上の制限（目下50ポンド）をデビットカードに拡張すること[68]、そして、
3.　顧客には、顧客が動かしたEFT装置の故障により起こされた予見可能な損害と特に考えられた損害の双方に対する金銭賠償の権利が与えられる。銀行は顧客／銀行契約でこの責任を免責することは許されない[69]。

立法は今までのところ切迫してはいない。連合王国政府も、おそらく、銀行

第4章　消費者電子銀行業

実務準則が Jack 報告書で確認された問題を扱うことができないことが判明する場合には立法するつもりで、銀行実務準則の効力を検討し続ける予定である。

（7）　自主規制──銀行実務準則、良い銀行

諮問的準則が初めて1990年12月に APACS, 英国銀行協会（British Banker's Association）および住宅金融組合協会（Building Societies Association）により作成された。それは、大部分（上述の）ECSA の最良実務準則に従っている。一般に、以下で検討する ATM と EFTPOS カード条項に反映されるような既存の銀行実務を単に法典化していることが認められた。第2版は、例えば消費者協会により銀行に向けられた主要な批判の幾つかに対する応答である。

ECSA 実務準則から主に相違する点は、

1. カード使用に関する争いの場合には、カード発行者が内部的証拠記録を示さなければならない。準則は、これらが、取引は正しいという一応の証拠として扱われることを規定しなかった[70]。
2. カード発行者は、「不履行が明らかでないか又はディスプレー上のメッセージ若しくは通知により忠告されない場合には」技術上の誤作動に対する責任を認めなければならない[71]。しかしこの責任は、不当な引落と利息の損害に限定された－間接的損害は回復できなかった[72]。
3. カード条項の変更の同意問題は言及されなかった。カード発行者は、そのような変更の合理的な通知を与える義務を負い[73]、暗に通知期間経過後は、変更は拘束的にならなければならなかった。

1991年12月に最終版良い銀行（Good Banking）が作成され、1992年3月16日に施行された。準則はそれ以来改正され、第2版は1994年3月28日に施行された[74]。それは多くの批判を考慮に入れている。特に、

1. 銀行は1984年データ保護法の要件に従い、且つ顧客に個人データへのアクセス権を説明する義務があると規定し[75]、
2. 顧客がそうすべきでないと要求した場合には、銀行に PIN を発行しない義務を負わせ[76]、
3. 顧客が詐欺的に行為した場合には顧客は常に損害に責任を負い、また顧客が重過失で行為した場合には恐らく責任を負うと規定する。重過失の部分的定義がなされている。それは準則18.2パラグラフのセキュリティ予防措置を顧客の側で懈怠することを含む[77]。

第4章 消費者電子銀行業

4. カード発行者は以下の全損害を今やカバーすると述べている[78]。
   a．決して顧客に届かないカードの不正使用により起こされた損害、
   b．カード発行者がカードの紛失若しくは盗難又はPINが第三者に知れているか若しくは知れているかもしれないということを通知された場合には、顧客が授権しなかった取引から生じる損害。―カード発行者がまだ通知されていなかった場合には、顧客は最高50ポンドの責任を負う[79]。これは、顧客が詐欺又は重過失の場合に完全に責任を負うことを条件とする（以下参照）。
   c．「不履行が明らかでないか又はディスプレイ上のメッセージ若しくは通知により忠告されない場合には」技術上の誤作動によって生じた損害。しかしこの責任は直接損害（準則草案における不法な借方記入と利息の損害[80]）に限定される。―暗に間接的損害は回復できない。
5. 準則草案は、カード使用に関し争いがある場合には、カード発行者は証拠として内部記録を示すが、これらは、取引が正当であるとの一応の証拠として扱われるとは規定していなかった[81]。第2版は今や、取引が争われる場合、詐欺又は重過失の立証責任はカード発行者にあることが明瞭に規定されている[82]。このことは実質上、カード発行者が詐欺又は重過失を証明することができない場合には、顧客はそのような引出の最初の50ポンドについてのみ責任を負うから、幽霊引出に関する不服申立の割合を引き下げる。しかし、発行者は積極的にそのような証拠を調べるであろうことは明らかである。そして20.5パラグラフは、顧客は調査に協力することが期待されているということを明らかにしている。
6. カード条項の変更の同意はまだ述べられていない。カード発行者は、そのような変更の合理的な通知を与える義務がある[83]。そして暗に変更は、通知期間経過後に、拘束的になるであろう。

デビットカードに特有ではない準則草案の問題は、銀行および住宅金融組合が、特に金融サービス戦争のために、その会社グループ内の他の組織に顧客情報を回すことができるという規定である[84]。これは広く批判され、準則の第2版は今や、情報はただ次の4つの場合にのみ開示されることを述べている[85]。

1. 銀行および住宅金融組合が法的にそうすることが強制される場合、
2. 開示のための公的義務がある場合、

3. 銀行および住宅金融組合の利益が開示を必要とする場合[86]、又は
4. 顧客が開示を要求するか又は同意する場合。

準則は多分それがカバーする問題よりも、カバーしない問題につき最も興味深い。特に顧客の指図の問題は、大部分、それを口座から引き落としをする銀行の権利を規律する明白な契約条項に任せることにより回避されている。カード取引の撤回可能性の問題は同様にこれらの条項で扱われるために残されている。これらの問題は後で論じる。

(8) 1974年消費者信用法

デビットカードは、1974年消費者信用法（Consumer Credit Act）14条1項の下での少なくともクレジット・トウクン（credit token）でありうるということが主張された[87]。同項は、発行者が以下のことを引き受けるときには、そのようなクレジット・トウクンが発行されたと規定している。

(b) 第三者に対するクレジット・トウクンの製作に基づいて、……第三者が現金、物品及びサービスを供給する場合には、……発行者が、個人による第三者に対する支払の代わりに、クレジット・トウクンと引き換えに第三者に支払をする（割引または手数料を差し引くか否かにかかわらず）。

「クレジット」は、現金貸付とその他の形式の金融上の融資を含めるために、9条1項で定義されている。カード・ユーザがカードの使用により口座を超過貸出にする可能性を有すると仮定すると、それはクレジット・トウクンの定義に入るように思われる。

そうであるとすると、カードの発行と使用のための契約は、契約をする際に従われなければならない特定の書式を規定し、契約の執行をも支配する1974年消費者信用法により支配される。同法はまた、無権限使用の50ポンドの消費者の責任も規定している。一般に、カード発行者によって目下使用される契約は同法の条件に従っているように思われる——同法の要件に関する更なる情報は他の著作で発見されるであろう[88]。

(9) 既存の監督と提案された監督の評価

消費者／銀行関係の監督の必要性は、ヨーロッパを通して承認されているように思われるけれども、問題に対する現在のアプローチは、問題に対処するために大きく自己規制に頼っている。立法的解決が出来事によって追い越され、

第4章　消費者電子銀行業

それが施行される前に時代遅れにさえなりそうであるような速度で技術は進むので、このことは潜在的には有効なアプローチである。この解決にとっての問題は、規制当局が固有の自己利益を含めるということをあてにし、立法は最後に必要となるということである。

III　デビットカード——契約条件

電子的銀行業能力を有するカードを発行する前に[89]、銀行はいつも顧客にその標準・条項・条件に同意する書式に署名するよう要求する。これらの契約の正確な詳細は銀行ごとに、もっと狭い局面では銀行内のカードごとに異なっている。しかし、標準条項で扱われる事項の共通な核心が存在している。銀行は、(しばしば直接的な通知よりもむしろ公表による[90])顧客に対する通知に基づいてこれらの条項を変更する権利を留保している。本節で示される例は、1990年1月現在の条項を1993年11月に申出のあった条項と比較している。

(1) 消費者の口座から引落をする銀行の権利

顧客に関する限り、最も重要な条項は、銀行が顧客の口座から引き落とす資格がある事情を定める条項である。一般的ポジションは、顧客が、顧客により授権されたか否かにかかわらず、カード又はPINになされた使用全部につき最初責任があるということである。1990年にこれに対する主要な例外はMidland Bankであって、その自己サービスカード条項は次の様に規定していた。

自分のカードに気を付け、自分のPINを秘密に保つよう注意を払わないと、自分のカードを無くした又は奪われたと報告した後でさえ、行われた引出に責任を負わせられます。しかし当行は、その裁量でこの責任を放棄できます[91]。

条件4と一緒に読むと、

「現金機械から現金を引き出すとき、口座から引き出された額を差し引く事を当行に授権しています。」

このことは、銀行は、引出が顧客によって授権されるか又は顧客の過失によって起こされる場合にのみ引き落とすことを明瞭に意味した。

112

第4章　消費者電子銀行業

　Midland（Bank）はその後条項を変更し、自動小切手条項と自己サービス・カード条項の間で同じようにした。条項は今では明確に、銀行は、授権されようがされまいが、カードのあらゆる使用につき顧客の口座から引き落とすことを規定している。

　その他の金融機関は、カードのあらゆる使用が金融機関に口座から引き落とす資格を与えるという立場を採用している。典型的な条件は、

「口座所有者は、あらゆるカード取引額とカード使用から生じたいかなる損害も銀行に支払います[92]。」

および、

「MONEYCARD の使用による口座からのあらゆる引出はカード保有者による有効な引出として扱われます[93]。」

　しかし、幾つかのケースでは、無権限取引に対する責任は条件において限定されている。Barclays のケースでは、制限は1990年に25ポンドであったが、現在は、PIN が使用されないか又は顧客が第三者にカードを占有することを同意しなければ50ポンドに上げた。他方 Lloyds は双方の期日に50ポンドのより高い制限を有していたが、カード又は PIN が顧客の承諾により第三者が占有する場合には、無限責任である。一般に1990年の清算銀行は顧客の責任を制限する用意があったが、住宅金融組合はそうではなかった。いかなる場合にも顧客は、カードを委ねるか PIN を開示した場合、無権限引出に対する責任を完全に逃れない。

　条件は、また、機関にカード又は PIN の紛失を知らせると顧客の責任を消滅させるのが普通である。幾つかのケースではこのことは絶対的であるが[94]、他のケースではまだ使用の幾つかの種類に対する責任がある。1990年にこの点での最も極端な条件は、National Westminster Bank の条件であるように思われる。それは、「カード保有者は、カード保有者の権限で取得されたカードを使用するいかなる者による……カードのあらゆる使用に責任がある」[95]と規定し、その通知規定はただ保有者の許可なしに取得されたカード使用に対する責任のみを消滅させる[96]。実務では、銀行は普通、銀行が共謀又は顧客の側の詐欺を疑わなければ、通知と同時に全責任を消滅させることが、予想される。1993年条項は、カード保有者の許可により行われた使用又は顧客が重過失であ

113

第4章 消費者電子銀行業

った場合を除き、責任を消滅させている。

　顧客の観点からもっと心配なのは、書面通知の受取によってのみ責任を消滅させる条件である[97]。これは明らかに顧客の注意のために作成されているようには思われない。そして機関の大多数は単に確認として書面通知を要求し、通知が口頭でなされる時に責任は消滅する。

　これらの条件は興味のある特徴を引き起こす。一見すると、これらは単に銀行と顧客の各々の義務を定義しているように思われ、従って無権限のデビットカード取引に対する責任の問題に関し決定的であるように見える。しかし、Smith v. Eric S. Bush 事件[98]において貴族院は、表向き契約当事者の責任を単に定義しようとする条項は、それにもかかわらず、契約で述べられた責任の範囲が、契約がこの点に関し明記していないなら事実であったであろうよりも少ない場合には、責任の除外として扱われると判示した。我々が既に上で見たように、銀行に関する一般法は、銀行がそのようにする顧客の指図を持たないから、銀行がカードとPINの無権限使用のために顧客の口座から引き落とすことを許さない。従ってこれらの条項は免除条項（exclusions clauses）であり、その有効性は、1977年不正契約条項法に照らして考えられなければならない。関係条項は、当事者の書面標準条項に含まれた免除を扱う3条と過失によって起こされた死亡又は人身被害以外の損害に対する責任の免除を扱う2条2項である[99]。上でカバーされた条件すべてが3条に入り、いくつかはその上2条2項に入る。各場合において結果は同じである。即ち、条項は、同法の合理性のテスト（test of reasonableness）を満たす限りでのみ有効である。

　合理性のテストは、契約がなされた時に条項を挿入することが公正かつ合理的でなければならないと規定する1977年不公正条項法11条で述べられている。付則2[100]は、裁判所が考慮する幾つかの要素を述べている－当事者の交渉位置の強さ；条項により拘束される当事者がそれに同意することで何らかの利益（例えばより低い価格）を受けるかどうか；条項の存在と範囲をどのくらい知っていたか又は知らなければならなかったか；免除がある条件（例えば、我々の例では、銀行にカードが盗まれたことを通知すること）の遵守に付随するかどうか；条件が遵守されることを期待するのが合理的であったかどうか；および物品売買契約では、物品が特定されたかそれとも顧客の指図に合わせられたかどうか。裁判所はまた、当事者のどちらが最も躊躇なく損害保険契約をすることができるかと言う問題は、適切な約因であり[101]、責任の制限は、同法は各ケ

ースで適用されるけれども、完全な除外よりも合理的であると考えらると判示している。

　顧客はカード発行者と条件を取り決める立場にないので、裁判所が、この除外は合理性のテストを満たしていないと認定することは全く可能である。特に、授権されたか否かにかかわらず、カード使用に対し顧客の口座から引き落とすことを銀行に認める条項は、テストを達成しないように思われる。当事者の間の交渉力の不同に加えて、銀行は、口座から引落をする決定に異議を申し立てるのに必要な情報を唯一所持している。銀行も、消費者契約における不公正条項に関するEC指令（EC Directive on Unfair Terms in Consumer Contracts）（上記参照）が施行されると、この種の条項は指令付則（9）条に入ると思われるので、指令は顧客のためにさらに攻撃方針を提供するであろうことに注意しなければならない。

（2）　消費者のセキュリティ義務

　すべてのカード条件に共通する一つの条項は、PINを秘密に保つ義務である。この義務は様々な方法で表明されるけれども、絶対的義務というよりも、PINを防護する相当の注意を払う義務であることは、全体として契約の状況から明らかなように思われる。そのときには興味深い問題が、無権限使用に対する消費者の責任を限定するこれらの銀行との関係で生じる。上述したように、普通の規定は、消費者がカードの使用を是認しないか、故意にPINを開示しないか又は重過失がなければ、限定が適用されることである。PINを防護する際の過失は、その明示的用語では、限定責任が働くことを妨げない。そのときには、PINが、例えば、泥棒がそれを発見することを可能にするような方法で不注意で書きとめられた場合（これが重過失であると判示されないと仮定する）に、限度を超える取引につき顧客の口座から引落をする資格がないことを認める銀行が、それにもかかわらずPINを防護するこの義務違反から生じる損害（即ち、カード契約が銀行に引落をすることを妨げる取引額）のために顧客を相手に訴訟を起こした場合には、立場はどうなるのであろうか。最もありそうな解答は、裁判所が、特に条項はカードから引落をする銀行の権利よりも「責任」の点から表示されているので、明示の責任制限は銀行がそのような訴訟を起こすことを妨げると判決することである。しかし可能性は存在しており、1990年ミッドランド自動小切手条件では明示的に指示されている（上記参照）。

第4章　消費者電子銀行業

（3）　取引の撤回不能性

カードがお金をおろすと同様支払をするために使用されうる場合に発見される更に共通の条件は、取引は撤回不能であるということである。これらの条件は普通全くこれらの条項では表明されていない[102]。より普通の表現は次の通りである。

銀行が払戻受領書（refund voucher）又は銀行に受け入れられるその他の払戻証拠（refund verification）を受け取る場合にのみ、口座所有者はカード取引に関して払戻しを入金される[103]。

この書式は幾分省略的であるけれども、効果は、消費者がカード取引に基づいて支払う銀行の権限を撤回することを防ぐことである。

（4）　一般的免除

大抵のカード契約に共通した、書きとめるに値する他の条項は、取引が行われないことに対する責任の一般的免除である。当該免除は一般的に、（a）設備の機械的故障若しくは伝達問題の場合、または、（b）銀行の支配を超えた事情が取引が行われることを妨げる場合に、機能することが表明されている。これらの条項は、機械的又は伝達の不履行の原因に触れていないことは、書きとめるに値する。不履行が銀行側の過失の結果である場合、そのような免責が条項で明白でないなら、普通過失責任を免除外する有力がないことは（銀行業に関しない）幾つかの事件で判示されているので、起草された条項は銀行の責任を免除する効力がないことは少なくとも主張できる[104]。

連合王国においてデビットカードの使用を規制する現在の契約制度が完全に消費者に不利であると主張することは正確ではないけれども、銀行は自己を甚だ有利な立場に置いていることは明らかである。特に、上記規定は、消費者が申し立てられたデビットカード取引の有効性に異議を唱えることを極端に困難にする。この問題に対する白書の解答は、「結局消費者は事件を立証するけれども、そうするための十分な機会を有している」[105]ということを主張することである。しかし、銀行と住宅金融組合の前に現れた争われたデビットカード取引の大多数では、銀行の記録は正しいという推定があった―勿論関連情報の全部は銀行の占有にあるので、消費者は開示がない場合には、異なることを証明する方法がない―というは、書きとめられるべきである。

V　結　論——デビットカードの将来の発展

　EFT分野における銀行間の関係について事実であるように、自動化された消費者銀行業も、主に、そしてある意味ではもっぱら、契約の問題である。多くの法域において立法は、契約を規制機構として使用しながら現れた商業実務を言い直しただけである（restated）。

　電子銀行業はあやふやな法的基礎に基づいているけれども、技術の使用は、必ず将来迅速に増大する。技術の「推進」[106]と商事的圧力の結合はこれを必然的にする。紙を処理し、保管する金融機関にとっての費用は、労働と保管の両方の観点から無限である。そしてもちろんさらにただ自動化のみがもたらしうる消費者に対するもっと迅速な且つもっと完全なサービスを提供する商事的有利がある。クレジットカード取引量が増大するにつれ、消費者が消費の際に現金を使用しないことが、連合王国で既に始まっている。最近連合王国のクレジットカード発行者の多くは、カード所持年間手数料を発表した。これは実質的に無料のデビットカードに対する需要を増大させた。我々は、既に、特に技術に大量投資したスーパーマーケットのような小売商に関して、クレジットカードからデビットカード消費への変化を見ている。

　だが、法にとってありそうな将来はなんであろうか。過去には、銀行法は、銀行とその顧客の間の訴訟を通して大部分発展した。そして立法者の役割は主として法典化と変則の除去であった。このシステムは、18世紀と19世紀の主要な顧客が事業であったので、（訴訟費用を負担しなければならなかった消費者を除けば）申し分なく作用した。この発展方法は、各義務と必要な場合には訴訟のための金融措置を明確に定める契約を交渉するための専門的知識と交渉力を有する銀行とその他の金融機関の間では相変わらず適当である。

　このことは、限定的な金融資産を有する個人である銀行の顧客にとって真実ではない。消費者は、（目下主要銀行と住宅金融組合の幾つかに対する「幽霊引出」に関する高等法院のクラス・アクションが審理中であることを付言しておくが）特に法が将来のために配置されている上級裁判所では銀行に対して訴訟を起こすことができない。このことは、消費者組織と政府機関が演ずべき重要な役割を有することを意味している。電子的消費者銀行業を規制する法は、主に立法を

第4章　消費者電子銀行業

通して発展させられる必要があるであろう。このことは、問題を検証するための研究と立法者に行為することを納得させるロビー活動の双方が必要である。これが拒否されると、銀行は、技術に対する投資から生じる有利な商事的収益を確保する一方、生活の重要な領域において消費者に相当な保護を提供しない契約を通してこの領域を規制することになるであろう。

（1）　テーマは連合王国では Saxbay(ed.), *Encyclopedia of Information Technology Law* (Sweet & Maxwell : London) ; Reed, *Electronic Finance Law* (Woodhead Faulkner : Cambrige 1991) ; Arora, *Electronic Banking & the Law* (IBC Financial Books : London1988) ; Goode(ed.), *Electronic Banking : the legal implications* (Institute of Bankers/Centre for Commercial Law Studies : London 1985) において多かれ少なかれ詳細に検討された。

（2）　H. Cornwall, *Datatheft* (Mandarin : London 1990), pp. 80-84.

（3）　*Banking Sevices : Law and Practice,* Cm 622(HMSO : London). 以下 Jack Report として引用。

（4）　White Paper on *Banking Services : Law and Practice,* Cm 1026 (HMSO : London 1990) 参照。以下白書として引用。

（5）　The Code of Banking Practice, *Good Banking* (2nd, APACS, BBA & BSA : 1994)

（6）　例えば Nat West's Bankline のようなサービスを通しての銀行口座への直接アクセス。

（7）　機械が、益々稀である、オフラインで作動する場合には、比較はカードの裏の磁石の筋から暗号化された形態の番号を読むことにより行われる。オフライン機械は、オフライン操作と結び付く詐欺の増大したリスクのために、数の上で減少し続けている。― Jack Report, Chap. 10.

（8）　多くの大陸のシステムでは消費者は、PIN を入れる代わりにキーパッド（key pad）を使用している。

（9）　（出納窓口ですら変わりうる）特定限度を越える取引のために、小売商システムもカードを受け入れるための銀行のコンピュータからの授権を求めるであろう。

(10)　例えば Visa のようなクレジットカードとデビットカードを区別することは重要である。デビットカードは EFTPOS 取引のために使用され、顧客の口座から引き落とし、小売商の口座に入金する権限を顧客の銀行に授権する。

(11)　しかし、実際には、0000と9999のような特定の番号は、余りに見え透いているので、割り当てられない。

(12)　署名された書類を使用する EFTPOS では、顧客の署名は顧客の指図である。これは、

第4章 消費者電子銀行業

署名された指図（例えば小切手）に関する既存の法と比較することは容易である。顧客が電話でデビットカード取引のための口頭の授権を与えるときには、再び勿論指図を証明する問題は、書類上の物理的署名よりも大きいけれども、既存の法を適用することは容易である。

(13) H. Cornwall, *Datatheft* (Mandarin, London1990), pp. 80-84.
(14) *Orr* v. *Union Bank* (1854) 1 Macq. H.L. 513；*Greewood* v. *Martin's Bank*［1933］A.C. 51.
(15) ［1985］2 W.L.R. 317. *Kepitagalla Rubber Estates Ltd.* v. *National Bank of India Ltd.*［1909］2 K.B. 1010も参照。
(16) 以下参照。
(17) *Tai Hing Cotton Mill Ltd.* v. *Liu Chong Hing Bank Ltd.*［1985］2 All E.R. 947. 本件では、枢密院は、顧客の唯一の責任は、銀行と顧客の間の明示又は黙示の条項違反であり、顧客が口座を管理する際に注意すべき一般的な暗黙の条項はないと判示した。この理由のため、銀行は、以下で述べるもっと負担付きの契約義務を顧客に課した。
(18) ［1964］2 Lloyd's Rep. 187.
(19) しかし、*R.* v. *Spiby* (1990) 91 Cr.App.R. 186,［1991］Crm.L.R. 199事件の控訴院判決において、電話呼び出しの自動化されたコンピュータ記録は、機械の正確性を疑う理由がないとのユーザの証明により十分に立証されたと判示された。裁判所は、機械が正しく動いているとの推定があり、この推定を覆すための証明を提示するのは被告である、と判示した。従って、顧客が単にATMが正しく動いていなかったと主張することは、十分ではない。顧客は、その記録に疑いを投げる証拠を掘り出すために開示 (discovery) 手続を使用する必要があろう。
(20) Reed, *Electronic Finance Law* (Woodhead Faulkner: Cambridge 1991), Chap.10.
(21) この面で *T.J. Hooper*, 60 F. 2d 737 (1932) のアメリカの過失事件は有益である。その事件では、新技術の導入の懈怠は、有効な技術を使用しないことが取引で普通の慣行であっても、過失になる、と判示されている。本件のもっと詳細な議論については Reed, *Electronic Finance Law* (Woodhead Faulkner: Cambridge 1991), Chap. 9 参照。
(22) Rec. 10(1).
(23) Rec. 10(3).
(24) Rec. 10(4).
(25) Rec. 10(7).
(26) Rec. 5(2).
(27) Rec. 10(8). これは、情報はただ「普通に」利用可能である必要があると示唆しているけれども、白書に受け入れられている。
(28) 一般的に *Encyclopedia of Information Technology Law,* para. 5. 102 *et seq.* 参照。

第4章 消費者電子銀行業

(29) 15 USC §1693 *et seq* で成文化されている。
(30) 15 USC §1693a(6).
(31) Reg.E §205.6(b)(1).
(32) Reg.E §205.6(b)(2).
(33) 15 USC §1693h.
(34) 15 USC §1693c.Reg.E §205.7により補足されている。
(35) 15 USC §1693i.
(36) 15 USC §1693f.
(37) 15 USC §1693d.
(38) *Lov om Betalingskort* of 14 December 1984. 改正され、*Lovbekendtgørelse* of 15 June 1992 no. 464として再公布されている。
(39) 88/590/EEC.
(40) Annex 6(2).
(41) Annex 5.
(42) Annex 3(5).
(43) Annex 7.
(44) Annex 8(3).
(45) Knobbout-Bethlem, *A Survey of the implementation of the EC recommendation concerning payments systems* (Utrecht, 1990).
(46) Annex to EFTA/CSC/CPA 1/90.
(47) Para. 3.
(48) 93/13/EEC, [1993] O.J.L 95/29.
(49) 3条1項。
(50) 3条3項。指令実施に関する諮問文書である *Implementation of the EC Directive on Unfair Terms in Consumer Contracts* (DTI: London, October 1993) においてDTIは、リストの条件は、必然的には不公正ではないが、不公正でありうるということを意味するために、この表現を使用している。他の加盟国は、この点につきもっと強い立場を採っている。いずれにせよ銀行は、付則の条件のいずれかを含むことは、不公正の推定を引き起こしそうであるということを理解すべきである。
(51) 本論文を研究する一方、ロイド銀行支店は私に契約条項を述べていないカード申込書式を提供した。そしてそれは、支店が条項の写しを用意できる前にいくらかの調査を必要とした。
(52) *Implementation of the EC Directive on Unfair Terms in Consumer Contracts* (DTI: London, October 1993).
(53) 本規約は Transnational Data Report, June/July1990, p. 9にリプリントされている。

第 4 章　消費者電子銀行業

(54)　Para. 15.
(55)　Para. 13.
(56)　Para. 5
(57)　(1868) L.R. 2P.C. 317.
(58)　例えば *Re Southbourne Sheet Metal Co. Ltd.* (*No.2*) [1993] 1 W.L.R. 244参照。
(59)　例えば *Langley* v. *North West Water Authority* [1991] 3 All E.R. 610, [1991] 1 W. L.R. 697参照。
(60)　Unreported(CA)(Civil Division), 5 April 1993.
(61)　[1942] S.C.R. 141 at 145.
(62)　未知の概念。これは、*Hadley* v. *Baxendale* (1854) 9 Ex.341におけるような「当事者の予期した」損害と同義であろうか。もしそうであるとすると、顧客（及び特に事業消費者）は、銀行支配人が書面で EFT 取引の目的とその故障のありそうな結果を通知されることを確実にすることが適切に助言される。
(63)　Rec. 10(12)以下参照。
(64)　Rec. 10(13).
(65)　Para. 27.
(66)　規約のために示唆されたひな形は、Jack 報告書のために付録 L、白書のために付録 C として述べられている。
(67)　White Paper, paras. 4.4-4.5.
(68)　White Paper, para. 4.6.
(69)　White Paper, para. 4.7.
(70)　Draft Code of Practice, Art. 22.2.
(71)　Draft Code of Practice, Art. 21.1.
(72)　Draft Code of Practice, Art. 21.2.
(73)　Draft Code of Practice, Art. 16.2.
(74)　銀行は銀行手数料の差し引きにつき少なくとも14日の通知を与えなければならいとい う *Good Banking* (2nd), para. 5.3における義務の例外とともに——これは1996年12月31日までに行われなければならない。
(75)　*Good Banking* (2nd), para. 8.4.
(76)　*Good Banking* (2nd), para. 17.2.
(77)　*Good Banking* (2nd), para. 20.4.
(78)　*Good Banking* (2nd), para. 20.1.
(79)　*Good Banking* (2nd), para. 20.3.
(80)　Draft Code of Practice, Art. 21.2.
(81)　Draft Code of Practice, Art. 22.2.

第 4 章　消費者電子銀行業

(82) *Good Banking* (2nd), para. 20.5.
(83) *Good Banking* (2nd), para. 4.2.
(84) Draft Code of Practice, Art. 6.3.
(85) *Good Banking* (2nd), para. 8.1
(86) これは、明らかにマーケティング目的のための開示を正当化するために使用されていはならない。*Good Banking* (2nd), para. 8.1.
(87) Arora, *Electronic Banking & the Law* (IBC Financial Books : London, 1988), p. 149.
(88) 例えば、Goode, *Consumer Credit Law* (Butterworths : London, 1989).
(89) 今日ではこれは大抵クレジットカードを含む。
(90) 例えば、「銀行はいつでも……書面で又は銀行が選択するような手段によるその公告により本契約を変更することができる……」Barclary/Connect Card 1990. 1993年の条項はそのような変更がどのようにして行われるのか述べていない。
(91) 1990年にはミッドランド自動小切手カード（autocheque card）は殆ど同じ条件を伴うが、ただ EFTPOS 取引の言及を加えている点で異なっている。
(92) Barclays Connect/Barclaybank Card 1990. 1993年の条項は、用語が少し変化しているが、類似の効果を有している。
(93) Leeds Building Society's MONEYCARD 1990.
(94) 例えば、Lloyds, Town & Country Building Society 1990.
(95) これが、全部ではないが、大抵の銀行によって今日では採用されている立場である。
(96) 責任はあらゆる場合に50ポンドに制限されている。
(97) 例えば、Abbey National, Alliance & Leicester Building Society 1990.
(98) [1989] 2 All E.R. 514.
(99) 過失は、1条1項で、相当の注意を義務付ける契約条項の違反を含むものと定義されている。
(100) 理論的には、付則2は、物品の占有が移転される契約にのみ適用される。しかし、実際には、裁判所は恐らく、他の免責条項の合理性を判決するときに、この規定を考慮する。
(101) *George Mitchell (Chesterhall) Ltd. v. Finney Lock Seeds Ltd.* [1983] 2 A.C. 803. 本件は、1977年法が施行される前に事実が生じたので、1973年物品供給（黙示的条項）法（Supply of Goods (Implied Terms) Act）と僅かに異なる規定の下でのケースである。しかしそれにもかかわらず、少なくとも同法を念頭に置いて明らかに判決された。
(102) とは言うものの、例えば Alliance and Leicester Cashplus Card 1990参照。「本社は、カード保有者により授権された全取引……につき撤回不能にカード保有者の口座から引き落とす権限が与えられる。」

第 4 章　消費者電子銀行業

(103)　Barclaybank/Connect Card terms 1990. 1993年条件は類似の規定を含んでいる。
(104)　例えば、*Rutter* v. *Palmer* [1922] 2 K.B. 87 ; *Hollier* v. *Rambler Motors* [1972] 2 Q.B. 71.
(105)　White Paper, Annex 4.11.
(106)　即ち、技術が存在しているという事実は、既存のシステムが満足のゆくものであっても、不可避的にその採用の原因となる。

Chris Reed

　Professor of Electronic Commerce Law, Head of the Information Technology Law Unit Centre for Commercial Law Studies, Queen Mary & Westfield College, University of London.

第5章　国際取引証券の不発行化

I　非流通性の文書を使用できるなら、その使用を[1]

　流通性のある船荷証券（bill of lading）を不発行化するより、貨物運送状（waybills）のような流通性のない船積書類を不発行化することは、コンピュータ化されたシステムにより、権限確認書よりむしろ情報のみを送ることが必要であるので、非常に容易である[2]。3カ月審理計画が、1985年に P. & O. Containers Ltd. およびその他のたくさんの運送人と輸出業者によって始められた DISH 計画（船舶データ交換 [Data Interchange for Shipping]）の結果として実施された。P. & O. は、「紙面での作業を減らすと同様に、EDI システムのその他の利益は、通信のスピード・アップを含み、全面的な効率性を高めそして管理コストを減らした。それはまた情報の二重の取扱と文書のあらゆる書き換えエラーのリスクをなくしている」と述べている[3]。また、P. & O. は、発展は新しく設立された協会の下で続けられているとも述べている。他の例は、datalading と呼ばれる、Atlantic Container Line の船荷鍵受領計画（cargo key receipt scheme）である。そこでは、コンピュータのプリント・アウトが事実上通常の貨物運送状に代わる。そして船荷鍵受領計画の下では、NODISP[4] 条項の下で荷受人が他の者に船荷を処分する権限を有している場合、運送人であることを証明する必要な情報は、運送人に電子的に送られる[5]。
　貨物運送状の不発行化に紙を用いない電子取引の全長所が認められることは、確かである[6]。

　「コンピュータリゼーション（computerization）のインパクトは産業革命のそれと同じくらい大きいことが広く期待されている。コンピュータは、既にあらゆる種類のサービスを、スピードを上げて且つコストを下げて供給している。しかし国際取引データ通信は一連鎖中の欠けた一環のように思われる。それでも必要性は高い。紙の文書管理と手続は、動産価値の10％を意味するだけでなく、のろくて、安全で

第5章　国際取引証券の不発行化

なく、煩雑で、そして増える。主たる当事者だけでなく、関連する全ての人、すくなからず当局の利益のための、コスト削減の可能性は、約50％である。」

「取引文書管理に費やされる時間とお金を減らすことのできる会社は即座に競争的長所を有するであろう。コストの削減は注文のより効率的な処理と早い送り状作成を越えて、戦略的な優先領域とジャスト・イン・タイム配達システムの立ち上げに進む。」

問題は、もちろん、船荷証券を流通性のない文書に置き換えることが、例えば一般的に積荷が航海中に何回も売れ、転売される石油の運送に関しては、常には適当でないか又は可能ではないということである。しかし、今、船荷証券は石油取引において安全な役割のほとんど全部を失ったことは明らかである。船荷証券は実務上積荷の引渡を受けるために利用されておらず、船主は普通傭船者の指示に基づいて行為し、引渡を間違った人に行ったときには、損害補償に頼る[7]。荷為替信用状に基づいて資金を前貸しする銀行は物的財産上の担保を手に入れておらず、事実荷為替信用状は、大部分このタイプの取引ではスタンド・バイ信用状（stand-by letter of credit）に置き換えられたように思われる。しかし電子的文書管理がそこで使うためになされうるなら、これらの問題は全部解決できるであろう。そのときには、船荷証券を貨物運送状に置き換え、船荷証券を不発行化することは、明らかな且つ単純な解決のように思われる。とはいえ、それは現在の国際取引の多くの問題に取り組んでおらず、紙のないシステムの完全な可能性のようなものを展開するものではないということを、私は示唆するであろう。

II　不発行化するなら、完全に

無論部分的に不発行化して、幾つかの目的のために紙の文書を維持することは可能である。しかし、このことは、コンピュータ化された文書ではできないが、紙ではできるものはないという現実が理解されるや、無意味であるように思われる。石油取引の文書を部分的にコンピュータ化する試みは、1983年Intertanko（International Association of Independent Tanker Owners）とチェース・マンハッタン銀行が音頭をとった Seadocs 計画（Seaborne Trade Docu-

第 5 章　国際取引証券の不発行化

mentation System) で実際に行われたが、最初のテスト段階以上には進まなかった。Seadocs は、伝統的文書管理と完全に電子的なシステムの折衷案として期待された。Seadocs の本質的な考えは、船荷証券をそこから動かない中央登録機関に預託し、所有権の変更を電子的に届け出ることにより遅延を回避することであった。遅延は理論上著しく減少し、文書は点検のため利用でき、船主は常に、正当な当事者に引き渡すことが確実であったはずである。

　スキームに関するたくさんの詳細な問題を別にして、計画の失敗の理由の中には、取引当事者の利益よりも自己の利益で行為すると認識された登録機関の独占的地位があった。これは、事業のため競争するたくさんの登録機関があれば少ないが、当然閉鎖的システムに関する問題である。別の問題は、P. & I. Clubs そして結局は船主の熱意の欠如であった。しかし主要な問題は、船荷証券が中央に預託されるが、その紙の保持によって起こされたことも明らかである。Karthy Love は次のように述べている[8]。

　「銀行の観点からより重大な問題は、手形の物理的呈示がなければ、銀行は信用状の一致につき手形（及び手形と結び付いた文書。それも登録機関に預託できる）を吟味できないということであった。この反対に答えるために、登録機関は、幾分しぶしぶ、手形が請求当事者によって述べられた特定の要件に沿っているかどうか見るために、そうすることが要求されるなら、手形を吟味することを企てた。この便宜は、特に詐欺的手形が頻繁であるという観点から、しばしば文書を吟味するための用心深い社内計画を有していた積荷の買主の関心を満たす方向へ行くことが期待された。

　しかし登録機関によるこの申出は、重大な欠陥があると認識された。」

　一旦物理的文書が取り払われると、所持人予定者は営業所で及び時間をかけてその電子的代替物を吟味できない理由はないので、本章で述べられる計画はこれらの問題を避ける。要するに、Seadocs の主要な問題の 1 つは、紙の船荷証券の保有であった。

　影の文書を使用する先導的計画はさておき、Seadocs は決して運営されず、それ故、裁判所によって吟味されなかった。もしも吟味されたなら、私は、最初の荷送人を別にすると、手形の保有者への契約的権利と責任の移動のための準備がなされなかったので、Seadocs は他の点でもまた致命的に欠陥があると認識されるであろうことを示唆する。当時実施中の立法であった1855年船荷証

127

券法（Bills of Lading Act）1節は、確かに物理的裏書と譲渡のない場合には適用されなかった。そしてコモン・ローが静止した手形を権原証券として認めるであろうことは決して確実ではなかった。例えば、船主が不適当な人に引き渡したときに、誰が船主を訴えることができるのか、又は荷為替信用状の保有者としての銀行が買主の破産の場合にいかなる保護を持ちうるのか決して明瞭ではない。電子文書管理システムでは、当事者自らがこれらの可能性に備えなければならず、伝統的文書管理から立ち去るなら、既存の法的機構に頼ることができない。

III 電子船荷証券

　流通性のない貨物運送状と比べて、船荷証券を電子的文書に置き換えることはより困難である。貨物運送状はただ情報を含んでいるのに対し、船荷証券の占有は物品に対する資格の証拠を示している。船荷証券はなかんずく物品に対する権原証券でありうる。そして電子的置き換えも権原証券の長所を提供しなければならないことが本質的である。船荷証券はまた、1992年海上物品運送法（Carriage of Goods by Sea Act）の下での契約上の権利と責任を譲渡する。そして、再び、電子的等価物は同じことを行う能力がなければならない。
　法はこの点で克服できない諸困難を直ちに提起しているように思われる。コモン・ローが物理的存在を有しないものを権原証券として認めることはまずありそうもない（その存在と内容が電子磁気的に記録される場合を除く）。コモン・ローは権原証券が署名されることを要求しており、事柄はテストされていないが、手書きの署名を偽造するよりも電子認証（electronic authentication）を偽造することは確かにより困難であるが、裁判所は署名と同等なものとして電子認証を認めるようには思われない。さらに困難は船荷証券と貨物運送状の双方が1992年海上物品運送法の適用を受けるということである。電子文書規則により包含のための準備が（1条5項で）行われたが、適当な規則が必然的にすぐになされると考えることはおそらく誤りである。
　これらの問題は克服できなくはないが、法が救済しないという仮定のもとに、船荷証券の電子的置き換えは、文書それ自体と一緒に契約的権利と責任の移動のための固有の手段を規定すべきである。工夫されるシステムはまた、法によ

第 5 章　国際取引証券の不発行化

る援助なしにでも（あるいはそのように考えられる）、物品に対する権原証券に相当するセキュリティを供給する必要があるであろう。

　しかし、これらの議論と現在までの運送産業の保守的実務にもかかわらず、電子的文書が、例えば海上積荷の転売が期待される場合には、流通証券に代わって使用されない理由はない。運送産業がそうすべきであることがまた必要である。運送人が評判がよく、積荷が稀にしか航海中に転売されない場合には、貨物運送状はコンテナ航路の適当な代用品であるのはもっともである。そして（例えば NODISP の創造的適用とともに）貨物運送状が使用される場合に、銀行にセキュリティのいくつかの形態を供給することさえ可能であるが、例えば積荷が何度も転売される場合には、石油の運送で貨物運送状を使用することは不可能である。しかしやがて到来する船荷証券の失敗によって引き起こされた問題は、コンテナ取引同様、石油運送取引にとっても重大である。船荷証券それ自体の電子的置換の中にのみ解がある。

　我々は、まず、船荷証券の電子的置換のための最小要件を確認しなければならない：
1. 最も重要な要件は、運送人が、紙の文書が提出されるという要件なしに、（およびその者にのみ）引き渡す義務を負っている、積荷の最終受取人の身元を知らされる必要があるということである。
2. 積荷契約上の権利および責任は積荷のその後の所有者に移転されなければならない。
3. 電子的文書は紙の文書が存在しているのと同じ証拠上の機能を果たさなければならない。
4. システムは詐欺に対して安全でなければならない。これは、現在のシステムが決して詐欺に耐えないし、証拠は、商人がより早いそしてより費用のかからない取引を行うために、詐欺の一定のレベルを認める用意があるということを示唆しているので、絶対的要件ではない。システムは、この点については少くとも現在のシステムと同じである必要があるが、実際には、はるかに高い程度のセキュリティが可能である。

電子的文書が現在の船荷証券の真に等価物である場合には、それはまた他の特徴を提供しなければならない。
1. 物品の所有権を移転できなければならない。
2. すべて人の使用に開かれていなければならない。

3. 文書処理を早めることが意図されているなら、文書を電子的に移転するだけでなく、チェックすることができなければならない。技術の現在のレベルを使用して、このことは、文書の相当程度の標準化を要求するであろう(9)。

上の諸目標は衝突する傾向があるが、現在の技術は、これらの全部が達成されることを許す。例えば、システムがオープンであればあるほど、それを安全にすることは困難になる。商人が技術を調整し、相当程度手続を標準化することは確かに必要である。これらの犠牲が骨を折るほどの価値があるかどうかは、おそらく、既存の文書が特定の取引で不十分になる程度による。

IV CMIモデル

1990年にCMI（万国海法会）は、電子船荷証券規則（Rules for Electronic Bills of Lading）を公表した(10)。それは電子的手段によって物品に対する権原を証明する問題を克服する巧妙な方法を意味している。システムの本質は次の通りである。4条は、紙の船荷証券上の情報に類似した情報を含む電子的文書が、運送人によって荷送人が指定した電子的住所に発送される旨を規定している。加えて個人キー（private key）が以下の取引で使用されるよう荷送人に送られる。個人キーはただ荷送人と運送人によってのみ知られる。荷送人（及びその後の所持人）は、CMIが「支配・処分権（Right of Control and Transfer）」と呼ぶものを、次の所持人に移転することができる（7条（b））。即ち、

（i）現在の所持人が新所持人予定者へ支配・処分権を移転する意思を運送人に通知し、かつ、（ii）当該通知メッセージを運送人が確認することにより、それは行われる。その後、（iii）運送人は4条に掲げられた情報（個人キーを除く）を新所持人予定者に伝送しなければならない。その後、（iv）新所持人予定者は、運送人に支配・処分権の受理を通知し、その後、（v）運送人は従前の個人キーを廃棄して、新しい個人キーを新所持人に発給しなければならない。

7条（c）は、新所持人予定者が移転の受諾を拒否することを、運送人に知らせることを認め、新所持人が相当の期間内に受諾しない場合には、運送人は拒否を推定することを要求している。この場合には、運送人は従前の所持人に

第5章　国際取引証券の不発行化

通知し、従前の個人キーはその有効性を保持する。7条（a）によれば、所持人のみが運送人に対し物品の引渡を請求し、荷受人を指定するか若しくは既に指名された荷受人を変更するか、又は他の者に運送品支配・処分権を移転することができる。

　一見したところでは、CMI システムは非常に有望であるように思われる。それは、運送人は、（その者にのみ）引き渡す義務を負っている、積荷の最終受取人の身元を知らされる必要があるという、前節で述べた最も重要な要件の一つを満たしている。4条の要件のために、電子的メッセージは、伝統的船荷証券と類似の証拠機能を果たしており、紙の船荷証券と同じく、荷送人の名前、物品の明細、表示および留保文句、物品の受取日と受取地及び／又は船積日と船積地、並びに運送契約条件に対するレファレンスを述べる[10]。確かに当事者は、付加的証拠機能が要求される場合には、これらの要件を変更することができる。さらに、新所持人予定者は、それを承諾する前に、電子的文書を点検する機会を得る。そしてその者が承諾しない場合には、物品に対する支配・処分権を取得せず、紙の船荷証券が拒否された場合にそうであるように、これらの権利は売主にとどまる。

　システムはまた（既存のあらゆる電子的システムと異なり）理論的にはあらゆる者の使用に開かれている。当事者はグループのメンバーである必要はない。そして必要な技術を有するどの運送人もシステムを操作することができる。事実、システムは、全ての当事者が運送人と電話する又は無線通信する及びコンピュータとモデムを持っていること（又は PAD のような遠距離通信ネットワークへの他のアクセス）のみを要求している。

　短所があるとすれば、何であろうか。第1に、CMI は、文書と一緒に契約的権利と責任が譲渡される準備をしていないように思われる。運送人が所持人に引渡を拒否した場合、確かに契約違反であるが、最初の荷送人のみが運送人を訴えることができる。しかし、（通常の地位と異なり）各所持人は、必然的に運送人と直接通信するので、適当な準備をすることは、困難ではないであろう。運送人が各所持人に新契約を申し込み、支配・処分権が認められるときに、各所持人が承諾することは、困難ではない。これを滑らかに実現させるための立法は必要ない。

　第2の問題は、支配・処分権を受け取った所持人が物品の代金を支払わない場合に何が起こるのか明らかではないことである。以前の所持人は、権利を保

第5章　国際取引証券の不発行化

有することが許されると、支払をするその後の所持人は価値ある担保を取得しないであろうから、譲渡後は物品に対するいかなる権利も、運送人に対し、保有することは許されるべきではない。これは、物品売買法19条3項が通常の船荷証券について類似の問題を特に扱うため制定されているので、電子文書に特有の問題ではない。この状態で機能する19条3項の等価物はないが、売主は、不払の場合に支配・処分権を売主に再び譲渡するよう買主に求め、支払われるまで物品の処分権を保持する、売買契約の明白な条件によって同等の準備をすべきでないという理由はない。まさに19条3項と共に、このことは買主の破産の場合に売主を保護するが、例えば、債務不履行の買主が善意で買った第3者に物品を転売した場合には、必然的には詐欺から保護しないであろう。この場合に売主を保護する最良の方法は、荷為替信用状の電子的等価物による支払を要求し、ただ支配・処分権を支払と引き替えに評判のよい銀行に譲渡することである[12]。

　第3点は、第2に関係するが、CMI規則が物品の所有権の移動の備えをしていないことである。しかし通常の紙の権原証券の移転さえ必然的には物品の所有権を移さない。当事者が売買契約及び信用状を作成する他の契約で適当な準備をすることが必要である。これは明らかに新しい契約が起草されことを要求するが、特別な契約形式は、電子的伝達形式が使用されるときにはいつでも要求されるので、あらゆる場合に避けられない。もちろん、産業標準契約が、各個別取引を起草するために法律家を雇う必要性を避けるために、展開されることができる。例えば、cif契約の長所の一つは、その意味が世界のどこでも良く知られているということである。cif購入者は、複雑な交渉と再起草の必要性なしに、cifを転売することができる。

　しかし、CMI提案の最大の困難は、それが詐欺に対して相対的に安全でないように見えるということである[13]。確かに望んだように安全にし、紙のシステムよりももっと安全にするために、システムを修正することは可能であるが、しかし、このことが、おそらく真に開かれたシステムに不利な範囲で、官僚の付加的レベルを課すことなしに、どのようにして達成されるのか考えることは困難である。そのどちらかは可能でなければならないが、おそらく、完全にオープンであると同時に完全に安全であるという双方のシステムを提供することは不可能である。

　CMIモデルについての本質的問題は、それが船と陸の間の秘密コードの伝

第 5 章　国際取引証券の不発行化

達を想定していることである。CMI は秘密コードを個人キーと呼んでいるが、私はたちまち明白になる理由から「秘密コード（secret code）」を使用したい。どのようにしてこの伝達が原則として盗み聞きできる極超短波又はその他のラジオ通信の形態以外でできるのか考えることは困難である。さらに、聞くことによって秘密コードを得る詐欺師はそれによって直接物品に対する鍵を得る。彼は今や本物の所持人のふりをして、罪なき第三者に物品を転売するか又は担保に入れる。確かに船が貨物を降ろしたとき、詐欺は発見されるであろうが、それまで詐欺師は多分お金を銀行に預け、現場を去っているであろう。CMI モデルが安全であるためには、秘密コードが暗号化されることが本質的である。

　最初の荷送人への秘密コードの伝達又は最後の受取人からの秘密コードの受取については問題がない。ただ荷送人のみが秘密コードを知っているので、最初の取引の第 1 ステージには問題がない。そして伝達の間に運送人に傍受されても、コードはただ 1 度使用されるので、詐欺師に役立たない。問題は運送人から次の所持人への伝達とともに現れる。詐欺師がコードの船と陸をつなぐ伝達を傍受するなら、原則として所持人に扮して、物品を盗むためにこの情報を使用することができる。

　伝達前にコードを暗号化することに対する問題は、トレーダー又は運送人（しかし詐欺師ではない）が、それを解読することができることが必要であるということである。全ての当事者が予め知らされている場合には、暗号解読アルゴリズムが私的に彼らの間で同意することができ、他の者は秘密コードを暗号化する又は解読することができないので、問題はないであろう。しかし CMI モデルは、物品が誰からも誰に対しても売られうることを仮定している。オープン・システムでは、一般的暗号化アルゴリズムが周知でなければならない。しかし誰かが暗号化を破るのを避けるために、取引に独自の鍵が使用される。鍵を使用する考えは、暗号化されたメッセージと鍵の双方を受け取る者だけがメッセージを解読するということである[14]。

　このタイプの鍵システムの問題は、鍵が各受取人に通知されなければならないということである。これはそれ自体不確かなチャンネルを通して行われなければならないので、詐欺師が鍵で秘密コードを得ることができ、それ故物品を扱うことができるので、それは詐欺師を招くことになる。相当の程度のセキュリティは、秘密コードの伝達の十分前に暗号鍵を通知することにより可能であるが、これは、その主要な目的がなかんずく遅滞を最小限にすることであるシ

133

第5章　国際取引証券の不発行化

ステムに遅滞を持ち込む。そして詐欺師は、コードが運送人によって放たれるとすぐ、解読に取りかかる。詐欺師はトレーダーによる伝達を待つ必要はない。二者択一的に鍵それ自体を暗号化できるが、そのときにはこのための鍵は伝達される必要がある。そして結局は鍵は明文で伝達されなければならないであろう。

　問題に対する最良の解決は、原則として完全に安全に保たれうる公開鍵／個人秘密鍵暗号化システムを使用することである。我々は公開鍵／個人秘密鍵暗号化を使用するCMIモデルを管理するために、さらに4つの仮定を立てなければならない。

1. 各当事者は、全ての者に知られた独自の公開鍵を持つ。
2. 各当事者は、秘密に保たれ、決して開示され又は伝達されない独自の秘密鍵を持つ。
3. 暗号化方法（又はアルゴリズム）は公然と利用でき、一般的取引で採用される。システムは、全ての者が同じ暗号化アルゴリズムを使用する場合にのみ動く。
4. Aの個人秘密鍵とBの公開鍵と共にAからBに送られたメッセージは、Aの公開的鍵とBの個人秘密鍵を使用してのみ解読されうる。この逆はできない。従ってBのみがメッセージを解読することができなければならない。Bも、メッセージがAから生じなければならないことを告げることができる。

システムは、これらが次のように働くという仮定を基礎として修正される。

1. 各トレーダーは、他人全部の公開鍵が公然であるので、それを知っている。
2. 運送人は荷送人に秘密コードを前のように与える。この通信は、不確かな通信チャンネルを使用する必要はないで、暗号化される必要はない。
3. 荷送人は秘密コード（及び譲受人の同一性）を運送人に戻すことにより取引を履行する。秘密コードは荷送人の個人秘密鍵及び運送人の公開鍵を使用して、暗号化される。運送人、そして運送人のみが、彼の個人秘密鍵と荷送人の公開鍵を使用してこれを解読することができる。
4. 運送人は電子的船荷証券と新しい秘密コードを譲受人に送る。彼の個人秘密鍵と譲受人の公開鍵を使用して、秘密コードは暗号化される[15]。譲受人、そして譲受人のみが、彼の個人秘密鍵と運送人の公開鍵を使用して、

第 5 章　国際取引証券の不発行化

これを解読する。譲受人も、伝達は運送人から来なければならないことを知っている。
5. 更なる取引は同様に履行される。
6. 最後の受取人が物品を得るために前のように秘密コードを使用する。この段階では暗号化は必要でない。

　個人秘密鍵が秘密のままであり、決して伝達されず、その結果、詐欺師が個人秘密鍵を発見する機会を手に入れず、それ故秘密コードを暗号化又は解読できないということが、このシステムに本質的である。明らかに、合法的当事者の暗号化と解読のためには、公開鍵と個人秘密鍵の間に関係がなければならない。しかし、個人秘密鍵から公開鍵を計算することは容易であるが、逆のプロセスは不可能でなければならない（例えばコンピュータはそれを行いうるとしても、数兆年かかる）[16]。

　従って、CMIシステムは秘密コードも暗号鍵も平文で不確かなチャンネルを通して送られる必要がないので、安全にされうる。個人秘密鍵さえ開示又は伝達される必要はない。詐欺師が個人秘密鍵を手に入れうる場合にのみ、それは挫折する。しかし公開鍵のこの考えは、最小限鍵のデイレクトリーを保存する中央機関を示唆する。最大限のセキュリティのためには、同じ鍵が何度も使用されると、詐欺師（一連の非常に速いコンピュータを有するであろうと仮定しなければならない）は暗号分析又は他の方法（例えば従業員の買収）により個人秘密鍵を発見する増大した機会を有すので、各トレーダーの公開鍵と個人秘密鍵は変更される必要がある。新しい鍵がしばしば起こされ、そして（公開鍵の場合に）計算される場合には、中央機関が演じる役割は大きい。我々がもはや真のオープン・システムをもたなくなるまで、システムが安全であればあるほど、中央機関の役割は大きくなる[17]。もちろん、一定レベルの詐欺がトレーダーによって黙認されるなら（それは現在のシステムで決して全くなくはない）、中央機関の役割は減らされることができ、もっとオープンなシステムが可能になる。

V　CMIモデルの更なるコメント

　電子通信のどのタイプも、普通の紙の取引により提出されない問題を提起する。CMI規則3条は、これを扱う手続規則を規定している。証拠として電子

的記録を使用することが意図されうるので、論争の場合には厳格な手続を採ることが特に重要である。例えば、1つの問題は、電子的記録のつかの間の性質である[18]。

「物理的性質のため、伝統的な紙の文書は証拠として認められる。それは恒久的で、変更又は追加は普通明瞭に見える。電子的文書は全く異なる。それは、データ・コンテンツが何時でも変更できる磁気の媒体の形態を採る。変更又は追加はそれ自体現れないであろう。」

「コンピュータ記録は、紙ベースの記録にはほとんど知られていない現象である、思いがけない変造を受けやすいし、紙ベースの記録よる意図的な変更を本質的に受けやすい。」

記録が取引当事者の間の証拠として受け入れるためには、すべての変更がそれ自体現れ立証されることができることを確保するための幾つかの方法が発見されなければならない。送られた情報が正確であり、それは受取人に届き、いかなる品行も変更として記録されることを確保するための基準が当事者の間で同意される必要がある。

CMI規則3条（a）は、UNCID[19]が当事者の間の行為を規律することを規定している。UNCIDは、電子データの正確な伝達のために必要な手続きを提供することが意図されている。例えば、10条は、すべての変更が適当に記録されることを保証することが意図された取引データログの保存のために規定を定めている。

実際に伝達されるのは、当事者が文字列の意味について同意しない場合には無意味な、0と1の文字列である。CMI規則3条（a）は、従って、当事者が全てのユーザに受け入れられ得る他のプロトコルを選ばない場合には、通信が関連UN/EDIFACT基準[20]に合致することを規定している。たくさんの異なったプロトコルが存在している。当事者は予めどれを動かそうとしているのか同意することが明らかに重要である。

CMIの電子船荷証券と普通の船荷証券の間には原則としてさらに相違がある。普通の船荷証券はトレーダーからトレーダーに移り、単一文書としての同一性を保持し、物品が降ろされるまで運送人に戻らない。対照的にCMI電子船荷証券は、それが売り渡される度ごとに運送人に戻る。そして、完全にその後の各トレーダーには、船から発送される新文書が発行される。この点は、

第 5 章　国際取引証券の不発行化

1992年海上物品運送法1条5項が、明らかに CMI モデルよりも普通のモデルを前提としている点でのみ興味がある。

VI　他の可能なモデル

　CMI は、本質的にオープンな且つ安全ではないチャンネルを通しているが、船と陸の間での信頼しうる通知を仮定している。原則として、CMI モデルはオープン・システムであるが、それが安全に運営されるなら、明らかにそうではなくなる。
　当事者が登録しなければならない閉鎖的システムを運営する用意があるなら、船と陸との間の通信を全く止めて、より安全なチャンネルへの伝達に制限することが可能である。結局、運送人は誰に対して物品を履行することになっているのか知っている限り、連鎖の各トレーダーの身元を知ることは不必要である。それが荷揚げ港で知らされる限り、船と通信する必要は全くないであろう。このシステムが有効に働くためには、次の仮定を設ける必要がある。
1.　全ての取引当事者は中央登録機関によって維持されるメインフレーム・コンピュータ（mainframe computer）の登録されたユーザであり、営業所からそれにアクセスできる。運送人も登録されたユーザで、荷揚げ港の端末からメインフレームにアクセスすることができる。
2.　全ての取引はメインフレーム・コンピュータに中心的に記録される。コンピュータも、（望むなら）運送契約の条件を含む、典型的には船荷証券に記入される詳細すべてを保存することができる。
3.　運送人は、荷揚げ港で最後の受取人の身元にアクセスすることができるが、航海の間は必ずしも接触できない。

　原則として、我々が実際において有するすべては単一のマルチ・ユーザー・ネットワークであるから、このタイプの取引を非常に安全に行うことができる。取引はメインフレーム・コンピュータそれ自身に記録される。その結果詐欺師が盗み聞きする機会は相当に縮小される。各運送人とトレーダーは固有のユーザ ID（ユーザ同一性）と秘密のパスワード（しばしば変更でき、変更すべきである）を持つ。
　運送人は、システムに荷送人のユーザ ID を知らせる。荷送人はシステムに

第5章　国際取引証券の不発行化

アクセスするために、ユーザ ID とパスワードを使用し、そしてシステムに買主又はそのために質の売買が行われる銀行のユーザ ID を通知することにより、売買又は質入れを行うことができる。その後の取引は類似の方法で行われ、現在の所持人のみがコンピュータで物品を扱う権利を有する。メインフレームは、実際上、各運送品と現在の「所有者」の詳細を含むデータベースを維持する。データへのアクセスを管理するためにもプログラムが作られる。実際の譲渡に先だって検査目的で文書へのアクセスが買主又は銀行に与えられることができない理由はないし[21]、データがコンピュータにより表示されるか、又はプリントできる限り、特別なフォーマットで必然的には保管される必要はない。

もはやオープン・チャンネルの通信がないので、詐欺の唯一の重大なリスクは、詐欺師がトレーダーのパスワードを発見した場合である。この場合には詐欺師はトレーダーを装って、無権限の取引を行いうる。パスワードの有効なセキュリティについては非常にたくさん書かれている[22]最良の慣行に従うことが明らかに重要である。詐欺師が、例えば、従業員を買収するか又は外部からシステムにおける通信チャンネルを傍受することによってパスワードを発見できる場合に備えて、パスワードも頻繁に変更させるべきである。

明らかにセキュリティの見地からは CMI モデルより有利である。そして文書に対する検査の便宜を備えることはより容易である。しかし、システムはオープンではなく、グループの全当事者による会員資格に依存している。従ってそれは柔軟でなく、中央登録機関は独占力を利用できるという付加的問題がある。運送人はもはや直接すべての取引に関係せず、CMI モデルのために示唆された契約的権利と責任の移転方法は、ここでは機能しないということは書きとめるに値する。しかしグループの会員資格は本質的であるから、適当な移転をもたらす方法で会員資格の規則を起草することは可能である。

CMI モデルについてと同様に、伝統的船荷証券の方法でのトレーダーからトレーダーへの電子文書の移転はない。実際、文書の移転はまったくない。一旦詳細がメインフレーム・コンピュータに記入されると、それがとどまるのはメインフレーム・コンピュータである。再び、このことは、1992年海上物品運送法により仮定されたモデルの面において興味がある。

VII　結　論

　既存の技術に基づいて且つ既存の法的骨格で、船荷証券を原則として当事者に少なくとも既存の紙文書と同じ程度のセキュリティを供給できる電子的文書に置き換えることは可能であると結論する。批判者達は、確かに、前節で述べたモデルを機能しうるようにすることは、当事者によって作成された契約規定にひどく依存すると異議を唱えるであろう。新しい売買契約と運送契約は、電子データ交換がそれなしには不可能である行為及びプロトコル規則をまとめるだけの場合には、いずれにせよ考案されなければならないであろう。新しい形態の契約がいずれにせよ考案されなければならないなら、それらはまた、財産の移転、擬制占有 (constructive possession) 及び契約的権利と責任のための適当な用意をすることを確実にすることが適当のように思われる。もちろん、システムが現行システムと同程度にオープンであるためには、これらの契約は標準化される必要がある。それは相当に困難であるかもしれない。

　しかしながら、既存の法的骨組みは電子的通信にとって理想的でないことは、認められなければならない。既存の荷為替信用状では、支払はしばしば為替手形の譲渡により行われる。そして為替手形ではなくて、船荷証券を電子的等価物に置き換える際の場所がほとんどない。為替手形は1882年為替手形法3条で次のように定義されている。

「(1) 為替手形は、指図者が署名し、手形の名宛人に一覧、確定日又は将来決定される日に特定額を金銭で、特定人若しくは特定人の被指図人又は持参人に支払うよう請求する、ある者により他の者に宛てられた無条件の書面による指図である。
　(2) これらの条件に従わない、又は金銭の支払に加えて何らかの行為が行われることを指図する証書は、為替手形ではない。」

　電子的に認証された電子指図は、指図人が署名した無条件の書面による指図であるこを主張することができるが[23]、裁判所がこの論拠を認めることは決して確かではない。当事者が為替手形を使用することなく支払の準備をすることも可能であるが、理想的解決は、3条が電子的為替手形の可能性を考慮に入れることが必要なように改正されるか又は明白にされることである。

第5章　国際取引証券の不発行化

　UNCID のような行為規則が採用されると、電子的文書が裁判所の証拠として用いることができる。1968年民事証拠法（Civil Evidence Act）は、長い間これらの目的のために不十分に起草されているように見なされてきた(24)。ここでも理想的解決は法改正を伴うであろう(25)。

　私は、1992年海上物品運送法は電子的文書に適用されるために広げられない、且つコモン・ローは電子的船荷証券を権原証券とみなさないであろうと徹頭徹尾考えた。しかし1992年法自体に、規則による電子的文書を扱うための拡張規定がある。1979年物品売買法の財産規定、特に19条を適当に改正することは困難でないであろう。もちろん、電子的文書は慣習の証拠と共に権原証券になりうるが、慣習は確立するのに長い時間がかかる。立法はその特定問題の最良の解決である。

　ヘーグ・ヴィスビー・ルール（Hague-Visby Rules）Ⅲ条3項は、荷送人が船積船荷証券（shipped bill of lading）を要求することを許している。明らかに、荷送人がそうした場合には、ここで述べられた全システムが破壊されうる。本節で述べた他の問題についてと同様、これは契約によって解決されることができか(26)、又は二者択一的に運送人は紙の船荷証券に禁止同様に重い額を課すことができる。しかし、やはり、もっと良い解決は、運送人がその代わりに同等の電子的文書を使用することを許すヘーグ・ヴィスビー・ルールの改正である。

　最後に、電子的データ交換が世界的に利用されうる前に、個人データ保護(27)、裁判所におけるコンピュータで作成された文書の承認、国境を越えた暗号化されたデータの伝達に関するルールに対する改正が幾つかの国で要求されると言って差し支えない。

(1)　総括的に、*International carriage of goods : some legal problems and possible solutions* (Centre for Commercial Law Studies, 1988), Chap. 2, "The Paperless Transfer of Transport Information and Legal Functions", by Prof. Kurt Grönfors 参照。
(2)　事実、船荷証券を電子的物に置き替えることが困難なことから、多くの者は、可能なところではどこでも、船荷証券を貨物運送状に置き替えるべきであると主張するようになった。その良い例は、Thomsen and Wheble, *"Trading with EDI — the Legal Issues"* IBC Financial Books(1989) の26頁で述べられた1節であり、「海上運送文書手続を容易にする措置」についての Recommendation, No. 121979につながった WP4 研究が引

第 5 章　国際取引証券の不発行化

用されている。WP4 は、後に Trade Facilitation と命名された、1960年に設立された United Nations Economic Commission for Europe(ECE), Working Party No. 4である。*Ibid.*, p. 11.

(3) *Merchants Guide* (4th ed., 1987), p. 11. EDI 発展の最前線にいる P. & O. でさえ、船荷証券は、引渡を得るために譲渡を要求する有体文書として存在しているので、このアプローチは可能でないことを認めている。p. 32.

(4) そのような条項の例については、Thomsen and Wheble, *"Trading with EDI—the Legal Issues"* IBC Financial Books (1989), p. 182「この貨物運送状の承認により荷送人 (shipper) は運送の間これらの物品の荷受人 (consignee) の同一性を変更する権利を撤回不能的に放棄する」。

(5) この計画の記述については *Electronic Banking : The Legal Implications,* edited by Prof. R.M. Goode, joint publication of the Institute of Bankers and Centre for Commercial Law Studies (Queen Mary College, London, 1985), p. 114.

(6) 文章は各々 *UNCID Uniform Rules of Conduct for Interchange of Trade Data by Tele-transmission,* ICC Publication No. 452(1988), p. 7 及び "Cutting costs by more efficient shipping procedures", *Ideas in Action (business International)* 14 June 1986, p. 10, これらの文章は費用の節約を最も強調しているけれども、スピードの長所も忘れてはならない。

(7) 実際、タンカー傭船者は、時々、船荷証券を作成することなく、ただ人的損害補償に対して、引渡すことを船主に要求する条項が、傭船契約書に挿入されることを請求している。先例は *Kuwait Petroleum Corp.* v. *I. & D.Oil Carriers Ltd. (The Houda)* [1993] 1 Lloyd's Rep. 333, reversed on appeal, C.A., 21 July 1994において再吟味された。

(8) Kathy Love, "The Lessons Learned", [1992] 2 OGLTR 53, at p. 55.

(9) *Bankers Trust Co.* v. *State Bank of India* [1991] 2 Lloyd's rep. 443の文書についての967頁は、おそらくの手書きより電子的には早く処理できないであろう。
*UCP*500 & 400 *Compared* : ICC Publican. No. 511(1993) は、40頁で、「フォーマット化とメッセージ内容実務の相当程度の標準化は SWIFT によって達成された。そして統一 EDIFACT 文書「syntax」が稼働するようになるともっと得られるであろう」と書きとめている。ICC Publicn. No. 511(1993) のコメントは、国際的に標準化された銀行実務の発展に向かっている。このようなものが明らかに EDI のスピードの可能性が完全に認められるためには必要であろう。

　電子的照合がなくても、その後の所持人の同一性が船積時間までに知られる連鎖売買では、電子コピーが、実際の移転に十分先だって点検目的のために流布されない理由がない。移転それ自体が厳重に監督される限り、そして、多分以下で記述されるのと類似

141

第5章　国際取引証券の不発行化

の公開鍵及び個人秘密鍵を使用して、各電子コピーが運送人によって適当に認証される限り、望まれたものと同じ多くのコピーが同時に流布されない明確な理由はない。これは著しいスピードの長所を起こすであろう。明らかに、コピーは（適当な認証を条件として）、荷送人が契約記載の物品を船積みしたという証拠として使用されるけれども、権原確認書としては使用できないであろう。

(10)　これは本質的に Jan Ramberg により Thomsen and Wheble, *Trading with EDI — The Legal Issues,* IBC Financial Books(1989), pp. 193 *et seq.* に対する彼の寄稿論説で示唆された解決である。

(11)　条件それ自体が電子的に伝達されることは予想されないで、直ちに入手しうることが予想されているように思われる。思うに、多分衛星通信のようなもので繰り返してそのように行うと費用がかかるので、少なくとも差し当たり、これを実務上の提案とすることができないが、原則としてとにかく、条件が電子的に伝達されるべきでない理由はない。

(12)　支払機構は、法が電子的為替手形の概念を承認しないようであるから、おそらく強制されなければならない。新しい契約形式が電子的文書のために起草される必要があろう。それらが財産であるときには、争点も考えられなければならない。

(13)　とにかく理論的に可能なものと比較して、それがまさにあるように、現在の紙のシステムよりもっと安全であるということは当然である。なかんずく、署名および存在しない物品のための完全な船荷証券さえ、現在のシステムでは偽造することが困難ではない。現在のシステムと同じ安全であるシステムを製造できる限り、我々は満足すべきであるという人々がいる。これは私には進歩の否定であるように思われる。紙のシステムを安全にすることが困難であるから、現在の紙のシステムは安全でない。電子的システムはもっと安全にされ、従ってそれが目的でなければならない。鉄道機関車が馬に代わることができたという事実は、機関車を馬の役割に制限する適当な理由ではなかった。

(14)　鍵を使用する暗号化の簡単で且つストレートな記述については Gordon C. Everest, *Database Management Objectives, System Functions & Administration,* McGraw-Hill International Editions(1986), Chap. 14.

(15)　秘密コードのみが暗号化される必要がある。船荷証券の内容は、最も確実に（それがいやしくも送られるなら）運送契約の条件が送られるように、明文で送られなければならない。詐欺師が他の手段（そして運送契約は普通手に入れるのが容易である）によって明瞭なテキストと暗号化されたテキストを発見できるなら、（他の全ての人と同様、公開鍵を知っている）詐欺師は個人秘密鍵を発見し、それ故秘密コードを発見することは容易であろう。

(16)　真に不可逆的である一方的アルゴリズムを工夫することは可能でないが、素早く一方的に動くが、他方には動かないアルゴリズムを工夫することは全く容易である。普通に

第 5 章　国際取引証券の不発行化

使用される公開鍵／個人秘密鍵技術は、個人秘密鍵を 2 以上の非常に大きな素数から引き出し、公開鍵をこれらの数字の積から引き出すことである。個人秘密鍵から公開鍵を得ることは容易であるが（数字を掛ける）、数字が十分に大きい場合（例えば200ディジット［digits］）には、（非常に大きい数の素因子［prime factor］を発見する）逆の処理は計算的には不可能である。徹底的調査（すでに知られた素数による立方根［square root］までの公開鍵の割算）は、非常に大きな数字のために唯一知られた方法である。数字が十分に大きい限り早いコンピュータでも数兆年かかり、その時までに、積荷は合法的に陸揚げされることを希望するであろう。もちろん、数学者がある日非常に大きな数字を因数分解する早い方法を発見するかもしれない。この場合には、別のシステムが考案されなければならない。公開鍵から個人秘密鍵を計算することが不可能な限り、システムは役に立つ。

(17) 公開鍵を維持し計算することと安全な方法で新しい鍵を発生させる問題については Everest, *op. cit.* 参照。

(18) 節はそれぞれ UNCID Uniform Rules of Conduct for Interchange of Trade Data by Tele-transmission, ICC Publication No. 452 (1988), p. 8, Eric Bergsten, "Paperless Systems: The Legal Issues" [1988] 3 *Computer Law and Security Report* 25である。

(19) ICC により第51回管理委員会 (Executive Board) によって採択された Uniform Rules of Conduct for Interchange of Trade Data by Teletransmission（パリ、1987年 9 月22日）。UNCID については Ian Walden により編集された *EDI and the Law* に対する Savage and Walden の寄稿論文 Blenheim Online (1989), Chap. 5を参照のこと。

(20) United Nations Rules for Electronic Data Interchange for Administration, Commerce and Transport. 基準の記述については、Mike Gifkins によって編集された *EDI technology* への John Berge の寄稿論文 Blenheim Online (1990), Chap. 5を参照。UN/EDIFA は、取引データ交換アプリケーション・プロトコル (TDI-AP) として UCID で述べられている一例である

(21) 事実、買主と連鎖においていくらか先んじている銀行は、検査目的のためアクセスすることができる。そうすることによって時間の実質的な節約を行う。

(22) 例えば、*Everest, op. cit.* Unix システムについては Bruce H. Hunter and Karen Bradford Hunter, *Unix Systems : Advanced Administration and Management Handbook,* Macmillan (1991), Chap. 6 参照。

(23) 主張は *EDI and the Law,* Chap. 2 (by Rob Bradgate) で詳細に論じられている。

(24) *Ibid.*

(25) 一般的に Ian Walden and Nigel Savage : "The Legal Problems of Paperless Transactions" [1989] JBL. 102, 106-107.

(26) III条 8 項は、この類型の契約に適用されない。CMI 規則10条 (a) は、所持人に紙の船

143

第5章　国際取引証券の不発行化

荷証券を請求することを認めている。これは後退のように思われる。
(27)　一般的に Ian Walden and Nigel Savage: "The Legal Problems of Paperless Transactions" [1989] J.B.L. 102, 108-109.

Paul Todd

M.A., B.C.L.; Senior Lecturer in Law, University of Wales, Swansea.

第6章　支払システム、データ保護及び国境を越えたデータのフロー

I　序

　銀行業はデータ集約的部門である。データは、多くの顧客と維持されている多くの契約数と関係している。加えて、顧客から受けた指図は情報の新しい流れを発生させる。これらのデータフロー（data flows）は個別の銀行内で、銀行グループ内で、そして異なる銀行間で生じる。データフローは様々な種類の仲介、例えば、コルレス銀行、ネットワーク・オペレーターおよび清算所を通して運ばれる。データフローは、しばしば国境を越える。従ってプライバシー立法が銀行業活動に主要なインパクトを持ちうることは驚きではない。本論文は国境を越えた支払取引に関するプライバシー立法の影響を特に扱う。しかしなかんずく、支払取引システムは、プライバシー立法で普通使用される概念との関連で吟味され、置かれる。この関連で、個人データ保護に関する指令の改正案に対しても綿密な注意が払われるであろう[1]。そこでは指令案の実務的影響に力点が置かれる。

II　支払取引

　銀行事業の場合、国境は最もしばしば支払取引の関連で越えられる。これらは、特定の顧客による他の顧客への現金の送金を伴う。指図はしばしば口座から引き落とされる顧客によって行われる。他の可能性は、債権者が債務者から取り立てるために銀行に対し指図をなすことである。支払指図は、様々な方法で与えられる。例えば顧客は移転書式を使用するか又は電話で、フロッピー若しくはテープで、あるいはデータ通信で指示を与える。時々指図は現金自動支払機（cash dispensers）又は販売時点管理装置（point of sale equipment）により与えられる。

第6章 支払システム、データ保護及び国境を越えたデータのフロー

Ⅲ 現代の支払取引の機能

(1) 概　説

　支払取引は本質的に銀行で保管されている資金の受取人への譲渡をもたらす。この関連で、メッセージ（例えば支払理由）が振込依頼人から受取人に伝達される。それ故銀行により供給されるサービスは、物品運送人及びその他のサービスの供給者により供給されるサービスに非常に符合している。同様に、物品運送及びその他のサービスに関連するデータの登録は、支払システムに関連したデータの登録と似ている。少しの例はこのことを明らかにすることに役立つ。

　運送人は顧客の要求で受取人に物品を引き渡す。運送人はその者が供給したサービスの記録を保存する。運送人は、また、その者が顧客に請求した金額の記録も保存する。加えて指図を復元の目的でファイルする。

　運送人は顧客のために物品を倉庫に保管する。顧客の依頼で運送人は物品の一部を受取人に引き渡す。運送人は供給したサービスの記録を保存する。運送人も顧客に請求した金額の記録を保存する。最後に、運送人は、顧客のためにまだ倉庫に保管している物品の量の記録も保存する。加えて、指図を復元の目的でファイルする。

　運送人は登録された小荷物を顧客の依頼で受取人に引き渡す。運送人は引き渡した小荷物の記録を保管する。運送人も登録された運賃につき顧客に請求した金額の記録を保管する。加えて、指図と受領確認は復元の目的でファイルされる。

　顧客は、メッセージが様々な届出先に伝えられるよう運送人に指図する依頼を含むファックス・メッセージを運送人に送る。顧客は、また、メッセージが特定日を過ぎるまで伝達されないよう依頼する。最後に、顧客は、運送人に運送人が送ったすべてのメッセージを1年以上保管するよう依頼する。運送人は供給したサービスを日誌に記録する。運送人は顧客のために電子記録を保存する。加えて、財務管理がある。

(2) 銀　行

　支払システムでは、銀行に当座勘定を保有する、運送部門の対応物と比べることができる顧客又は振込依頼人が存在している。顧客は銀行に国内の支払指

第6章　支払システム、データ保護及び国境を越えたデータのフロー

図を与える。この関連で、顧客は銀行に（ⅰ）特定額まで口座の貸方残額を減らし、（ⅱ）関連額を受取人の口座に移し、（ⅲ）被仕向銀行が受取人の口座に関連額を入金することを求め、（ⅳ）被仕向銀行が受取人に取引に関する特定情報を送ることを求める。銀行は銀行が供給したサービスの記録（執行された支払指図の番号）を保管する。銀行も、これらのサービスのために顧客に請求した料金の記録を保管する。銀行は当座勘定の管理を最新のものに保つ。加えて、支払指図は、復元目的でファイルされる。全面的管理に関するバック・アップ・ファイルが保存される。

　国際的支払は、請求権の用意と顧客による受取人に対する情報を伴う。この目的のために、顧客は銀行にかかわり、銀行は次にコルレス銀行と被仕向銀行を呼び入れる。請求権と情報の伝達は、主に指図を開始する顧客の責任で行われる。様々な銀行で行う連続的処理段階において、そのような銀行の関連当座勘定ポジションとサービス手数料計算のために必要な情報に関する記録が保存される。加えて、銀行は復元目的で記録を保存する。

　客が現金自動支払機と販売時点管理支払を使用すると、発行銀行（即ち、カード発行銀行）だけでなく取得銀行（即ち、現金自動支払機の所有者又はPOS端末を取り付けたリテール銀行）も関わる。取得銀行は支払カード・データを発行銀行に送る。発行銀行は取得銀行に授権を送る。取引は授権される。取得銀行は小売人の口座にその額が入金されるよう準備し、取引番号を引用する。発行銀行は顧客の口座から引き落とし、また取引番号を引用する。2つの銀行は当座勘定の関連ポジションを清算する。

（3）　より詳細に定義される問題

　上述の例から、運送は多くの異なる種類の生産物を伴うことは、明らかである。物品またはメッセージの運送がありうる。運送の間、物品又はメッセージが実質的に処理されることが必要である。運送人は様々な一連の記録を保存する。このようにして供給したサービスとこれらのサービスから生じる手数料に関する最新の収支明細が保管される。加えて、復元目的のために必要な情報が得られ、そして、適当な場合には、当事者間の法的関係の変更が、サービスの用意の結果としてほかの場所で行われた否かが、得られる[2]。一次的処理（primary processing）（支払指図の執行とそれに伴う情報の移動）と付帯的処理（accessory processing）（一次的処理をサポートするその他の諸記録）の間で区別

147

第6章 支払システム、データ保護及び国境を越えたデータのフロー

が行われなければならない。

Ⅳ プライバシー立法の適用可能性

（1） 概　説
　今や生じる問題は、プライバシー立法は支払取引にどのように影響を与えるかである。ヨーロッパのプライバシー立法の大多数は、ストラスブール協定 (Strasbourg Convention)[3] で定められた模範に追従している。このことは、立法が個人情報の収集、保管、使用及び開示を規律しているということを意味する。時々、データはある方法で構築されている個人データの収集の要素でなければならないことが明記されている。立法は、収集又は処理システムを管理する者に義務を課している。この関係で、区別は、収集又は処理システムを主として管理している者と収集に伴う特定活動を下請している者との間で行われなければならない。

　大多数の制定法のキー概念は、個人データ、処理、使用、開示、管理人、取扱者、データ主体及び第三者である。これらの概念の適用は自然の流れに常には従うものではない。

（2） 個人データ (personal data)
個人データは、データが同一性を確認される又は確認しうる人に遡りうる場合に存在する。ここでは次の諸問題が生じる。

　（a） 追跡可能性 (traceability)　　データは、特定人を確認する識別子 (identifiers) と識別子に結び付くデータに分けることができる[4]。識別子に結び付くすべてのデータは当該人に遡ることができる。特定の家が特定の人に属することを知っているなら、このことは、家のすべての特徴はそのために所有者の個人データになるということを意味している。家の所有者の同一性が知られないが、発見されうるなら、再び追跡可能性が存在している。個人データを広く解釈すると、立法者の対象に関係しないあらゆる種類の項目がやはり個人データとして扱われなければならないという問題がすぐに生じる。これが、誰も実際に明瞭な区別をする定義を提出することに成功しなかったけれども、様々方法で幾つかの立法者が制限を導入した理由である[5]。しばしば一定のデ

第6章　支払システム、データ保護及び国境を越えたデータのフロー

ータが個人データとして使用されているか否かを決めるのは、それが使用される情況である[6]。支払取引のための追跡可能性の重要な変形は、ある個人データの「2頭の」性質である。

（b）　2頭データ（two-headed data）　個人データは時々2人以上に関係している。例えば、遺伝として知られる医学的条件がある。そのようなデータを記録することは、自動的に両親、存在しうる兄弟、姉妹、子供そして孫に関する情報の包含を伴う。母の出産日はまた当該子供の誕生日である。そのようなデータは、また、データ保護法の意味の中で、当該第三者の個人データとして適格であることが考えられる。支払指図におけるデータは振込依頼人、受取人及び指図の通知ボックスで言及された他の人々と連結しうる。保険証券は、保険料を支払う人と受取人である第三者に関係する。特定のデータがある者の個人データとして適格かどうか知ることは重要である。これが事実であるなら、関係者は点検と訂正の権利を行使することができる。

（c）　メッセージ（messages）　支払取引は支払指示の実施を伴う。これらは、銀行と顧客の間の関係に影響を及ぼすデータを伴う。しかし、加えて、支払指示の一部を形成し、受取人のために意図されているメッセージがある。そのようなメッセージは時々銀行によって再びタイプされるけれども、銀行はこれらのデータを使用しない。銀行はそれを単に転送する。完全に自動化された支払システムでは、銀行はメッセージを明らかに見るけれども、直接に受取人に回す。個人データとして認識できるが、処理されないデータは、それにもかかわらず、銀行との関係で個人データとして扱われなければならないかどうかの問題がある[7]。

（d）　補助的データ（auxiliary data（aids））　個人データの処理は、異なる性質の個人データの新しい収集を引き起こす。それはデータのバックアップ・コピーを作るための標準であり且つ確実なデータ処理実務である。技術的処理操作の間、処理の終了後再び削除する一次的書き走りのファイルが創造される。データの使用はしばしば作業コピーが作られることを意味している。データの内的又は外的発出は、伝達コピーが作られなければならないことを意味する。各場合において、これらはそれ自体独立した意義を有しない、単に主要な処理のための補助として予定されている補助者である。そのような全く一時的デー

149

タがプライバシー立法の下でどのように保護されるべきかの問題が生じる。様々なEC加盟国では補助データは異なる方法で関連立法において扱われている(8)(9)(10)(11)。

（e）　バーチャル・データ（virtual data）　　様々の法は、後日「スナップ」状態を復元できる義務を銀行に負わせている。時々制定法上義務がなくてもデータを特定の時間保管することは常態的でもある。民事訴訟手続における立証責任を履行する際の諸困難を避けることは一つの例である。一般に、データが示されなければならない可能性はほとんどない。このことが時たま必要になる場合であっても、データのわずかな部分のみがしばしば要求される。これが、銀行が直接的使用に向かない記録につきアクセスしにくい形式で現在のファイル（current files）をコピーする手続に変わっている理由である。現在のファイルはそのときには削除される。このことは、それがバーチャル・データ（virtual data）になるということを意味している。バーチャル・データは復元ファイル（reconstruction files）によって活動的になりうる。この前に、1つの決定がしばしば行われ、復元を実行できるために検索手続が開始されなければならない。このようにバーチャル・メモリーに保管された復元ファイルも個人データとして適格であるかどうかの問題が生じる。あるいは、潜伏中のデータが再びバーチャル・データの一部を活動させる場合に且つその限りで、このことが本当であるのであろうか。

（3）　個人データの扱い

個人データの扱いは、3つの範疇、即ち、使用、開示および技術的処理に分けることができる。

（a）　使　用（use）　　データの使用は、銀行によるそれ自身の目的のための例えば、契約債務の履行のため、マーケティング目的のため及び詐欺を発見するためのデータの適用を意味している(12)。

（b）　開　示（deisclosure）　　開示はデータ使用権の第三者への移転を伴う。開示の用語は、データが関連第三者に開示される方法から区別されなければならない。このことは、振込依頼人、仲介人又は受領者による伝達により生じうる。様々な伝達の手段が使用されうる。例えば手紙又は電子メール。開示は最初の所有者により積極的に行われるか又は協議のためのオンライン設備の準備

第6章 支払システム、データ保護及び国境を越えたデータのフロー

の形式で消極的でありうる。

　第三者は所有者の組織の内部の当事者か、外部の当事者でありうる。開示の特徴は、新しい・独立した複雑な使用が生み出されるということである。

　（ｃ）　技術的処理（technical processing）　　可能な使用と開示をなすために、収集、保管、処理、比較、移転及びデータの破壊のような様々な技術的行為が行われる。そのような処理は、使用と開示を促進する副次的処理である。それにもかかわらず、許された使用又は開示から、副次的処理は更に法的要件に服することが現れる。

　（ｄ）　立法者の観点　　立法者の大部分は、個人データの使用と開示のための基準を定め、技術的処理部分を規律するルールを確立している。一般に、一次的活動（使用及び開示）と二次的活動（技術的処理）の間で基本的な区別は行われない[13]。一次的活動と二次的副次的活動は同じ場所で行われ、そしてますます副次的活動が行われ続けることはますますありそうにないので、このような区別はもっと重要になりつつある。

（４）　管理人（controller）

　（ａ）　概　説　　管理人は、データの使用を管理し、開示が許されるかどうかを決定する者である。管理人は、外部組織に付帯的処理部分を下請け契約することができる。技術的処理が２人の平等な当事者の間の契約関係の中で行われる場合には、データを扱う人が管理人又は処理者の資格でそれを行うかどうかを確立することは、相当に単純である。支払取引が扱われる場合、しばしばそのような平衡はなく、銀行を当然銀行業システムを通り過ぎる全データの管理人として扱う傾向がある。そのようなアプローチは、銀行が顧客との当座勘定関係について保管しているデータと銀行によって顧客に提供されるサービスに関して弁護できる[14]。しかし、このアプローチは、私には、銀行によって顧客の指示に基づいて受取人に伝えられるメッセージについては適当でないように思われる。なかんずく、当該メッセージは顧客により郵便で伝えられうる。銀行はこの場合には単にキャリアとして行為している[15]。支払指図を指図部分とメッセージ部分に分けるときには、銀行がメッセージを認識できることは適切でない。

　（ｂ）　管理人とグループの構造　　異なる問題が、関連会社のグループ内の

第6章 支払システム、データ保護及び国境を越えたデータのフロー

内部データ交換により提起される。幾つかの法システムは、全データ交換が内部的とみなされなければならない「経済的単位（economic units）」の概念を用いる(16)。指令案は、差し当たり、金融グループ内のデータ交換が内部的通行と扱われなければならないか、第三者に対する開示として扱われなければならないかを明らかにしていない。

V 支払取引と指令案

(1) 概　説

支払システムに関するこの提案のインパクトに関して、EC委員会は、1992年3月25日報道で(17)、「国境を越えたリテール支払システムの効率のためには、暗黙の個人データフローが、もっと効率的な国境を越えた支払システムの発展に対する不必要な障害を引き起こす共同体の規定により……妨げられないことが極めて重要である」と述べた。それ故EC委員会は「もっと効率的なリテールの国境を越えた支払システムの発展に対する不必要な障害を引き起こしそうだと確認されたデータ保護指案令の特徴」を改正することを明らかにした(18)。現在の形態では指令案(19)は国内的および国境を越えた支払取引の関係で多くの問題を引き起こす(20)。これらの問題は、指令案で使用された定義(21)と非常に密接に関連している。定義は無定見である。しかし、指令案の導入のための手続に関する現在の様子を考慮すると、システムにおける根本的な変更はこの段階では行われそうもない。このことは、現実に遅れをとる指令があることを意味している。そして次にこのことは、いつも指令案に基づく立法と逸脱でなければならない現実の間に不一致があるということを意味する。銀行と消費者にとってこのことは、立法が徐々にますます使いにくく且つますます近づきにくくなるということを意味している。現在の銀行監督当局は、ある程度企業の後釜に座るデータ保護当局に部分的に代えられであろう。指令案が支払取引の関係で引き起こすであろう問題の少しの概観は、以下で、まず定義を引き合いに出して、次に1条ごとになされる。

(2) 個人データ

指令案は個人データという用語につき非常に広い(22)定義を使用している(23)。

第6章　支払システム、データ保護及び国境を越えたデータのフロー

このことは、支払指図で述べられるデータが、メッセージの部分で述べられる振込依頼人、受取人、第三者または一度に3者全部の個人データとして扱われる傾向があることを意味している。このことは、指令案が同意又は管理人とデータ主体（data subject）[24]間の契約関係を要求している状態において問題を引き起こす。

（3）　管理人（controller）

指令案は、グループ構造では管理人[25]が誰であるかの問題に対し明瞭な解答を用意していない。グループの一部はお互いの関係で[26]第三者[27]であるのか。加えて、指令案は、支払取引が扱われるとき、銀行も振込依頼人からの受取人への支払指図におけるメッセージに関する管理人として扱われなければならないということを明らかに仮定しているという問題がある。

（4）　処理者（processor）

技術的処理は、意識的又は無意識的に行われうる活動である。例えば、情報のキャリアは、キャリアが伝達する情報の性質をしばしば知らない。それにもかかわらず、指令案の表現によれば、キャリアは（処理の目的と目標を決定する場合には）管理人又は（顧客が管理人と考えさせる場合には）処理者とみなされるであろう[28]。キャリアが実質的にデータを所有していないことは重要でないことは明白である。

（5）　処　理（processing）

指令案の最も注目すべき概念の1つは、処理の定義である[29]。それは、個人データの使用及び開示を含むだけでなく、取立、保管、伝達及び操作のようなあらゆる技術的作業に拡大されている[30]。このようにして一次的活動と付帯的活動は、私の考えでは、互いに誤って同等視されている[31]。

（6）　補助的データ（aids）

指令案は、補助データを個人データと全く同じ方法で扱っている。ここで原則的に異議を唱えることが可能である。これは、そのようなデータは決して独立して使用されないということである。補助的データは単に使用と開示の一次的処理を容易にするか又は保護するのに役立つ。例えば、開示の関連で伝達されるコピー[32]、バック・アップ・コピー及びコンピュータ・メモリ内のスクラッチ・ファイル（scratch files）である[33]。この同じ扱いの結果として、こ

第6章　支払システム、データ保護及び国境を越えたデータのフロー

れらのすべての一時的集積は、指令案の透明性規定によりカバーされ、登録者の検査権に服する。

(7) 提案された指令の範囲

個人データと処理の用語が指令案では広く定義されているので、大部分無関係な及び偶然的活動の多くがその範囲に入る[34]。様々の法システムは、このために固有の解決を発見した。私は、データ主体関連の処理に範囲を制限している1984年連合王国データ保護法の既に述べた解決をとりわけ言及している。そのような優れた調整は今や国のレベル[35]で立法の形式で[36]又は後の逸脱の形式で[37]で行われなければならないであろう。

指令案3条1項は、全部又は一部自動的手段によるすべての処理行為は用語の範囲内に入ると定めているので、不思議な官僚的問題が創造される[38]。このことは、ファックスにより受け取られた手紙は指令案によりカバーされることを意味している。同様に、ワード・プロセッサによる手紙の準備はカバーされる[39]。2条は各「操作」又は「一連の操作」を処理と定義しているので、それ自身では指令案によりカバーされていないファックス・メッセージの読みとファイルへの整理もカバーされる。ここでも、また新しい不一致が創造される。

VI　指令案の幾つかの条文の議論

(1) 第7条

指令案は、7条の条件が満たされた場合にのみ、処理は許されると規定している[40]。ここで生じる問題は、しばしば、仲介者に関して関連データ主体と銀行の間で契約関係がないということである。結果として処理は7条(a)又は(b)の下で常に許されているわけではない。銀行と欧州委員会の代表者との間の議論において、処理はただ7条(f)の下に許されることが、委員会により示唆された。委員会はこの目的のために、データ処理操作のある範疇がそれ自体適法である場合には、異議が個人のデータ主体によりなされることができないということを仮定している。7条(f)は「処理の範疇」という表現を使用していないので、この解決の有効性は疑わしい[41]。

第6章　支払システム、データ保護及び国境を越えたデータのフロー

　6条と結び付けて解釈するときには、7条で使用されている言い回しの可能な結果は、支払指図の誤った執行は契約義務だけでなく、プライバシー立法の違反とみなされうるということである(42)。このことは、少しの国では、誤った遂行を正し、利息の賠償を支払う義務のほかに、精神的侵害に対する賠償を支払う義務がありうるということを意味している(43)。

　指令案の下ではデータの処理は限定的事情において認められる。主な要件は個人の同意と契約関係の存在の結果としての必要性である(44)。管理人の合法的利益は、リストを完成する。リストに欠けているものは、製品に関連した契約関係に加えて、データ主体と会社の間の信託（trust）の一般的関係(45)又は、例えば、雇用関係である(46)。結果として、統合顧客ファイルをベースに顧客との多様な関係を維持する企業の普通の日々の事業経営を妨げる製品間のチャイニーズ・ウオールが創造されるといって差し支えない(47)。例えばオランダのように、「契約関係の面で行われるデータの処理」を認めることがよりよいであろう（最初の提案は「準信託契約関係」を述べていた）(48)。製品のダイレクト・マーケティング（direct marketing）を容易にするために、ある程度の合目的性からそれること（détournement de finalité）は、認められるべきである。

　特定顧客に関連したデータの合法的処理が、直接又は間接に他の個人に関係するデータを含む場合には、そのような処理は当然認められるべきである。

（2）　第8条

　指令案8条は、さらに、センシティブ・データ（sensitive data）の処理のための条件を規定している。そのようなセンシティブ・データは、支払指示のメッセージ部分に含まれるかもしれない。銀行はそれらを意識的には注意しないであろう。それにもかかわらず、銀行は管理人と呼ばれる。データが、銀行が関係を持っていない第三者に関する場合には、銀行は、8条1項（c）に含まれた例外に依拠しなければならない(49)。メッセージ部分が犯罪の有罪決定に関するデータを含んでいる場合には、状態はもっと困難になる(50)（例えば罰金を支払う者が有罪決定に関する詳細を言及している場合）。そのようなデータの処理は決して許されない。しかしそれにつき何も知らない、銀行は何もしないが、依然として責任がある。

（3）　第8条5項

　欧州委員会は、一般的性質の特別証明書の発行はセンシティブな性質である

第6章 支払システム、データ保護及び国境を越えたデータのフロー

ことを述べ、また加盟国は一般的性質の特別証明書(例えば国民背番号)の使用条件を定めなければならないことを示唆した、欧州議会改正(European Parliament Amendment)65を採択した[51][52]。このルールは、それなしには支払指図の執行が極端に複雑になる、銀行口座番号には適用されないことを望む。

(4) 第1条2項及び4条

指令案1条2項は、EC加盟国間の情報の自由なフロー内での制限を禁止している[53][54]。協定108号第12条は一定の範囲でこのような制限を認め[55]、幾つかの立法者は制限を課す権利を留保しているが、このことは、問題の重要な尺度にはならなかった。事件数は相対的に少なく、しばしば事件の重大さよりも立法の性質に強く関連している[56]。「事件」の調査に関する報告書で、Vassilaki[57]は金融部門の問題の限定的数のみを述べている[58]。幾つかの問題が従業員データに関して生じた[59]。これらの労働関連問題が、指令案により解決されうるかどうかは疑わしい。EC条約100A条2項は、財政又は労働データが関連するときには、加盟国に満場一致を要求する権限を与えている。実際指令案の適用可能性は、他のデータに制限されるべきであるなら、理論上加盟国は制限を国境を越えた税及び給与支払に関し課すことができる[60]。

指令案4条は、管理人が設立されている加盟国法が他の加盟国の処理に適用されると規定している[61]。指令案は、一連の処理へのあらゆるリンクは管理人である、と仮定しているので、このことは、混乱した状況を引き起こす。このことは、幾つかのEC国を通って送られる取引は、異なる法制度の連続によってカバーされる一連の処理活動の一部を形成するであろうことを意味している。その結果、データがどのように処理されたのかチェックしようとするデータ主体は、様々な届出システムに直面することになる。他の問題は、技術的処理がEC加盟国B内で設立された管理人の指図に基づいて加盟国A内で行われる場合に生じる。このケースでは加盟国Bのプライバシー立法が適用される。しかし、A国の当局が税立法に基づいてデータを要求し且つ保管する場合には、データを使用する権利は、A国のプライバシー法の規定によって決定される。2つの立法が調整されないであろうから、驚くのに十分である。

様々なEC加盟国で営業をする大銀行がある場合には、それはただ一つのプライバシー制定法に対処しなければならないが、幾つかの法人として組織された銀行は、同じ数のプライバシー法に対処しなければならない。ここでの明ら

第6章　支払システム、データ保護及び国境を越えたデータのフロー

かな比較は、大商業銀行と協同組合銀行グループの間のものである。

（5）　第24条

　仲介者及びコルレス銀行が支払指示の執行における処理者として扱われなければならない場合には、このことも厄介な状態を引き起こす。指令案24条の下では、契約は、振込依頼銀行、関連コルレス銀行及び仲介者の間で存在しなければならない[62]。支払取引ではこのことは、コルレス銀行に関して通例ではない。

（6）　第26条

　指令案26条は、第三国が保護の十分なレベルを確保していない場合には、第3（非EC）国への個人データの移動を禁止している[63][64]。まだ解答が与えられていない質問は、十分の保護レベルは何時かである。それにもかかわらず、移動は、関係データ主体との契約の状況で行われる場合には、許される。ここで幾つかの問題が支払取引との関係で生じる。：なかんずく、非欧州受取人に関するデータ処理もどの程度指令案でカバーされるかという問題[65]。第2の問題は、銀行が契約関係のない人全員の同意をどのようにして得るのかということである。後者はまた、データ主体と仲介コルレス銀行と清算所との関係にも適用される。

　26条も、データが十分な保護レベルのない国に移動される場合には、銀行が予め顧客に知らせなければならないことを条件として規定している。2つの問題がここで持ち上がる。第1に、世界のどの銀行も十分な保護レベルを提供する国のリストを持っていない。そして、第2に、国際的支払取引の間に、コルレス銀行がしばしば、振込依頼銀行には未知の他のコルレス銀行により呼び入れられる。それ故、実務では、この義務に従うことは不可能である。それにもかかわらず、このことは、移動禁止に対する26条の他の例外が、私の見解では、支払取引に適用されないので、唯一可能であるように思われる。

　ここで特殊な問題が「移動（transfer）」という用語（これは指令案のどこにも定義されておらず、適用されていない）によって形成される。「移動」という用語が使用されているので、技術的処理操作の下請けも禁止によってカバーされる。このことは、例えば、名前をクレジット・カードに置く処理も、安い非EC国の処理者に下請けできないということを意味する。

　24条が処理者との関係で管理人に課す義務を考えて、26条は、私の意見では、

下請技術処理に適用される必要はない。

ついでに、国際支払に関する詐欺と戦う努力は、犯罪に関するいくつかのデータ交換は8条4項で禁止されているという事実によって妨げられるということは、注意されなければならない。

しかし、26条が支払指図の関係で創造する主要な問題は、私の意見では、国境を越えるメッセージの関係で管理人として指名されるべきであるのは、振込依頼人であって、その銀行ではないということである[66]。銀行を管理人として指名し、障害を創造することにより、26条は自由通信の権利を侵害している。結果として指令案は、欧州人権協定（European Rights Convention）の一定の基本的な権利を侵害している。協定9条[67]は、市民に通信の尊重を保証している。この保証は、銀行が銀行によって行われるメッセージの管理人になると定義することによって妨げられていると言って差し支えない。従って8条を侵害する危険が、銀行により間違って起こされる[68]。

（7） 第27条
（a） 概　説　　指令案27条は、受入国がこの点に関し不十分な立法を有しているなら、契約が[69]保護の十分なレベルを確保[70]する方法であると規定している[71]。ICC、欧州評議会およびECの後援の下に、そのような契約に組み込まれなければならないモデル規則（model rules）が作成された。モデル規則は1993年春に提出された[72]。問題の1つは、今のところ、それが加盟国及び欧州委員会の意見では十分かどうかの確認を得られないということである[73]。加えて、以下で手短に議論されるような幾つかの技術的制限がある。

（b） 顧客から顧客へ（customer to customer）　　現行の表現によると、モデル規則は、個人データを使用するライセンス（licences）の授与に制限されている。顧客を管理人と考える場合、契約が構築された顧客－顧客関係で使用される場合には、モデル規則は重要な役割を演じうる。それは、国境を越えたデータ・フローのデータ保護面を扱うTEDIS契約11条に代わるかもしれない。指図が弱いプロファイル関係（low profile relationship）を持った当事者間の偶発的支払に関する場合には、当事者が実際上モデル規則を使用する契約関係に入るかどうかは疑わしい。

（c） 銀行から銀行へ（Bank to Bank）　　支払指図の執行に係わる銀行が顧

第6章　支払システム、データ保護及び国境を越えたデータのフロー

客のための処理者とみなされる場合には、モデル規則は銀行による使用のために適当ではない。それは、情報の受取人へのライセンスの授与の目的のために書かれている。

関与する銀行が管理人と考えられる場合には、モデル規則は一見したところでは (*prima facie*) 使用できる。しかし顧客のための情報のキャリアとしての資格の銀行は、同伴するメッセージの内容に対し責任を負うことができないことを、モデル規則は認めなければならない。銀行が顧客に支払指図の内容の適法性に関し保証するよう求めても、私の意見では、銀行は道理上指図に述べられた第三者に対し (*via-à-vis*) 責任があると考えることはできない。マネー・ロンダリング反対論争は、銀行が取引を適法と違法に分けることが不可能であることを証明している。他の問題は、顧客がデータ保護立法のすべての管理要件を満たすことができるかどうかである。私は、顧客ができるとは考えない。そうするとその後のすべての処理は原則として契約違反であろう！

さらに、支払システムの日々の実務において、他の実際的問題が生じうる。世界には数千という銀行がある。国境を越えた支払が執行される場合、仕向銀行はしばしばどのようなその後の銀行が支払指図の執行に係わるのか知らない。1つのことが絶対的に確実である。即ち、世界のどの銀行も世界の他のすべての銀行と契約関係に有していない[74]。このことからモデル規則は、支払指図の執行の小さな規模の適用には適しているが、世界的適用には適当でないことになる。

このことはモデル規則が役割を演じることができないということを意味するであろうか。私はそれにつき悲観的でない。私は、電子データ交換の領域におけるICCの現在の計画を言及する。作業当事者は目下データ交換に関する一連の「条件 (terms)」を確立する可能性を研究している。実際上書面契約を締結することができない取引当事者は、そのような「条件」に附合するよう勧誘される。これらの「条件」は、一定の期間が経過すると、明確には附合されていない場合でさえ、裁判所によって認められた基準になるかもしれない。そのような条件の内容は、モデル規則の現在の条文によって影響されるかもしれない。

他の可能性は、当該規則が、支払システム領域における世界的な行為準則に含まれることである。現在のフレームワーク指令案 (proposal for a framework Directive) は、EC範囲の行為準則の概念を認めている。多分これは、OECD、

第6章 支払システム、データ保護及び国境を越えたデータのフロー

ICC 又は UNCITRAL のための新しい計画でありうる。

Ⅶ ダイレクト・マーケティング

（1） 概　　説

別の問題は、ダイレクト・マーケティング目的のための支払取引データの使用の問題である。銀行によるダイレクト・マーケティングは、指令案7条で多分許される。支払指図の執行との関連で銀行により記録されたデータがこれらの目的のために使用できる範囲の問題が生じる。この問題に答えるためには、今一度、支払指図の関係で且つデータに対応の記録に基づいて銀行が果たす様々の活動に基づいて区別をすることが必要である。この問題に対するアプローチは、以下で、データの範疇とそのデータの記録に従った区別に基づいて与えられる。

（2） 分　　割

私の見解では、支払指図は3つの要素に分けることができる。これらは、以下のものである。即ち、（ⅱ）ルーチン・データ（routing data）と（ⅲ）固有のメッセージを含む、（ⅰ）指図データ（order data）。指図データは、銀行が特定額を特定の受取人に移動しなければならないということである。ルーチン・データは、少なくとも名前と口座番号を含む。メッセージは、振込依頼人から受取人への通知である。通知はしばしば支払理由であろうが、原則としてその他の認識可能な題目に関係することができる[75]。

（3） 分割の効果

銀行はメッセージとの関係で消極的なキャリア機能を有する。振込依頼人は、私の意見では、管理人とみなされるべきである。銀行はキャリアである。銀行は、ルーチン・データを含む、指図データに関し固有の利益を有している。銀行は、様々の管理部で指図データを所有し、これらのデータに対して支配を有している。従って銀行は管理人とみなされるべきである。

ルーチン・データを含む指図データが振込依頼人の個人データ・ファイルに由来する限り、個人データは、顧客から銀行に開示されるということができ、その時に銀行は管理人になる。

第6章 支払システム、データ保護及び国境を越えたデータのフロー

(4) データの2次的使用

(a) 概　説　銀行が支払取引から取得したデータにつきどんな内部的使用を行うことができるか決定することが、今や可能である。このことは特に、どのような銀行マーケティング活動が許されるかに関係する。

(b) 狭義のメッセージの使用　メッセージは振込依頼人から受取人への機密の通知として役に立つので、そのようなメッセージの内容を、私の見解では、銀行は自己の内部目的に利用することはできない。そのような使用は、一般銀行業条件（General Banking Conditions）で一般的に履行されるような指令案6条1項（b）[76)(77)] が定める注意義務（duty of care）と合わない。加えて、指令案17条の下での振込依頼人のセキュリティ義務は、銀行が振込依頼人をその義務を履行しない立場に置くことにより違法に行為することになる、ということを意味している。

(c) 補助的データの使用　収集目的が復元である場合には、二次的使用は許さないという結果になる。銀行が二次的目的のためにそのような収集を利用する場合には、収集は今一度再びデータ保護法の規定の全部に従うであろう。

(d) 管理的データ(administrative data)の使用　銀行の正規の管理システムのデータを利用できるユーザは、主に当該システムの目的によって決められる。指令案7条の下では、銀行の支配的利益がなければならない。指令案6条1項（b）は、関連データにつき銀行がどのような使用をなし得るかを示している。両立可能な使用でなければならない[78]。

この関係で比較的明らかな参考点は、顧客と銀行の間の関係に適用できる一般的銀行業条件である。不幸にも、ダイレクト・マーケティングの承認性につき社会的コンセンサスがないので、そのような条件での適法性についての所説を、普遍的に適用できる方法でマーケテングの関係で解釈するのは困難である。ある者は商業アプローチを嫌い、そして他の者は気にかけない[79]。

(e) 振込依頼人に関するデータの内部的使用　ルーチン・データを含む支払指図データの使用が、何時特定の目的と両立していると言いうるかという問題が生じる。契約で銀行により記録されたデータが上述の制限に従ったマーケティング目的のために使用されうることが仮定されるなら、同じことは、支払指図データについても真実であるように私には思われる。これらは、また本

161

第6章 支払システム、データ保護及び国境を越えたデータのフロー

質的に当座勘定契約の延長である個別（伝達）契約に関するデータである。使用されうる他の基準は、支払取引データの使用に関する欧州議会の勧告である[80]。

（f）ルーチン・データの内部的使用　ルーチン・データの関連で生じる困難は、それが同時に振込依頼人と受取人に関係していることである。今一度再び、従って「2頭」データの問題が生じる。ルーチン・データが直接受取人の関係で使用されないなら、それらは、私の考えでは個人データとみなされるべきではない。受取人は指令案の保護を請求することができないという結果になる[81]。従って今一度、振込依頼人と受取人の間の関係に関するデータ使用の基準は、それがデータ処理目的と両立できるということである。この問題に関する限り、法はまだ未発達状態である。利用できる判例法は多くない。私の見解では、使用は、そうしないための理由がなければ、原則として許されるべきである。そのような理由は、振込依頼人と受取人の間の関係の性質、受取人の範疇、マーケティング・キャンペンの性質又は振込依頼人若しくは受取人が明瞭にそのような使用を認めないことを示した事実にある[82]。

ルーチン・データが自動化された手段によりユーザのプロファイルを用意するために使用される場合には、このことは、それでもなお指令案の規定の違反となる。プロファイルは、不正確で、従って完全な、正しい及び最新のデータを記録する義務と相容れない。加えて、そのような分析はメッセージの見せかけの分析に当たるかどうか、どのような場合に、データの収集及び記録が違法とみなされなければならないかという問題が生じる。指令案の見地から異議がなくても、このことはそのような使用が賢明であるということをやはり意味しない。受取人が銀行の行為の結果として損害を被る場合には、そのような使用を停止させるため、民法典の規定を使用して、被った損害の賠償を請求することさえできる。

（g）結　論　マーケテイング活動が許されるどうか決定することは、指令案が支払取引環境における記録の異なる範疇の間で区別をしていないという事実によりわずかに妨げられている。このことは、一貫したモデルを確立することが事実上不可能であることを意味する。

第6章 支払システム、データ保護及び国境を越えたデータのフロー

Ⅷ ⅡからⅦまでの結論

　支払指図の処理は、色々な付属的データ収集に帰着する[83]。たくさんの当事者がこの処理に関わり合う。指令案の定義は、一般に EDI の実務と特に支払取引に十分には合っているとはいえない[84]。一次的活動と付属的活動が同じ資格で置かれ、無関係な活動が指令案によりカバーされ、メッセージとキャリアの定義がなく、キャリアがメッセージの管理人として扱われているからである。選ばれた定義は技術に非常に依存している。1981年協定108号のバッチ指向の概念を1995年の取引ベースの処理に適用することに、余りに多くの努力が捧げられているからである。情報は手続規則で捉えることができない。現在の形式の指令案は、国レベルの多くの逸脱がある場合にのみ機能することができる。それ故、銀行業部門に対する監督は徐々に銀行取締者からデータ処理当局に移り、同時にデータ保護当局が徐々に企ての後釜に座ろうとしている[85][86]。

Ⅸ 指令のために勧告されるシステム

　上述のことに照らして、私は、支払取引の実際的諸局面をもっと公正に取り扱うであろうモデルのための幾つかの短い具申を述べたい。このモデルは、一般に EDI の原則と特に支払取引を適当な方法で組み入れようとする指令案に対する様々の改正の策定のための出発点でありうる。支払システム領域における部門別アプローチのための必要性はない。あらゆる産業部門における全 EDI の応用は、同じ一貫した一連の定義を必要としている。

（1）定　　義
個人データ
　生きている個人のプライバシーの保護ために法的に重要である限りその個人に関するデータ

第6章 支払システム、データ保護及び国境を越えたデータのフロー

補助データ
a．もっぱら現在使用中の個人データの技術的処理、使用又は開示を容易にするために創造されるデータ
b．もっぱら処理、使用又は開示の復元目的のために創造されるか又は保管されているデータ（例はバックアップ・データ、証拠目的のために保管されているデータ及び税規制に従うために保管されているデータ）

バーチャル・データ
時々現在のデータは、使用目的がないために削除される。補助データより最初のデータを復元することが可能であるなら、削除されたデータはバーチャル・データの構成要素となる。補助データを回復させることによりバーチャル・データを復元する決定が行われると、復元されたデータに関するあらゆる法的強制が能動化する。

管理人
管理人は、データの目的は何か、個人データにつきどのような範疇が用意されるか、管理人の組織内で個人データにつきどのような使用がなされるか及びその組織外のどのような第3当事者にデータが開示されるを決定する。

組　織
管理人の組織は、支配会社に子会社と支配会社の事実上の支配下にあるその他の法人を加えたものから構成される。

使　用
個人関連の管理人による管理人の組織の内部的（適法な）目的（例えば当座勘定の維持及び顧客の変更）のための個人データの使用；使用は開示または技術的処理を含まない。

開　示
開示は特定の且つ別個のタイプの使用である。それは、管理人の組織外の第三者に個人データに対する支配を許すことを意味する（例えば第三者に対する顧客に関する財務情報の提供）；開示はデータに対する第三者の支配の時に決定的である；開示は第三者が受け取ったデータを使用又は開示することを可能にする；開示は、データが伝達される方法と無関係である。

第6章　支払システム、データ保護及び国境を越えたデータのフロー

注：個人による又は個人に対する開示は法的関連開示を構成しない；処理者に対する開示は法的関連開示を構成しない。

技術的処理

技術的処理は、データの記録、保管又は結合、それらの変更、伝達及びその他の操作を意味する；処理は、それ自体個人にインパクトを有しないデータの使用又は開示をもっぱら支持する事実によって特徴付けられる。処理は一種のブラック・ボックスと考えることができる。

伝　達

A地点からB地点へのデータの移動；これはデータを組織の他の部門にもたらすか又は管理人の組織外の目的地に（手紙で又は電子的に）情報をもたらす、管理人のコンピュータ・システム内の移動である。

処理者

処理者（サービス部）は管理人のためにデータを処理する。特定の個人に関するただ当該個人のための個人データの技術的処理は法的に重要な処理を構成しない。

キャリア（carrier）

キャリアは、それ自体キャリアに意味がない情報の伝達に責任を負う。

メッセージ

メッセージは伝達される情報である。そのような伝達が第三者（キャリア）によって行われると、そのような情報の伝達は常にメッセージの創作者の責任の下に行われるであろう。伝送者は特別タイプの処理者（キャリア）である。しかしメッセージが創作者とキャリア（仲介者）の間の関係に影響を及ぼす情報を含んでいるなら、キャリア（仲介者）は、情報のその部分の管理人になりうる。

（2）原　　則

「個人データ」の「使用」、「開示」及び「技術的処理」とで区別がなされなければならない。

準拠法：各「使用」又は「開示」については、そのような「使用」又は「開示」が行われるEC加盟国の法が適用される（属地主義）。

第6章　支払システム、データ保護及び国境を越えたデータのフロー

「使用」及び「開示」は、ただそのような「使用」又は「開示」が適法である場合にのみ許される。

「使用」及び「開示」は、特定のデータ主体に関連して行われる限りでのみ、考慮される。

「使用」は、法定の目的と一致する場合は適法である。

「開示」は、それが法定の目的から生じ、法律により要求され又はデータ主体の同意により行われる場合には適法である。

「技術的処理」は、特定の「使用」又は「開示」に付帯する場合にのみ許される。

(3)　EC のデータフロー

EC 内の「開示」は適法であれば常に許される。開示された情報は受入 EC 加盟国の法の適用を受ける。

「使用」又は他の EC 加盟国への「開示」に付帯する「技術的処理」の「下請負」の場合には、下請組織はデータ主体に対して (vis-à-vis) 責任を負う。

(4)　EC 外のデータフロー

EC 外の開示は、そのような「開示」が適法で且つ受入組織が保護の十分なレベルを保証するなら、許される。

受入非 EC 国における保護レベルは、輸出する加盟国が当該国をブラック・リストに記入してなければ、十分であるとみなされる。ブラック・リストに記入されている場合には、受入側が契約上の保証を用意することが要求される。

「使用」又は非 EC 国への「開示」に付帯する「技術的処理」の「下請負」は、「使用」又は「開示」が許されるなら、常に許される。下請組織はデータ主体に対して (vis-à-vis) 責任を負う。

非 EC 国が EC 市民に関する個人データを「使用」又は「開示」する場合には、EC 加盟国の国内法が適用される。従って EC 国処理者による下請けされた（非 EC 組織のための収集のような）「技術的処理」は、その目的（例えば収集と伝達）のために処理が行われる「使用」又は「開示」が、EC 準拠法と一致しなければ、違法である。

第6章　支払システム、データ保護及び国境を越えたデータのフロー

個人データ[87]

データ	処　理	使　用	開　示
現在のデータ	収集 保管 操作 伝達 消去	意図した目的のための使用	ユーザの権利の第三者への譲渡 原文又はコピー
補助的データ 処理の一部	保管、 操作、 伝達等の関連での一時的データ	使用の関連での一時的データ（コピー） 内部的メッセージ	移動の関連での一時的データ（コピー） メッセージ
補助的データ 復元目的のための	処理の復元目的のための一時的データ（バック・アップ）	使用の証拠または記録の法定義務順守のための一時的データ	第三者への移動の復元またはデータ記録の法定義務順守のための一時的データ

X　付　　録 —— モデル契約

　　Transnational Data and Communications Report Volume （January/February 1993) 9頁に公表された、Consultative Committee of the convention for the protection of individuals with regard to automatic processing of personal data (ET 108) の1992年11月2日の「説明的覚書とともに、国境を越えたデータフローの面で同等のデータ保護を確保するためのモデル契約 (Model contract to ensure equivalent data protection in the context of transborder data flows with explanatory memorandum)」

第6章 支払システム、データ保護及び国境を越えたデータのフロー

前　文
ライセンサーとライセンシーは……額を支払って個人データを使用する権利を与えるラインセンスにつき同意する。当事者間の契約は以下の条件で規律されなければならない。

第1条　ライセンサーの義務
ライセンサーは、ライセンシーに、データが適法にライセンシーに移動されること及び以下のことを説明し且つ保証する。データーが、国内法に従って、
  a．公平且つ適法に取得され且つ処理されたこと
  b．特定の且つ合法な目的のために保管され、これらの目的と両立しない方法で使用されないこと
  c．データがライセンスされる目的との関連で適当で、関連し且つ行き過ぎでないこと
  d．正確で且つ最新のものであること
  e．……の期間の間保管されることが授権されていること

第2条　ライセンシーの義務
1. ライセンシーは、データを使用する際にライセンシーとして、説明された原則及びライセンサーの被保証人をすべての点で遵守し、また契約と一致していないデータの処理又は使用を禁止することを説明し且つ保証する。この目的のために、ライセンシーは、債務の次の網羅的ではないリストを遵守することを特に約束する。
    a．ライセンシーは、他の目的を除外して、次の目的のためにデータを使用する。即ち（当該目的は表に記載される）
    b．ライセンシーは、処理がライセンサーの国内法の下に適用されるような保証により規律されていない場合には、人種的素性、政治的意見又は宗教的若しくはその他の信仰を示す個人データ及び健康、性生活又は刑事有罪の決定に関する個人データを処理することを差し控えるべきである。
    c．ライセンシーは、もっぱら自己の使用のためにデータを使用すべきで、手数料がなかろうと、支払の代わりであれ、述べられるべき国内法上義務があるときを除き、データを他の法人又は自然人に通知すべきではない。

第6章　支払システム、データ保護及び国境を越えたデータのフロー

　　d．ライセンシーは、ライセンサーからその趣旨の指示を受け取ると直ちにデータを改訂し、削除し及び最新のものにしなければならない。；ライセンシーは特に、そのような処置がライセンサーの国の法により要求されているか又はライセンサーの国で生じる新しい事情に基づいているように思われる場合には、データの全部又は一部を訂正し、完全にし又は削除することに同意する；ライセンサーは、法的告示がライセンサーの国で公表されると直ちに、ライセンシーに事情を通知し且つ弁明しなければならない。
2．ライセンシーは、ライセンサーの国内法の下で有するのと同じ方法でデータ主体がそのデータにアクセスし、訂正し、消去する権利を有することを確保することに同意する。
3．ライセンシーが、データ主体がアクセス権を行使することを許すことを拒否するか、又はデータ主体によって要求された訂正若しくは抹消を拒否する場合には、ライセンサーは、
―5条で定められているような条件で且つ結果と共に、契約を単に終了するか、
―又は、4条で定められた仲裁人の指名のための手続を採らなければならない。

第3条　責任と損害填補

　ライセンシーは、ライセンサーにより移動されたデータにつき行われる使用につき責任を負う。
　ライセンシーは、契約上の義務の違反又は契約の履行に結び付いた過失（fault）若しくは明白な不法行為（manifest negligence）につきライセンサーに損害を賠償する責任を負う。

第4条　モデルICC仲裁規定

　本契約と関連して生じるあらゆる紛争は、国際商業会議所調停仲裁規則（Rules of Concilation and Arbitartion of the International Chamber of Commerce）に従って任命される1人又はそれ以上の仲裁人により同規則の下で最終的に解決されなければならない。

第6章 支払システム、データ保護及び国境を越えたデータのフロー

第5条 契約の終了

ライセンシーが契約の履行において悪意を示すか又は特に仲裁人の決定を尊重することを拒否するなら、ライセンサーは、配達証明書留郵便又はその他の同等の手段で、損害及び利息に対する請求権を害することなく、契約を終了させる権利を保有する。契約の終了により、ライセンシーはデータを破壊し、その旨をライセンサーに通知しなければならない。前の条項を遵守しない場合には、ライセンシーはライセンサーに……額を支払う責任を負う。

(1) Amended proposal for a Council Dir. on the Protection of Individuals with regard to the Processing of Personal Data and the Free Movement of such Data (COM(92) 422 final-SYN 287), [1992] O.J. C311/30.

(2) Proposal for a Council Dir. concerning the Protection of Personal Data and Privacy in the context of Public Digital Telecommunications Networks、特に Integrated Services Digital Network(ISDN)と Public Mobile Networks(COM(90) 314 final—SYN 288), [1990] O.J. C277/12における同一の区別参照。

(3) Convention of 28 January 1981 for the Protection of Individuals with Regard to Automatic Processing of Personal Data (1981 no. 108).

(4) Jon Bing, *Commercialisation of Government Information and Data Protection, paper*, Symposium KUB, 23 September 1993, Commercialisation of Government Information, pp. 1-3.

(5) 連合王国データ保護法（Data Protection Act)は間接的にデータ主体関連による処理を考慮に入れることによってのみ区別を行っている（s.1(7), DPA1984)。

(6) フランスの例については、Délibération 80-34 du 21 Octobre 1980 relative au traitement automatisé de la comptabilité générale(Derogation under French Data Protection Act 1978)参照。J. Dumortie, "Data Protection and EDI" in *EDI in Belgium* (ed. S.H. Katus), ICRI/die Keure Brugge, 1993, p. 208. また Chalton, Gaskill and Sterling (eds.), *Encyclopedia of Data Protection*, London, Sweet and Maxwell, 1988, pp. 1057-1058参照。

(7) Rob van Esch, "Interchange Agreements" (1994)1 EDI Law Review 32.

(8) 例えば1984年連合王国データ保護法34条4項（他のデータが失われ、破壊され又は損なわれる場合に、それに代わる目的のためにのみ保管されるデータを、データ主体のアクセス権に関する規定から、免除している）。

(9) ドイツのデータ保護法（Gesetz zur Fortentwicklung der Datenverarbeitung und des Datenschutzes) 1条3項（1）（一時的に処理目的のためにのみセット・アップさ

第6章 支払システム、データ保護及び国境を越えたデータのフロー

れ、処理後に自動的に削除されるファイルは、ただ信頼と技術的セキュリティの規定にのみ服すると規定している)、19条2項および34条4項(データがもっぱら削除を予防する法的、制定法的又は契約的規定に従う目的にために保管されている場合又はもっぱらデータ・セキュリティ若しくはデータ保護の目的のために記録されている場合には、データ主体が個人的データを知らされることを要求する規定からの免除を規定している)。

(10) オランダ議会上院回答準備忘録では、バックアップ・ファイル及びデータ処理それ自体の過程を支持し及び/又は保護することを目的とするその他のファイルは、法の範囲から排除されると述べられている。

(11) 1987年アイルランド・データ保護法5条1項(i) (バック・アップ・データに関する)。

(12) 時々この目的のためにデータを保持し、かつ使用する法的義務がある。ECマネー・ロンダリング指令は一つの例である。この義務はまた警察当局にデータを開示する次なる義務に導く。

(13) この区別は Computer Bureau (処理者) の概念の導入によって暗黙に承認されている。1984年連合王国データ保護法1条5項及び6項参照。1989年オランダ・データ保護法1条も参照。指令案2条(e)及び24条は明確ではない。

(14) データ管理人と処理者の間の境界線についての *Data Protection Registrar* v. *Griffin*, Q.B.D., 22 February 1993を比較せよ。

(15) メッセージについて、テレコミュニケーション立法における一般的秘密義務を適用することがよりよいであろう。また the proposed EC ISDN Data Protection Dir. [1990] O.J. C277/12参照。

(16) 他の国では、グループ内の各法人は、同じグループ内の他の法人との関係で当然第三者である。例えばドイツ。

(17) Commission working document "Easier Cross-border Payments: Breaking Down the Barriers" (SEC(92)621 of 25 March 1992), point 59, p. 12.

(18) Commission working document "Easier Cross-border Payments: Breaking Down the Barriers." (SEC(92)621 of 25 March 1992), point 80, p. 16

(19) Amended proposal for a Council Dir. on the Protection of Individuals with regard to the Processing of Personal Data and on the Free Movement of such Data (COM (92) 422 final—SYN 287) [1992] O.J. C 311/30.

(20) 詳しくは Berkvens/Schauss, "The amended proposal for an EC directive on data protection", *Butterworth Journal of International Banking and Financial Law*, February 1993.

(21) 欧州議会は最初の提案の定義を改善しなかった。EC Commission Proposals on

171

第6章 支払システム、データ保護及び国境を越えたデータのフロー

Data Protection: Continuing Threat to Financial Transactions, (1992) 8 *Computer Law Practice* (Berkvens/Schauss) pp. 98-104.

(22) 指令案の下では、吠える犬はまだ噛まないが、その所有者についての個人データを開示すると考えられている。

(23) 「個人データ」とは、確認される又は確認可能な自然人(「データ主体」)に関する情報を意味する。確認可能な人とは、直接又は間接に、特に身分証明書番号又はこの肉体的、生理学的、精神的、経済的、文化的若しくは社会的身分に特有な1つ以上の要素を引き合いに出すことによって確認できる人である。

関係者がもはや合理的に確認されえないようなタイプの統計的手段によって集められたデータは、個人データと考えられない。

(24) 追跡可能性という用語の広い解釈の観点からは、コンピュータの助けで判読されうる電信暗号に直されたメッセージも点検されることが許されなければならない個人データを構成するかどうかの問題が生じる!

(25) 「管理人」とは、個人データを所有するか又はそれが処理されることを引き起こし且つ処理の目的と方針が何か、どの個人データが処理されるか、それらにつきいかなる操作が実行され、いかなる第三者がそれらにアクセスするかを決定する自然人又は法人、公的当局、エイジェンシー又はその他の団体を意味する。

(26) 「第三者(third party)」とは、データ主体、管理人及び管理人の直接的権限の下に又は管理人のためにデータを所有することを授権された人以外の自然人又は法人を意味する。

(27) 指令案のテキストの注解はそれ自身混乱を引き起こしている。注釈は「他の組織のために働く者は、それが同じグループ又は持株会社に属していても、一般的には第三者であろう。他方、本社の直接的権限の下に顧客の口座を処理する銀行の支店は第三者ではないであろう。同じ事は保険会社の従業員にも適用される。他方、保険ブローカーの場合には、立場はケース・バイ・ケースで変わりうる」と述べている。

(28) 「処理者」とは、管理人のために個人データを処理する自然人又は法人を意味する。

(29) 「個人データの処理」(「処理」)とは、自動的手段によるか否かにかかわらず、個人データについて行われる収集、記録、系統化(organisation)、保管、適応又は変更、検索(retrieval)、相談、使用、伝達による開示、散布又はその他の利用、比較(comparison)又は結合、削除(suppression)、消去(erasure)又は破壊のような、操作又は一連の操作を意味している。

(30) データの収集は第1次的処理活動と考えられうるけれども、最後にそれはデータ主体に関連した使用に付帯する。収集が第三者によって行われても、それが事実である。

(31) J. Berkvens/M.Schauss, "Data protection initiative" [1992] *International Financial Law Review*, June, pp. 12-13.

第6章 支払システム、データ保護及び国境を越えたデータのフロー

(32) ここではコピーは単に開示行為の補助である。
(33) ドイツ・データ保護法1条(3)(1)と比較せよ。
(34) オランダ司法大臣は1993年10月27日の下院会議で、現在の提案は「非常識」であることで下院と意見が一致していることを確認した。News Ware International Edition, Amsterdam, Volume 3, Number 5, October 1993, p.3参照。
(35) このことは国の立法の相違に導き、競争の歪曲を引き起こし、ECの調和化の目標を妨げうる。
(36) ワード処理についての連合王国の1条8項の免除を比較せよ。
(37) 注6参照。
(38) 加盟国は、自動的手段による個人データの全部又は一部の処理と、ファイルの一部を形成するか又はファイルの一部を形成することが意図されている個人データの自動的手段以外の処理に、指令を適用しなければならない
(39) 注36参照。
(40) 加盟国は、次の場合にのみ、個人データは処理されうると規定しなければならない。
　（a）データ主体が同意し、
　（b）処理がデータ主体との契約の履行のため、又はデータ主体の請求で契約に入るための予備的手段を講じるために必要である、又は、
　（c）処理が法又は共同体の法により課された義務に応じるために必要である、又は、
　（d）処理がデータ主体の極めて重要な利益を保護するために必要である、又は、
　（e）処理が、公益の職務又はデータ管理人若しくはデータが開示される第三者に与えられた公的権限の行使において実行される職務の履行のために必要であるか、又は、
　（f）データ主体の利益が勝っている場合を除き、処理が一般利益又はデータ管理人若しくはデータが開示される第三者の合法的利益の追及において必要である場合。
(41) 反対の18条1項参照。
(42) 銀行にとってのこの悪夢については *McConville and Others* v. *Barclays Bank and Others,* Q.B.D., June 1993. para. 20では幾人かの顧客は、申し立てられた錯覚の撤回の場合にデータの不正確性のために受けた損害と心痛に対し1984年の連合王国データ保護法22条に基づき賠償を請求することを考えている。
(43) *Tätigkeitsbericht des Bundesbeauftragten für den Datenschutz*, 27 April 1993, para. 20.2.2(p.116)参照。Dutch Banks Arbitration Institute, No. 9264 : balance check by bank employee in normal cource of business in conflict with Dutch Data Protection Act 1989も参照。
(44) 興味深い問題は電子計算機化されたプロファイルに基づいて決定することの禁止である（指令案16条）。指令案の説明的覚書によると、顧客がその信用限度を超えるために顧客に金銭を供給することを現金自動支払機が拒否することは、拒否がプロファイルに

第 6 章　支払システム、データ保護及び国境を越えたデータのフロー

　　基づいていないので、16条には入らない。またコンピュータにより選択された人のリストに商事パンフレットを送る決定も、説明的覚書によると、反対の決定を構成しない。しかし現金自動支払機が、取引が異常な時間と場所で行われていることを理由に金銭を拒否する場合には、16条がおそらく適用される。そのときには、13条5項に基づいて、カードスキームは、適用された理由につきデータ主体に知らせる、その結果として、そのセキュリティ・システムの一部を明らかにする義務を負う。14条の免除は、13条5項の情報の準備には適用されない。

(45)　この表現は、指令の最初の提案8条1項(a)で使用された。
(46)　この点で、契約上のデータは事実上両当事者の個人データであることを忘れるべきでない。このことは、当事者の一方が銀行で、他方は私的個人であるという事実によって変更されない。当座勘定の残高は、個人と同じく銀行の権利と義務を意味する。
(47)　連合王国の立法は、この点で1989年オランダ・データ保護法よりもっと制限的である。
(48)　Proposal for a Council Dir. concernig the Protection of Individuals in relation to the Processing of Personal Data (COM (90) 314 final—SYN 287) [1990] O.J. C277/3.
(49)　処理は、明らかにプライバシー又は基本的自由の侵害がない事情において行われる。
(50)　有罪決定に関するデータはただ裁判所と法執行当局及び直接これらの有罪決定に関係する者又はそれらの代理人により保有されうる。加盟国は、適当なセーフガードを指定する法規定により例外を定めることができる。
(51)　より明瞭な境界を定めている "The Introduction and Use of Personal Identification Numbers: the Data Protection Issues", Committee of Experts on Data Protection, Council of Europe Press, 1991と比較せよ。
(52)　現代のデータ処理技術を使用して、国民背番号（例えば社会保障番号）から得ることができるとのと同じ結果を特定の（正確な）データの集合から得ることができる。従って、国民背番号の使用を特別条件に服させることが有意義かどうかは、疑がわしい。
(53)　A.C.M. Nugter, *Transborder Flow of Personal Data within the EC*, Kluwer 1990 (dissertation), p. 433に従った必要な解決。
(54)　加盟国は、1項で与えられた保護に関係するという理由で加盟国間の個人データの自由な流れを制限も、禁止もすべきではない。
(55)　注64参照。
(56)　例えば最初のオーストラリア・データ保護法は、国外への個人データのあらゆる移転につき許可を要求している。
(57)　Irini Vassilaki, "Transborder flow of personal data, an empirical survey of cases concerning the transborder flow of personal data" (1993) 9 *Computer Law and Security Report*.
(58)　問題1は1984年連合王国データ保護法の制定前に連合王国とフランスの間のデータ交

第6章 支払システム、データ保護及び国境を越えたデータのフロー

換に関係した。問題は NIL により起こされ、十分なセキュリティ保証協定により解決された。第2の問題はオーストラリアからスファ（Schufa）への信用情報の個別移動に関した。第3の問題は、（再び）オーストラリア・データ保護法の下での SWIFT の地位に関した。

(59) 例えば有名な FIAT 事件。本件では、フランスの CNIL が、イタリアへデータが伝達されることを承認する前に特別の措置を要求した。

(60) Boswinkel, "De privacy-richtlijin begrensd" (1993) 7/8 SEW571-577参照。

(61) 「1項　各加盟国は本指令を次の個人データのあらゆる処理に適用する：
（a）その管理人が、領土内に設立されているか又はその管轄権内にいる；
（b）その管理人は共同体の領土で設立されていないが、個人データを処理する目的のために、その加盟国の領土に設置された、自動的であれなかれ、手段を使用する。
2項　1項(b)で述べられた事情においては、管理人はその加盟国の領土内で設立された代理人を指名しなければならない。その者は、データ管理人の権利及び義務を代替しなければならない。」

(62) 「1項　管理人は、処理がその者のために行われる場合には、必要なセキュリティと組織的措置が採られることを確保し、この点で十分な保証を提供する処理者を選択しなければならない、と加盟国は、法律で、規定しなければならない。
2項　処理者は、ただ管理人との契約で定められているように個人データの処理を行い、かつ管理人からのみ指示を受けなければならない。処理者は、本指令に従って採択された国内規定に従わなければならない。
3項　契約は、書面で行われ、且つ、特に、処理される個人データは管理人の同意がある場合に限り、処理者又はその従業員により第三者に開示されうる、と述べなければならない。」

(63) 「1．加盟国は、法律で、処理を受ける又は処理目的で収集された個人データの第三国への移動は、当該第三国が保護の十分なレベルを確保している場合にのみ行われることができると規定しなければならない。
　前項にもかかわらず、加盟国は、保護の十分なレベルを確保していない第三国への移動は、次の条件で行われうる、と規定しなければならない。
　―適当な場合には、8条2項に従って、データ主体が契約締結の準備をするために提案された移動に同意したか、又は、
　―データ主体が、保護の十分なレベルを確保していない第三国へデータを移動することが提案されている又はされるであろう事実を知らされるという条件で、移動が、データ主体と本人の間の契約の履行のために必要である、又は、
　―移動が重要な公益の諸理由に基づいて必要である、又は、
　―移動が、データ主体の極めて重大な利益を保護するために必要である。」

第6章 支払システム、データ保護及び国境を越えたデータのフロー

(64) 協定第108号第12条(個人データの越境フローと国内法)と比較せよ。
「1. 次の規定は、メィデアが何であれ、自動的処理を受ける又は自動的に処理される目的で収集された個人データの国境を越えた移動に適用されるべきである。
2. 締約国は、プライバシー保護の目的でのみ、個人データの他の当事国の領土への国境を越えた流れを禁止し又は特別の授権に服させるべきではない。
3. しかし、各締約国は、次の場合には、2項の規定からの逸脱する資格がなければならない。
　a．相手国の規制が同等の保護を規定している場合を除き、その立法が、データ又はファイルの性質のために、個人データ又は自動化された個人データファイルの一定の範疇についての特別規制を含んでいる限り。
　b．移動が本項の初めに述べた締約国の立法の迂回になるのを避けるために、その領土から相手国の領土を介して非条約締結国の領土への移動が行われるとき。」

(65) 4条は非EC居住者を含むように思われる。このことは、彼らが受取人であるなら、驚きである。

(66) そのときにはやはりECのデータ管理人による非EC銀行への支払指図の引渡と指図の収集の問題を我々は有する。

(67) ローマ。1950年11月4日。

(68) 事実、指令案3条の隠れた意図との衝突も生じる。3条は指令案の範囲から私人間の支払を免除している。銀行がこれらの私人のためにメッセージを移動するときには、そのような移動も指令案の範囲外でなければならない。

(69) このアプローチは既に1981年にMichael Epperson, (1981) *22 Harvard Int. L.J.* 157-175で示唆された。

(70) すべての法システムの下で非常に有効であるとはいかないが。B.W. Napier, *Contractual Solutions to the problem of equivalent data protection in transborder data flows*, paper presented at the Luxembourg Symposium 27-28 March 1990と比較せよ。

(71) 26条1項2文に従って、データ管理人が、特に、データ主体の権利の有効な行使を保証する適当な契約規定の形式で十分な正当性を挙げる場合には、十分な保護レベルを確保していない第三国への個人データの移動又は移動の範疇を、加盟国は許可することができる。

(72) 付録参照。

(73) EC委員会は、十分な保護レベルを欠く非EC諸国へのデータ輸出を明白に強く管理することを望んでいる。Eugen Ehmann, *Vertragslösungen auf der Basis der EG Datenschutzrichtlinie*, CR 4/1994, p. 236.

(74) 類似の問題は、コルレス銀行の世界的連鎖を通した支払指図の執行に対する民事責任の関係で存在している。UNCITRALモデル法は、振込依頼人と連鎖のその後の部分

第6章　支払システム、データ保護及び国境を越えたデータのフロー

の間の契約の存在を要求していない。単にそれは、仕向銀行を支払指図の正確な執行に対し責任あるとしている。

(75)　振込依頼人は受取人に郵便で通信を別に送ることもできる。
(76)　6条1項「加盟国は、法律で、個人データは以下のようでなければならないと規定しなければならない。
　　（a）公平且つ適法に処理される；
　　（b）指定された、明白且つ適法な目的のために収集され、これらの目的と両立する方法で使用される；
　　（c）処理される目的との関係で、十分で、関係があり且つ余計でない；
　　（d）正確で、必要な場合には、最新のものに保たれる；収集された目的に関連する、不正確な又は不完全なデータは消去されるか又は正されることを確保するためのあらゆる処置がとられなければならない；
　　（e）観察目的のため必要な限度でデータ主体の同一性を可能にする形態で保管される；加盟国は、歴史的、統計的又は科学的使用のために保管された個人データにつき適当なセーフガードを定めなければならない。」
(77)　例えばオランダ：銀行の注意義務：「顧客の指図を執行するとき及び顧客とのその他の契約を履行するとき、銀行は注意義務を払い、そしてそのように行うときには、その能力の及ぶ限り、顧客の利益を考慮しなければならない。顧客とのその他のあらゆる取引においてもまた、銀行は注意義務を払わなければならない。銀行は、上述の指図の執行における若しくは上述のその他の契約の利用における不行き届き又は顧客に対する他の義務の履行における不行き届きが銀行に帰す場合には、責任を負う。以下の条文のどれもこの原則に影響を及ぼすものと解釈されてはならない」
(78)　6条1項（b）参照。
(79)　1991年11月の UK code of practice to be observed by banks, building societies and card issuers when dealing with personal customers 第8条の解決と比較せよ。：
「8.0サービスのマーケティング
8.1銀行及び建設会社は、明示の合意がない場合には、同じグループの他の会社に対し顧客の名前及び住所を回さない。
8.2銀行及び建設会社は、新しい顧客に、口座開設の時に、マーケティング資料を受け取りたくないという指示を与える機会を与える。
8.3銀行及び建設会社は、顧客に、マーケティング資料を受け取りたくないという指示を与える権利を時折及び少なくとも3年に1度注意する。
8.4銀行及び建設会社はダイレクトメールを無差別に利用せず、特に、次の場合には、自制し、選択的である。
　　（a）顧客が未成年の場合、及び

177

第6章 支払システム、データ保護及び国境を越えたデータのフロー

  (b)マーケティング貸付と過振りのとき。」
(80) Rec. R(90) on the protection of personal data used for payment and other related operations. 次の条項は重要である。:
「3.1 支払手段の準備に関しては、個人データは、そのようなデータが、確認活動を含む、その使用と結び付いたサービスと同じように、支払手段を利用できるようにするために必要な限り、支払手段を準備する団体によりただ収集され、保管されなければならない。
3.5 操作が支払の手段につき行われるときには、この操作に関する個人データは、その使用と関連する国内法により定められたサービス及び義務の履行と同じように、操作の確認および証明のために必要な範囲でただ支払手段を準備する団体によりただ収集され、保管されなければならない。
4.2 個人が文書で完全に知らされ且つ個人がそれに反対しない場合には、支払手段を準備する団体は、原則3.1及び3.5で述べられた目的のために収集され且つ保管されているデータを、マーケティング及びそれに関するサービスの範囲を促進するために使用することができる。個人は、そのデータがマーケティング及びプロモーション目的で使用されることに反対する場合には、このことが個人に支払手段を準備する決定又は個人が既に発せられた支払手段を継続使用することを許す決定を害するものではないという事実を知らされなければならない。
4.3 個人による支払手段の様々な使用から生じる様々な個人データファイルの相互連結はただ原則4.1で述べられた目的又は個人が原則4.2に従って承諾したマーケティング及びサービスを利用できるようにするために支払手段を準備する団体によって行われることができる。
  国内法の別段の規定又は個人の明確な且つ知らせられた同意がなければ、この原則で述べられた以外の目的のための異なる個人データの相互連結は、許されるべきではない。
4.4 支払手段の使用がセンシティブ・データを起こす範囲で、そのようなデータはマーケティング、プロモーション又はその他の目的のために使用できない。」
(81) マーケティングの観点から銀行に対する「利益」を有する受取人の大多数は、そのような立法によってカバーされない企業であるから、データ保護立法により受取人に提供される保護は、事実上相対的に理論的な問題である。例外は、わずかで、銀行業又は保険業部門における仲介者として行為する一人企業である。
(82) 連合王国法の下では、そのような禁止は、データ主体がそのようにしないための理由がないということを証明できない場合には、EC不公正契約条件指令（EC Unfair Contract Terms Dir(Annex 1(g))からも生じる。
(83) 同じ問題は、コンピュータ・プログラムに関して生じる。Berkvens, "Data Regulation in Copyright Law" [1993] 3 EIPR 81/82.

第6章 支払システム、データ保護及び国境を越えたデータのフロー

(84) 欧州評議会自身は、EDI時代における主要フレームからの定義の有効性について、より楽天的である。COE report, "New technologies, a challenge to privacy protection?" p.41参照。
(85) 簡単な概観のためにJ. Berkvens/M. Schauss, "A new era of EC-data protection", Transnational Data and Communications Report, November/December 1992, pp. 43-45参照。
(86) ECのアプローチに比較して米国のアプローチはもっと自由で、事業利益にもっと注意を払っている。Reidenberg, "Rules of the road for global electronic highways: merging the trade and technical paradigms" (1993) *6 Harvard J. of L. and Technology*, 287-305.
(87) Berkvens, J. "Payment systems meet the EC-data protection initiative", *International Financial Law Review*, August 1991.

Jan M.A. Berkvens
Senior Executive, Rabobank, Legal and Tax Department, Utrecht, The Netherlands

第7章　電信移動法の逆ピラミッド*

> 我々の時代のほとんどのルールはうまく制定されていないので、終わりまで適合する手段としてその存在を正当化するとは考えられない。
>
> Benjamin N. Cardozo,
> *The Nature of the Judicial Process* 98 (1921)

I　序

　本章では、高度金融の世界において巨額の金銭がどのように移動するのか、またなぜ移動するかを扱う。本章は、これまで全く看過されていた、電信移動法と金融市場との関係に焦点をあてる。毎日2兆ドル―アメリカの国民総生産の半分―が電信で譲渡されている[1]。他の法はそれ程多くの金銭の移動に影響しないという意味で、電信移動法は独特である。体系的な思考がこの新しい法の集まりに全く与えられてこなかったことは注目される。電信移動に関する真の判例法は存在していない[2]。しかし2つの基本的問題に取り組まれなければならない。第1に、電信移動法はどのような目的にかなうのか。第2に、電信移動法は明瞭に表現された目的にかなうか、である。第1の問題は理論的および政策的であって、本章の中心である。第2の問題は、特定の電信移動ルールの批判的分析を伴い、論理的には第1の問題に応じた理論の展開に追随する[3]。

　本章は、現在の理論的空虚は、電信移動法と金融市場の間の関係を概念化する逆ピラミッドにより満たされるべきであることを主張する。誰も電信移動法は高度金融世界との関係の故に重要であるとは理解していなかったように思われる。この関係を探求し、それが起こす問題を考える潮時である。この法の重要性を理解する方法は、その法が影響する主要なグループ、本件ではウォール・ストリートおよび東京、ロンドン、シンガポール並びにその他の金融センターにおける抱負の高い金融プレーヤーの目を通してそれを見ることである。

　40以上の州が、その商法典の一部[4]に資金移動に関する新しい条文を採用した[5]。連邦準備制度は新しい資金移動規則を公布した[6]。ニューヨーク清算

所の Clearing House Interbank Payments System (CHIPS) は新しい資金移動ルールおよび管理手続を採用した[7]。そして国連は、国際振込に関するモデル法を公表した[8]。しかし単純な問題が残っている。即ち、何故にまた誰に対して資金移動法は重要なのか[9]。

　この問題は、資金移動法の主たる重要性は、それの金融市場活動との関係にあるということを理解することによって解決される[10]。従って本章の基礎をなす目的は、この関係を特定、定義し検証することが目立ってなされなかったことを指摘することである。狭くて技術的に見える制定法上の資金移動法の新しい集団は、重大なマクロ経済目的に役立つか、役立つべきである。即ち、国内金融市場および国際金融市場における成長と発展の支持である。当該金融市場は、(1) 外国為替[11]、(2) 短期金融市場証券[12]、(3) 会社の持分および債務証券[13]、(4) デリバティブ商品[14]、および (5) 銀行間貸借[15] のための市場である。これは規模の面から著しく重要な市場である。例えば、外国為替は、世界最大の金融市場である[16]。これらの市場は、また、重要な政策的意味を有している。例えば、銀行間貸借は、預金機関が、必要な連邦規則上の準備金要件に応じ、また、超過準備を解くことを許す[17]。特定の利害関係人は、これらの市場にいつも参加する、(1) 金融機関のトレーディング部門、と (2) 決済部門—主に商業銀行と投資銀行—、および、(3) これらの機関によって雇われた資金移動システムである。資金移動法は、これらの当事者の利益に応じる場合には、そのマクロ経済的目的によりよく役立つであろう。

　資金移動法と国際的および国内的金融市場の利益との関係をとり上げる際に、本章では資金移動法の目的に関する次の3つの択一的論拠を拒否している。即ち、法を私的契約のための安全性ネットと見るバックストップ論拠；法は好ましくないコモン・ロー発展に対する反応と救済手段であるという論拠；そして消費者の保護が法の基本目的であるという論拠。これらの論拠の各々は当然不完全で、そのどれもこれらの取引より生じる支払債務を決済するために金融市場取引と資金移動の使用の間の解けない関連を説明していない。

　今まで、資金移動法と金融市場の間の関係は、学問的注意を受けなかった。2つの平行した議論がある。1つの考え方は証券規制、銀行法、より少ない程度で商品法に焦点を合わせ、金融市場発展のためのこれらの法体制の重要性を探求する。このことは、反語的にこの種類に沿った著述の多くは銀行家およびエコノミストによるもので、法律家によるものではないが、これらの法の集ま

りは金融市場に対し明らかな関係を持っているので、理解することができる[18]。第2の考え方は、外界と絶縁して資金移動に焦点を合わせる。文献はルールを主として説明する[19]。法に生命を与える原則および政策は金融市場発展のより大きな問題と関係しない[20]。せいぜい、それらは、コモン・ローによって起こされた問題に答えるものと見られる[21]。

　2つの考え方が交差する時である。支払法、特に資金移動法が国際的に競争的な金融市場の成長と発展において演じることができる役割が探求されなければならない。金融市場は上海からイスタンブールに達しているので、この問題は特に時を得ている。率直に言って、国際通貨基金および世界銀行出身の政策顧問が、中国の指導者と現代電子支払システムを確立するために仕事をするとき、単純に銀行間にテレックス線を接続しない。むしろ、銀行および上海証券取引所と深圳証券取引所との間で光ファイバーケーブル（fibre-optic cables）を接続する。これらの新興成長金融市場の成功――とニューヨーク、東京、ロンドンおよびその他の確立された金融市場の継続的市場競争――のために重大なのは、金融取引によって生じた支払債務を決済する法的局面である。

　本章の論拠は、資金移動法に対する「利害関係グループ・アプローチ」を前提としている。なぜ法が重要であるかを理解したなら、次に我々の探求は、誰に法が影響するのかの確認と影響される当事者の目的と法の作用との関係の評価から始めなければならない。3つの明確な利害関係グループは、外国為替、短期証券、会社の持分、デリバティブ商品および銀行間貸出のための市場を支配する商業銀行と投資銀行の集団の中で認識されなければならない。即ち、トレーダー、決済部門および資金移動システム（この体系における商業銀行の役割に関係する人々は、直ちに、商業銀行が3つの利害関係グループの各々を占めていることを認識すべきである。トレーダーと決済事務員は商業銀行により雇用されており、商業銀行は資金移動システムに参加している）。資金移動法は、最初に、外国為替、利子率および証券の動きのためロイター（Reuters）のスクリーンを監視するトレーダーの目を通して見られなければならない。外国為替、短期金融市場証券、持分と債務証書、およびデリバティブ商品の売買の彼らの秒を割る決定が、資金移動を通して決済されることになる支払債務を引き起こす。彼らの事務管理部門（back offices）は支払指図を執行しなければならない。資金移動が銀行信用を移動するための乗り物である場合には、資金移動システムは事務管理部門により利用されなければならない。

第7章　電信移動法の逆ピラミッド

　次頁の図で示した4段階の逆ピラミッドは、資金移動法と金融市場との関係に向けられた概念的図案である[22]。これは、関係グループを確認し、資金移動法に関するこれらの利害を記述し、利害グループを関連した環境に置くことによって行われている。資金移動法は、資金移動システム、清算と決済行為および究極的には金融市場取引を支持すべき逆ピラミッドの基礎である。

　逆ピラミッドは、プレーヤーをお互いに関連した環境に置き、それらの利害を確認する。3つのレベルのトップのキー・プレーヤーの利害は、法がそのマクロ経済目的に役立つものであるなら、それらの利害は資金移動制定法によって満たされなければならないから、特定される。資金移動の判例法は、金融トレーダー、決済部門および資金移動システムの利害を確認し、満たすことに基づいている。プレーヤーの幾つかの利害とプレーヤーに応じる資金移動ルールは賞賛に値するという1つの性格付けが、最初から行われなければならない。例えば、逆ピラミッドは、トレーダーがハイ・スピードとロー・コストに関心があり、同日の執行ルールおよび間接的損害の排除は、これらの利害を満たすことを助けるということを示している。このことは、決済部門が、ハイ・スピード又はロー・コストに関心がない、または決済部門がこれらのルールから利益を受けていないということを意味しない。――確かに、逆が本当でありそうである。むしろポイントは、主要な利害および各グループに関する最も顕著な対応ルールの理論を立てることである。

　本章の残りは4節から構成されている。仮説の取引を通して、II節では、簡単に、支払の紙に基づく方法は現代の金融市場の場に不適当であることを説明し、それ故金融取引を決済するための資金移動の重要性を強調している。III節は、本章の議論に潜在的に代わりうる3つの理論的な見解を批判的に分析している。IV節では、論拠が詳細に明らかにされる。資金移動法と金融市場活動の間の関係は逆ピラミッドを通して探求される。考察の結論はV節で述べる。

II　小切手は機能しない

　逆ピラミッドの頂点の取引は、ハイ・スピード、ロー・コストおよび高いセキュリティの資金移動なしには起こり得ないし、または著しく妨げられるであろう。資金移動サービスの典型的な利用者は、小切手の普通の振出人から著し

図：逆ピラミッド

トップ・レベル：取引活動
キー・プレイヤー：
　外国為替、証券および金融市場におけるトレーダー
資金移動法に関する鍵となる利益：
　ハイ・スピードとロー・コスト

第2レベル：清算および決済行為
キー・プレイヤー：
　取引機関の決済部門（「事務部門」）
資金移動法に関する鍵となる利益：
　支払指図のプロセスの確実性、災難、詐欺、支払の完了性および履行

第3レベル：資金移動システム
キー・プレイヤー：
　システムに参加する機関および銀行規制当局（bank regulators）
資金移動法に関する鍵となる利益
　契約による制定法の変更の可能性とシステミック・リスク減少効果の調整

基礎：資金移動法
トレーダーに応じるルール：
　同日執行および間接的損害の排除
決済部門に応じるルール：
　支払指図の処理の際の口座番号に対する信頼性、資金返還保証、セキュリティ手続、受領者完了性および履行
資金移動システムに応じるルール：
　契約による変更、準拠法の選択、受領者完了性に対する例外

く異なっている。利用者は大きな信用機関と洗練された金融取引に携わる会社であろう。これらの利害は、小売または小事業取引の支払をするため小切手を振り出す個人の利害とは異なっている。そこで次に、資金移動法に基礎を与え

第7章 電信移動法の逆ピラミッド

る原則および政策は、小売の支払に適するものとは異なる。

ニューヨークの Citibank (Citi) のトレーダーがクアラルンプールの香港上海銀行 (HKSB) のトレーダーに、普通の市場の為替相場で決まったリンギット（マレーシアの貨幣単位）に相当する金額と引き替えに1,000万ドルを売る、直物米ドル—マレーシア・リンギット外国為替取引を考えることにする。Citi トレーダーは、支払人銀行であるニューヨークの Chemical Bank (Chemical) に振り出された1,000万ドルの小切手を送ることによりリンギットのために支払をする(23)。小切手は郵便で失われるかまたは盗まれうるから、セキュリティ・リスクが存在している。約10日後、HKSB のトレーダーは、小切手を受け取り、預金銀行(24)、例えばクアラルンプールの Bank Bumiputra (Bank Bumi) にそれを預ける。Bank Bumi は、呈示に対し小切手の支払拒絶をするかもしれないので、HKSB のトレーダーに1,000万ドルの最終信用を与えない(25)。その代わり、Bank Bumi は小切手を、取立のためそのコルレス先、即ち、取立銀行として行為する、多分クアラルンプールの Bank of America (BA) の営業所に回送する(26)。このことは、さらに、その過程に数日間を付け加える。Chemical が最終的に小切手を BA から受け取るとき、Citi の取引先口座で利用できる資金に関する金額を調べる。Citi の取引先口座の資金が不十分である場合（または Chemical が Citi に過振りを認めたくない場合)(27)は、小切手の支払を拒絶する。Chemical が小切手を支払う場合には、Bank Bumi は HKSB のトレーダーの口座に最終信用を与えるであろう(28)。Chemical の BA に対するまたは BA の Bank Bumi に対して与えられた暫定的信用はフロートを起こし、かくして信用を持つ銀行（HKSB のトレーダーでない）は1,000万ドルに関する利息を稼ぐことを許す。日がたち、フロートが蓄積するので、HKSB のトレーダーは1,000万ドルの最終信用の欠如のために、儲けの多い投資機会を逸することがある。

国境を越えた紙ベースの支払証券の取立に付随する骨の折れる且つ危険な過程は、取引が直物外国為替取引から株式の購入に変わっても、同じように明白である。極東持分に投資することを目的とするミューチュアル・ファンド (mutual fund) である Merrill Lynch Dragon Fund (Fund) は、その株式がクアラルンプール証券取引所（その市場資本供給——その重要性の程度——は、今やシンガポールのそれに匹敵し、香港のそれに近づいている）に上場されているマレーシアの醸造所である、Tiger Beer Company (Tiger) の株式を購入すること

を決める。ファンドはクアラルンプールの Kim Eng Securities (KES) により雇用されたブローカーを通して株式を購入するとする。ファンドは、国際銀行手形 (international bank draft) でマレーシアのブローカーにリンギット (Tiger 社の株式が取引所に上場されているところの通貨) を支払う[29]。従って、ファンドは、その銀行、例えば Chemical Bank (Chemical) にリンギットの手形の振り出しを頼む。Chemical は、リンギット建ての取引先口座を維持しているクアラルンプールの銀行宛に手形を振り出し、Fund は手形を Chemical から購入し、それを KES のブローカーに回送する。ブローカーは Chemical に対する取立のため小切手をその銀行に預ける。ブローカーが何時最終信用を得るかは、取立のために必要な時間による。最初の仮説のように、この過程は数日を要し、郵送に伴うセキュリティの問題を負わせる。

　資金移動はこれらの問題を救済し、上述のような取引を、支払債務が小切手または国際銀行手形によって決済される場合にそうであるものよりももっと適当なものにする。Citi のトレーダーは HKSB のトレーダーに1,000万ドルの電信を打つ。その結果1または2営業日内に最終信用に帰着する。同様に、マレーシア電信システムを利用して、ファンドは、KES ブローカーにリンギットの電信を打つ。迅速な最終支払に帰着する。確実性と迅速性の特徴は資金移動に固有であるが、小切手または国際銀行手形ではそうでない。次にドル－リンギット取引および Tiger 株式の購入による支払債務は、物理的取立を伴う国境を越えた紙の証券が利用される場合には、決済が不可能でないが、実用的ではない。エコノミストの言葉では、別のやり方では儲かる取引が禁止されているときには、富は生み出されないで、損失の重圧がある。高度金融の世界では、時間と確実性はお金を意味する。このことは、金融市場は資金移動法がなければ機能しないということを意味するものではない－明らかに数世紀の間金融市場は機能していた。しかし、外国為替、金融市場証券、銀行間貸出、会社の証券およびデリバティブ商品は、紙ベースの支払機構が供給する以上のものを必要としている。

III　資金移動法のもうひとつの説明

　資金移動法は、私的契約に対する「バックストップ」(back stop) として考

えることができる。しかし、このことは、(1) 商事ルール間の均一性と (2) 当事者が自己の解決に達することを奨励し、そうすることによってこれらのルールの間の競争的変更を促進することに関する利害関係者間の緊張を際立たせる。法は、また、雑多な、確実でない判例法の代わりに包括的、一貫したルールを供給するものと見ることができる。しかし、これは資金移動法が金融市場の場で演じる重要な役割を見落としたその場だけの説明である。消費者保護は、資金移動の重要性のための第3の可能な説明である。そしてそれは、国連のモデル法の起草者の多くの興味の中心であった。しかしこれは、資金移動サービスの主たる利用者の規模および知識を軽視している。

　3つの代わりの論拠を、以下で簡略に考察する。それは、資金移動法の目的のためには不十分な説明である、と考えられる。なお、それらの中で示された論拠はこれらを考えており、全体として欠陥があると考えられるべきでない。

(1) バックストップ

　4A編の序はバックストップ・アプローチをほのめかしている。「何故4A編が必要か」というタイトルの段落で、NCCUSL（統一州法委員全国会議）およびALI（アメリカ法律協会）は、「電信移動から生じる権利および義務を定義している包括的な法の集まりは存在していない。……4A編は、我々が今日有していない法の包括的集まりを規定しようとしている」と述べている[30]。FedwireおよびCHIPSの資金移動システムを含む私的契約は、必要な管理組織の幾つかを規定しているが、全部を規定してはいない。制定法はこれらの契約を補足し、完全な資金移動の連鎖を規律するであろう。

　NCCUSL−ALIの説明は、「何故4A編が必要か」という表題で提出された問題に対する厳密な解答ではない。包括性は、制定法が振込依頼人から受取人まで適用されるので、願わしいが、しかしこれは起草者の指導的原則でもなければ、学者のための基礎的説明でもない。体系的な制定法の重要な規定はどのような目的に向けられているのか。制定法は主要な目的のために説明されなければならない[31]。

　NCCUSL−ALIの説明は、3つの理由で疑わしい。第1に、当事者の契約により変更しうる4A編の多くの規定[32]でさえ、契約によってそれらを免れる費用は利益を超えることがありうるので、バックストップ以上でありそうである[33]。当事者は、ひどく高い交渉費用であるため、最初の法的資格付与の再

配分を交渉することはできない。コースの法則（Coase Theorem）によると、交渉の障害の除去は、相互に有益な取引のための必要条件である[34]。コースの法則は、これらの障害のために、金融取引は起こり得ないという点で適用できる。資金移動は、支払債務を決済する、紙ベースのシステムより潜在的に安い手段である。従って、コースの法則は、他の要素が同様であれば（*ceteris paribus*）、資金移動が利用される場合、相互に有利な金融取引が生じるであろうということを示唆している。同時に、当事者がバックストップ・ルールを利用する限り、当事者は自己の創造的解決を作り上げることを止める。その代わりに、当事者はバックストップ・ルールに頼る。かくしてルールは、リスク配分の競争的変更を排除する[35]。

　第2に、私的契約を補うことと均一性を成し遂げることとの間には緊張がある。私的資金移動システムのバックストップとして役立つ資金移動制定法は、任意規定を含まなければならないか、または制定法は単純に契約を補うよりも余りに多くの問題に介在するであろう[36]。しかし任意規定は、均一性を成し遂げるゴールと反目する。その上、任意規定は、リスク配分ルールにおける規模の経済[37]の成就を妨げる。

　第3に、統一法を支持する論拠に関するスコット教授の懐疑論は、同様に包括的な資金移動制定法のための論拠にも適用できる。：「しかし、統一法のための論拠に用心しなければならない。しばしばそれは、制定法上の結果を保護するための政策的策略に過ぎない」[38]。銀行は、1929年のアメリカ銀行協会銀行取立コード[39]および4A編[40]の双方を起草する際に司法上割り当てられたリスクを再配分することを求めた。4A編の起草過程の間、商業銀行からの注解の多くは、これらの銀行の責任制限に関係した。このことは、振出依頼人および受取人に対するリスクの再配分に対する銀行の利害を象徴している[41]。

　バックストップの説明は本質的にミクロ経済の論拠である。この法と経済学のアプローチを利用すると、資金移動市場における行為者が何故一連の有効な管理ルールを考案するために当てにできないのかが、正当に質問されうる。実際、ハイ・スピード、ローコストおよび確実性のような効率性の標印は（IV節で論じたように）逆ピラミッドにおけるプレーヤーにとって重要であるなら、市場の失敗の証明が無ければ、NCCUSL、ALIまたは連邦準備のような外部の公認団体の介入は有効な成果に導くようには思われない[42]。

　少なくともバックストップ説明に対する2つのミクロ経済学的応答がある。

第7章　電信移動法の逆ピラミッド

第1は、集団行為の取引コストに関係する。「交渉はコストがかからないわけではない」[43]。確かに、資金移動サービスを供給する幾つかの商業銀行(並びに資金移動サービスを使用する連邦準備および幾つかの会社)は UCC4A 編の起草に参加した。しかし、新法により影響を受ける(証券会社のような)多くの金融機関は関わらなかった。その上、国連のモデル法は、商業当事者ではない諸国を代表する公的代表者によって起草された。実際、経済的および政治的障害のために、全ての関係当事者が、自ら交渉と起草会期を代表しようとしている訳でもまたはできる訳でもない。

第2に、利害関係人は誰かであるかを予知する問題がある。資金移動法は金融市場の場の利害関係者に役立つべきであるという命題は、市場の場が目まぐるしい速度で変わるから、ダイナミックである。現在取り引きされているあらゆる金融手段が資金移動によって決済されている訳ではないが、疑いなくそのような手段の取引に係わる者は将来決済手段として資金移動を使用しようと努めると言って差し支えない[44]。困難は、どの当事者がいかなる市場で資金移動決済を最も望みそうかということを先験的に (a priori) 確認する際に生ずる。問題は、潜在的に影響を受ける当事者は、交渉し、法を起草するつらい仕事が行われなければならないときに、名乗り出たがらないという事実によって打ち切られる。これらの当事者はこれまでは問題をほとんど考えなかったか、単純に短期的取引問題で頭がいっぱいである。要するに、資金移動法の潜在的将来の影響について不完全な情報がある。その成果が金融技術革新の便宜を図ることを確保するために、金融技術革新を予想することは、起草者の肩にかかっている。法と経済学のアプローチは、起草の仕事は市場に、特に現在資金移動に頼っている金融プレーヤーにゆだねられていることを示唆している。しかし、確かに、資金移動決済の将来的適用に関する発展を予想する仕事は、「概観的」地位にいる付加的当事者の介入によって促進される。連邦準備、法学者およびその他の者は、少なくとも、資金移動法がただ狭い、短期的な利害を意中において起草されないことを保証することができる。

（2）　コモン・ローに対する反応

序はまた、第2の説明、即ち、4A 編は、一様でないまたは喜ばしくないコモン・ローの発展に反応するために必要とされることを示唆している。裁判所は、流通証券のような他の支払機構の類推が資金移動事件の結果を決める際に

第7章　電信移動法の逆ピラミッド

適当かどうかにつき不確かである。「結果は沢山の不確実である。電信移動と、その結果創造される権利と義務の司法上の性質について全体の合意がない」(45)。

　確かに、電子資金移動に関する4A編以前のコモン・ローは、制定法による解決のための諸問題を際立たせた(46)。しかしこのNCCUSL－ALIの説明は、帰納的で偶然的である。4A編の広い導入は、4A編以前の僅かな事件によって置かれた狭い問題から推論されるべきではない。このことは、逆ピラミッドの重要な利害グループ、即ちトレーダー、その決済部門およびその部門により使用される資金移動システムの観点から制定法上の答えを解釈する機会を締め出す。

　4A編の起草者は、問題を *Evra Corp. v. Swiss Bank Corp. (Evra)*(47) のような指導的ケースを用いて解釈した。起草者は、受信銀行が明確に書面でそのような責任を引き受けることに合意しない場合には、間接的損害を除外する制定法上の規定でEvra事件の結果に同意しないことを明らかにしている(48)。事件は二つの危険をもたらす。第1に、他の管轄権は同じ又は実質的に類似の結果に達し、その結果資金移動サービス産業を害する「手厳しい」責任を銀行に負わせることに導くであろう(49)。択一的に、他の管轄権は異なる結果に達し、国内の又は国際の資金移動のために実行できない責任に関するルールの寄せ集めに導くであろう。しかし明らかに、損害の問題の制限を正に処理するのに、完全に新しいUCCの条項にする必要はない。

　Delbrueck & Co. v. Manufacturers Hanover Trust Co. (Delbueck) 事件(50) は、起草者のために異なる挑戦を引き起こしたが、制定法の根底をなす目的を明らかにしなかった。事件は、Delbrueck & Company (Delbrueck) と3つの外国為替契約に入ったドイツの銀行、Bankhaus I.D. Herstatt, KG aA (Herstatt) の有名な不履行から生じた。問題は、CHIPSによる1,250万ドルのフューチャー価値の支払指図の最初の送信人 (Delbrueck) が、資金移動をしようとした受取人 (Herstatt) の営業をドイツの銀行規制当局が停止にしたことを知った後に、そのメッセージを撤回することができるか否かであった(51)。4A編で定められている支払指図の撤回および変更と受取人完了性に関するルールは、制定法の重要な特徴であるが、4A編の広い導入に関する推論を基礎付けるためには不十分な証拠である(52)。それにもかかわらず、注釈は、4A編の目的の基礎を事件によって提出された問題に置こうと努めた(53)。

　4A編以前の判例法によって提出された別の挑戦は、受取人の数および口座

第7章　電信移動法の逆ピラミッド

数が合わない支払指図に関する被仕向銀行の責任に関した[54]。銀行は誤った組合せについて受け取った各支払指図を調査しなければならないであろうか。もしそうだとするなら、銀行は不一致を含む支払指図をどうしなければならないのであろうか[55]。

　4A編以前のいくつかの指導的ケースのこの簡単な調査は、4A編以前の判例法と一定の4A編ルールの間の刺激反応関係を示唆する一方、制定法は、ほぼ間違いなく制定法を引き起こした特別な事件の事実を越えて生命を有することは、思い出されなければならない。多くの制定法は、その存在理由（*raison d'être*）を初期の判例法に置くなら、非常に早く旧式になるであろう。4A編の活力と資金移動法は一般に、国内的および国際的金融取引から生じる支払債務を決済するための資金移動の使用に由来し、由来し続けるであろう。事実、このことは、その事実が4A編の制定以前に生じたが、その後判決されたケースで示唆されている[56]。

　上述の諸事件は、この金融市場の見地から見られなければならない。例えば、Evra裁判所の「電子的支払は、そのような移動がつまずく場合には、自動的に銀行に異常な結果の通知をするほど珍しくはない」という所説は、大きなドルの金融取引は資金移動によって決済され、幾つかのそのような取引はしばしば目的において関連しているという事実の観点から再評価されなければならない[57]。各受信銀行[58]は、それが受け取り、承諾し、そして執行する支払指図は、外国為替、証券または金融市場証券における主要な取引の決済を意味していそうであることを知るべきである。逆に、受信銀行に間接的損害損害の責任を課すことは、これらの取引に関連する取引コストを増す。受信銀行は、間接的損害責任の予期される費用を資金移動サービス料に分解し、そうすることによってそのような責任が課せられるリスクに保険を付けが、送信人の費用を上げるであろう。

　資金移動法は、信用リスク問題を軽減できるが、完全には解決できないということを Delbrueck 判決は、示唆している。Delbrueck は、破産した相手方と外国為替取引を行うことを選択した。Delbrueck は、ある通貨を取引の相手方に交付するが、その代わりの外国為替額のための約定を受領しないという問題である[59]、「ヘルシュタット・リスク」問題に直面した。支払指図の撤回と変更[60]及び受領者完了[61]に関する制定法上のルールは信用リスクの期間を定めることを助ける。Delbrueck は、支払通信が撤回不能になる瞬間から、ヘル

シュタットの支払が最後であるという瞬間までリスクを負っている。しかしルールは、信用リスク分析と特定の相手方との外国為替取引を行うためのポジションの限度の設定の代わりをすることができない。その上ヘルシュタット・リスクは、疑わしい信用価値の相手方との決済取り決めを、エスクロー口座を使用する保守的な方法で、構築することによって減少することができる[62]。

被仕向銀行は支払指図における名前と番号の不一致をチェックする義務がないという4A-207条は、迅速な非人間的処理を助長する[63]。資金移動のハイ・スピードの特徴は、それを、支払債務の迅速な決済を求める外国為替、証券および金融市場ディーラーにとって特に望ましものにする[64]。Securities Fund Services と Bradford Trust に対する制定法上の解答は、この特徴を保護する方法でコモン・ローの特性を変更した。

（3） 消費者の保護

資金移動法を評価するための主要な基準は、それが金融市場のプレーヤーの必要に応じる程度であるという論拠と張り合う第3の候補者は、消費者保護である。確かに、消費者の必要に向かうモデル法を起草しようと努めたUNCITRAL の幾人かの代表者は、消費者保護を考えていた。これは、援助に関する実行困難な規定[65] およびみなし承諾に関する議論の余地のある規定[66] の背後にある動機である。それはまた、支払指図を執行しないかまたは不適当に執行する受信銀行に現れる潜在的に厳格な責任を説明する[67]。しかし消費者保護は、モデル法の基本的な推進力ではない。同法自体が、「本法は消費者の保護に関する問題を扱っていない」と述べている[68]。それは、消費者の電子的支払は別の法制度により規律される、と明瞭に規定している、4A 編の本質でもない[69]。

消費者問題の明瞭な軽視の理由は明白である。確かに、資金移動を通して返済される支払債務は、実質的には、買主－支払人と売主－受取人の間の原因関係上の契約関係から生じうる[70]。しかし、消費者取引が Fedwire または CHIPS に関する活動の大部分を発生させると考えることは、事実上誤っている。「支払活動の大部分はニューヨーク市に集中しており、コマーシャル・ペーパー取引を含む証券取引と外国為替取引に関連している」[71]。このことは、逆ピラミッドではどんな緊張もないということを言っているのではなくて、むしろ、主要なプレーヤーは大きな洗練された金融機関であるということを指摘

第7章　電信移動法の逆ピラミッド

している。

「消費者」と「ユーザ」の間の微細な区別は、消費者保護よりも資金移動法に対する論拠に内在している。「消費者」は、個人又は小事業銀行口座保有者と関連消費者保護観念のイメージを作り出すが、大きな、高度に洗練された制度的投資家よりも振込依頼人[72]又は受取人[73]でははるかにありそうにない（確かに、制定法上の規定を逃れる費用は、洗練された投資家よりもそのような消費者にとって高いので、これらの規定が統治することをありそうにする）。「ユーザ」の用語は、資金移動法により影響されるプレーヤーをもっと良く捉える。順繰りに、資金返還保証 (money-back-guarantee) のような規定は[74]、Citibank (Citi), Morgan Guaranty Trust Company (Morgan), Banque National de Paris (BNP) および第一勧業銀行 (DIK) に匹敵するものに影響を与える制定法上の基本的なユーザ保護とみなされうる。

消費者保護が資金移動法の主眼であるなら、その法はモデル法または4A編から甚だしく異なっているように見える。受信銀行の送信人に対する開示義務、受信銀行の手数料表、契約をして債務を逃れる受信銀行の自由に関する厳格な制限に関する規定が、制定法を支配するであろう[75]。その代わり、モデル法も4A編も債務の開示については何も述べていない。－これらの法律の下では、受信銀行は、送信人の支払指図がどのように処理されるか、資金移動がとるルート、使用される資金移動システム、仲介銀行の債務不履行のリスク等について送信人に知らせる必要はない。手数料表と締切時間は（市場の効力を除き）完全に規制されていない。もっとも重要なことには、受信銀行は、送信人との契約により制定法の多くを自由に変更することができる[76]。

自己の取り決めのために制定法を免れる当事者の自由は、モデル法と4A編の双方の特徴である[77]。このことは、消費者保護法が予想する古典的な同じでない交渉力のシナリオよりも分野で行動するレベルに基づいて作用する資金移動サービスのユーザと供給者の観念を示唆している[78]。古典的消費者保護シナリオでは、消費者と売主の分野は事実上相互に排他的である。高度金融と資金移動の世界では、「ユーザ」と「供給者」の範疇は、同じ大きさの、経験を積んだ金融機関によって占められる。Citibank、Morgan、BNP および DIK は、彼らの間で金融商品を売買し、資金移動によってその結果生じる支払債務を決済するときには、サービスのユーザである（即ち、振込依頼人または受取人）。他の例では、これらの銀行が資金移動サービスを提供し（即ち仕向

第7章　電信移動法の逆ピラミッド

銀行[79]、仲介銀行[80]または被仕向銀行[81]として行為し)、このようにしてユーザのために支払指図を受け取り、執行するときである。

Ⅳ　逆ピラミッド

(1)　資金移動法のマクロ経済的目的

　資金移動法は、主に金融市場、特にこれらの市場におけるプレーヤーの利益に役立たなければならない。外国為替市場、短期金融市場、銀行間貸出市場、会社証券市場およびデリバティブ商品市場は資金移動法を試験するための実験室である[82]。資金移動法のマクロ経済的目標は、これらの国内的および国際的金融市場の成長と発展を支持することでなければならない。それは（1）金融取引の量と各取引の規模における増加と、（2）国際的に競争的な諸金融センターの発展を促進しなければならない[83]。

　資金移動により決済される支払債務を引き起こす原因取引は、多分、直物又は先物外国為替契約[84]、短期金融市場証券への投資、証券の売買又は銀行間貸付である。典型的には、取引者は商業銀行と投資銀行である[85]。これらの事実は、資金移動法の提案されたどの理論にも重大である。特に、外国為替取引に関しては、支払債務はCHIPSを通した資金移動により決済される[86]。ある株式、社債の購入並びに政府および政府機関の発行から生じる支払債務は、Fedwireを通した資金移動を伴う[87]。会社の株式と社債取引を決済するために資金移動の利用を広げる努力が始まっている[88]。Fedwireを通しての資金移動は、連邦資金の売買及び買戻契約から生じる支払債務を決済するために使用されている[89]。またコマーシャル・ペーパー関連の支払債務も、Fedwire資金移動を通して決済される[90]。

　資金移動法は、一定の利益が同法の重要な特徴の働きから生じる場合には、金融市場のプレーヤーに良く役立つ。高度金融の世界のプレーヤーは、資金移動が迅速で、安く、確実で、安全で、最小のリスクを課すならば、それは支払債務を決済する魅力的な手段であることを発見するであろう。これらの利益が実現するか否かは－そして特定の金融市場のもっと沢山のもっと大きなトレーダーが便宜を図られるか否かは－決定的に資金移動に関する制定法で確立されたルールで決まる。

195

第7章　電信移動法の逆ピラミッド

　金融市場取引の量と額の増加に加えて、金融センターとしての国際的な競争的長所を獲得し又は維持することは、重要なマクロ経済的目標である。各先進センター又は新興成長センターは逆ピラミッドの観点から考えられうる(91)。なぜシンガポールのような一定の金融センターは魅力的で、ボンベイのような他の場所はそうでないか。上海証券取引所と他のそのような新興成長市場を発展させるための秘訣における決定的な要素は何であろうか(92)。金融市場としての国際的競争的長所を獲得するのに維持的な資金移動法よりもっと重要な場所がある一方(93)、金融取引から生じる債務を決済するための大口振込の便宜を図るためにそのような法が必要とされる(94)。金融センターを発展させるか、これらのセンターのグローバルな重要性を維持しようとする政策立案者と金融業者は、資金移動のスピード、コスト及びそれに結び付くリスクに十分な注意を払わなければならない。彼らは、これらの特徴は、一部分、資金移動を規律する法的組織によって決められることを認識しなければならない。

　マ・ク・ロ・経・済・学・的・目・標・は、法の決定的規定が金融市場のプレーヤーの利益に応じる場合、もっとも満たされそうである。資金移動サービスに対する典型的なアプローチは、利害関係当事者の2つの範疇を確認することである。即ち、ユーザと供給者(95)。しかしこのことは、(1)金融市場取引から生じる支払債務の決済と(2)資金移動法の間の関係を曇らせる。その上、資金移動法に関する逆ピラミッドのプレーヤーの利益の全面的首尾一貫性を説明しない。以下で展開される4つのレベルの逆ピラミッド(96)は、プレーヤーとその利益の相関的ポジションを確認するための分析的枠組みでなければならない。

　トレーダー（逆ピラミッドのトップ・レベル）は、リスクを最小化し、その口座に入金される資金を使用する能力を最大化するために、ハイ・スピードの移動を助成する制定法を要求する。トレーダーも、外国為替、短期金融市場証券、銀行間貸付及び証券のための市場における行動から生じる支払債務を決済するロー・コストの手段を必要とする。さもなければ、これらの市場における取引を時々特徴付ける薄い利益マージンは浸食されるであろう(97)。

　決済部門（第2レベル）は、2つの状況で生じる不安定性を最小化することに関心がある。第1に、支払債務を決済する手段として資金移動を使用することの法的効果が明瞭でなければならない。第2に、支払指図の取扱と不運な出来事を含むディーリングは、定例の仕事でなければならない。

　資金移動システム（第3レベル）は、システム規則に契約的自由を維持し、

第7章　電信移動法の逆ピラミッド

リスク減少スキームを実行することに大変熱心である。この種の技術革新は、1以上のシステム参加者の決済不履行から生じる潜在的損失を引き下げる。次に、減少されたリスクは、あるシステムが他の競争者のシステムに対して手に入れうる長所の源である。

　逆ピラミッドの基礎は資金移動法であり、それは第3の主張の焦点である。法は、ピラミッドのトップの3つのレベルに住むプレーヤーの利益と比較評価されなければならない。同日執行[98]、間接的損害責任[99]、受領者完了性[100]、履行[101]、支払指図の処理[102]、資金返還保証[103]、契約による変更[104]は、これらの利益の観点から考察されなければならない[105]。

　金融市場のためのマクロ経済学的目標と金融市場プレーヤーの利益の間の関連は明瞭でなければならない。資金移動法が金融市場プレーヤーの利益に注意を払うなら、目標を満たすことははるかに容易である。この関連の背後の論理は、「すべての人が自己利益を促進しようとするなら、社会全体が繁栄する」、即ち、「彼は公益を促進しようとしていないし、どんなに多くそれを促進しているかも知らない。彼はただ自己の利得のみを意図し、この点で、多くの他のケースにおける様に、彼の意図の一部でなかった目的を促進するために見えざる手によって導かれる」というアダム・スミスの古典的学説の修正である[106]。資金移動法がプレーヤーに、迅速に、より低いコストで、より大きな確実性と且つより少ないリスクと共に、金融市場取引に入り、完了することを許すなら、そのときにはプレーヤーの利益は満たされる。次に、プレーヤーはより短期間に、より沢山の取引に携わり、そして平均的取引はより大きくなるであろう。率直に述べるなら、金融市場は成長し、繁栄し、そして資金移動法は、良くてこの目的を促進する目に見える手として作用するか、又はいくら悪くても増大した金融市場の邪魔にならないであろう。従って、資金移動法の重要性の理解のための最初のステップは、利害グループの分析から始めなければならない。

（2）　逆ピラミッド内の移動

　トップ・レベルから第3レベルへの移動は悠々と金融市場取引の出来事の年代記と一致する[107]。第1に、トレーダーは取引を承諾する。それは支払債務を引き起こす。外国為替が取引されると、各当事者は通貨を適当な時期に相手方へ引渡する義務を負う。取引が短期的金融市場証券又は証券の購入であるなら、支払債務は要求された対価の適当な時期における引渡である。取引が銀行

間貸付であるなら、支払義務は実際上貸付の実行とその後の返済である。
　第2に、取引は明らかにされ、取引と結び付いた支払債務の決済のための取り決めがなされる。これらの行為は逆ピラミッドのレベル2を含む。興味深いことに、トップ・レベルと第2レベルのプレーヤーは同じ金融機関（商業銀行又は投資銀行）によって雇われている。そしてその機関は1以上の資金移動システムの参加者である。
　資金移動を通して、支払債務が決済される。資金移動はFedwire又はCHIPSのような特別の資金移動システムによって行われる。これは逆ピラミッドの第3レベルである。
　プレーヤーとシステムは、資金移動法に関し同じ利益を必然的には有していないが、その利益は広く一致する傾向がある。あらゆる3つのレベルは資金移動法によって支持されなければならない。

（3）　トレーダーの利益──ハイ・スピードとロー・コスト

　トップ・レベルのプレーヤーは、商業銀行、証券会社及びその他の金融機関により雇用されたトレーダー達である[108]。彼らは、ロー・コストでハイ・スピードを保証する資金移動法を必要とする電話、コンピュータ端末及び携帯用の電子的相場装置の24時間の世界にいる。彼らは、外国為替、株式、社債、コマーシャル・ペーパー、銀行引受手形及びFed fundsを売買し、買戻し契約と逆買戻し契約に関与し、預金証書及びユーロ・ドル預金を注文し、受ける。
　これらの金融市場取引は、売主に対する買い主の支払債務を引き起こし、この債務はしばしば資金移動によって決済される[109]。従って、資金移動は典型的には全体的な関係を少額のドルの小売又は商品の消費者取引にではなくて──これらは現金、小切手、クレジット又はデビット・カードで支払われる──むしろ多額のドル金融市場取引に対して有する[110]。外国為替取引から生じる支払債務は慣例上資金移動により決済される[111]。同様に、預金証書、銀行引受手形及び幾つかの自治体証券を含む、金融市場証券取引は資金移動を伴う。これは、「ブローカー──ディーラーが各清算銀行に適当な証券を物理的に引き渡し、普通Fedwireを通して支払うよう」[112]指示するからである。会社の証券、即ち、株式と社債の売買は、清算組織（例えば、National Securities Clearing Corporation）と証券の物理的管理をする提携受託者（例えば、Depositary Trust Company）を通して清算・決済される[113]。これらの証券の多く

第 7 章　電信移動法の逆ピラミッド

の支払は翌日の清算所資金で行われる(114)。しかし、（コマーシャル・ペーパーのような）幾つかの会社証券の支払は資金移動によって行われる。そして支払が資金移動によって行われる証券のタイプを広げる努力は既に始まっている(115)。

　2つの要素が、ハイ・スピード移動を促進する資金移動法におけるトレーダーの利益を正当化する。即ち、信用リスクの最小化と資金利用可能性の最大化。「資金移動サービスは非常に巨額の時間決定的なドルの支払を行うために、受託機関とその会社顧客により主に利用される」(116)。信用リスクに関しては、引渡が支払に対してなされないなら、当事者は相手方の債務不履行のリスクを引き受ける。外国為替又は金融証券の引渡が支払前に生じる場合には、売主－受取人は買主の信用リスクを引き受ける。支払が早く受け取られればとられるほど、信用リスクは小さくなる。USドルがヘルシュタットの口座に入金された後の、外国為替を相手方に引き渡す前のヘルシュタットの破産は、極僅かな時間であってもリスクは潜在的に破滅的な結果を伴うということを例証している(117)。

　資金の利用可能性に関しては、支払債務を決済する際の遅滞は、変化する市場条件に対する迅速な反応を妨げ、費用がかさみかねない(118)。トレーダーは長期的投資家ではない。外国為替、証券又は金融市場証券のポジションは、新しい収益性のある取引機会が理解されると、迅速に変わる。従って、以前の取引からの資金は、新しい取引の展開のために利用できなければならない。

　カバーされた利子裁定取引はこの点を例証する(119)。ある日外国為替トレーダーが、インドの短期利率が合衆国のそれより高く、直物ルピー－ドル・レートと比較して30日の先物ルピー－ドル・レートの割引率が収益性のある利子裁定機会を排除するために不十分であることに気づいたと仮定する。従って、ある日トレーダーは直物市場でドルの代わりにルピーを買い、インドで30日間ルピーを投資し、先物市場でルピーの代わりにドルを買う。トレーダーは、ルピーは直物発効日時（3日）に引き渡され、直ちに1ヶ月間投資されることができ、その終わりには先物契約が満期になり、ルピーはドルに転換されなければならないという確信を持たなければならない。裁定機会は、正確な引渡スケジュールが遵守されることに依拠している(120)。

　資金移動法のどのようなルールがハイ・スピードを促進するのであろうか。大量性を促進するルールを伴った同日決済協定、支払指図の電子的処理は、このことに関しては決定的な要素である。

第7章　電信移動法の逆ピラミッド

　同日資金移動決済協定は UCC4A 編と、間接的に、国連のモデル法に見られる。4A-301条（b）は、支払指図が別段定めていなければ、受信銀行が指図を執行しなければならない日は、指図を受信した日である、としている。モデル法11条は、厳密には受信銀行が受け取った日に支払指図を執行することを要求していない。しかし、受信銀行がそれより後の日に執行する場合には、受領日の価額を与えなければならない。実務上、このことは、1日に指図を受け取り、2日に執行する受信銀行は、資金移動の連鎖の次の当事者に1日の利子を転嫁しなければならないということを意味するようである。

　迅速な支払指図処理を奨励するルールはモデル法よりも4A編で述べられている。4A編は、明白に、受信銀行が口座名（言葉で記載される）と口座番号（数字で記載される）の不一致につき支払指図をチェックする義務を免除しているが、モデル法はこの軽減を定めていない[121]。支払指図を扱う事に関する受信銀行の義務の性質と範囲は、4A編よりモデル法では明瞭でない。従って、受信銀行は、銀行がモデル法に服す場合には、不一致を含む支払指図を不当に処理することに対する責任を負いそうである。このことは、ハイスピード資金移動に対するトレーダーの利益と合わない。なぜなら受信銀行は不一致をチェックすることを強制されるからである。

　しかし、早い支払機構はトレーダーにとって十分ではない－ロー・コストの機構も必要としている。取引決済代金は、トレーダーが時々働くほんの僅かの利益マージンの効果をゼロにすることができる。USドルに対し1,000億のポンドの購入とその後の売却の幅は、たった1セントの10分の1であるかも知れない。そしてコマーシャル・ペーパーの売却その後の購入の間の幅はたったベーシス・ポイントの10分の1でありうる[122]。

　トレーダーのロー・コストに対する関心は、資金移動制定法の責任ルールによる。法的責任は資金移動サービスを供給する銀行に対する責任が負担となればなるほど、銀行は、これらのサービスのためにトレーダーに課す手数料を増やすという点で障害である[123]。はっきりと、増加した手数料は、増加した取引コストを意味する。UCC4A編は、受信銀行の責任の限度を定めることでもっと成功している。間接的損害は一般に、銀行がそのような責任を書面で同意しないなら、回復できない[124]。対照的に、モデル法は、銀行が損害を引き起こす明確な意図とともに又は向こうみずに、損害が発生しそうなことを認識しながらこれを顧慮せずに、受信銀行が支払指図を執行しないか又は不適切に執

行する場合には、準拠法によって規定された救済を許している(125)。

（4） 決済部門の利益——4つの方法で明示される確実性

　トレーダーは、支払指示を含む取引条件を、普通「事務部門（back offices）」と呼ばれる各決済部門に通知する。決算部門は取引の条件を確認する。例えば、直物及び先物外国為替市場と店頭外国為替オプション市場の実務は、取引は電話によって交渉され、締結され、取引当事者の事務部門により書面で確認される(126)。

　各取引を清算(127)し決済(128)するための型にはまったシステムがなければ、取引活動は停止するであろう。トレーダーを雇用する銀行の決済部門又は事務部門は、清算と決済のプロセスを策定し、執行する(129)。これらは正確に短期間に取引の高い量を融通しなければならないから、確実性が資金移動法で評価される。確実性のための必要性は4つの方法で評価される。即ち、支払指図の過程；支払の完了性；履行；及び侵入者による詐欺の予防(130)。各場合に、事務部門（又は事務部門がその一部である金融機関）は資金移動の受信銀行として行為していることは、思い起こされなければならない(131)。

　トレーダーの事務部門は、確実性又は特に日常の過程及び予想可能性を評価する。取引活動の増大に適応させるために、事務部門は、短期的な大きな金融取引から生じる支払債務に関する沢山の指示を処理することができなければならない。トレーダーは外国為替、短期金融市場証券、もしくは会社の証券を購入し、又は銀行間貸付を行うか又は払い戻す度に、トレーダーは取引の相手方に資金を送る支払指図をするよう事務部門に指示する。トレーダーはこれらの市場の一つで銀行間貸付を売るか又はその払戻を受け取る度に、事務部門は、取引の相手方から資金を受け取るよう指示される。加えて、事務部門は、そのどちらも同じ機関によって雇用されていない2人の取引当事者間の仲介者でありうる。例えば、インドの Bank of Baroda は、直物外国為替取引でオーストラリアの Westpac Bank からインド・ルピーと交換に US ドルを購入する。そしてドルの移動はロスアンジェルスの Security Pacific Bank を通して送られうる。SecPac のトレーダーの誰もドル―ルピー取引に関係していないが、SecPac の事務部門（あるいは資金移動部門）は、その執行を促進することに携わる。これらのすべての場合に、事務部門は、支払指図の当事者の誤記又は不完全な資金移動のような資金移動で時々生じる災難を効率的に処理しなければ

201

第7章　電信移動法の逆ピラミッド

ならない。

　支払指図を適切に送るために、受信銀行は、指図が送られる資金移動チェーンの次の当事者を知っていなければならない。この当事者—仲介銀行[132]、被仕向銀行[133]又は受取人[134]—は、しばしば2つの方法、即ち、口座名（言葉で書かれる）と口座番号（数字で書かれる）で支払指図に記載される。指図の送信人は、例えば、受信銀行に指図を、実際はCitibankの番号が12346であるときに、口座番号12345のCitibankに指図を送るよう告げて、矛盾なく当事者を記載するであろう。

　UCC4A編は、受信銀行が不一致に気づかない限り、言葉に不一致の記述があっても、指図を送るときに、支払指図に含まれた仲介銀行、被仕向銀行及び／又は受取人の数字の記述に頼ることを許している[135]。その上、受信銀行は不一致をチェックする義務はない[136]。

　事実上、事務部門は、指図の潜在的不一致を心配することなく、指図の口座番号に基づいて支払指図を処理することができる。モデル法はこれらの点に関し明瞭ではない。それは、明瞭に受信銀行から不一致をチェックする負担を取り去らないし、明瞭には、受信銀行が支払指図の口座名の代わりに口座番号に頼ることができることを述べていない[137]。従って、少なくともこの分野ではモデル法は同じ程度の確実性を受信銀行に提供していない。

　支払指図の処理だけが、確実性が評価される唯一の状況ではない。事務部門がトレーダー又は銀行のために資金を受け取るとき、支払の完了性は重要である。このことは、例えば、トレーダーが事務部門に、外国為替、短期金融市場証券又は会社の証券の相手方に対するトレーダーによる売却の結果として資金が相手方によって送られることを知らせるときに、生じる。このことは、また、トレーダーが相手方に以前に供与した短期銀行間貸付の支払を受け取ることを期待するときに、生じうる。事務部門（トレーダー又は銀行と同様）は、トレーダー又はその銀行により維持されるか又は使用される口座に入金される資金が、何時完了し且つ撤回できないか知っていなければならない。なぜならそのときにのみ資金は留保無く利用できるからである。

　UCC4A編の受領者完了性は直接この問題を扱う。被仕向銀行が受取人に支払うと、支払は完了する[138]。受取人に対する被仕向銀行による支払は、暫定的になすことはできないし、受取人から支払を回復する権利を条件とすることもできない。支払は、被仕向銀行が被仕向銀行の口座に入金し、受領者に入金

を引き落とす権利を通知するときに生じる[139]。著しく対照的に、モデル法は受領者完了性のルールを含んでいない。従って、モデル法に従って資金移動の資金を受け取る事務部門は、支払の完了性の問題につき確実性が備わっていない。

逆に、事務部門が資金を移動するとき、履行が問題となり、再び確実性に対する必要が明白である。事務部門は、資金移動をもたらす支払債務が何時履行されるか知る必要がある。ただそのときにのみ原因金融契約に基づく支払責任は終了する。例えば、トレーダーが事務部門に外国為替、短期金融市場証券又は会社の証券を相手方から購入した結果として相手方に資金を支払うことを指図するか、又はトレーダーが短期銀行間債務を供与するか又は払い戻すときに、この心配が生じるであろう。

UCCもモデル法も履行に関するルールを含んでおり、ルールは実質的に類似している[140]。被仕向銀行による受取人のための支払指図の承諾に基づき、資金移動は完了し[141]、受取人に資金を支払う振込依頼人の原因債務は履行される。被仕向銀行による承諾と受取人に対する支払は、銀行が受取人のために指図を承諾するときに、支払が生じる点で、密接にリンクしている[142]。

履行ルールの逆は資金返還保証である[143]。不完全移動の問題、即ち、被仕向銀行が—理由の如何を問わず—受取人のために支払指図を承諾しない場合の問題に対する回答がなければならない。双方の制定法は、資金移動の各送信人に、支払指図のためになされた支払の償還を利息と伴って得ることを保証することによって問題に取り組むことを試みている[144]。

確実性に対する事務部門の最終表明は、侵入者による詐欺（interloper fraud）の阻止である。これは、事務部門が、トレーダーが結んだ金融市場取引の結果としてトレーダーのために支払指図を送付することを指図されるときに生じる。犯罪者が事務部門にトレーダー又はトレーダーの機関の名前で支払指図を発するよう指示する恐れが存在している。そして犯罪者は機関の従業員であるかもしれない。事務部門は、無権限の詐欺的な指図から善意の（*bona fide*）支払指図を識別できなければならない。

侵入者による詐欺に関するUCCとモデル法のルールは事務部門の利益の観点から見なければならない[145]。双方の制定法は、受け取った支払指図の真正性をテストすることを目論む「商業的に合理的な」セキュリティ手続の概念を実行している。一般的なルールは、受信銀行と送信人がそのような手続に同意

し、銀行がそれに従うなら、送信人は、指図が犯罪者によって送られても、その名前で発せられ、手続に従って承諾された支払指図を支払う責任がある。手続は受信銀行を責任から免除するために「商業的に合理的」でなければならないので、特別の手続が基準を満たしていると判決するかどうかはいくらか不確定である。しかし産業の慣習と実務は（即ち、他の受信銀行により使用されるセキュリティ手続の性質）は受信銀行により大きな確実性を提供することができる。

（5） 資金移動システムの利益──システミック・リスクの減少

主たる資金移動ネット・ワークを通して日々移動される巨大な金額は、事情をよくわきまえた金融機関の間のホールセール取引と結び付いている[146]。資金移動システムの存在と重要性は主として国内的・国際的金融市場取引の広い範囲で使用される支払手段としての資金移動の使用に由来している[147]。トレーダーが金融取引を締結し、支払指示をその事務部門に通知した後、事務部門は特別の資金移動システム経由で支払指図を発送するか、他の銀行からの支払指図を受け取る。USドルが移動される場合には、Fedwire又はCHIPSが最も使用されそうなシステムである[148]。

これらのシステムの資格と参加は、トレーダーと決済職員を雇用している同じ多くの金融機関（即ち、銀行）から成っている[149]。会員─参加者は、決定的な集団的利益を有している。即ち、システミック・リスクの減少。特に、1人の参加者に結び付いた信用リスクはシステミック・リスクの問題になるべきでない。資金移動システムの参加者（即ち、商業銀行とその他の預金取扱機関）[150]は資金移動営業日の終わり又はその前の支払債務を決済する各システム参加ネット債務者の能力に正当に関心がある[151]。1人又は僅かのネット債務者が債務不履行でも、それは、他の参加者に流動性の問題又は支払不能を引き起こすべきでないであろう。

証券市場の増大した独立性と、証券市場のグローバリゼイションと結び付いた様々な支払システムは、支払システムにおけるシステミック・リスクが増大する危険の問題を起こす。これは、支払システムの1人以上の参加者が、支払期日に債務に応じることができず、その結果他の参加者がその後その債務に応じることができなくリスクである。銀行が新しい技術の加速された使用を通して晒されるようになるリスクの様々な種類のうち、最大の関心事であるのがこのシステミック・リスク

第7章　電信移動法の逆ピラミッド

である(152)。

　決済保証は、全債権者の支払請求権が履行されて、システムが毎日終了することを確保する１つの方法である。第２の技術であるペイメント・ネッティング組織を通して(153)、資金移動システムの１人の参加者の決済不履行が、他の参加者の流動性危機の連鎖的反応と不履行を引き起こすリスクは、減少させられる（ネット決済支払が最終である、即ち、受領者完了性があると仮定する）。中央機関と相対又は多角的ベースで支払債務を差引計算（net）できることを理解している金融市場のプレーヤーは、取引活動の大量性を認識し、多額な取引価格を安全に調節することができる。相手方の不払いのリスクは、ネッティング組織が実行されるなら、その相手方の信用リスクに比例して生じないであろう。信用リスクは、相手方と行われる、取引の数と各取引額次第である。取引から生じる決済取引数は、相対ネッティング組織が実行されると50％まで減少し(154)、多角的ネッティングが使用されると、80％まで減少する(155)。資金移動の数と額がネッティングを通して減少するので、決済リスクは、減少する。要するに、金融市場プレーヤーが合理的にかつ実質的情報と共に行動すると仮定すると、これらの者は、システミック・リスクの減少を内面化しそうである(156)。次に、金融市場における成長と発展を奨励するマクロ経済的目的が供給される。

　実践的理由から、システミック・リスクの減少は、参加者とシステムを調査する銀行規制当局（主に連邦準備）により共有されている。彼らは、ピラミッドの第３レベルの隠れた利害グループである。規制当局は緊急救済を伴うであろう重大な決済の不履行を避けることを望むのも無理がない。参加者が大きなネット借方ポジションを決済できない場合には、この不履行の波紋効果は、支払債務に資金を供与する決済をあてにしているその参加者の相手方を弱める。最後の貸し手（lendor of last resort）として、連邦準備は、システミックな影響を制限するために、ネット借方参加者及び／又はその相手方に流動性を与えることを求められる(157)。

　資金移動システムを設立し、それに参加するために協力する金融機関は、加入と参加のためのルールを定める(158)。これらのルールと資金移動法の間の関係は、参加者にとって決定的に重大である。第１に、法は、資金移動システムの存在とそのルールを承認しなければならない。これらのシステムとルールを

第7章　電信移動法の逆ピラミッド

拒否する資金移動立法を起草することは、資金移動市場の現実を無視することになる。第2に、法は、Scott教授が「第三者問題（third party problem）」(159)と称したものを扱わなければならない。もしあるなら、システム・ルールは非参加者をどの程度拘束することができるのか。第3に、最も重要なことであるが、法は、システム・ルールが法の一致しない規定を変更することを認めることによってシステミック・リスクを最小化するシステム参加者の努力を支援しなければならない。例えば、CHIPS参加者は、多角的ベースで支払債務を差引計算することに合意し、システミック・リスクを最小化するために、担保財産と決済保証を供与することを合意した(160)。しかし、これらの私的に交渉されたルールは、UCC4A編又はモデル法の特別ルールによって損なわれない限りでのみ、有効である。厳格な受領者完了性ルール（事務部門が賛成するであろう）は例外的決済手続の発展を思いとどまらせるであろう。同様に、ネッティングを要求する基本契約(161)又は新しい中央清算・決済施設(162)を通して外国為替市場におけるネッティングの使用を拡大する努力は、少なくとも一致しない規定を契約により変更することを認める形式での資金移動法の支持を必要とする。

　UCC4A編の下での資金移動システム・ルールの地位は、別段の定めがなければ、制定法の各規定は資金移動システム・ルールにより変更可能であるという点では、明瞭である(163)。ルールは、同意していない当事者に間接的に影響を与えるとしても有効である(164)。資金移動システムに参加する金融機関以外の当事者に移動を果たすためのシステムの使用とシステム・ルールの通知がなされるなら、ルールは、そのような当事者の権利と債務を直接に規律できる(165)。資金移動システム・ルールの地位は、モデル法の下ではUCC 4 A編におけるようには明瞭ではない。「資金移動システム・ルール」の用語は殆ど使用されていない(166)。事実、「資金移動システム」はモデル法では議論されていない。モデル法の条項の多くは契約によって変更可能である一方(167)、資金移動システムにより公表されたどのようなルールがこの目的のために「契約」を構成するのか、答えていない。

　資金移動制定法の規定からそれる能力はシステム参加者の二次的目的、即ち、競争の利益に役立つことができる。米国の資金移動市場はFedwireとCHIPSにより支配されているので、ホールセール電信移動サービスのこれらの供給者を自然独占として特徴付ける気にさせる(168)。恐らく間違いなく、2つの巨人

の間には競争があり、その場合にはシステム・ルールが競争的変数である。他の私的部門の事業のように、資金移動システムは、競争的で儲けるものでなければならない。商業銀行によって所有され且つ管理されているCHIPSは、外国為替市場、短期金融市場及び証券市場における取引活動により起こされた資金移動事業のためにFedwireと直接競争している[169]。双方は、適用される資金移動法の後援の下に活動する本質的に私的に組織されたシステムである[170]。

このようして見ると、一方では資金移動システムの競争的利益と他方ではトレーダーとその事務部門の利益の間には整合性がある。競争的利益は、銀行の信用を移動するより早い、より安いそしてより確実な手段を供給することによって部分的に他のシステムに対しあるシステムによって獲得される。その全部はトレーダー及び／又はその事務部門に訴える。加えて、あるシステムは、システミック・リスクの減少にもっと有効に寄与するルールを提供することによって競争的利益を獲得することができる。

V 結 論

資金移動法の新しい且つ複雑な集まりの目的は何であろうか。本章は、法は金融市場における3つの異なるプレーヤーの利益に役立つべきであると主張した。即ち、トレーダー、主要な商業銀行と投資銀行の事務部門及びこれらの銀行によって使用される資金移動システム。資金移動法は私的契約のバックストップでも、コモン・ローに対する反応でもない。消費者保護は問題に対する同様に不満足な解答である。電信移動は金融市場取引から生じる支払債務を決済するために普通使用されるので、資金移動法と国内的及び国際的金融市場は解けないように関連している。資金移動法は外界と絶縁して調べられるべきでないし、金融市場の成長と発展は、証券規制、銀行法及び商品法の領域とみなされてはならない。我々が国内的及び国際的金融市場の健全性に注意するなら、資金移動に注意しなければならない。

外国為替、短期金融市場証券、銀行間貸出、会社の証券及びデリバティブ商品のための市場における支払債務を決済する手段としての小切手はプレーヤーの利益を満たすことができない。トレーダーは、決済のハイ・スピード、ロー・コストを要求する。彼らは、資金の利用可能性を最大化し、信用リスクを

第7章　電信移動法の逆ピラミッド

最小化するためにハイ・スピードを求め、ほんの僅かな利益マージンを保持するためにロー・コストを求める。間接的損害に対する受信銀行の責任の制限は、資金移動サービス・コストを低く保つ利益を満たす一方、同日執行と支払指図処理に関するルールは、ハイ・スピードの利益を潜在的に満たす。

　決済部門の関心は、支払指図を処理する際の確実性、支払の完了性（即ち、受け取った資金が取り消されないとき）及び履行（即ち、債務が適法に支払われるとき）を含む。支払指図、受領者完了性、履行および資金返還保証に関するルールは潜在的にこれらの関心を満たす。その部門はまた侵入者による詐欺に対する戦闘の最前線である。そしてリスクを有効に割り当てる法的に許容されたセキュリティ手続は決定的である。詐欺予防ルールはこれらの利益に向かわなければならない。

　資金移動システムに参加し、利用する商業銀行と投資銀行は、システミック・リスクを下げることに利益を共有している。資金移動が契約によって変更できる場合には、その努力は促進される。資金移動制定法は、システムの構成員が拘束的なリスク減少努力に従事することを認めることによりその利益を調節すべきである。しかし、このことは、一方では弾力性と他方ではリスクの固定と規模の経済の間の交換に関係する。

　電信移動法の究極的成功は、特定のルールが仕えようと立案された利益を実際に満たすかどうかで決定的にきまる。逆ピラミッドは、基づく基礎と同じくらい強いだけである。次に、強い金融市場発展は部分的にはこれらのキー・プレーヤーの利益の満足に左右される。支払債務の決済が遅い、費用がかかる、不確実なそして危険のあるプロセスであるなら、金融市場取引は妨げられるであろう。資金移動制定法の究極的目的は、外国為替、短期証券、会社証券、デリバティブ商品及び銀行間貸出のための市場の大きな取引量と大きな取引規模を促進することでなければならない。この目的の達成は、これらの市場で生じた支払債務の決済を規律する法に著しく依存している。

　学問的研究の次のステップは、そこではっきりとされた資金移動法の理論をテストすることである[171]。資金移動法が主として金融市場に仕えるべきという論拠は、UCC4A編と国連のモデル法の特別規定に向けられなければならない。法がトレーダー、事務部門および資金移動システムの利益を満たす程度は、上の3つのレベルの各々のプレーヤーの既述の利益に対する逆ピラミッドの基礎の関係を決定的に分析するためのミクロ経済的且つ銀行業的道具を使用する

第7章 電信移動法の逆ピラミッド

ことによって評価することができる(172)。そのときにはこの魅惑的法の新しい集まりを評価するための完全な枠組みが存在するであろう。

＊Kentucky Law Journal の許可による出版。初出は82 Ky.L.J. 347（1993-1994）である。
（1） Uniform Commercial Code (UCC) 4A 編は、毎日の銀行信用約2兆ドルの電子移動を規律している。E. Patrikis, T. Baxter, and R. Bhala, *Wire Transfer* (1993) 5-6（以下 *Wire Transfers* として引用）。モデル法は、国の立法者により制定される場合、ドル条件では確実にぐらつく外国通貨で呼ばれる銀行信用の移動を規律するであろう。モデル法が合衆国内のドルで呼ばれる移動を規律するかどうかは確実でない。4A 編の最近の広範な採択を考えると、議会または州の立法者によるモデル法の制定は見込みがないように思われる。
（2） 1977年に、スコット教授は、彼の論文 The Risk Fixers (1978) 91 *Harv. L. Rev*（以下 Scott, "The Risk Fixers" として引用）で一般的に商法に関しこの発表を行った。本稿と "The Risk Fixers" は、類似の問題を扱う。即ち、概念的に空虚な商法典の存在。
（3） R. Bhala, "Paying for the Deal : An Analysis of Wire Transfer Law and International Financial Market Interest Groups", 42 Kans. L. Rev. 667（1994）.
（4） 「資金移動（funds transfer）」の用語は、技術的には「電信移動（wire transfer）」より望ましい。「資金移動」は、支払指図が、電子的に、口頭でまたは文書で伝達されうることを正しく示唆している。UCC s. 4A-104, official comment 6. 資金移動を「パイプラインを通した金銭の移動」と考えるのは法的に正しくない。資金移動は、銀行信用のある口座から他の口座への移動である。口座所有者は、銀行口座に、非占有の動産利益（a non-possessory personal property interest）または債権(chose in action)を有している。
（5） 以下で引用する UCC4A 編は、American Law Institute(ALI)および National Conference of Commissioners on Uniform State Laws (NCCUSL) により承認された 1989 Official Text with Comments である。州の制定に関する情報を NCCUSL が提供している。
（6） Federal Reserve Regulation J, 12 CFR Pt. 210, subpart B(1993). Fedwire は連邦準備銀行が所有し、運営する資金移動ネットワークである。12 CFR s. 210.26(e)(1993)（「Fedwire」の定義）参照。
（7） New York Clearing House Association (NYCHA), CHIPS Rules and Administrative Procedures (17 August 1992). CHIPS は NYCHA により所有され、運営されている。NYCHA "CHIPS Rules and Administrative Procedures" 1 (17 August 1992) 及び "Constitution of the New York Clearing House Association" Art. I 参照。

209

第7章 電信移動法の逆ピラミッド

　　　CHIPS の会員または「参加者」である、合衆国と外国双方合わせて122の信用機関がある。*Wire Transfers*, 194. CHIPS および Fedwire は、取引数、金額およびドル総額の観点から国の2つの主要な資金移動システムである。*id.* 5-6参照。

（8）　UN GAOR, 47th Sess., Supp. No. 17, at Annex 1, p. 48, UN Doc. 4/47/17(1992).

（9）　これは、支払法の歴史における理論の欠缺の最初の事例ではない。R. Cooter and E. Ulen, "A Theory of Loss Allocation for Consumer Payments" (1987) 66 Tex. L. Rev. 63, 64, 66（UCC 3編および4編では損失配分ルールのためのミクロ経済的基礎を定めている）（以下 Cooter and Ulen として引用）。それにもかかわらず、大抵の商法の法律家は、荷為替信用状に関する統一規則および慣例（Uniform Customs and Practices for Documentary Credits(UCP)）が作用する大きな環境を認識している。即ち、それは、信用状がそのような取引における主要な支払と信用装置であるので、国際的物品取引を支持している。International Chamber of Commerce Pub. No. 400(1983) A. Lowenfeld, International Private Trade (revised second ed. 1989) 101-144参照。UCP の新版は1994年に施行される予定である。類似にクレジット・カードに関する連邦立法と UCC 3編および4編の最近の改正は、クレジット・カードと小切手が消費者の物品の重要な支払方法であるので注目すべきである。しかしベテランの商法の法律家は、問題が電子資金移動に移るとき、息をつぐようである。

(10)　「銀行信用（bank credit）」の用語の使用は、資金移動が大抵明確に通貨の物理的移動ではなくまたはそのような移動に類似していないので、吟味されている。F. Leary, Jr. and P. Fry, "A 'Systems' Approch to Payment Modes: Moving Toward a New Payments Code" 16 UCCLJ 283, 287(1984) 参照。

　　　支払指図の体裁に精通している人々は知っているので、体裁には資金移動の目的（例えば、金融取引または商業取引から生じる債務を履行しようとしたのかどうか）を述べるための場所がない（第3者の情報分野を含む）。しかし様々な研究と逸話的証拠は明らかに金融市場活動と資金移動の使用の間の重大な直接関係を示している。注71と付随のテキスト参照。

(11)　これは、国内の諸通貨を取引する24時間の国際市場である。総括的に R. Weisweiller, *How the Foreign Exchange Market Works* (1990) 参照。

(12)　「短期金融市場（short-term money market）」は、US 財務省短期証券（割引発行されかつ額面で償還される短期金銭債務）、政府エージェンシー短期証券（例えば全国譲渡抵当連合機関 [Federal National Mortgage Association] によって発行された割引手形）、コマーシャル・ペーパー（割引で発行され、額面で償還されるか、または固定利率を支払う約束手形）、および買戻契約またはルポ [repos]（売買代金と買戻代金の差額が一組の利率を生む場合の買戻契約に従った証券の一時的売買）を含む色々な異なる短期証券の銀行間市場のための一般的用語である。Federal Reserve Bank of New

第7章　電信移動法の逆ピラミッド

York, *A Pocket Guide to Selected Short-Term Instruments of the Money Market* (1987) 参照。
(13) 即ち、私的発行者のための持分と債務のための市場。
(14) 「デリバティブは、その価値が1つ以上の原資産の価値または資産価値のインデックスで決まる金融契約である」。Board of Govenors of the Federal Reserve System, Federal Deposit Insurance Corporation, and Office of the Comptroller of the Currency, "Derivative Product Activities of Commercial Banks" 1 (27 January 1993) (Joint Study Conducted in Response to Questions Posed by Senator Riegle on Derivative Products) (以下 "Joint Derivatives Study" として引用)。デリバティブは、フューチャー、オプションおよびスワップを含む。Joint Derivatives Study, App.Ⅲ at 5, 8, and 10参照。
(15) 銀行間貸出の主要な形態は、フェデラル・ファンド (Fed. funds) の購入と売却および買戻契約 (ルポ) である。フェデラル・ファンドは、「商業銀行が連邦準備金に保有する超過準備金残高を借り貸しする」市場とされている。C. Lucas, M. M. Jones and T. Thurston, "Federal Funds and Repurchase Agreements" Financial Markets, Instruments & Concepts (J. Brick, H. Baker, and J. Haslem, eds.) (2nd ed. 1986) 9-10 (以下 Lucas として引用)。また、フェデラル・ファンドの借入はフェデラル・ファンドの「購入 (purchase)」、貸出は「売却 (sale)」と呼ばれることに注意。「短期金融市場証券」および「銀行間貸借」の用語を使用する際には、Fed. funds とルポは短期証券で、銀行間貸出のテーマであるから、若干の重複がある。
(16) J. Grabbe, *International Financial Markets* (2nd ed., 1991), 65.
(17) これらは、Federal Reserve regulation D, 12 CFR Part 204 (1993) で課されている。
(18) 例えば、R. O'Brien, *Global Financial Integration: The End of Geography* (1992), 17-28, H. de Carmony, *Global banking Strategy—Financial Markets and Industrial Decay*, (1990), 58-92, and R. Smith, *The Global Bankers* 191-222, 247-253, 351-380 (1989) 参照。
(19) 例えば、*Wire Transfer* 参照。
(20) 資金移動法の他の法の集まりに対する関係に関する幾つかの著述がある。例えば、T. Baxter and R. Bhala, "The Interrelationship of Article 4A with Other Law" (1990) 45 *Bus. Law* 1485.
(21) 本文「択一的説明」の項参照。
(22) 本文「逆ピラミッド」の項参照。そこでは図が詳しく論じられている。因襲的な垂直ピラミッドに対立するものとしての逆ピラミッドの隠喩は、特に逆ピラミッドの狭い基礎が垂直ピラミッドの広い基礎より安定的でないことからすれば、何故適当であるのかは調べられうる。しかし、逆ピラミッドの狭い基礎おとびそれの益々増大する一群は、

211

第7章　電信移動法の逆ピラミッド

重要な概念的目的に役立つ。それは、資金移動法－商法のどちらかと言えば狭い且つ技術的な一群－は非常にずらりと並ぶ取引活動、清算と決済行為および資金移動システムを支持していることを例証している。それは、さらに、システムの不安定性の重要な潜在的原因を目立たせる－資金移動法の一定の規定の変更は、金融市場に有害な効果を有しうる。

(23)　UCC s. 4-105(b).
(24)　UCC がクアラルンプールの出来事に適用されると仮定すると、この条件は s. 4-105 (a)で定められている。Bank Bumi も「取立銀行」である。UCC s. 105(d).
(25)　UCC s. 3-504(1) and (2)(a).
(26)　UCC s. 4-105(d).
(27)　もっと技術的に、Chemical は、小切手が「適法に支払いうるか」どうかを決める。UCC s. 4-401(1).
(28)　UCC が適用されると仮定すると、これは、小切手の取立連鎖における暫定的信用が固まり、最終的になるとき、生じる。UCC ss. 4-301 and 4-302.
(29)　これは、外国通貨建ての、外国銀行で保有されている国内銀行の預金を利用している。J. Dolan, *Uniform Commercial Code* (1991) s. 27.2.
(30)　UCC Art. 4A, prefatory note iii. また prefatory note to the June 1987 draft of Art. 4A (on file with author) 参照。
(31)　Scott 教授は、小切手の取立法のコンテクストでこの問題と取り組んだ。かれは同法を商人慣習法（law merchant）の成文化にほかならないと見ることを正しく拒否している。
　　　私の命題は、私的契約を助けるまたは「合理的」命令を規定する必要性は、制定法上の発展のための十分な説明ではないということである。制定法上の商法ルールは、その代わりに、重要性において大部分は規制的（regulatory）なものと理解されるべきである。幾つかのルールは、私的契約が実際にリスク配分を構築していないか、または能率的には構築していないケースを扱っている。他のルールは、商人および金融機関を契約に関するコモン・ロー上の制限から免れさせるか、または、契約自由に伴う競争を排除するために制定されている。なお、他のルールは、商人の契約の自由を制限するために消費者の主張で制定されることができる。いずれにしても、制定法上のルールは、主として既存の法体制を「成文化する」というよりも変更することが目論まれている。それらは、商人であろうが、消費者であろうが、自らを市場の場で保護する様々な取引者の能力に関係する。そしてそれらは性質において結局は分配的である。: Scott, "The Risk Fixers", 738-739（斜体、筆者挿入）.
(32)　UCC s. 4A-501(a)（契約による変更の一般的承認）.
(33)　Scott, "The Risk Fixers", p. 741. 本文「資金移動システムの利益」の項参照。

(34) コースの法則の重要な仮定は、当事者は実質的関連情報を有しており、取引コストはない、ということである。コースの法則は、配分の効率性（資源の最大限の生産的使用）は、交渉が始まるスタート地点にすぎない法的権利の最初の指定には依らないで、むしろ資源の市場価値に依る、と述べている。当事者は交渉をして、各資源の限界的利益と限界的コストに基づき法的資格を取引するであろう。限界的利益が限界的コストを越えると、「交渉の余地」が存在する。従って、（隣接所有地で牛を飼育することを禁止する）最初に法的権利が割り当てられた当事者A（農場主）は、当事者B（隣の牧場主）の価値（畜牛を飼育することから生じる限界的利益）が当事者Aの資源の価値（畜牛により損害を与えられる農作物の限界的コスト）を越えるなら、法的権利を当事者Bとの交換に出す。交渉が終わると、資源は効率的に配分される。J. Coleman, "Efficiency, Exchange, and Auction: Philosophic Aspects of the Economic Approach to Law" (1980) 68 Cal. L. Rev. 221, 223-225, 236 (以下 "Colemann" として引用)。

コースの法則が複雑なケースと大きな交渉グループに適用されるかどうかは、未決定の問題である。E. Hoffman and M. Spitzer, "Experimental Tests of the Coase Theorem with Large Bargaining Groups" (1986) 15 J. Legal Stud. 149 および French, "The Extended Coase Theorem and Long Run Equilibrium" (1979) 17 Econ. Inquiry 254参照。

(35) Scott, "The Risk Fixers", 776, 792.

(36) Id., 776.

(37) 伝統的意味は、生産の単位当たりのコスト、または平均コストは、生産高の総額が増するにつれ減少するということである。Cooter and Ulen, n. 9, at 97. 資金移動制定法により規律される金融市場のプレーヤーが、一定の規定から脱退する権利を行使する場合には、代わりのルールを交渉しなければならず、それ故、取引コストを招く。そのような取引コストのために、資金移動ごとのコストは上がり、かくして長期的平均曲線は、当事者が制定法を脱退しなかった場合に実情であったようにはめざましく減少しないか、一定にはならない。このことは、規模の経済を成し遂げるためには沢山の資金移動を要するということを意味している。

(38) Scott, "The Risk Fixers", 775.

(39) Id. 761-762.

(40) 4A編の最終草案は1989年6月にNCCUSLおよびALIによって承認された。そして起草は遅くとも1987年の初旬に始まった。

(41) 例えば、Thomas E. Montgomery, Esq., Vice President and Assistant General Counsel, Bank of America から William B. Davenport, Esq., Counsel, The First National Bank of Chicago への手紙（1987年9月2日付け）（筆者保管のファイル）（「被

第7章　電信移動法の逆ピラミッド

害者の権利の害意のある（malicious)無視」に関し受信銀行に回復される損害の制限の除外は余りに曖昧であるということを示唆している）；Richard M. Gottlieb, Esq., Vice President and Associate General Counsel, Manufacturers Hanover Trust Company から Robert Ballen, Esq., Morrison & Forester への手紙および付随の主要問題リスト（1987年9月1日付け）（筆者保管のファイル）（例えば、(1)顧客の遅滞が損失に終わったと証明することの受取人(receiver)の負担はそうでなければ余りに困難であるので、顧客が受信銀行に15日以内に損失を通告しない場合には、無権限の移動からの全損失は顧客に移ること、および(2)間接的損害責任は、銀行が「悪意（bad faith)」または「害意のある無視」で行為した事例に制限されるべきことを擁護している）；John C. Warren, Esq., Vice President and Counsel, The Wachovia Corporation から Roland E. Brandel, Esq., Chairman, American Bar Association Ad Hoc Committee on Payment Systems への手紙(1987年8月7日付け）（筆者保管のファイル）（無権限の移動指図の場合の比較による過失標準を批判し、通知要件に従わない顧客は、損失に責任を負うべきであることを擁護し、また、そのような取消が受取人との契約で権限を与えられたか否かにかかわらず、怠った銀行の場合には、仕向先の銀行が受取人の口座の入金を取消す（charge back)権利を擁護している）参照。

(42)　規制的干渉のための古典的原理の概観については S. Breyer, *Regulation and Its Reform* (1982), 15-35(以下 Breyer として引用)参照。また R. Posner, *Economic Analysis of Law* (1992), 367-370 も参照。

(43)　Breyer, 24.

(44)　例えば、National Securities Clearing Corporation と Depository Trust Company の同日資金決済提案の議論、注115参照。

(45)　UCC Art. 4A, prefatory note, iii.

(46)　注44、47および51のテキスト参照。

(47)　673 F. 2d 951 (7th Cir., 1982). Evra 事件では、仲介銀行は27,000ドルの金額の支払指図を執行しなかった。指図の意図された受取人は、振込依頼人の傭船契約を取り消し、振込依頼人はもっと高い費用で新しい船の傭船契約をするよう強いられた。被告に間接的損害を引き起こす特別な事情が通告されなければ、間接的損害は利用できないという、*Hadley* v. *Baxendale* (1854), 9 Ex. 341, 156 E.r.145のコモン・ロー基準を適用して、裁判所は、振込依頼人は失われた利益210万ドルを仲介銀行から回復することはできないと判決した。

(48)　UCC s. 4A-305 and official comment 2. 間接的損害は4A編では1つの場合に利用できる。即ち、被仕向銀行が、受取人のため支払指図を承諾し、受取人に支払うことを拒否するが、資金に対する受取人の権利につき合理的な疑いがない場合である。UCC s. 4A-404(a) and official comment 2.

(49)　もちろん、制定法により排除されなければ、銀行は間接的損害に対する責任を制限することは自由である。資金移動の状況で「間接的損害」の特徴を表す問題は難しいようには思われない。銀行は、移動の元金以外の損害に対する責任、適用期間の利息および移動費用を放棄することができる。
(50)　609 F. 2d 1047 (2nd Cir., 1979).
(51)　フューチャー価値支払指図は、その執行日が受信銀行による受領日の後である支払指図である。Delbrueck は仕向銀行である Manufactures Hanover Trust Company (MHT)に対し2つの支払指図（または CHIPS の語調では支払メッセージ）を発した。即ち、(1) 被仕向銀行である Chase Manhattan Bank (Chase) に対しヘルシュタット口座に6月26日に1,250万ドルを移動するよう要求する1974年6月25日の指図と(2) Chase に対しヘルシュタット口座に6月27日に1,000万ドルを移動するよう要求する1974年6月26日の指図である。ヘルシュタットは東標準時間6月26日午前10時30分に営業停止させられた。意見は、Delbrueck の第2の支払メッセージが「6月26日の朝早く」送られたことを示しているが、それが午前10時30分前なのか、後なのか明らかにしない。*Delbrueck*, 1050. いずれにせよ、6月26日に Delbrueck は午前11時30分、正午12時、及び午後遅く MHT に対し撤回の指図を発した。6月27日に支払うべき1,000万ドルの移動は停止されたが、6月26日に支払うべき1,250万ドルの移動は完了した。6月26日に、MHT は1,250万ドルの支払メッセージを午前11時36分（1,000万ドルに関するメッセージを Chase に発することにより）と11時37分（250万ドルに関するメッセージを Chase に発することにより）に執行した。Chase は6月26日の午前9時にヘルシュタットの口座に入金した。Delbrueck は、1,250万ドルの移動は午後9時まで撤回できたが、MHT は、撤回指図に基づいて行為することを怠り、過失的に行為したと主張した。裁判所は、CHIPS 移動の撤回可能性に関する銀行の慣行と実務、ヘルシュタットの支払停止後に行われた CHIPS 完了規則の改正及び動産譲渡のコモン・ローに注意を向け、移動は撤回不能であると判示した。*Id.*, 1050-1051.
(52)　各々UCC ss. 4A-211 と 4A-405。興味深いことに、Delbrueck の事実は、資金移動が CHIPS の代わりに Fedwire を通して行われたならば、繰り返されえなかった。12 CFR s. 210.30(c). (1992). レギュレーション J の現行規定では、連邦準備銀行は、受領日より遅い資金移動営業日の執行を要求する支払指図を承諾しないであろう。従って、Delbrueck が Fedwire にアクセスし、6月25日に支払指図を準備銀行に発した場合には、指図は拒否されたであろう。しかし、ニューヨーク連邦準備銀行で維持されている外国中央銀行口座からのフューチャー価値移動に関しては同日執行ルールに対する例外とされているということを注意。
(53)　例えば、Note, "Cancellation of Wire Transfers Under Article 4A of the Uniform Commercial Code: *Delbrueck & Co.* v. *Manufacturers Hanover Trust Co.* revisited"

(1992) 70 Texas L.R.739, 740.
(54) *Securities Fund Service Inc.* v. *American National Bank*, 542 F. Supp. 323 (N.D.Ill., 1982) (*Securities Fund Services*) および *Bradford Trust Co.* v. *Texas American Bank*, 790F. 2d 407 (5th Cir., 1986) (*Bradford Trust*) 参照。
(55) 問題に対する制定法上の解決は、被仕向銀行がただ口座番号に頼ることを許している。UCC s. 4A-207 and official comment 2. 面白いことに、公式コメントの仮定の例解的ケースは、株式ミューチュアル・ファンドの受戻による収益の電信移動、即ち、金融市場取引によって起こされた資金移動を含んでいる。
(56) 例えば、*Banque Worms* v. *Bank America International*, 77 N.Y. 2d 362, 364, 568N. Y.S. 2d 541 (N.Y.C.A. 1991) (リボォルヴィング貸付契約に関する) 参照。また In re Koreag, Contole et Revision SA, 961 F. 2d 341, 344-345 (2nd Cir., 1992) (外国通貨取引からの支払債務を論じてはいないが、そのような取引と UCC 2編の適用に関する) および *Manufacturers Hanover Trust Company* v. *Chemical Bank*, 160 A.D. 2d 113, 559NYS 2d 704 (A.D. 1 Dept., 1990) (Merrill Lynch 口座への間違った移動に関する) 参照。この点のための諸意見を当てにする能力は、原因となる取引について時間をかけない傾向から、制限される。上で引用したような、中央諸銀行および国際決済銀行 (バーゼル、スイス) が公表したデータおよび報告書は、この関係でもっと役に立つ。
(57) 100万 US ドルに対し200万シンガポール・ドルの引渡が遅れている場合の US ドルーシンガポール・ドルの直物外国為替契約を仮定する。シンガポール・ドルの買主は、シンガポール証券取引所の最初の公募において、株式仲買人の顧客である合衆国の投資信託のために株式を購入する極東の持分ブローカーである。ブローカー口座へのシンガポール・ドルの入金が遅れたため、株式の購入が遅れうる。ブローカーは2次的市場における高い価格で株式を後から購入することを強いられる。ブローカーは、遅れた執行の費用を吸収するか、それを投資信託に回さなければならない。
(58) これは送信人の指図が向けられている銀行であり、送信人は指図を与える者である。UCC s. 4A-103(a)(4)-(5)。
(59) Bank for International Settlements (Basle, Switzerland), "Report of the Committee on Interbank Netting Schemes of the Central Banks of the Group of Ten Countries", para.2.16 at 14 (November 1990) (以後、銀行ネッテイング組織委員会委員長である M.A. Lamfalussy にならって Lamfalussy Report と呼ぶ)。
(60) UCC s. 4A-211 と Model Act, Art. 12.
(61) UCC s. 4A-405(c).
(62) 目的は、一人の当事者が外国為替と外国為替の代価を払うための米ドルの双方を有することを妨げることである。従って、ドルはエスクロー口座に移動され、外国通貨がエスクロー代理人に交付されるときには、解放されうる。

第7章　電信移動法の逆ピラミッド

(63) 比較可能なモデル法の規定は10条4項で発見される。
(64) 例えば R. Miller, *Citicorp : The Story of a Bank in Crisis* (1993), 129 (「電子的移動の恐ろしい力とスピードと共に、外国為替の取引の領域は恒常的に増大している」) 参照。
(65) モデル法13条によると、各受信銀行は、「振込依頼人およびそれ以後の各送信銀行を援助し、かつ」、振込が完了することを確保するために、「次の受信銀行の助力を求めることを要請される」。
(66) モデル法7条2項 (e) によると、被仕向銀行以外の受信銀行は、拒絶通知期限が経過した時に、支払指図を承諾したものとみなされる。9条1項 (h) は被仕向銀行につき同様のルールを述べている。4A編のアプローチは、支払指図の効力に5日の時間的制限を置き、拒絶通知を怠る受信銀行の責任をこの期間の利子に制限しようとする。UCC ss. A-210(b) および4A-211(d)。
(67) Model Law, Art. 18. これらは、準拠法の下で存在しうる救済である。
(68) Model Law, Art.1n.
(69) UCC s. 4A-108 (電子資金移動法 [Electronic Funds Transfer Act]、15 U.S.C. Section 1693 *et seq.* およびその実施規則であるレギュレーションE、12 CFR Pt. 205(1993)により規制される消費者取引の排除に関する)。
(70) 混同が時々「支払債務」(または「支払 [payment]」)、「決済債務」(または「決済 [settlement]」) および「履行 [discharge]」の用語の外観上同義的な使用のために存在している。これらの用語の区別は4A編またはモデル法では明瞭には行われていない。支払債務は受取人に支払をする振込依頼人の債務に関係し、これらの2当事者間の原因契約 (例えばコマーシャル・ペーパーの売買) に基づいている。債務が弁済されると、債務は法的には履行されている。UCC s. 4A-406. 対照的に、決済債務は、もっと明確に、銀行間支払債務、即ち、その指図のために受信銀行に支払をする支払指図を送信する銀行の債務に関係する。UCC s. 4-402.
(71) Bank for International Settlements (Basle, Switzerland), *Payment Systems in Eleven Developed Countiries*, (3rd ed., 1989) 215.
(72) UCC s. 4A-104(c)は振込依頼人を「資金移動における最初の支払指図の送信人」と定義している。
(73) これは、「被仕向銀行より支払を受ける者」で、「受取人の口座に入金されることが定められている支払指図で特定されている銀行」である。UCC s. 4A-103(a)(2)-(3).
(74) Model Law, Art. 14(1) と UCC s. 4A-402(c).
(75) 例えば(電子資金移動法、15USCA ss. 1693-1693r)、消費者の電子的支払に関するレギュレーションE (12CFR Pt. 205(1993))、貸付真実法 (Truth in Lending Act. 15 USC ss. 1601-1667e)およびクレジット・カードに関するレギュレーションZ (12 CFR

217

第7章 電信移動法の逆ピラミッド

s. 226(1993))参照。

(76) モデル法では、現金返還保証は、「思慮分別のある仕向銀行であれば、その振込に伴う著しい危険のゆえに、当該支払指図を承諾しなかったであろうという場合を除き」契約によって変更されることができない（14条2項）。商業的に不合理なセキュリティ手続のための契約に関する1つの制限があるが、侵入者による詐欺規定は別なように変更することができる（5条3項参照）。またノンバンクの振込依頼人または受取人に対する責任を縮小することの銀行に対する禁止もある（17条1項参照）。同様に、4A編では、唯一変更できない規定は、現金返還保証（4A-402(f)参照）、支払および違法な不払いの場合の損害賠償金を受け取る受取人の権利（4A-404(c)参照）および受取人完了規定（4A-405(c)参照）である。侵入者による詐欺規定を変更する自由には幾つかの制限があることに注意すべきである（4A-202(f)参照）。履行規定はただ振込依頼人と受取人の契約（規定はただこれらの人々にのみ影響を与えるので）によってのみ変更されうる（4A-406(d)参照）。

(77) モデル法4条（「本法に別段の規定がある場合を除き、振込の当事者の権利義務は、関係当事者の合意により変更することができる」）およびUCC 4 A-501(a)（「本編に別段の規定がある場合を除き、振込の当事者の権利義務は、その合意により変更することができる」）。資金移動システムルールは、当事者間の契約と同じくらい、4 A編体制を変更するための第2番目の手段である。システムの参加者、即ち、銀行はこの自由の受益者である。「本編で別段の定めがなされている場合を除く、システムを使用する参加銀行間の権利および義務を規律する資金移動システムは、当該ルールが本編と抵触し間接的にルールに同意しない他の当事者に影響を与える場合であっても有効である」。UCC4A－501(b)（強調付加）。事実、資金移動システムはシステムに参加しない銀行を規律することができる。4A-501(b)。

(78) 一般的にはJ. Cartwright, *Unequal Bargaining* (1991)（契約形成過程間の交渉ポジションに関する）を参照。

(79) UCC s. 4A-104(d)（振込依頼人は、それが銀行である場合には、仕向銀行である）。

(80) UCC s. 4A-104(b)（仕向銀行または被仕向銀行以外の受信銀行は仲介銀行である）。

(81) これは、「支払指図に従って受取人の口座に入金されることが定められている当該支払指図で特定されている銀行、または支払指図が口座への支払を定めていない場合には受取人に支払を行う銀行」である。UCC s. 4A-103(a)(3)。

(82) 合衆国の政府証券は明白にこのリストから除かれている。連邦準備銀行の預金取扱機関の口座で維持される帳簿登録証券は、買主からの支払と同時に、売主から買い主に交付される（証券の引渡しと代金決済の同時履行［delivery-versus-payment］又はDVP）。支払はFedwireを通してなされる一方、移動はUCC4A編によって規制されない。それは、振替であって（そこでは証券の売主が、支払指図を開始する）、「普通

218

の」Fedwire 資金移動から異なる電子的タイプのコードを運ぶ。Federal Reserve Bank of New York, Operating Circular No. 8, "Funds Transfers Through Fedwire", para. 5 (revised effective 1 january 1991). 一般的には Bank for International Settlements (Basle, Switzerland), "Delivery Versus Payment in Securities Settlement Systems" (Septmber 1992) 参照。

(83) 電信移動活動の頻度と量が増加すると、4A 編は法的確実性を供給するために必要とされる、という Spak 教授の洞察力のある議論は、充分に遠くまで及ばない。彼は、この活動は「従来グラス・スティーガル法 (Glass-Steagall Act) の下で妨げられていたこの国の商業銀行に投資銀行業の機会を開く」連邦銀行法の改正により起こされるということを正当に示唆しているが、電信移動に導く特定の金融活動を探求しないか、そのような活動に関連する利害関係グループを確認していない。M.Spak, "The Case to be made for Proposed Art. 4A of the Uniform Commercial Code: What's a Trillion Dollars between Friends?!" (1990-91) 80 Ky. L.J. 167, 168. 1933年銀行法 (ch. 89, 48 Stat. 162) の一部であるグラス・スティーガル法は、12 USCA の散在した諸規定において成文化されている。グラス・スティーガル法に関する Spak 教授の論究は、技術的には誤った印象を与える。同法は、商業銀行がノンバンク適格証券（主に会社の負債と持分）を引き受け且つ本人として扱うことができる範囲を制限しているが、そのような引受とディーリング活動は、資金移動を引き起こす金融取引の幾つかの潜在的種類の一つに過ぎない。同法は、商業銀行が、以下で述べるように、資金移動により決済される支払債務を起こす、外国為替、短期的金融市場証券を売買するか又は銀行間貸付をなし且つ受ける能力を制限してはいない。

(84) 外国為替取引では、各当事者は、同意した日に相手方に外国為替の特定額（物理的な通貨ではない）を引き渡すことを約束する。引渡は資金移動によって達せられる。従って、外国為替市場は、異なる通貨建ての銀行信用が、取引の当事者又はそれらの決済部門により指定された銀行口座に電子的に引き渡される場所である。法的には、これらの銀行信用は債権 (choses in action) である。他の通貨の受領と引き替えに渡される通貨額の比率は、2 つの通貨の交換比率 (exchange rate) である。取引が記入される日は「取引日 (trade date)」(T) である。引渡が行われる日は「発効日時 (value date)」である。事実上全直物取引 (spot transactions) のために、発効日時は取引日に続く 2 営業日もしくは T+2 (「T+2決済」) である。カナダ・ドル／US ドル取引については、取引日は T+1 (「次の朝 (tomorrow next)」のために「tomnext」または「T+1決済」) である。対照的に、先物外国為替取引 (forward foreign exchange) は、発効日時が取引日後 2 営業日以降の取引である。J. Grabbe, *International Financial Markets* (2nd ed., 1991) 393, 399 (以下では Grabbe として引用) R. Kubarych, *Foreingn Exchange Markets in the United States* (Federal Reserve Bank of New York, revised

219

第7章　電信移動法の逆ピラミッド

ed., 1983) 9-10 (以下では Kubarch として引用)参照。
(85) 世慣れた個人投資家もこれらの市場で取引をする。例えば、*Brief Amicus Curiae* of the Commodity Futures Trading Commission at 5-6, *Salomon Forex, Inc. et al. v. Laszlo N. Tauber, M.D.*, No.92-1406(4th Cir., filed August 1992) (被告 Tauber を店頭外国為替オプション市場の裕福なベテランと描写している)。もちろん、中央銀行は、無秩序な市場条件に対抗するため、外国為替市場に介入する。Federal Reserve Bank of New York Fedpoints 44, "Foreign Exchange Intervention" (February 1987). 一般的に C. Fletcher, "Sophisticated Investors Under the Federal Securities Laws" [1988] Duke L.J. 1081(1981) app. (制定法の解釈と世慣れた投資家のポジションに基づいて世慣れた投資家とそうでない投資家の異なる扱いを正当化する) 参照。
(86) Grabbe,75 and Kubarych (revised ed., 1983), 36. CHIPS の資金移動営業日の終わりの日のネット・ポジションは、CHIPS 決済参加者の口座へと口座からの Fedwire 移動により決済される点で、Fedwire が関連する。*Wire Transfers*, 203-204.
(87) Board of Governors of the Federal Reserve System, *The federal Reserve System — Purposes and Functions* (1984), 109 (以下 Purposes and Functions として引用)。
(88) 注115の National Securities Clearing Corporation と Depository Trust Company の同日資金移動決済提案の議論参照。幾つかの会社と自治体の証券に関する支払は、まだ翌日資金決済システムによって行われていることは書きとめられなければならない。これは銀行自己宛小切手(cashiers)又は手形交換組合銀行小切手(clearing bank cheques)の使用を伴う。Board of Governors of the Federal Reserve System Staff Study no.163, "Clearance and Settlement in US Securities Markets", app. D.28-29(March 1992)参照。
(89) *Purposes and Functions*, 109. 事実、Fed ファンドとレポ市場 (repo markets)は、双方とも「直ちに利用可能な資金」(Fedwire を通しての資金移動に当てはまる用語)で決済されるので、「短期の直ちに利用可能な資金のための市場」であると呼ばれるべきことが示唆されている。Lucas, 10.
(90) D. Weiss, *After the Trade is Made : Processing Securities Transactions* (1986), 214, 387. また注115の National Securities Clearing Corporation と Depository Trust Company の同日資金移動決済提案の議論参照。
(91) 「金融市場」参照。
(92) 一般的に H. Yebi, *China's Capital Market* (1993), 69-74 and Bank Negara Malaysia, *Money and Banking in Malaysia* (3rd ed., 1989), 339-366参照。
(93) その幾つかは不変である、ピラミッド以外の要素がある。地理的位置と時間帯における相対的ポジションはロンドンを魅力的にしている。——取引時間がニューヨークと東京市場の双方と重複している。ピラミッドの中で、第2レベルの時間のかかる、あてに

第7章 電信移動法の逆ピラミッド

ならない清算決済機構は、投資者間の所有権の移動を妨げる。例えば、ロンドン証券取引所(LSE)における非公認証券の取引を決済するためのTaurus計画の瓦解は、LSEの国際的威信を傷つけた。"Taurus Done to Death", *Financial Times* (London), 12 March 1993, at 13 and "After Taurus: City Lessons", Financial Times (London), 23 March 1993, at 17参照。不適当な保管取り決めはこれまで、合衆国の投資会社が直接上海深圳証券取引所に投資することを妨げた。

(94) B. Summers and H. Blommestein(eds.), *The Payment System in Developed Economies* (1993近刊)参照。これらの国の金融取引の決済の関係で他の諸国の資金移動法を分析することは、本章の範囲を越えている。ヨーロッパ通貨で呼ばれる金融取引から生じる支払債務を決済するために使用される欧州大口電子振込システムと欧州通貨単位(European Currency Unit(ECU))に対する優れたガイドとして(例えば、スターリング振込に関する連合王国の Clearing House Automated Payments System もしくは CHAPS 及び国際的フランス・フランを決済するためのフランスの SAGITTAIRE)、Committee of Governors of the Central Banks of the Member States of the European Economic Community, *Payment Systems in EC Member States* (September 1992)(以下 Payment Systems in EC Member States として引用)参照。

(95) 例えばUCC s. 4A-102 official comment(「資金移動は利益の競争を含む——公共の利益のほかに、資金移動サービスを提供する銀行とサービスを使用する金融組織の利益。これらの利益の競争は、起草過程で示され、十分に考察された。できあがったルールは、これらの利益の注意深い且つ鋭敏なバランスを意味している」(強調を付加している)。同様に、モデル法は中央銀行、財務大臣及び司法大臣、地域的及び国際的組織を代表する世界中のUNCITRAL代表の間で交渉された。UNGAOR, 47th Sess., Supp. No. 17 at pp. 2-4, UN Doc. A/47/17 (1992). モデル法を交渉し、起草する際の共通のアプローチは、「消費者賛成」と「銀行賛成」の系統にそって代表団を分けていることである。

(96) 以下の「トレーダーの利益」から「資金移動システムの利益」まで参照。

(97) シンガポール・ドル−USドル直物外国為替市場における100万シンガポール・ドルの空売り(short sale)を考えよ。これは、空売りをカバーするための100万シンガポール・ドルの買いにより追いかけられる。仲買手数料又はその他の取引コストがないとすると、空売り価額は、1USドルにつき1,640シンガポール・ドルであり、買戻価額は、1合衆国ドルにつき1,641シンガポール・ドルである。取引の利益は、609,756.10USドルの空売り価額と609,384.52USドルの買戻価額の差額である371.58USドルである。

(98) UCC ss. 4A-301及びModel Law, Art. 11(1).

(99) UCC ss. 4A-305(c)及びModel Law, Art. 18.

(100) UCC ss. 4A-405(c). Model Lawには受取人完了性ルールはない。

(101) UCC ss. 4A-406及びModel Law, Art. 19n.

221

第7章 電信移動法の逆ピラミッド

(102) UCC ss. 4A-407 and 4A-208及び Model Law, Arts 8 and 10.
(103) UCC s. 4A-402(c)及び Model Law, Art. 14.
(104) UCC s. 4A-501及び Model Law, Art. 4.
(105) これらのルールの各々が関連金融市場プレーヤーの利益を満たす範囲を評価することは、本章の目的を越える。この決定的分析は、姉妹論文である注3で引用のR. Bhala, "Paying for the Deal: A Critical Analysis of Wire Transfer Law and International Financial Market Interest Groups"で行われている。
(106) T. Buchholz, *New Ideas from Dead Economists* (1990), 21(A. Smith, *Wealth of Nations*, vol. 1, p. 456を引用)。
(107) US General Accounting Office, Pub. GAO/GGD-90-33, "Clearance and Settlement Reform: The Stock, Options, and Futures Markets Are Still At Risk" (April 1990), 10(以下1990 GAO Report として引用)。
(108) 「トレーダー」(traders)の用語はその機関の口座のため売買をする本人に注意を集めるために使用されている。ブローカー（例えばマレーシア・リンギットの売主の相手方又はタイの会社の株式の買主の相手方を得る際の）が包含されるが、しかし彼らは、資金移動法の意義を変えない事実上の複雑性（及び取引コスト）を追加える。トレーダーの役割に関する一般的紹介のためにD. Weiss, *Traders : The Jobs, The Products, The Markets* (1990).
(109) 「金融市場」参照。2つの注意がこの議論について留意されなければならない。第1に、すべての金融証券のすべての支払債務が資金移動によって決済されるわけではない。極端な例を考える。ボンベイ証券取引所で株式を購入する投資家はその株式を資金移動で支払わない。しかし、資金移動は、その支払債務を電信で決済する金融取扱者間の潜在的利害関係を予想しなければならない。以下で議論する National Securities Clearing Corporation(NSCC)と Depository Trust(DTC)の最近の同日資金決済提案は、適例である。極端でない例はデリバティブ取引である。典型的には、フューチャー契約は相殺取引で決済される。R. Fink and R. Feduniak, *Futures Trading : Concepts and Strategies* (1988), 48.

第2に、証券購入から生じ、電子的に決済されるすべての支払債務が資金移動であるというわけではない。US政府証券の購入は電子的手段で支払われるが、支払は資金移動法により規律されない。これらの証券取引は支払に対する交付に基づいて連邦準備帳簿登録システム（Federal Reserve's book-entry system)を通して行われる。購入された財務省証券の支払は、連邦準備銀行に維持された勘定から引き落とされることによって行われ、買主の証券口座は同時に証券額だけ入金される。これらの帳簿登録証券取引の支払面は、部分的には、支払指示が関連運営回状（operating circular）の下での「支払指図」ではないので、4A編又はレギュレーションJにより規律され

第7章 電信移動法の逆ピラミッド

ない。Federal Reserve Bank of New York Operating Circular No. 8, "Funds Transfers Through Fedwire" para. 5(改正1991年1月1日施行)(「支払指図であるメッセージの様式コードを列挙」)。概念的には、DVP取引の支払面は、証券の売主(受取人)が支払を指示する限りで振替である。振替は4A編により規律されていない。UCC prefatory note ii and s. 4A-103(a)(1)(i)(「支払指図」の定義は振替を排除している)。

(110)　UCC Art. 4A, prefatory note, i(「4A編でカバーされる支払は、圧倒的に事業機関又は金融機関の間のものである」).

(111)　Grabbe, 75-76参照。外国通貨の買い主と売主は、外国為替の受け取りと引渡のためにお互い又はコルレス銀行口座と口座を維持している。外国為替のプレーヤーであるためには、取引が行われる各通貨で口座を維持することが必要である。

(112)　*Payment Systems*, p.225.

(113)　*Id*., p.226.「金融市場」を参照。

(114)　*Id*.

(115)　例えば、普通株、優先株、会社・自治体の債券、ユニット投資信託およびワラントの取引を決済するための現在のDTC―NSCCシステムは、翌日資金決済システムである。Memorandum from the Depository Trust Company and National Securities Clearing Corporation to Users and Interested parties re : A Same-day Funds Settlement System Proposal for Industry Evaluation, 5(1 June 1992)(以下ではSDFS Proposalとして引用)。証券取引の結果としてNSCC又はDTCにお金を借りているNSCCの会員又はDTC参加者は支払保証小切手（certified cheque)で支払う。NSCC又はDTCがお金を借りているときには、支払は為替手形で行われる。支払保証小切手と為替手形は1日内に現金化する。SDFS Proposal, pp. 5-6. NSCCとDTCは、証券取引から生じる会員と参加者への又は会員と参加者からのあらゆる支払がFedwireを通して資金移動によって行われる同日資金移動システムに転換することを提案している。SDFS Proposal, pp. 1, 5-6. このことは、「同日資金移動システム」であり、これは目下ただコマーシャル・ペーパーのためにのみNSCCとDTCにより提供されている。SDFS Proposal, p. 5.

(116)　Payment Systems, p. 220.

(117)　上で論じたDelbrueck, 609 F. 2d, 1049-1050参照。事実、ニューヨーク連邦準備銀行元頭取はその日の内の信用リスクを強調し、支払システムは伝統的銀行貸付と類似した信用拡大手段であると主張した。：

　経済システムと金融システムは、ただ、その支払システムと同じだけ能率的で、安全でありうる。次に、支払システムの効率と安全性は、商品、サービス又は金融取引のために支払を行う者又は受取人が、この過程は―その性質により―多様な長さの時

223

第7章　電信移動法の逆ピラミッド

間的ギャップを伴うので、支払が行われることができ、行われるであろうという信頼を有する程度に著しく基づいている。次に、これらの時間的ギャップは必然的に、支払を行い受け取る過程が、その信用がただ1日または1時間のために供与されても、信用を供与する過程であるということを意味する。要するに、我々が知っている様に、支払システムは今日信用システムである。

　　　E. Corrigan, *Financial Market Structure : A Longer View* (1987). Corriganのポイントは、金融取引の当事者は100万又は10億ドルの支払指図を送り、受領する。そして、支払われる資金と受け取られる資金の間にギャップがあるときには、リスクを負っていると言うことである。支払債務が定刻に履行されないと、連鎖又はその後の債務不履行は、金融システムの崩壊を引き起こしうる。当事者は、支払システムの健全性に信頼を有しているなら、これらのギャップにもかかわらず、喜んで事を進める。その重要な決定因子は、適用される法的枠組みである。

(118)　過振り費用はそのようなコストである。トレーダーが、取引1から得た資金を、取引1の最終決済を受け取る前に取引2に充てるなら、過振り手数料が、請求される。最初、連邦準備は1日内基準でそのような費用を履行した。"Modification of the Payments System Risk Reduction Program : Daylight Overdraft Pricing", *57 Fed. Red.* 47, 084 (14 Octobre 1992) and "Modification of the Payments System Risk Reduction Program : Measurement of Daylight Overdraft", *57 Fed. Red.* 47, 093 (14 Octobre 1992)

(119)　一般的には G. Dufey and I. Giddy, *The International Money Market* (1978), 61-71 参照。

(120)　交換率は、素早い、ダイナミックな変動のために有名であるが、迅速な引渡のための必要性はこのような変動を前提としていないということに注意。直物または先物がなされるレートは取引日であって、発効日時ではない。

(121)　UCC Arts. 4A-207(b)(1)・4A-208(b)(1)を Model Law, Arts. 8 and 10(4)と比較せよ。4A-208条(b)(1)と異なり、8条は、仲介銀行名又は被仕向銀行名の誤記につき何も述べていない。従って、4A-208条(b)(1)の下で行為する受信銀行は、明らかに誤記を見つける義務がない。対照的に、8条4項は、支払指図の不十分な情報を述べているが、明らかに銀行の義務を定めていない。10条4項は、被仕向銀行が不一致を発見するときには、訂正処置を講じなければならないことを示しているが、銀行が不一致をチェックする義務があるか否かを示していない。対照的に、4A-208条(b)(1)はそのような義務がないと述べている。

(122)　1ベーシス・ポイント（basis point）は0.01パーセントである。

(123)　理論的には、これが唯一の可能な経済的反応ではない。競争のため銀行は同じサービスをロー・リスクで、同じコストで行うことが考えられる。

第7章　電信移動法の逆ピラミッド

(124) UCC s. 4A-305(c).
(125) Model Law, Art. 18.
(126) 例えば R. Bhala, Preminary Summary of Findings of Survey on Foreign Exchange Trading Practices (26 January 1993)(on file with author); Lawyers Group of the Foreign Exchange Committee, draft master agreement for spot and forward foreign exchange contracts (on file with author); Foreign Exchange Committee and British Bankers' Association, International Currency Options Master (ICOM) Agreement and Guide 参照。
(127) 清算は「取引が比較され、釣り合わせられ、そして確認される過程」を指す。C. Mooney, Jr., "Beyond Negotiability : A New Model for Transfer and Pledge of Interests in Securities Controlled by Intermediaries" (1990) 12 Cardozo L.Rev. 305, 316 (footnote omitted)("Mooney")。それは、「取引データを捕えて、データの買い主と売主の説明を比較し、そして、データが釣り合うと、取引が決済されることを保証すること」を伴う。: 1990 GAO Report, p. 10.
(128) 決済とは、「取引当事者が次の条件のもとに債務を履行する過程である——一般に売主による証券の引渡［又は外国為替取引の場合には、適当な外国為替］及び買い主による同意した代金の支払いである」: Mooney, p. 317(footnotes omitted). 決済は、取引当事者間の資金および／又は金融証券の交換を伴う。「お金及び／又は金融証券を借りている者は、支払又は引渡を行う。お金及び／又は証券を貸している者は資金又は証券を受け取る」: 1990 GAO Report, p. 10.

　逆ピラミッドの第2レベルで「決済」という用語を使用することは、ピラミッドの第2レベルと第3レベルの間に重複が存在するかどうかの問題を引き起こす。第2レベルは、清算、決済及び保管事項を意味する。焦点は、取引、支払指示及び金融機関への所有権の請求権の移動を確認することである。対照的に、第3レベルは資金移動を意味する。焦点は、きっぱりと銀行信用の電子的移動である。ただこのレベルのみが、支払債務を決済する特別の手段（資金移動）と特別の資金移動システム（Fedwire 又は CHIPS）に関係する。第2レベルの面で使用される「決済」は、総称である。資金移動が最も普通に使用される方法で及び／又は決済された金融取引の量の観点から最も重要であるけれども、それは、決済のあらゆる考えられうる手段である、現金、有価証券、信用状、資金移動のような支払方法を含む。例えば、（帳簿登録合衆国財務省証券のような）幾つかの証券の支払は、支払に対する引渡によって行われる。即ち、証券の電子的引渡と電子的資金移動が同時に行われる。二者択一的に、(National Securities Clearing Corporation を通して清算され且つ Depository Trust Company で保管される証券のいくらかのような) 他の証券は、銀行自己宛小切手 (cashier's check) によって支払われる。ピラミッドの第2レベルでは、これらの二者

225

第7章 電信移動法の逆ピラミッド

択一の間の区別はない。対照的にピラミッドの第3レベル交付では、ただ決済の一つの方法は資金移動であり、それを規律する法は、資金移動を考えている。

第2レベルと第3レベルをこのように区別することの正当化は部分的には実務的である。資金移動は、支払取引量とドルの額の観点から、その他の支払手段よりも著しく重要である。*Payments Systems*, pp. 215-225参照。毎日、数10億ドルを意味する数100万の取引から生じる支払債務は資金移動と通して履行される。逸話のような証拠も区別を説明する。相当な努力が、資金移動に関係する事項に、金融機関の監督機関、即ち、連邦準備によって払われている。UCC4A編及び国連モデル法を起草する際に連邦準備の代表者によって演じられた重要な役割は、資金移動法の認識された重要性を例証している。

(129) より一般的には、逆ピラミッドの第2レベルのプレーヤーは銀行の清算、決済及び保管施設である。これらは、トレーダーの金融機関の事務部門から、幾つかの機関が参加している良く物事を知っている清算、決済及び受託施設まで及ぶ。本章の焦点は支払債務の決済であって、特定の金融証券に対する所有権の請求権の移動のための機構又はこれらの証券の保管ではないので、この良く物事を知っている施設は強調されていない。一般的に、E. Guttman, *Modern Securities Transfers* (3rd ed., 1989) and C. Mooney, "Property, Credit, and Regulation Meet Information Technology: Clearance and Settlement in the Securities Markets" (1992) 55 Law & Contemp. Prob. Probs. 131, 135-139. 参照。金融証券のための主要な合衆国の清算と決済システムにはNational Securities Clearing Corporation(会社のエクィティのため)、Options Clearing Corpration（オプション契約のため)、及びBoard of Trade Clearing Corporation(フューチャー契約のため) がある。1990 GAO Report, pp. 12-14(株式、オプションおよびフューチャー取引に関し)を参照。連邦準備帳簿登録システムは合衆国財務省債務のための清算・決済・保管施設である。Federal Reserve Bank of New York, "Book-Entry Procedure" (Fedpoints 5, October 1986)参照。主要なオフショア施設にはFX、NET（参加者は双務的に同じ通貨と履行日のための直物と先物の外国為替取引をネットしている）及びEuroclearとCedel（長期国債ボンド市場と短期ユーロ・ノート市場の受託・決済組織）がある。EC Report, pp. 294-295.参照。

(130) このことは、確実性の価値が他の支払機構を規律する法で重要でないということを示唆するものではない。事実、UCCs. 1-102は、UCCは「文字通りその基礎になっている目的と政策を促進するために解釈、適用されなければならない」ことを示唆している。資金移動の面で、以下で詳細に論じる確実性は、小切手処理の利害当事者の適切な動機である。UCCss. 4-301-4-33（小切手取立に関する)。しかし、資金移動は短期的な大きな金融取引を決済するために使用されるので、確実性は資金移動の面では異なった現れと意味を持つ。

第7章　電信移動法の逆ピラミッド

(131)　これは、送信人の指示(支払指図)が向けられる銀行である。UCC s. 4A-103(a)(4).
(132)　これは、「仕向銀行又は被仕向銀行」以外の受信銀行である。UCC s. 4A-104(b).「仕向銀行」は、振込依頼人が銀行以外の法人である場合、振込依頼人(資金移動の最初の支払指図の送信人)の支払指図が送られる銀行である。: UCC ss. 4A-104(c)-(d). 振込依頼人が銀行の場合には、振込依頼人と仕向銀行は同じ当事者である。「被仕向銀行」は「支払指図に従って受取人の口座に入金されることが定められている当該支払指図で特定されている銀行」である。: UCC s. 4A-103(a)(3).
(133)　注78参照。
(134)　これは「被仕向銀行により支払を受ける者」である。: UCC s. 4a-103(a)(2).
(135)　UCC ss. 4A-207(b)(1)(受取人を記述する口座名と番号の間の支払指図における不一致に関する)と4A-208(b)(1)(指図の送信人が銀行である場合の仲介銀行又は被仕向銀行を記述する口座名と番号の間の支払指図の不一致に関する)。
(136)　Id.
(137)　Model Law, Arts. 8 and 10(各々被仕向銀行以外の受信銀行と被仕向銀行の債務を含む)。
(138)　UCC s. 4A-405(c).
(139)　UCC s. 4A-405(a). それはまた、被仕向銀行が受取人の口座に入金し、それから「適法に入金されているお金を受取人の債務の弁済に充当する」か、別の方法で受取人に提供される時に生じる。Id.
(140)　UCC s. 4A-406 and Model Law Art. 19n.
(141)　UCC s. 4A-104(a) and Model Law Art. 19(1).
(142)　UCC s. 4A-406(a) and Model Law Art. 9(1)(d).
(143)　UCC s. 4A-402(c) and Model Law Art. 14(2).
(144)　限定的例外は、送信人がその後に破産した特定の仲介銀行の使用を指定した場合に適用される。そのような送信人は現金返還保証の資格がない。送信人は、選んだ銀行の崩壊から生じる損害のリスクを負担する。: UCC s. 4A-402(e) 及び Model Law, Art. 14(3).
(145)　UCC s. 4A-201-4A-203 及び Model Law, Art. 5. これらの難解なルールは *Wire Transfer*, pp. 39-51(Art. 4 Arules) and 272-275(Model Law rules)で詳細に説明されている。
(146)　「金融市場」参照。
(147)　「金融市場」および「逆ピラミッド」参照。2つの主要な米国の資金移動システムについては：
　　　　CHIPSの70%以上がドル建ての国際的支払である一方、Fedwireは主に国内の支払のために使用される。即ち、Fedwireは銀行間オーバナイト(翌日物)ローン、銀

227

第7章 電信移動法の逆ピラミッド

行間決済取引、会社対会社の支払、証券取引の決済のために使用される。逆に、CHIPS は外国為替取引とユーロドル投資のために使用される。

Payment Systems, p. 220（強調が付けられている）。

(148) 注 6 — 7 参照。

(149) 証券会社（明らかに取引と決済機能を有する）は Fedwire に直接アクセスを持っていない（即ち、Fedwire に参加していない）で、非常に僅かな CHIPS 参加者であることは、注意されるべきである。

(150) 1980年通貨管理法（Monetary Control Act）では「預金取扱機関」（Depository institutions (DIs)）は Fedwire へのアクセスが許される。12USCA s. 248(o)(1992)。Fedwire へのオンライン（直接コンピュータ・アクセス）を有する数千の DIs と、オフライン・アクセスの沢山の小さな DIs が存在している。*Wire Transfers*, pp. 11, 184. 多くの世界最大の銀行を含む122の CHIPS 参加者がある。*Wire Transfers*, p. 11. また Bank for International Settlements (Basle, Switzerland), *Payment Systems in Eleven Developed Countries* (1989), 224（以下 Payment Systems として引用）。

(151) 受信銀行の「資金移動営業日」とは、1日のうち、銀行が、支払指図の受取、処理および伝送ならびに支払指図の取消および訂正のために開いている時間帯である。UCC s. 4A-105(a)(4). CHIPS は、支払債務の多角的ネッティングに基づいてニューヨーク連邦準備銀行の帳簿上その日の終わりに決済が行われる同日資金決済システムである。Fedwire は、決済が即時に行われる同日資金決済システムである。システムのネット債務参加者とは、相対又は多角的ベースで差引計算される日に送りまた受け取った支払指図の結果として、その相手方（相対ネッティング取り決めの場合）又はシステム（多角的ネッティング取り決めの場合）にネット支払債務を有する者である。CHIPS と Fedwire 操作の説明については、*Wire Transfers*, Pts. III—IV参照。ネッティング組織の批評については Lamfalussy Report 参照。

(152) *Payment Systems*, pp. 2-3.

(153) ネッティングは複雑なそして急速に進展している論題である。中央銀行と他の政策立案者のための情報とガイダンスの唯一の重要な資料は Lamfalussy Report である。

(154) Lamfalussy Report, para. 2.4 at p. 11.

(155) *Id*., para. 2.12 at p. 13.

(156) 外国為替又は金融商品を売った個人プレーヤーは、資金移動による最終支払の受領は、CHIPS Rule 13のような異常な決済ルールのために、本質的に保証されている、と見ていると仮定する。プレーヤーの見地からは、保証は内面化され、他の支払手段よりも資金移動を選択するインセンティブになる。一般的に Coleman, pp. 221, 231-232（外部的効果と外在性を論じる）参照。

(157) （多くの CHIPS とすべての Fedwire 参加者の規制当局のほかに）最後の貸し手と

して、連邦準備の割引窓口（discount window）は、資金移動システムの不履行参加者のための流動性の決定的源泉である。12 CFR, Part 201(1993)（割引窓口操作に関するFederal Reserve Regulation A）参照。システムが不履行の反対効果を含みうる範囲まで、緊急貸付操作は不要である。

(158) 例えば、the CHIPS Rules と *Wire Transfers*, Pt. IV参照
(159) H. Scott, *New Payment Systems : A Report to the 3-4-8 Committee of the Permanent Editorial Board for the Uniform Commercial Code* (1978), 40（以下 Scott, *3-4-8* Report として引用）。
(160) CHIPS, Rules 12-13.
(161) 例えば International Currency Options Master Agreement and Guide 参照。
(162) *Payment Systems in EC Member States*, p. 294における Exchange Clearing House Organisation(ECHO)の議論参照。
(163) UCC s. 4A-501(b).
(164) UCC s. 4A-501(b).
(165) UCC s. 4A-501(b) and 4A-507(c).
(166) 双方的及び多角的ネッティングと何時支払が行われるかの確認に関する Art. 6(b)(iv)(b)は、用語が使用されている唯一の例である。
(167) Model Law, Art.4.
(168) 例えばH. Scott, *3-4-8 Report*, pp. 35-36（電信移動はBankwire（現在廃止）とFedwireに非常に集中している」)参照。自然独占家は、単位コストが生産の各レベルで下に向いている生産者である（即ち、製造におけるスケールの経済がある）。従って大きな生産者は、小さな生産者よりも低い値段で売ることができる。Cooter and Ulen, n. 9 at p. 97.
(169) CHIPSとFedwireは、Fedwireが制定法の下で幾分ユニークな扱いがなされているが、UCC s. 4A-105(a)(5)の下での「資金移動システム」である。s. 4A-105 official comment 3.
(170) Fedwireは、それを所有し管理する連邦準備銀行が私的サービスを提供する独立の連邦エージェンシー（連邦準備システムの理事会）の手段であるので古典的な意味での政府のサービスと考えられない。Fedwireも、地方の準備銀行との書面契約に署名する預金取扱機関のみが準備銀行に直接支払指図を送り及び準備銀行から指図を受けることができるので、公益と結び付いた外在性問題も提出しない。例えば、Federal Reseve Bank of New York, Operating Circular No. 8, "Funds Transfers Through Fedwire" (Revise effective 1 January 1991)参照。公共の利益は「消費に競争はなく、私的供給者にとって不払の受取人を排除する費用が高い」ということである。Cooter and Ulen, p. 108. 証券会社はFedwireサービスの消費のための潜在的ライバ

第7章 電信移動法の逆ピラミッド

ルである。1980年通貨管理法の下では（12 USCA s. 248(o)）、準備銀行は非預金取扱機関を排除することができる。
(171) R. Bhala, "Paying for the Deal: A Critical Analysis of Wire Transfer Law and International Financial Market Interest Groups"（近刊）。
(172) このことは、資金移動法と金融市場の成長と発展の間の連関を調査する唯一の適当な方法があるということを示唆するものではない。経験的な研究が1つの手段である。証券、デリバティブ、および外国為替トレーダー、それらの事務部門とそれらの法律家を調査することは、確かに、モデル法がしっかりと逆ピラミッドを支持するか否かを吟味するための1つの適合的方法である。ここでのアプローチは研究室を使用すること、即ち、仮説的取引を展開し、キー・プレーヤーの利益を分析することである。

Raj Bhala

Assistant Professor of Law, Marshall-Wythe School of Law, College of William and Mary, Williamsburg, Virginia, U.S.A.

第8章　ホールセール資金移動——UCC4A 編

I　序

　1989年の統一商法典（UCC）4A編の発布前には、合衆国にホールセール電信移動を規律する法的ルールの明瞭に定められた枠組みはなかった。本論文執筆時において4A編はすべてのアメリカの州で制定されているわけではなく、制定は速やかに進行中である。いずれにしても、4A-507条における準拠法が自由に選択され、修正を少し伴って4A編が連邦準備制度理事会レギュレーションJに組み入れられ[1]、また4A編が幾つかの資金移動システム契約に採用されていることは[2]、4A編を制定しなかった州においてさえ、これが電信移動にしばしば適用できることを意味している。

　4A編は、「ホールセール」（wholesale）資金移動に制限されており、既に広範な連邦法によりカバーされているデビット・カードとクレジット・カード取引を含む、消費者電子資金移動には適用されない[3]。4A編は銀行システムを通して行われる資金移動に限定されており、Western Union のようなノンバンク団体経由の移動に適用されない[4]。

II　定義および基本的概念

　「支払指図」の概念は4A編の中心である。「支払指図」は、「送信人」による銀行に対する（口頭により、電子的にまたは文書で伝達される）4A-103条(a)(1)の制限内で「受取人」への金銭の支払の指示と定義されている[5]。「送信人」は、そのような指示を与える者（最初の「送信人」は「振込依頼人」と呼ばれる）であり、「受取人」は、支払を受ける者である[6]。支払指図は、振込依頼人がそのような指図を銀行に発する時に、始められる。受信銀行は次に他の受信銀行のためにそれを「執行する」ことにより指図を「承諾する」[7]。このプロセスは、指図が被仕向銀行に送られ、被仕向銀行により承諾されるまで繰り返される。

231

第8章　ホールセール資金移動——UCC4A編

　支払指図の承諾は、受信銀行に指図に従う責任を生じさせる[8]。承諾は、受信銀行が指図に従い支払を送ることにより、または、被仕向銀行の場合には、受取人に支払を受け取った旨を通知することにより支払指図を執行する時に、生じる[9]。
　正しい用語の使用は、4A編取引を表すときに、決定的である。「振込依頼人」は「仕向銀行」に「支払指図」を与えることにより資金移動を開始する。仕向銀行は支払指図を「執行する」ことによってそれを「承諾する」。それにより「送信人」になる。「受信銀行」は今度は同じように他の「受信銀行」のために指図を「執行する」ことによりそれを「承諾する」。最後に指図は「被仕向銀行」のために執行される。被仕向銀行は、支払を受け取った旨を「受取人」に通知することにより指図を「承諾する」。すべての「仲介銀行」(仕向銀行と被仕向銀行の間の銀行)は、指図を「承諾し」そしてそれを「執行する」ので、「受信銀行」であると同時に「送信人」である[10]。各銀行の債務のための本質的基礎は原因契約（支払指図）と4A編のルールに従ったその契約の銀行の承諾である[11]。

III　誤りおよび無権限指図に対する責任[12]

　支払指図を開始するかまたは執行する振込依頼人および各送信人の権限は、代理原則により規律される[13]。銀行が顧客によって承諾された「商業的に合理的な手続」を適切に行い、そして銀行がこの手続に従った場合には、指図が実際に授権されているか否かにかかわらず、指図は顧客により授権されたものとして扱われる[14]。支払指図を処理する銀行は、銀行に付帯的特別事情が事前に告げられていなければ、遅滞またはその他の誤りに基づく間接的損害に対して責任を負わない[15]。
　4A-201条は、「セキュリティ手続」を次のように定義している。即ち、

　「セキュリティ手続」とは、（ⅰ）支払指図または支払指図の訂正若しくは取消の通知が顧客のものであることを証明するために、または、（ⅱ）支払指図若しくは通知の伝送若しくは内容の誤りを見つけるために、顧客と受信銀行との合意によって確立された手続を意味する。セキュリティ手続は、アルゴリズム若しくはその他の

コード、確認のための文字若しくは数字、暗号化、コールバック手続または類似のセキュリティ・デバイスの使用を必要とする。支払指図または通知上の署名と顧客が認めた署名見本との照合は，それだけではセキュリティ手続ではない。

4A-202条（b）によると、ただ次の場合にのみ、セキュリティ手続の実行は、支払指図が授権されたか否かにかかわらず、受信銀行を保護する際に、有効である。即ち、

（i）当該セキュリティ手続が、無権限の支払指図に対する保護を備えた商業的に合理的な方法である場合、および、（ii）銀行が善意で且つセキュリティ手続および顧客の名義で発せられた支払指図の承諾を制限する顧客の文書による合意または指示に従って支払指図を承諾したことを立証する場合。

「商業的に合理的な」という用語は定義されていないが、しかし4A-202条（c）は、（銀行が知った）顧客の事情、提示された他のセキュリティ手続および「類似の状況にある顧客と受信銀行により一般的に使用されている」セキュリティ手続は、この「法律上の問題」を決定する際に使用されるファクターであると規定している。

その他の4A編の規定は、誤った指図、誤執行、重複指図、受取人の誤記、不適当に執行された指図およびその他の類似の問題を規律している[16]。

IV 支払指図を承諾する銀行の債務

4A-302条ないし4A-305条は、支払指図の承諾に関する銀行の義務を規律する重要なルールを含んでいる。一般に、受信銀行（被仕向銀行以外）が支払指図を承諾すると、銀行は「（i）資金移動を実行するにあたって利用される仲介銀行、若しくは資金移動システム、または（ii）資金移動にあたって、支払指図が伝送される手段」に関する送信人の指図に従って、支払指図を執行日に発する義務を負う[17]。本条により、仲介銀行が資金移動に関連する場合には、受信銀行は振込依頼人の指図に従って指図を発する義務を負う。被仕向銀行が送信人の指図に従った支払指図を承諾しない場合には、送信人は支払を免除され、なされた支払を取戻す権限がある[18]。

第8章　ホールセール資金移動——UCC4A編

V　支払指図の伝送

　支払指図を伝送する手段は、送信人の指図に依る。送信人の指示において述べられた支払日は、受信銀行がその支払指図を「支払日にまたは支払日に次ぐ実行可能な限り早い日に受取人に支払をするために合理的に必要とされる時および方法により」伝送することを義務付ける[19]。この規定および4A編第2部および第3部のその他の規定は、信用機関の職員が誤って執行された支払指図に関する受信銀行の制定法上の債務に精通するよう、念入りに再検討すべきである。

VI　手数料および決済

　手数料および臨時の決済は、銀行—顧客契約に記載されるべき重要な問題である。4A–302条（d）は、受信銀行は、「送信人による」指示がない限り、手数料および諸費用は差し引かれることも、そのような差し引きのための指示を与えることもできない、と規定している。4A–405条（d）は、受取人、被仕向銀行および仕向銀行がそのような暫定的信用を許すルールにより拘束されることに合意しているという要件を含む制定法上の基準が満たされた場合のみの暫定的支払を規定している。ルールは、支払の暫定的性質についての通知が、資金移動が開始される前に、受取人および振込依頼人の双方になされるべきことを規定している[20]。
　最後に、財務省が、銀行による資金移動に関する記録保持要件の強化および非預金勘定保有者の追加情報請求を提案したことは、書きとめられるべきである[21]。

Ⅶ 支　　払

（1）支払一般

　4A編第4部は指図の受取人への支払を規律している。「支払日」は、指図の金額が被仕向銀行により受取人に支払われる日である[22]。この日は、送信人の指示によって決定されるが、被仕向銀行によって受け取られる日よりも早い日であることはできない[23]。指示がないときには、支払日は、指図が被仕向銀行により受け取られる日である[24]。

　各送信人は、指図が受信銀行によって承諾される場合、受信銀行に支払う義務がある[25]。受信銀行が被仕向銀行である場合には、受信銀行による指図の承諾は、支払日に送信人が支払うことを義務付ける[26]。その他の場合には、受信銀行による承諾は、送信人が送信人の指図の執行日に支払うことを義務付ける[27]。

　支払指図が承諾または完了されない場合、受信銀行は、送信人が支払う義務がない範囲まで、利息とともに支払を返還する義務を負う[28]。受信銀行が（支払不能、その他の支払停止または準拠法のため）そのような支払を返還することができない場合には、損失のリスクを、その受信銀行を指定した送信人が負う[29]。

　上述のすべてのルールは4A-303条（誤執行および過剰支払の払戻権に関する）、4A-205条（誤った支払指図）および4A-207条（受取人の誤記）に従う[30]。支払を免除される権利および上述のように返還を受ける権利は合意により放棄されることはできない[31]。

（2）銀行間の支払および履行

　4A編は、UCC4編の支払手段の最終支払を規律するルールに幾つか類似した銀行間の支払の完了を規律するルールを規定している[32]。受信銀行に支払う送信人の債務は、以下の方法で履行される[33]。即ち、
1. 連邦準備銀行を通して最終決済をすること[34]、
2. 受信銀行の送信人口座に入金すること（支払は、入金が引き出された時、または、入金が引出可能であることを受信銀行が知った日の夜12時に行われ

る)[35]

3. 受信銀行が、送信人の受信銀行における口座から引き落とすこと（引き落としが、その口座の引出可能な入金残高によりカバーされる範囲で）[36]

送信人および受信銀行が、相互債務のネッティングを規定している資金移動システムの構成員である場合には、支払は、最終決済がそのシステムのルールに従って受け取られる時に、行われる[37]。ネッティングは、同様に、ネッティングまたは決済契約に従ってそれらの間で支払指図を相殺する旨を伝達する銀行の間で、相殺によっても許される[38]。これらのルールによって別にカバーされていない支払の完了に関する問題は、別の準拠法に従って決定される。

（3） 受取人に支払う被仕向銀行の債務

被仕向銀行は、受取人に支払うかまたは通知することにより支払指図を承諾することができる[39]。被仕向銀行が支払指図を承諾する場合には、受取人にその金額を支払うことが義務付けられる[40]。この支払は、指図が資金移動営業日が終わった後に承諾されるのでなければ、支払日に支払期日となる[41]。資金移動営業日が終わった後に承諾される場合には、次の資金移動営業日に支払期日になる[42]。

被仕向銀行が、受取人による請求のあった後および不払いの場合には間接的損害を引き起こしうる特別の事情の通知を受けた後に支払を拒否する場合には、受取人は、銀行が支払に対する受取人の権利を疑う合理的原因がなければ、間接的損害を回復することができる[43]。

支払指図を受取人に通知する被仕向銀行の債務を規律する4つのルールがある[44]。即ち、

1. 支払指図が口座に対する支払を指示している場合には、被仕向銀行は、支払日に続く資金移動営業日の真夜中の前に指図の受領を受取人に通知する義務がある[45]。
2. 支払指図が口座への支払を指示していない場合には、受取人への通知は、指図がそのように規定している場合にのみ要求される。
3. ファースト・クラス・メールまたはその他の合理的な手段により通知しうる[46]。
4. 被仕向銀行が要求された通知を行わない場合には、通知が与えられなければならなかった日から受取人が支払指図の受領を知った日までの利息を受

取人に支払わなければならない[47]。

受取人の支払に対する権利および損害を規律する制定法上のルールは、契約または資金移動ルールにより変更されることはできない[48]。(上述の様に)通知を受け取る受取人の権利は、受取人に事前に通知される場合には、契約または資金移動ルールにより変更されることがきる[49]。

(4) 受取人への支払

4A編は受取人に対する被仕向銀行による支払の時期、方法および完了を規律するルールを規定している[50]。被仕向銀行が受取人の口座に入金する場合には、支払は、

(1) 受取人が入金を引き出す権利について通知された時、(2) 銀行が適法に入金を受取人の債務の弁済に充当する時、または、(3) 資金が別の方法で受取人に提供される「時に、その限度で」、生じる[51]。

支払が受取人の口座へ入金する以外の方法で行われる場合には、「4A-404条(a)項の銀行債務の支払が行われる時期は、債務の履行時期を決定する法原理により規律される[52]」。

4A-405条(d)および(e)で規定されている場合を除き、これらのルールは、契約によって変更されることはできず、支払に関するいかなる契約条件または銀行に支払を回復することを認める契約も強行できない。しかし4A-405条(d)に1つの例外があり、資金移動システムにおける条件または暫定的支払ルールは特定の状況では強行できると規定している。資金移動システムがそのルールに従った決済を完成しない場合には、一定の支払を無効にする類似のルールがある[53]。

(5) 支払および履行

振込依頼人と受取人の間の支払の時期および範囲は、受取人に対する振込依頼人の原因債務の履行に関して重要である。一般に、振込依頼人と受取人の間では支払は、(1) 支払指図が被仕向銀行により承諾される時、および(2) 被仕向銀行によって承諾された指図と同額で生じる[54]。これらのルールは、支払指図の取消または変更[55]、資金移動システム契約に従った暫定的決済[56]、および、資金移動システムがそのルールに従った決済を完了しない場合を規律するその他の4A編の規定に従う[57]。

支払が債務を履行するために行われる場合、(1) この支払方法が契約で禁

止されている場合、(2)指図の通知を受け取ってから合理的時期内に、受取人が振込依頼人にその手段による支払に応じることの拒絶を通知した場合、(3)資金が受取人の名義で引き出されないかまたは充当されなかった場合、および、(4)受取人は、契約に従った支払により合理的に避けられ得た損失を受ける場合を除き、支払が金銭で行われたように、債務は履行される[58]。履行のない場合には、振込依頼人は、被仕向銀行に対する受取人の請求権に代位させられる[59]。本条の下での振込依頼人と受取人の権利は、ただ当事者の契約によってのみ変更されることができる[60]。

Ⅷ その他の問題

(1) 契約または資金移動ルールによる変更

4A-501条は、別段の定めがなければ、4A編のルールは、当事者の契約によって変更されることができると規定している[61]。契約により変更されることができないルールであっても資金移動システム・ルールによる変更を受ける[62]。その他の規定は明確に契約または資金移動システム・ルールによる変更を受ける[63]。「資金移動システム・ルール」は、(1)協会の資金移動システムを通して伝達される支払指図を規律する、または、(2)連邦準備銀行経由の資金移動に関する銀行間の権利および義務を規律する、銀行協会のルールと定義されている[64]。別段の規定がなければ[65]、資金移動システムは、4A編と矛盾しても、またそれが間接的に同意していない当事者に影響しても、有効であろう[66]。従って資金移動システムは、システムを利用する参加銀行以外の当事者も拘束することができる[67]。

(2) 債権者訴訟手続または差止命令の効果

「債権者の令状」は、4A編では「ある口座に関して債権者または他の権利主張者によりまたはこれらの者のために発せられた差押え、仮差押え、債権差押え、リーエンの通知、強制管理またはこれらと類似の令状」を含むと定義されている[68]。4A-502条は、受信銀行が支払指図を送達する一方、債権者の令状が受信銀行に送達される場合の各当事者の権利と優先権を規律している[69]。受信銀行が支払指図を承諾した場合には、口座残高は、銀行が他に指図のた

第 8 章　ホールセール資金移動——UCC4A 編

めの支払を受け取らなかった範囲において、減少されるものとみなされる（それ故債権者の令状に応じることに利用できない）[70]。但し債権者の令状が、支払指図を承諾する前に、債権者の令状に従って「行動する合理的な機会を銀行に与える時期および方法で」送達される場合はこの限りでない[71]。

　債権者の令状が被仕向銀行に送達される場合には、銀行は受取人の口座に入金し且つ銀行に対する受取人の債務と資金を相殺または資金は債権者の令状を支払うために充当されることができる[72]。二者択一的に債権者の令状が銀行に引出を阻止することを許すような「時期および方法で」送達されていなければ、銀行は口座に入金し、受取人が資金を引き出すことを認めることができる[73]。銀行が債権者の令状に基づいて行為する合理的機会を有している場合には、銀行は債権者の令状に無関係な理由による場合を除いて支払指図を拒絶することができない[74]。

　受取人に対する支払に関係する債権者の令状はただ被仕向銀行にのみ送達されることができ、他のいかなる銀行もそのような令状に応じる義務がない[75]。

　適当な原因および準拠法に従って発せられた差止命令は、(1) 支払指図の発行、(2) 仕向銀行による支払指図の執行、または (3) 被仕向銀行による受取人への資金の解放を禁止することができる[76]。裁判所は、それ以外には、支払指図の発行、支払、受領またはその他の行為を禁止することができない[77]。

（3）　銀行——顧客関係

　銀行とその預金顧客の間の関係を規律する主要な法源はUCC4編である[78]。被仕向銀行が支払指図を承諾し、受取人に顧客の口座に入金することにより支払をすると、その口座に関する問題の多くは4編で規律される。同様に、仕向銀行における振込依頼人の口座に関する問題は4編によって規律されることができる[79]。

　4A-504条によると、受信銀行[80]が送信人口座から支払われるべき多数の支払指図および／またはその他の支払手段を受け取った場合には、銀行は、それが望む順序で、指図および／または支払手段につき送信人の口座から引き落とすことができる[81]。これは、当事者の契約による変更を受ける[82]。口座に入金し、口座から引き出す際には、4A編は、最初に入金された資金が、始めに引き出されるか、そうでなければ充当されると考えている[83]。

　受信銀行が銀行によって承諾された支払指図の送信人としての顧客から支払

239

を受け取り、顧客が指図を確認する受領の通知を受け取った場合には、顧客は、銀行から指図の通知を受けてから1年以内に銀行に顧客の異議の通知をしなければ、支払の回復を求めることができない[84]。これは、執行された支払指図に対し異議を唱える顧客の能力に時間的制限を置く休止法（statute of repose）の性質のものである[85]。

（4） 利子率

受信銀行が支払指図に関し利息を支払うことを要求される場合には[86]、支払われる金額は、当事者間の契約、（適用されるなら）資金移動システム・ルール、または適用可能な日々のフェデラル・ファンド・レート（Federal Funds rate）に利息が支払われる日数を掛けることにより決定されることができる[87]。受信銀行が、自己の無過失により、承諾した支払指図の金額の返還を要求される場合には、支払われる利息は、銀行預金のための積立金要件に等しい率だけ減額される[88]。

（5） 準拠法の選択

4A編における自由な準拠法の選択ルールは、4A編の全国的実施がそれをまだ採択していない僅かの州によって延期されなかったという1つの理由である。4A-507条（b）の準拠法の選択ルールは、支払指図の当事者が、その選択が取引と合理的な関係があるか否かにかかわらず、準拠法の源としていかなる管轄権も選択することを許している[89]。

このことは、4A編を制定していなかった管轄権の当事者が、4A編を制定した州法の適用契約をし、管轄権に関する憲法上の制限が満たされうるいかなる州でもその選択を強制することを許す。主要な全資金移動システムが4A編をそのシステム契約に組み入れ、同様に連邦準備制度理事会が4A編に基づくルールをレギュレーションJに組み入れたので[90]、4A編（またはそれと同様なもの）は、個々の州法に係わらず、合衆国の大抵の支払指図に適用される[91]。

このアプローチの理由は、管轄区域を越える各取引を規律する単一の準拠法の選択に対する必要である。多くの支払指図は州の境界または国境さえも横切り、幾つかの管轄権に関連するので、規律する法に関する明瞭な全体の合意があるということは本質的である。4A-507条（b）は、この全体の合意を促進し、成文化することがもくろまれている[92]。

加えて、4A-507条（c）は、資金移動システムが、システムを通して処理

される支払指図の準拠法を選択することを認め、そのような選択は、参加銀行、振込依頼人、その他の送信人、または通知を受けた受信銀行を拘束すると規定している[93]。2つ以上の資金移動が利用され、2つのシステムにより行われた選択の間に矛盾がある場合には、問題は、その問題に最も重要な関係を持つ選択された準拠法により規律される[94]。

有効な選択がない場合には、4A編は、各銀行が所在する地の管轄権を有する法を一般的に参照する、制定法上の準拠法の選択ルールのヒエラルヒーを規定している[95]。

IX 要約と結論

4A編は、短期間に合計数10億ドルになりうる資金移動を規律するのに非常に必要な包括的一連のルールを規定している。4A編以前には、このような取引を規律する整頓された一団の法が存在せず、資金移動のこの現代的および能率的システムの参加者は、相当の法的リスクと不安定性を受けていた。

4A編は、資金移動の参加者がその必要に合った法的環境を創造することを許す当事者自治の原則を保持している。それはまた多数管轄権的資金移動に合った明瞭な準拠法の選択ルールを規定している。それは資金移動のための統一的な法的基礎を創造し、そのような取引に特有の共通の問題を規律する特別のルールを規定している。

4A編は、また、21世紀のため合理的な商法を保持し、現代化する際のアメリカ統一法プロセスの実行可能性とそれに対する継続的必要性と州法の重要性を証明している。

（1） 準拠法の選択については本章Ⅲ「その他の諸問題」参照のこと。E. Regulation Jは *12 CFR s. 210* で発見される。一般的に *Donmar Enterprises* v. *Southern Nat. Bank*, 828F. Supp. 1230 (W.D., N.C., 1993) (Regulation Jは矛盾した州法の救済手段を先取している) 参照。1993年8月31日に提案された規則は、電信取引のための記録保持基準に関する一定の銀行機密法（Bank Secrecy Act）要件を実施するために公表された。58 Fed. Reg. 46, 014 (31 August 1993)参照。4A編と電子資金移動法のその他の法源の関係については一般的に F. Miller and A. Harrel, *The Law of Modern Payment*

第8章　ホールセール資金移動——UCC4A編

Systers and Notes, Chap. 10 (2nd ed. 1992) 参照。
(2) 例えば The New York Clearing House Interbank Payments Systems ("CHIPS") および the National Association of Clearing House Associations ("NACHA")。一般的に "Funds Transfers Under Art. 4A: What Your Deposit Agreement Should Provide", 1 Clarks' Bank Dep. and Pymts. Mo. No. 12, at 4 (June1993) ; "Filing Your Wire Transfer Agreements With the Right Stuff-Part 2", *ibid*., Vol.2, No. 4, at 3 (October 1993).
(3) 例えば UCC s. 4A-108参照。また、電子資金移動法（"EFTA"）の適用範囲を特に言及する4A編の序 "Description of transactions covered by Art. 4A" 参照。15 USC ss. 1693-1693r. また Regulation E, 12 CFR s. 205 ; *Abyaneh* v. *Merchants Bank, North*, 670 F. Supp. 1298 (M.D.Pa., 1987) ; *Kashanchi* v. *Texas Commerce Medical Bank NA*, 703 F. 2d 936 (5th Cir., 1983) ; Miller and Harrell, 前掲注1, at 10-32参照。
(4) UCC s. 4A-103(a) および Comment 2 to UCC s. 4A-104参照。
(5) UCC ss. 4A-103(a)(1)(iii)および4A-104(a)参照。小切手は UCC 3 編により規律される証券であって、4A 編の支払指図ではない。UCC s. 4A-104, Official Comment 5 参照。同様に、4A編の支払指図は 4 編の「支払手段（item）」ではない。UCC s. 4A-104(a)(9)参照。銀行は4A-105(a)(2)において広く定義されており、貯蓄貸付組合、クレジット・ユニオン、信託会社およびその他の銀行業事業に従事する人または団体を含む。s. 4-104(1)参照。UCC 3 編および 4 編の引用は1990年統一法文を指す。
(6) UCC s. 4A-103(a)(1), (2), (5)参照。
(7) UCC s. 4A-103, 4A-209および4A-301(a)；本章IV「支払指図を承諾する銀行の債務」の項参照。
(8) UCC s. 4A-302(a)参照
(9) UCC s. 4A-209(a), 4A-301参照。また s. 4A-302(a)(2),(3),(4),(5)；本章VII(3)「被仕向銀行の債務」および(4)「受取人への支払」の項参照。
(10) definitions, UCC at ss. 4A-103, 4A-104, and UCC Art. 4A prefatory note 参照。
(11) UCC 3 編により規律される商業証券（約束手形および為替手形）および 4 編により規律される支払手段と異なり、支払指図は、原因契約外の独立債務を構成しない。そこで支払指図の当事者の権利および責任は、当事者の契約に基づいてのみ4A編の制定法上の状況に関連して生じる。例えば UCC s. 4A-209（承諾）および4A-212（不承諾）参照。Miller and Harrell 前掲書（注1）s. 10.04 ［4］; Cf. UCC ss. 3-104, 3-310, 3-412〜3 -415, 4-104(a)(9), 4-215, 4-302.
(12) 一般的に Miller and Harrell、前掲書（注1）、para. 10.04 ［8］, ［9］ 参照。
(13) UCC s. 4A-202(a)参照。4A編の前に判決が下された、問題の支払指図を開始する権限を欠く詐欺師を包含する 2 つの事件は、資金移動のシナリオにおいて生じうる授権の

第8章 ホールセール資金移動——UCC4A編

問題を例証する。*Abyaneh* v. *Merchants Bank, North*, 670F. Supp. 1298 (M.D., Pa., 1987)；*Braford Trust Co. of Boston* v. *Texas American Bank-Houston*, 790 F. 2d 407 (5th Cir., 1986)；Miller and Harrell,前掲書（注1）, para. 10.04 [8]、[9] 参照。

(14) UCC ss. 4A-201, 4A-202参照。また4A編以前に下された *Gatoli (USA), Inc.* v. *Forest Hill State Bank*, 1UCC Rep. Ser v. 2d (Callaghan) 171 (D.Md., 1986) 参照。本件では、銀行が支払指図を確認する際に通常の注意を用いたことを決定するために、代理原則（および4A編類推）に依拠している。裁判所はまた、資金移動が顧客の負債を支払ったので、損失はないと結論した。この結果は、正確な分析は異なるであろうが、4A編でも同じように思われる。一般的に Miller and Harrell、前掲書（注1）、para. 10.30-10.32参照。

(15) UCC ss. 4A-305(d)参照。また *Hadley* v. *Baxendale* (1854) 156 E.R.145参照。4A-305条の公式注釈2で述べられているように、4A編以前の間接的損害に関する指導的現代的ケースは *Evra Corp* v. *Swiss Bank Corp.*, 673 F. 2d 951 (7th Cir., 1982)であった。本件では、銀行が支払指図を適切に執行することを怠ったため、高価な船の用船契約を失った。下級裁判所は、支払指図額がたった2万7千ドルであったが、2百十万ドルの損害を裁定した。合衆国第7巡回区控訴裁判所は部分的に *Hadley* v. *Baxendale* に基づいて破棄した。4A編はこの結果を確認している。また Miller and Harrell、前掲書（注1）、para. 10.04 [1] [C]；本文の「被仕向銀行の債務」の項参照。

(16) UCC ss. 4A-204〜4A-208, 4A-303〜4A-305参照。一般的に Miller and Harrell、前掲書（注1）、para. 10.04 [8]、[9] 参照。

(17) UCC s. 4A-302(a)(1)参照。

(18) UCC s. 4A-402(c) and(d)(e)に従って。これは、「金銭返還保証（money back guarantee）」である。Miller and Harrell、前掲書（注1）、para. 10.04 [5] 参照。

(19) UCC s. 4A-302(a)(2)参照。

(20) UCC s. 4A-405(d).

(21) 55 Fed.Reg. 41, 696(15 October 1990)参照。また31 CFR Part 103を改正する ammendment to the Bank Secrecy Act Regulations Regarding Administrative Rulings, 58 Fed. Reg. 7, 047 (4 February 1993)；proposed record-keeping standards at 58 Fed. Reg. 46, 014 (31 August 1993) 参照。

(22) UCC s. 4A-401.

(23) *Ibid.*

(24) *Ibid.*

(25) UCC s. 4A-402.

(26) UCC s. 4A-402(b). 前掲注20ないし23も参照。

(27) UCC s. 4A-402(c). このような場合、送信人の義務は、移動が指図を承諾する被仕向

243

第8章 ホールセール資金移動──UCC4A編

銀行により完了されない場合、免除される。*Ibid*.
(28) UCC s. 4A-402(d). これは「金銭返還保証（money-back guarantee）」と呼ばれる。Miller and Harrell、前掲書（注1）、para. 10.04 [5]、[10] 参照。
(29) UCC s. 4A-402(e).
(30) *Ibid*. s. 4A-402(a). 前掲注16参照。
(31) *Ibid*. s. 4A-402(f).
(32) UCC s. 4A-405, 4A-406. Miller and Harrell、前掲書（注1）、para. 10.04 [10]; 本章Ⅶ(2)「支払および履行」の項も参照。承諾された支払は、取り消すことができない。UCC. s. 4A-211(b) ; UCC ss. 4-213～4-215 ; 一般的に Miller and Harrell、前掲書（注1）、para. 8.02 and 8.03参照。4A-211条(b)は、*Mellon Bank, NA* v. *Securities Settlement Corp.*, 710F.Supp. 991(D.N.J., 1989)のような4A編以前の事件の結果を否認している。
(33) UCC s. 4A-215(a)(1990)参照。本文「支払および履行」の項も参照。
(34) UCC s. 4A-403(a)(1).
(35) *Ibid*., s. 4A-403(a)(2).
(36) *Ibid*., s. 4A-403(a)(3) ; cf. UCC Art. 4, ss. 4-213～4-215.
(37) UCC s. 4A-403(b).
(38) *Ibid*., s. 4A-403(c).
(39) UCC s. 4A-209(b)(1). また s. 4A-209(b)(2)（時間の経過による承諾）も参照。本章Ⅶ(7)「受取人への支払」の項の議論、Miller and Harrell、前掲書（注1）、para. 10.04 [6] 参照。
(40) UCC s. 4A-404(a).
(41) *Ibid*.また前掲本章Ⅶ(1)「支払一般」の項参照。
(42) UCC s. 4A-404(a).
(43) *Ibid*.また前掲注15参照。
(44) UCC s. 4A-404(b).
(45) *Cf.* UCC s. 4A-104(a), 4-301, 4-302(1990)(UCC4編の下での真夜中の締切期限)
(46) *Cf.* UCC s. 4A-503(b) (UCC 3編で通知をなす手段) ; UCC s. 1-201(27) (UCC 1編の下での通知).
(47) UCC s. 4A-404(b). 合理的弁護士報酬はまた、利息の請求がなされ、法律訴訟が提起される前に拒絶される場合には、回復されうる。その以外の損害が回復不可能である。*Ibid*.
(48) UCC s. 4A-404(c).
(49) *Ibid*.
(50) UCC s. 4A-405参照。*Cf.* UCC s. 4-215 で最終支払を規律する UCC 4編。また ss. 4-

第8章　ホールセール資金移動──UCC4A編

301 and 4-302（真夜中の締切期限と遅れた返却に対する説明義務）参照。
- (51) UCC s. 4A-405(a).
- (52) *Ibid*. s.4a-405(b).
- (53) *Ibid*. s.4a-405(e).
- (54) *Ibid*. s.4a-406(a).
- (55) UCC. s. 4A-211(e). 一般に承諾された支払指図は取消できない。UCC s. 4A-211(b); Miller and Harrell、前掲書（注1）、para. 10.04 [1] [b] 参照。このことは、*Delbrueck & Co.* v. *Manufacturers Hanover Trust Co.*, 609 F.2 d 1047(2d Cir., 1979)（資金移動は一度行われると撤回不能である）のような4A編以前の事件を確認し、*Mellon Bank, NA* v. *Securities Settlement Corp.*, 710F. Supp. 991(D.N.J., 1989) における理由付けを拒否する。これらとそれ以外のケースは Miller and Harrell、前掲書（注1）で論じられている。
- (56) UCC s. 4A-405(d). 本章Ⅶ(4)「受取人に対する支払」の項参照。
- (57) UCC s. 4A-405(e). 本章Ⅶ(4)「受取人に対する支払」の項参照。
- (58) UCC s. 4A-405(b). UCC Art. 3, ss. 3-310および Art. 3 Pt. 6 の流通証券による原因債務および支払履行に対する効果を規律するルール参照。
- (59) UCC s. 4A-406(b).
- (60) *Ibid*. s. 4A-406(d).
- (61) UCC s. 4A-501(a).これは、UCCを貫通する普通の筋道である。例えば ss. 1-102(3), 4-103(a).
- (62) *Cf.* UCC s. 4A-405(c),(d) 前掲注46ないし53参照。
- (63) 例えば、UCC s. 4A-404(e) 前掲注44ないし45参照。
- (64) UCC s. 4A-501(b).
- (65) 例えば *ibid.*, s. 4A-404(c)参照。
- (66) UCC s. 4A-501(b). 同意してない当事者に対する効果は、独特ではないが、珍しい。例えば、UCC s. 1-102, Official Comment 2 ; UCC s. 1-103参照。
- (67) UCC ss. 4A-501(b), 4A-404(c), 4A-405(d), and 4A-507(c).
- (68) UCC s. 4A-502(a).
- (69) *Ibid*. s. 4A-502(b).
- (70) *Ibid*.これは、銀行が支払指図と債権者の令状に従って2度責任を負うことを阻止する。
- (71) UCC s. 4A-502(b).これは、支払停止および先日付小切手のための UCC 4編の適時性の要件と類似である。UCC ss. 4-303, 4-401(c), 4-403(a)参照。
- (72) UCC s. 4A-502(c)(1).
- (73) *Ibid*. s. 4a-502(c)(2).
- (74) *Ibid*. s. 4a-502(c)(3).

245

第8章 ホールセール資金移動──UCC4A編

(75) *Ibid.* s. 4a-502(d).
(76) *Ibid.* s. 4a-503. *Cf.* UCC3における反対請求手続につき s. 3-602(b).
(77) UCC s. 4A-503.
(78) 一般に UCC ss. 4-401 to 4-407（Art. 4 Pt.4）; Miller and Harrell, 前掲書注1、Chap. 9; A. Harrell, *The Basic Law of Bank Accounts* (1994) s. 1.11参照。他の重要な適用される法は Federal Expedited Funds Availability Act 12 USC ss. 4001-4010 (1987) および Federal Reserve Board implementing Regulation CC, 12 CFR PT. 229 である。Mille and Harrell, 前掲書注1 para. 8.04; Harrell, 前掲 *The Basic Law of Bank Accounts*, s. 1.10参照。
(79) これらの一部は既述。例えば4A-502条および本文「債権者の令状」項の議論参照。
(80) 4A-103条の定義については本章Ⅰ「定義」の項参照。
(81) UCC s. 4A-504(a). これは UCC 4編と一致している。Miller and Harrell, 前掲書注1、9頁-44頁。
(82) UCC s. 4A-504, Official Comment1; s. 4A-501参照。
(83) UCC s. 4A-504(b). これも4編のルールにならう。s. 4-208(b), revised s. 4-210(b) 参照。
(84) UCC s. 4A-505.
(85) *Ibid*, Official Comment.
(86) UCC ss. 4A-204(a), 4A-209(b)(3) A-210(b), 4A-305(a), 4A-402(d) and 4A-404(b); s. 4A-506, Official Comment 1参照。
(87) UCC s. 4A-506(b)「フェデラル・ファンド・レート」は s. 4.A-506(b)で定義されている。
(88) UCC s. 4A-506(b).
(89) UCC s. 4A-507. *Cf.* UCC s. 1-105.
(90) 12 CFR s. 210.
(91) 一般的に Miller and Harrell, 前掲書注1 para. 10.04 [11]．
(92) UCC s. 4A-507, Official, Comment 1 参照。
(93) UCC s. 4A-507(c). しかし、資金移動システムによって行われた準拠法と4A-507条(b) に従った当事者の選択の間に矛盾がある場合には、4A-507条(b) に基づく選択が優越する：UCC s. 4A-507(d).
(94) UCC s. 4A-507(e).
(95) *Ibid.* s A-507(a).

Alvin C. Harrell
Professor of Banking Law, Oklahoma City,
University School of Law, Oklahoma, U.S.A.

第9章 支払とネッテング・システムに関する法的諸問題(*)

Ⅰ 序

(1) 現金支払に対する現金によらない支払の優越性

現代の発展した社会では、金銭債務を履行するために利用できる金銭資産の大部分は、硬貨および紙幣よりもむしろ銀行システムにおける流動性預金[1]から構成されている。法的にいえば、これらの資産は、預金取扱銀行に対する請求権であり、従って、中央銀行によって発行された紙幣のようにリスクのない中央銀行で保有されている残高を除けば、当該預金取扱銀行の個々の信用リスク(支払不能)に晒されている[2]。ここでは法における金銭概念を検討するつもりも[3]、どのような事情の下で金銭債務が、中央銀行または公的造幣局によって発行された紙幣および硬貨よりも、銀行システムにおける現金によらない「支払」により履行されうるか、または時には履行すらしなければならないのか、誰が法的番人であるのかも議論するつもりはない[4]。事実、現代の「キャッシュレス社会」では、様々な国の支払慣習における一定の相違にもかかわらず[5]、非現金支払は、金額において、時には件数においても、支払の大多数をしめている。そこで本章では、「支払」の表現は、現金支払の伝統的意味(即ち、硬貨および紙幣の占有と所有権の移動)で使用しないで、キャッシュレス支払[6]または振込[7]の同義語として使用する。

(2) 支払取引と支払システム

行内移動を除けば、単一の支払取引は2行またはそれ以上の銀行を必要とする[8]。外貨の振込の場合には、決済は、関係通貨国のコルレス銀行を通して普通行われる(いわゆる通貨国におけるUターン)[9]。いずれにせよ、支払過程の完了のためには、参加者間の口座関係の連続的連鎖からなるチャンネルを使用することが必須で[10]、その各々は、自己の準拠実体法または権限ある管轄権および特定の協定に従う[11]。

振込の目覚ましい増大に並行して、大抵の国の銀行システムにおける関連支

247

第9章　支払とネッテング・システムに関する法的諸問題

払手続は、特定の運営取り決め、取締取り決め、財務取り決めおよび法的取り決めを有する多かれ少なかれ制度化されたシステムを発展させた。その幾つかは19世紀の初期に開始されたが、これらの支払システムの発展は[12]、過去数10年の間に金融活動の急激な増加、金融市場のグローバリゼイションおよび情報技術の導入[13]によって相当に刺激された。支払システムの構造[14]、特徴および法的基礎は大いに異なっている。

(3) 支払システムに対する中央銀行と監督者の関心

　支払システムの運営における中央銀行の発展の実際の程度は国により相当に異なるが、中央銀行がその円滑なおよび効率的な機能化ならびにその完全性および安定性を確保する意図をもって支払システムを監督する必要性については広範な一致が存在している。多くの中央銀行法は、中央銀行の本質的機能の間で、特に非常の場合に銀行業システムに十分な流動性を供給する仕事に結び付いた支払システムに関する役割を明確に述べている（最後の貸し手機能 [lender-of-last-resort function]）。大抵の銀行間支払は、グロス支払システムでは個別的に、ネット支払システムの場合にはネット額総計で、中央銀行の帳簿上で口座を通して結局は決済される[15]。いずれにしても、通貨政策を実行する目的で中央銀行によって監視された通貨総数の最大の部分は、今日では銀行業システムにおける信用残高から算定される。このことは、当然、まず第一に、資金は中央銀行に保有された口座に記入されるが、大部分は、「ある国の支払システムは、中央銀行が通貨政策に基づいて通るチャンネルである」ということになる[16]。

　銀行業システム（より一般的には全金融システム）の取締者および監督者は、そのような機能が中央銀行に集中しようと、独立の当局に与えられようと、支払システムに潜在的に掛かり合うリスクと深く関係している[17]。いかなる起源であれ（商取引から生じようとまたは金融取引から生じようと）金銭債務の履行は、支払システムの良好な機能化と効率性に大きく依拠しているので、いかなる崩壊または機能障害であれ、全体として経済に非常に有害な結果を有しうる。その上、支払システムは、下手に運営されると、金融不安を広げる手段として作用し、おそらく、最も悪いシナリオでは全体経済システムを悪化させうる連鎖反応またはドミノ効果を引き起こすことによりそのような不安を拡大しさえできる（いわゆる「システミック・リスク」[systemic risk]）。

第9章 支払とネッテング・システムに関する法的諸問題

信用機関に目下施行されている資本基準の下では、支払システムから生じるリスクに直接的に関係する資本要件は存在しているようには見えないが、このような要件は、特に、流動性便宜（liquidity facilities）または損失分担方式（loss-sharing formulas）を含む特定のリスク減少スキームとの関連で、間接的に生じうる。国境を越えた支払スキームに関する監督責任の割当は、特別な問題を引き起こす。この領域における主たる関心は、どの単一監督当局が全体としてシステムを監督する主要な責任を負うのかを確立し、国内通貨における決済の責任はどこにあるかを決め、関係する様々の監督当局間の申し分のない協力を確保することである[18]。

II 支払の種類と決済システム

（1） グロス決済システム

根本的に支払と決済システムには2つの種類がある。グロス決済システムとネット決済システムである[19]。

グロス決済システムの構造[20]は、（明白な与信がシステム内で許されなければ）支払を行う清算銀行の口座でカバーが利用できるとすぐに、個々の支払が別々に処理され、行われるので、相対的に単純である。そこで決済は、（銀行口座の普通の操作の関係を除く）関係者間の相殺機構にも、システムの他の参加者によって暗黙に許されたその日の内の信用にもよらない。さらに、各々の決済は最終であって、最初からやり直す（unwinding）機構はない。実際、現代の情報技術は、実務上移動の参加と決済の間のタイム・ラグを排除し、即時グロス決済（real-time gross settlement）（RTGS）システムを配置している。待ち行列に関する取り決め（普通先入れ、先出しの原則に基づく）は、支払指図のためにカバーが利用できないときや、明確な信用が利用できない場合のために普通規定されている。他方、グロス決済システムは、（明白な）日常的流動性（routine liquidity）を維持する長所と決済操作数を減少させる長所を示さない。加えて、特定の銀行が移動の参加を遅らせるか、または移動を期待されたようには達成できない場合には（必要なカバーを有するためにまず他の参加者から支払を受け取ることを自ら期待しているために）、適当な流動性便宜が利用できなければ、手詰まり問題が起こる[21]。

第9章 支払とネッテング・システムに関する法的諸問題

(2) ネット決済システム

　ネット決済システムは、その基本的法構造に関する限り、はるかに複雑である。実際この分野で使用されている伝統的な方法である多角的ネット決済システム（multilateral net settlement system）では、支払過程は典型的に2つの段階：ネッティング（netting）[21]a と決済（settlement）[22] に分けることができる。ネッティングの段階では、他の参加者（または顧客）のために参加清算銀行によって与えられる様々の支払指図はネッティング代理人に伝達され、その者は同意した締切時に各参加者の全部のネットのポジション（振込・振替またはなしのいずれか）を算定する。更改（noration）を規定する特別の契約上の取り決めがなければ、そのようなネット・ポジションは、単に会計計算の結果に過ぎないから、法的に拘束力はない（「勧告的またはポジション・ネッティング（advisory or position netting）」）。第2段階では、ネット借方ポジションを有する参加者は、ネット貸方ポジションを有する参加者のために決済を行わなければならない。全ての決済がシステムで行われると、その日のネッティング処理に含まれた基礎をなす個々の支払指図は実施されたとみなされる。参加者の誰かがネットの借方ポジションを決済することができない場合には、典型的な結果は、その日のネッティングを最初からやり直し、それから債務不履行を排除した後に、その日のネッティングが繰り返される[23]。

　ネット支払システムの主要な長所は、銀行間決済行為の数と価値における実質的な減少とその結果として生じる明確な日常的流動性の意味のある維持である。それは、多角的支払システムでは平均約80％と評価できる[24]。さらに、最終決済が完了すると、支払システムに係わる流動性リスク（またほぼ間違いなく信用リスク）の規模と外国為替（「ヘルシュタット・リスク」）若しくは証券取引の場合の決済リスク（exposure to settlement risks）は相当に減少できる。他方、適当なセーフガードが使用されない場合には、多角的ネット支払スキームは、参加者ポジションは、普通、法的に拘束力がなく、その日の終わりのネット・ポジションの決済が成功的に完了することを条件とするが、参加者はそのネット・ポジションに頼るというリスクを負担する。換言すると、ネッティング段階と最後の決済段階の間のタイム・ラグの間、ネット貸方ポジションを有する参加者は、ネット借方ポジションを有する参加者に与えられる暗黙の信用によっている。

(3) 契約的義務ネッティング (netting of contractual commitments)

　最近広く使用されるようになった「ネッティング」の表現は、法的には正確な単一の意味を有していない。それ故、「ネッティング」に関係する種々の事実的および法的状況は注意深く区別されなければならない。特に支払ネッティングと対照的な契約的義務ネッティングと多角的ネッティングに対する相対ネッティングは区別されなければならない。

　契約的義務ネッティングは、外国為替契約、買戻し契約、証券取引およびデリバディブ (スワップ、オプションおよびフォワード取引) のような多様な契約に関して行われる。そのような債務のネッティングは常に本質的に相対である[25]。実際、いわゆる契約的義務の多角的ネッティングは事実上多角的相対ネッティングの略称的表現である。(幾つかの清算所によって行われている) このようなシステムでは、中央機関 (central counterparty) は常に本人として組み入れられる[26]。それ故契約的関係 (および従ってネッティング) は厳密には各参加者と中央機関の間で相対である。しかし、参加者の債務不履行の場合の中央機関のための関連損失分担方式は典型的には多角的基準に基づいて確立されている。いずれにせよ、契約的義務ネッティングは、(双務的) 関連契約関係の複雑性を反映して、普通、相殺、期限利益喪失、更改および一括清算 (close-out) 条項のような様々な法的機構の組合せを規定する基本契約[27]に基づいている。それらの目的は、ある当事者の債務不履行の場合において、様々の双務取引は1つのネット一括清算 (one net close-out amount) で決済されることを確保することである。この関係で克服することが困難な主たるものの1つは、支払銀行の財産保全管財人が様々な未決の双方取引の中から資産に有利な取引を選択することを認め、支払不能銀行との他の取引に基づいて生じた利益のために相手方を無担保の債権者にして置きながら、相手方にそれを履行することを要求することを認める、一定の制定法のいわゆる「サクランボ摘み取り (cherry-picking)」である。付加的問題は、特に抵触法問題が関係するとき、多結果 (multi-product) および多支店ネッティングの関連で生じる。結局、決定的基準は、そのようなネッティング取り決めが相手方の支払不能の場合に履行を強制できるか否かである。これは、ネット・リスク (net exposure) が (より高いグロスリスク (gross exposures) よりもむしろ) 資本要件を計算するための基準としてとられうるかどうかを確立する基準である[28]。

251

第9章 支払とネッテング・システムに関する法的諸問題

(4) 支払ネッティング

支払ネッティング（netting of payments）は決済される額に関係するので、結局のところ幾分単純で[29]、相対か[30]または多角的である[31]。最初の場合、機構は交互計算（current or running account）技術と類似しており、本質的に相殺（および／または更改）に基づいている。しかし法律問題は、幾つかの制定法において、特に支払不能手続における相殺の強行可能性を承認するために前提条件として関係請求間の関連性（connexity）を要求する制定法およびいわゆる「ゼロ時間ルール」（zero-hour rule）[32]を適用する制定法において生じうる。多角的ネット支払システムは、基礎となる法機構[33]を満足の行くように説明する際にいくらかの困難を示す。この点で行われた様々な試みは非常に説得的でない。相互的でない請求権の多角的相殺の考えは広範に拒否されている。多角的支払システムにおける相対相殺を確保するために、請求権の仮定的譲渡または移転に基づく説明は、参加者が実際は請求権を譲渡する意思を有しておらず（そして実際、有効な譲渡のための形式的要件がしばしば満たされていない）、多角的ネッティングを双方請求権の連続的組に減らすことは、実際的でなく、かつ完全に人工的であるように思われる。結局、最も説得的分析は、条件付きで、ただ全てのネット残高の決済に基づいてのみ有効になる、参加者間の多角的金銭債務免除の概念に基づいた分析である。

III リスクとリスク減少

(1) 支払システムに係わるリスク

過去数十年以上にわたる国際支払量の異常な増大は、支払システムに係わるリスクについて多くの研究を促進した。これらの研究は、これらのシステムに係わる様々なリスクの認識を著しく増やし、国際的見地から支払システムの信頼性と安全性を高める目的で、リスク減少プログラム、国内立法措置および国際的イニシアチブに導いた。

支払システムの技術的信頼性についての可能な懸念のほかに、潜在的リスクは、また、参加者が過度に危険にさらされる危険、リスクの（参加者間または中央銀行への）可能な集中及び移動、および最後に、参加銀行が他の参加者のために（流動性リスクおよび信用リスク）および全システムのためにさえ（「シス

テミック・リスク」）決済しない含意と共に、多くの支払システムに組み入れられた暗黙の信用から生じる透明性の欠如に関連している。国境を越えた支払機構は、金融活動のグローバリゼイションに対する明確な傾向とは対照的な、国の法制度、通貨および監視当局間の持続的分裂と不調和から生じる付加的問題を包含している。最後に、外国為替または証券取引の場合には、双務の履行における同時性支払決済と支払決済の同時履行（payment v. payment）または証券の引渡しと代金決済の同時履行（delivery v. payment）の欠如は通貨決済リスクまたは「ヘルシュタット・リスク」と支払に先立つ証券の受渡し（受渡しに先立つ支払の逆のケース）に伴う同様のリスクを起こす[34]。

(2) ネット支払システムにおけるリスクの減少

支払システムに固有なリスクを減らす目的で取られることができ、かつ取られるべき様々の措置の最善の実例は、（多角的ネット支払システムである）CHIPSによって使用されているリスク減少プログラムである[35]。
　—1981年：翌日決済から当日決済に移行
　—1984年：ネット借方ポジションに相対最高限度（bilateral caps）を導入
　—1986年：多角的最高限度の実施
　—1990年：損失分担を通しての決済完了を導入

リスク減少を狙う他の可能な方法は、適切な会員基準（信用機関に限定、資本および技術的要件）、ネット残高の即時モニタリング、（一般に各当事者により供給された事前担保に基づく）緊急信用便宜を含む。

ネット支払システムにおいて、最も問題となる特徴は、支払メッセージが交換され始める（およびネット残高の決定後より顕著である）システムの開始と、その日の終わりにすべてのネットポジションの決済に基づいてのみ生じる支払の完了の間の時間的ギャップである。その間の参加者のいかなる不履行も他の参加者に流動性問題を起こすことができ（特に、告知された支払および決済されるのが確実でないネット・ポジションを信頼して、参加者がそのような支払の受取人である顧客に金額を移した場合）、信用リスクさえ引き起こし、――連鎖反応のきっかけになる場合には―全システムの崩壊を引き起こすことができる。この理由のため、中央銀行と監督当局は、最大のネット借方ポジションを有する参加者による決済不能の場合においてさえ、日々の決済手続の完了を確保する様々の組織の導入を推進している。そのような組織は、（各参加者は担保を事前

第9章　支払とネッテング・システムに関する法的諸問題

に差し入れる）「不履行者支払」方式、「監督者支払」損失分担方式またはこれらの2つのアプローチの結合のどれかに基づいている[36]。

(3) グロス支払システムにおけるリスクの減少

グロス支払システムは個々の各支払の即座の完了を確保する一方、日常的流動性を守る効果を有せず、一定の状況では「手詰まり」リスク[37]を受けやすい。即時グロス決済システムの現代技術は、決済をほとんど即座になすことによりそのリスクの強い影響を減らすことができる。さらに、（担保に基づく）当座貸越便宜または買戻契約による同日内の適当な流動性の準備は、大いに、支払の疑いおよび手詰まり状態の回避を可能にする。最後に、ネッティングの幾つかの要素は、「最大限に拡大された」グロス決済システムに導入されている。それはその日の前もって決められた一定の時間に「事前にネッティングされ」うる一定の支払グループを生じさせることを試みている[38]。事実、そのようなシステムは、ネット・システムとグロスシステムの両方の要素を有する混成システムである。幾つかの国では、ネット決済システムとグロス決済システムは共存し、非常に有用な方法でお互いを補っていることを、書き足すことができる。事実、即時大口グロス決済システムは、大口銀行間支払のためのリスクを最小限にする一方、ネット決済システムは特に（このように合理化される）たくさんの少額支払を運ぶのに向いている[39]。

IV　国内立法の発展と国際的イニシアチブ

(1) 様々な国における立法の発展

様々な国では、——しばしば中央銀行または取締機関により励まされて——立法が、支払不能手続におけるネッティングの完全な強行可能性を確立する目的で導入されたかまたは目下導入されている。立法により、これらの規定は、相対ネッティング、多角的ネッティング、支払ネッティングおよび／または契約的義務ネッティングに適用される。この関連では、以下の法文のネッティング規定が参照されるべきである。

— アメリカ合衆国：1989年金融機関改正、回復および強制執行法（Financial Institutions Reform, Recovery and Enforcement Act of 1989 (FIRREA)；

第9章 支払とネッテング・システムに関する法的諸問題

1990年改正破産法（560条）；1991年連邦預金保険公社改善法（Federal Deposit Insurance Corporation Improvement Act of 1991（FDICIA401条―416条)、1993年7月改正ニューヨーク州銀行法（615条、618条aおよび619条（1）（d））
― 連合王国：1989年会社法（159条、170条、附則21 Part IIおよびPart III)
― ベルギー：信用機関の定款および監督に関する1993年3月22日の法律（Loi du 22 mars 1993 sur le statut et le contôle des établissements de crédit）157条
― フランス：1993年12月31日法律93―1444号4条（信用機関の活動と監督に関する1984年1月24日法律84―46号〔Loi no. 84-46 du 24 janvier 1984 relative à l'activité et au contôle des établissements de crédit〕93条-1）および8条（定期取引に関する1885年3月28日法〔Loi du 28 mars 1985 sur les marchés à terme〕2条）
― ドイツ：1991年11月21日の新破産法のための政府草案〔Regierungsentwurf für eine neue Insolvenzordnung vom 21. Novembre 1991)〕118条（草案）
― スイス：連邦債務催促破産法〔Bundesgesetz über Schuldbetreibung und Konkurs〕211条（草案）1993年9月1日報告書；BBL1994 I 1315＝FF1994 I 1302。

これらの規定の幾つかは一般的に適用されるが、他の規定は、金融セクターまたは特定タイプの金融取引にのみ適用される。

（2） G-10の後援の下での国際的イニシアチブ（バーゼル委員会を含む）

国内の立法措置の幾つかは、支払と決済システムおよびネッティングを扱った幾つかの国際的研究によって促進された。それ自体様々の国で獲得された経験から利益を受けたこれらのイニシアチブは、支払決済システム委員会および銀行監督バーゼル委員会を含むG-10諸国の中央銀行の後援の下にバーゼルのBISの委員会会合およびEC（今はEU）の加盟国の中央銀行によって設立されたワーキング・グループにより本質的に取られた[40]。

G-10の研究は以下のものを含む：

1989年に公表されたネッティング組織に関する報告書（Report on Netting Schemes.「Angell Report」）は、初めてネッティング・システムの効率性および関連リスクを検討し、ネッティング協定が法的に拘束力があるか否かまた強

255

第9章 支払とネッテング・システムに関する法的諸問題

行可能であるか否かの問題に注意を向けた。

1990年11月に公表された10カ国グループ中央銀行銀行間ネッティング組織に関する委員会報告書（Report of the Committee on Interbank Netting Schemes of the Central Banks of the Group of Ten Counties.「Lamfalussy Report」）は、イクスポージャーの有効な減少は、法的挑戦に耐える拘束的ネット・イクスポウジャーを起こす際のネッティング取り決めの法的健全性に依存すると結論した。セットの6つの最小基準が、適当なリスク・マネージメント業務を確保することに向かった最初の段階として国境を越えたおよび多種通貨ネッティング組織の構想および運営のために仕上げられている。即ち、I：良く根拠付けられた法的基礎、II：金融リスクに対する強い影響についての参加者による確実な理解、III：多角的ネッティング・システムにおける信用リスクと流動性リスクの管理のための明確に定められた手続、IV：最大のネット借方ポジションを有する参加者による決済不能の場合に毎日の決済のタイムリーな完結を確保すること、V：入会のための適切な基準、VI：技術的システムおよびバック・アップ便宜の操作上の信頼性。

証券決済システムにおける証券の引渡しと代金決済の同時履行（Delivery versus Payment in Securities Settlement Systems）のタイトルの下に1992年9月に公表されたさらに重要な報告書は、証券清算および決済に係るリスクに本質的に関係している。

国境を越えたおよび多種通貨取引に関する中央銀行支払・決済サービス（Central Bank Payment and Settlement Services with respect to Cross-border and Multi-currency Transactions）というタイトルの下に1993年9月に公表された最も最近の報告書であるNoël Reportは、中央銀行がリスクの減少を助け、国境を越えたおよび多種通貨取引の決済における効率性を増す努力の際に考えうる選択の範囲を検討している。考えられた選択は、一定の自国通貨支払・決済サービスの修正または利用、自己通貨大口資金移動システムの稼働時間の拡大、これらの支払システム間の国境を越えた操作連結の確立および多角的通貨支払・決済サービスの展開を含んでいる。

上述の報告書に加えて、さらに、支払システムと関連する利息の特別な事項に言及している幾つかのG-10の研究がある。

バーゼル銀行監督委員会は1993年4月に、（フォーワード）契約義務ネッティングにのみ適用され、支払ネッティングには適用されない、自己資本十分性目

的のためのネッティングの監督の承認（Supervisory Recognition of Netting for Capital Adequacy Purposes）のための諮問提案を公表した。当該提案に与えられた積極的反応に続いて、バーゼル委員会は1994年7月に、バーゼル資本協定：特定の貸借対照表外項目と関連する信用リスクの扱い（Basle Capital Accord:The treatment of the credit risk associated with certain off-balance sheet items）というタイトルの下に資本十分性目的のための相対ネッティングの承認を広げる1988年資本協定に対する改正を発した[41]。

（3） EC/EU の中央銀行の援助の下での国際的イニシアチブ

欧州委員会は特に国際的（および欧州内）支払分野における消費者保護の面に関係する一方、EC/EU の中央銀行は特に欧州通貨連盟（European Monetary Union）の実施の関係で特にシステミック問題に焦点を合わせている。

重要な報告書が、支払システムの分野における EC 中央銀行の共通関心の論点（Issues of Common Concern to EC Central Banks in the Field of Payment Systems）というタイトルで1992年9月に EC 中央諸銀行（EC 支払システムに関するワーキング・グループ）により公表された（「Padoa-Schioppa Report」）。本報告書は、EC 諸国における支払システムの主要な特徴の分析と、EC 支払システムおよび支払システムに対する欧州通貨同盟（EMU）の可能な結果に対する単一市場のインパクトの分析を行っている。これに基づいて、4つの行動の方向が推敲されている。即ち、（1）EC 諸国における支払システムの協力的監視のための原則の定義、（2）国内システムのための最小共通特徴の確立と実施、（3）EMU を考慮した大口の国境を越えた支払領域における予備的作業、（4）ECU 清算および決済システムの監視の継続。

アクション（2）の方向のフォロー・アップとして、さらに国内支払システムのための最小の共通の特徴（Minimum Common Features for Domestic Payment Systems）というタイトルで1993年11月に報告書が公表されている。この文書は、EC 内の支払システムの最小の共通の特徴を確立する目的でガイドラインとして役立つべき10の原則で報告を終えている。即ち、（1）銀行間資金移動システムへのアクセスを信用機関およびその他の適当に監督された幾つかの団体に制限すること、（2）アクセスの無差別、（3）アクセス基準の透明性、（4）即時グロス決済システムの導入、（5）大口ネット決済システムの増加、（6）他の銀行間資金移動システムに関する柔軟なアプローチ、（7）健全な

つ強行可能な法的基礎、(8)技術的調和性と効率、(9)EC中央銀行の価格政策、および(10)営業時間間の重複。

1994年の開始以来、EC支払システムに関するワーキング・グループの研究は、欧州通貨研究所（European Monetary Institute）の主催の下で継続している。

V 結 論

(1) 国際的に調和化した国内立法の必要性

重要な進歩が支払システムの効率およびセキュリティを高める目的でリスクを検証する際に行われたが、まだ多くの未解決の問題が存在している。技術的性質の問題に加えて、国境を越えたおよび多角的通貨支払システムに関する多くの問題が、国内法システムと監視当局間の継続的分裂と不調和から生じている。この分野ではまだ多くの問題につき将来的に発展する余地がある。

支払法の国際的調和化は、金銭債務の支払時間に関するUNCITRALモデル法およびILAモデル・ルール並びにその他のイニシアチブを考慮することによって追及されなければならない。特に、支払の完了のような特定の項目に焦点を合わせる必要がある。加えて、電子データ交換（EDI）のインパクトは、国家的ルール間の矛盾を避ける目的からさらに研究されるべきである：この分野の現在のUNCITRALのイニシアチブは確かにこの点では有益であろう。

支払不能手続におけるネッティングの完全な強行可能性を確立する国内立法は、支払と決済システムの安定性を高め、重要な監視的利益を提供するので、一般化されなければならない。そのような規定は、多角的支店ネッティングおよび多角的通貨と国境を越えた支払・決済システムを含む、あらゆる関係金融取引に広げられるべきである[42]。

(2) 継続的国際的協力の必要性

この分野で、特にG-10中央銀行、EC中央銀行およびバーゼル銀行監視委員会の後援の下に取られた様々な国際的イニシアチブは、既に金融安定化に対し非常に有益な貢献をしている。これらのイニシアチブにより成し遂げられた国際的協力は継続し、強化されるべきである。

第9章 支払とネッテング・システムに関する法的諸問題

　支払の多角的ネッティングに関し、特に国境を越えた支払が関係するときには、この過程の法的基礎についていくらかの不確実性がまだ表れる。全関係国の支払不能法の下でのネット・ポジションの完全な強行可能性を確保する目的で、この点における様々な国における最近の―非常に励みになる―立法的発展に類似した支払の多角的ネッティングの相互承認に関する国際条約が起草されるべきことが示唆されている。このような国際的取り決めが締結されるまで、支払システムから生じる構成員による債務の決済の不履行による流動性リストと信用リスクに対する最高の可能な防護の程度を完全に利用することが確かに望ましい。しかし、このような試みは、国内か外国の支払不能法の強行規定が適用されるときには、制限に直面するであろう。

（*）　本章は、バーゼル国際決済銀行法律助言者兼ローザンヌ大学法学部教授 Mario Giovanoli によって書かれた。表明された見解は筆者の見解であって、国際決済銀行（BIS）または BIS が主催する専門家諸委員会の見解ではない。本稿の目的は、特に国際的観点から、決済およびネッテング・システムに関連する法律問題の一般的および総合的概観をなすことである。各場合に国内法または準拠法に基づいて研究されなければならない特定問題の深い分析をするものではない。

（1）　それ故、英語の bank money、ドイツ語の *Buchgeld*（帳簿上の金銭）またはフランス語の *monnaie scripturale*（勘定金銭）の名称。

（2）　紙幣および中央銀行残高は、共に「中央銀行通貨（central bank money）」と呼ばれる。

（3）　この関係で、Givanoli, "Bargeld-Buchgeld-Zentralbankgeld: Einheit oder Vielfalt im Geldbegriff", *Festschrift Kleiner* (Zürich, 1993), 87-124 および多くの引用文献参照。

（4）　金銭の2つの形態である現金と非現金において、3つの要素は注意深く区別されなければならない。(1)測定の単位としての金銭単位（「容器」）、(2)譲渡される価値である金銭資産または決済手段（「中味」）（現金の場合には硬貨または紙幣の所有権；キャッシュレス支払の場合には銀行に対する金銭請求権）、および(3)金銭資産を譲渡する手段（「乗物」）。従って、「電子マネー」の表現は、キャッシュレス支払の受取人に利用できるようになる金銭資産は、銀行に対する請求権である一方、乗物だけは電子的（例えば、デビット・カードまたはテレ・バンキング等）であるから誤解を招く。これらの要素の絵による表示は**図1**でなされている。また水槽の台車は3つの要素、即ち、容器、中味および乗物をうまく説明するであろう。

（5）　いわゆる "Red Book", Bank for International Settlements (ed.), *Payment Systems*

259

第9章 支払とネッテング・システムに関する法的諸問題

図1．金銭と支払（現金と非現金）：基礎的要素

①容器（通貨単位）　　　測定
②中味（通貨資産＝支払手段）　価値
③乗物（移動手段）　　　移動

①
②
③

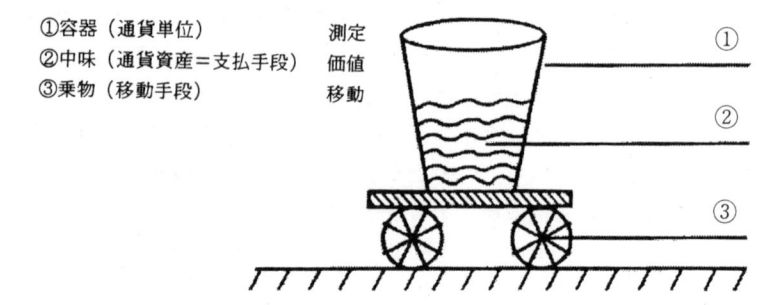

図2．現金による支払（物理的金銭）

Ⅰ．支払手段
　（貨幣資産の移動）

債務者　①　②⑤　所有権の移動　債権者

Ⅱ．移動の手段
　（貨幣資産が移動する方法）
　A）手交
　　（債務者自身による）

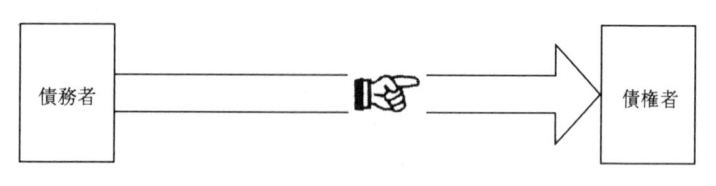

債務者　債権者

B）手紙またはメッセンジャー

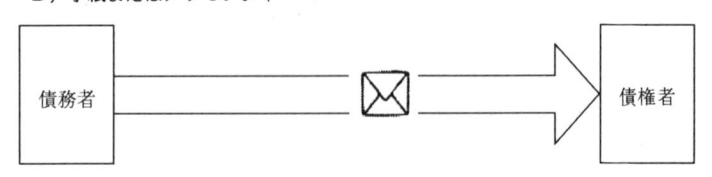

債務者　債権者

第9章　支払とネッテング・システムに関する法的諸問題

図3．振込による支払：支払の手段

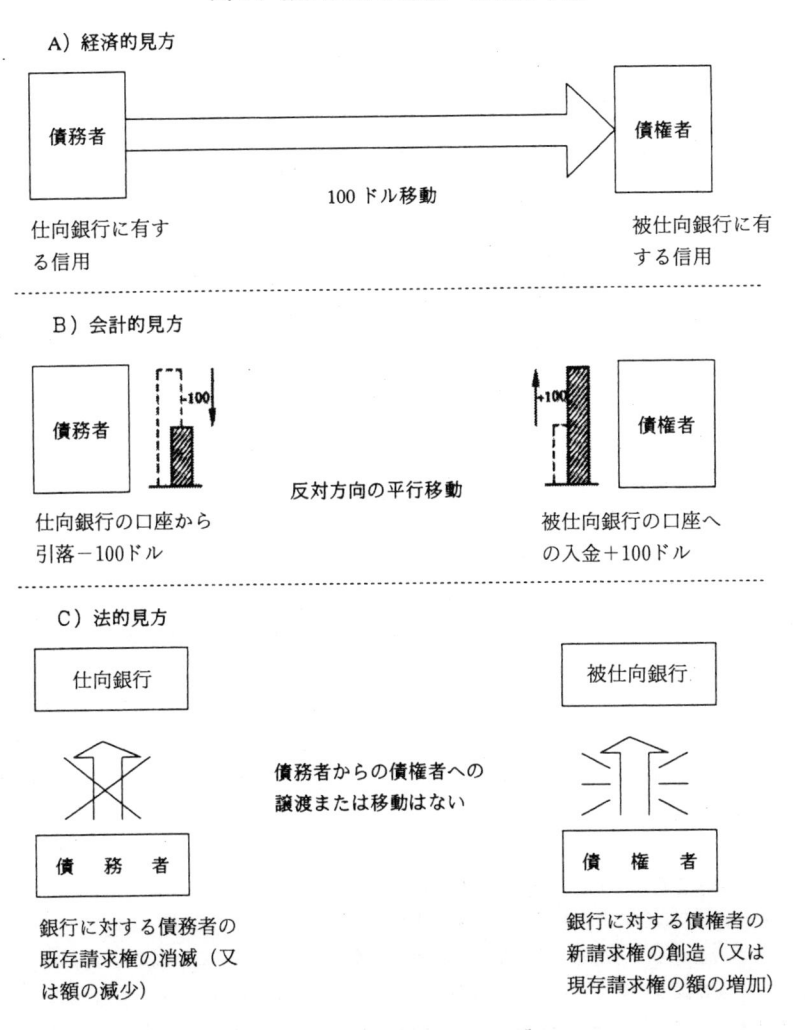

A) 経済的見方

債務者 → 債権者
100ドル移動
仕向銀行に有する信用
被仕向銀行に有する信用

B) 会計的見方

債務者　＋100　反対方向の平行移動　＋100　債権者
仕向銀行の口座から引落－100ドル
被仕向銀行の口座への入金＋100ドル

C) 法的見方

仕向銀行　　　　　被仕向銀行

債務者からの債権者への譲渡または移動はない

債　務　者　　　　債　権　者

銀行に対する債務者の既存請求権の消滅（又は額の減少）
銀行に対する債権者の新請求権の創造（又は現存請求権の額の増加）

in the Group of Ten Countries (prepared by the Committee on Payment and Settlment Systems of the central banks of the Group of Ten countries) (4th ed., Basle, December 1993)参照。

（6）　キャッシュレス「支払」は、用語の厳格な意味での振込と債務取立を含む。後者の支払手続のためのイニシアチブは、債務者により与えられた授権に基づいて債権者によっ

第 9 章　支払とネッテング・システムに関する法的諸問題

図 4．振込による支払：移動の方法

A）行内移動（同一銀行の債務者および債権者の口座）

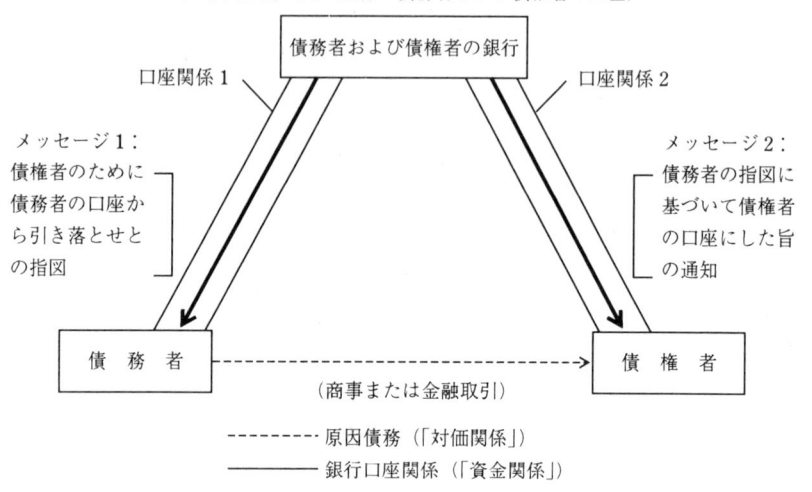

```
                    債務者および債権者の銀行
       口座関係 1                           口座関係 2

メッセージ 1：                              メッセージ 2：
債権者のために                              債務者の指図に
債務者の口座か                              基づいて債権者
ら引き落とせと                              の口座にした旨
の指図                                      の通知

       債 務 者 －－－－－－－－－－－－－－－→ 債 権 者
                  （商事または金融取引）
```

　　　　　　--------- 原因債務（「対価関係」）
　　　　　　───── 銀行口座関係（「資金関係」）

てとられる（これはしばしばクレジット・カードおよび銀行小切手の場合である）。しかし、あらゆる場合において、キャッシュレス「支払」は結局債権者のためにその銀行口座への入金形式の記入が行われる。現金支払と振込による支払の比較による説明については、**図 2**、**3** および **4** 参照。

（7）　この名称（「振込」）にかかわらず、法的観点からは請求権の移動も、譲渡もない。実際は、振込依頼人から直接または間接に受け取った支払指図に基づいて、被仕向銀行は、受取人の口座に無条件の入金をする。換言すると、被仕向銀行は、「振込」の額で受取人に対する新しい債務を負う。同時に、受取人にそのようになされた入金を考慮して、被仕向銀行は、振込依頼人、仕向銀行または仲介銀行から信用を受け取るかまたはこれらの口座から引き落とすことにより、同額で責任から免除される（**図 3**）。

（8）　最も単純な形態である、振込依頼人と受取人が同じ銀行に口座を有する行内移動（**図 4** 参照）では、単一の決済取引は 3 人の参加者に関係する。もっとしばしば、振込依頼人と支払の受取人は異なる銀行に口座を保有しているので、少なくとも 2 つの銀行が関係する（**図 5** 参照）。さらに、これら 2 つの銀行は必然的にはお互いが直接的口座関係にないので、1 行以上の（仲介）銀行がさらに決済手続に介在する（**図 6**）。

（9）　**図 7** 参照。

（10）　銀行が口座保有者（銀行の顧客または他の銀行）のために振込を行いおよび受け取る

第9章　支払とネッテング・システムに関する法的諸問題

図5．振込による支払：移動の方法（続き）

B）2つの銀行が関係する2つの連続的移動
　（直接的口座関係を有する異なる銀行の債務者および債権者の口座）

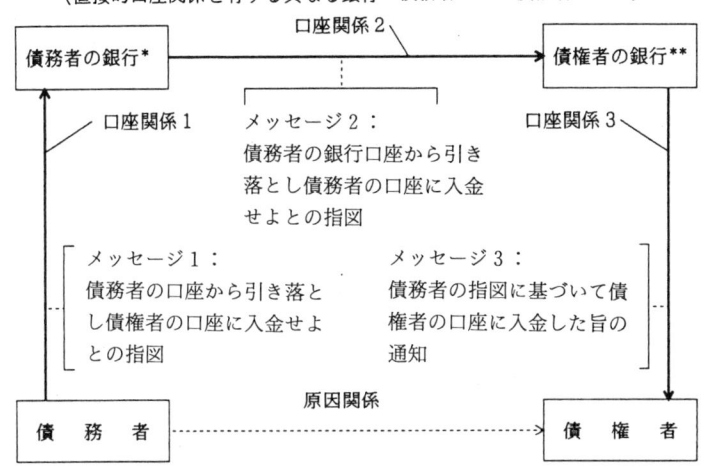

```
                        口座関係2
    ┌──────────┐ ─────────────→ ┌──────────┐
    │債務者の銀行*│                  │債権者の銀行**│
    └──────────┘                  └──────────┘
         ↑    口座関係1  メッセージ2：        口座関係3
         │              債務者の銀行口座から引き
         │              落とし債務者の口座に入金
         │              せよとの指図
         │
         │   メッセージ1：        メッセージ3：
         │   債務者の口座から引き落と  債務者の指図に基づいて債
         │   し債権者の口座に入金せよ  権者の口座に入金した旨の
         │   との指図              通知
         │            原因関係
    ┌──────────┐ ─────────────→ ┌──────────┐
    │  債　務　者 │                  │  債　権　者 │
    └──────────┘                  └──────────┘
```

*　移動1：債務者の銀行の帳簿上
**　移動2：債権者の銀行の帳簿上

ことを約束する、特定の銀行契約は、フランス語では銀行ジーロ契約（*contrat de giro bancaire* （credit transfer＝*virement*））、ドイツ語では振込契約（*Überweisungsvertrag*）として知られている。

(11)　振込が開かれる口座関係の鎖は（ドイツ語では：資金関係〔Deckungsverhältnis〕）は振込依頼人と支払受取人の間の原因債務（ドイツ語では：対価関係〔*Valutaverhaltnis*〕から注意深く区別されなければならない。そのような原因債務は他の法と管轄権に従う。図4、5、6および7参照。また、幾つかのケースでは、預金者が単純に他の銀行に保有する口座に資金を移動をしようとするので、支払過程は必然的には原因債務とは連結していないことに注意すべきである。

(12)　ロンドンのLombard Street clearing houseは1775年頃設立された。支払の多角的ネッティングの初期の例は、13世紀以来北フランスの定期市に発見することができる。

(13)　Borio/Van den Bergh, "The Nature and Management of Payment System Risks: An International Perspective", BIS Economic Papers, No. 36 (Basle, February 1993) 参照。

(14)　いわゆる一層システムでは、全部のまたは大抵の信用機関と金融機関は直接支払システムに参加するが、二層システムへのアクセスは、より小さな機関が自らのため、また

第9章 支払とネッテング・システムに関する法的諸問題

図6．振込による支払：移動の手段（続き）

C) 移動の連鎖
  （直接的口座関係にない異なる銀行の債務者と債権者の口座）

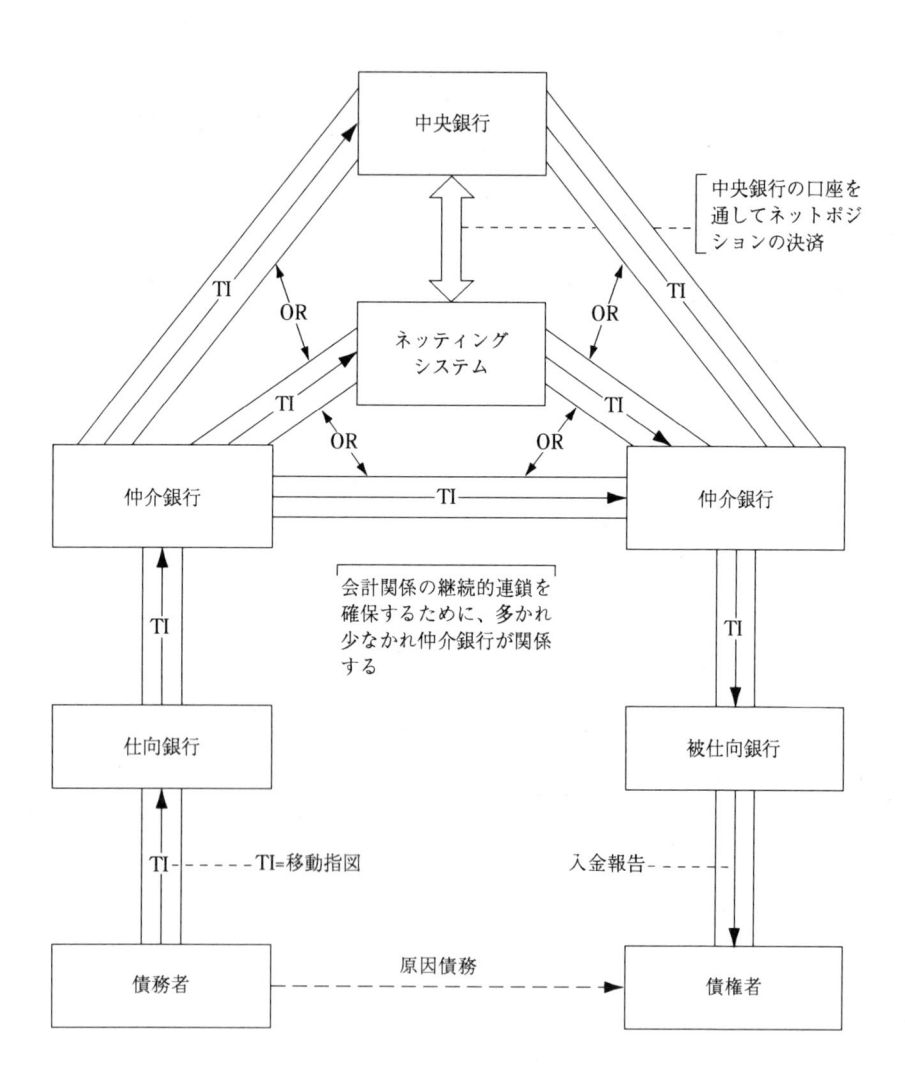

```
                    ┌──────────┐
                    │  中央銀行  │
                    └──────────┘
                    ↗    ⇕    ↖
                 TI          TI       ┌─ 中央銀行の口座を
               OR              OR     │  通してネットポジ
              ↗   ↘          ↗   ↘    └─ ションの決済
           ┌──────────┐
           │ ネッティング │
           │  システム   │
           └──────────┘
            TI  ↕  OR  OR  ↕  TI
        ┌────────┐ ──TI──→ ┌────────┐
        │ 仲介銀行 │          │ 仲介銀行 │
        └────────┘          └────────┘
            ↕ TI     ┌会計関係の継続的連鎖を┐    ↕ TI
                     │確保するために、多かれ│
                     │少なかれ仲介銀行が関係│
                     │する                  │
                     └────────────────────┘
        ┌────────┐                        ┌────────┐
        │ 仕向銀行 │                        │被仕向銀行│
        └────────┘                        └────────┘
            ↑ TI                              ↓ TI
            │
       TI---- TI＝移動指図      入金報告------
        ┌────────┐                        ┌────────┐
        │  債務者  │ ------原因債務------→ │  債権者  │
        └────────┘                        └────────┘
```

264

第9章 支払とネッテング・システムに関する法的諸問題

図7．国際的振込──「ユーロ・ドル」：「Uターン」

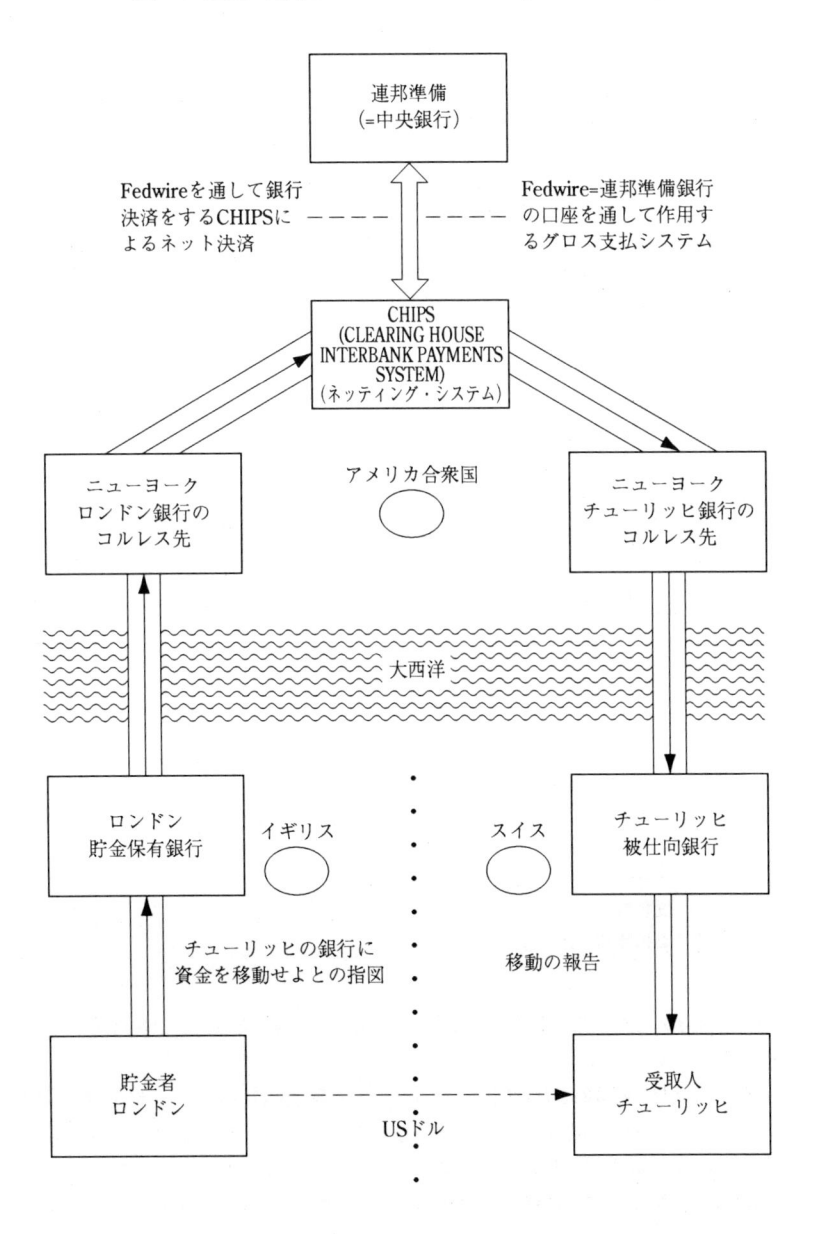

```
                    ┌─────────────┐
                    │  連邦準備    │
                    │ (=中央銀行)  │
                    └──────┬──────┘
                           ↕
Fedwireを通して銀行                    Fedwire=連邦準備銀行
決済をするCHIPSに  ─ ─ ─   ─ ─ ─     の口座を通して作用す
よるネット決済                         るグロス支払システム
                           ↕
                    ┌─────────────┐
                    │    CHIPS    │
                    │ (CLEARING HOUSE │
                    │ INTERBANK PAYMENTS │
                    │   SYSTEM)   │
                    │(ネッティング・システム)│
                    └─────────────┘
```

ニューヨーク　　　　　　　　　　　　　　ニューヨーク
ロンドン銀行の　　　　アメリカ合衆国　　チューリッヒ銀行の
コルレス先　　　　　　　　　　　　　　　コルレス先

〜〜〜〜〜〜〜〜〜 大西洋 〜〜〜〜〜〜〜〜〜

ロンドン　　　　　　　　　　　　　　　　チューリッヒ
貯金保有銀行　　　イギリス　　スイス　　被仕向銀行

チューリッヒの銀行に　　　　　移動の報告
資金を移動せよとの指図

貯金者　　　　　　　　　　　　　　　　　受取人
ロンドン　　 - - - - - - - - - - - - → チューリッヒ
　　　　　　　　　USドル

265

第9章 支払とネッテング・システムに関する法的諸問題

図8. 支払とネッティング・システム

A. ネッティングなしのグロス支払

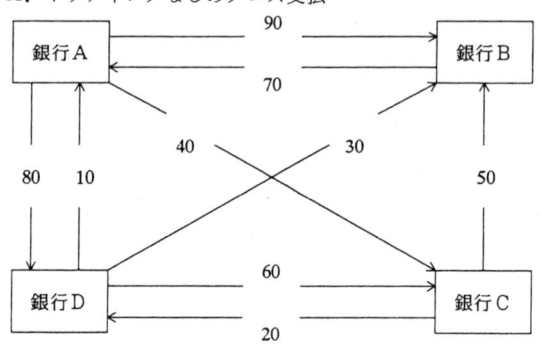

```
銀行A ──90──▶ 銀行B
      ◀─70──
   ╲╱ 40  30
   ╱╲
80 10        50
   ▼▲
銀行D ──60──▶ 銀行C
      ◀─20──
```

支払数:9
支払総額:450

B. 双方的ネッティング
（双方的ネット・ポジション）

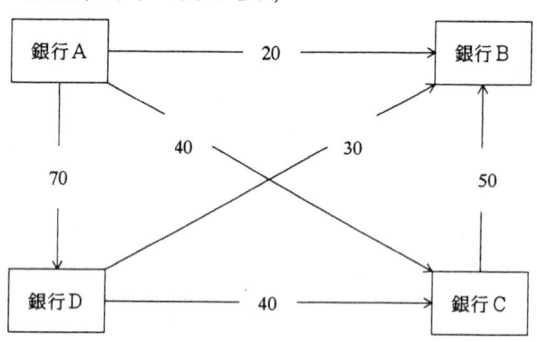

```
銀行A ──20──▶ 銀行B
   ╲╱ 40  30
   ╱╲
70           50
 ▼
銀行D ──40──▶ 銀行C
```

支払数:6
支払総額:250

　　はその顧客のためにそれを通して決済をする清算銀行の多かれ少なかれ制限された範囲に制限される。
(15) 関係銀行間に直接的または間接的な（コルレス銀行を通しての）口座関係がない場合。
(16) Hollands, "The Role of Central Banks in Payment Systems", [1994] Revue de la Banque [Bruxelles] 23-27, at 24. さらに、支払システムの構造および機能は、通貨流通の量と速さ（特に中央銀行通貨に関して）に影響を及ぼすことができ、それ故、通貨

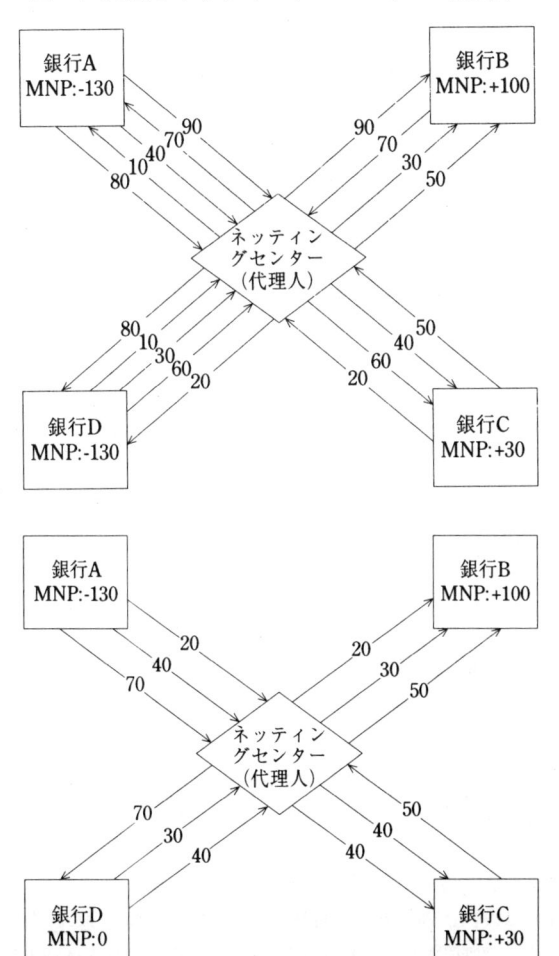

第9章 支払とネッテング・システムに関する法的諸問題

図 9. 支払とネッティング・システム（続き）

政策目的のための目標を明らかにする際に、その効果は考慮に入れられなければならない。様々なタイプの支払取り決めは、通貨市場オペの細目に影響を及ぼすために調べられうるとはいえ、通貨手段それ自体は厳密に決める必要はない。

(17) この関係で、the 64th Annual Report of the Bank for International Settlements, Basle, 13 june 1994, Chap. Ⅷ, pp.172-192: Payment and settlment systems: trends

267

第9章　支払とネッテング・システムに関する法的諸問題

図10．支払とネッティング・システム（続き）

C．多角的ネッティング－2．決済段階

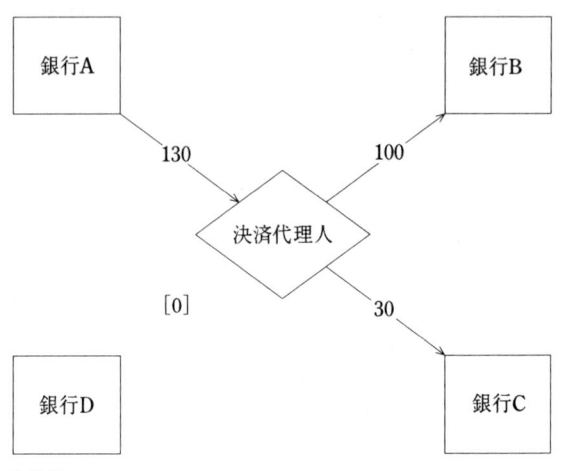

```
    銀行A                          銀行B
         \                    /
          130              100
             \          /
            ＜決済代理人＞
         [0]            30
             /          \
    銀行D                          銀行C
```

支払数：3
支払総数：130

and risk management 参照。多くの国では、支払システムの参加者としての銀行の資本の十分性の扱いに責任がある銀行監督者の職務とこれらのシステムを監督する職務は異なる当局のものとされていることは、注意すべきである。

(18) Lamfalussy Report（以下では International initiatives として引用）at paras. (Part A) 3.7乃至3.10 and (Part D) 1.1乃至5.1 参照。

(19) 別の見地からは、（ⅰ）参加銀行が顧客の代理人として行為するか、本人として行為するか、（ⅱ）支払指図は、引落メッセージの形態をとるか、入金メッセージの形態をとるか、または、（ⅲ）支払が同一日基準に基づいて即時に行われるか、それとも多くの日のサイクルで処理されるかということで、支払システムを区別することは可能である。

(20) 図8、A 参照。

(21) 中央銀行が RTGS 口座を運営する場合には、支払指図のタイムリーな処理を促進し手詰まり状態を避けるために、（過振りの便宜または売買および買戻契約を通して）決済銀行に対し付加的な同日内の流動性を拡大することを選択することができる。

(21)[a] 図9参照。多角的ネッティングは、多角的ネット・ポジションを直接的に決定する方法か、または間接的にネット相対ポジションをネッティングして、「ネット・ネット」

第9章 支払とネッテング・システムに関する法的諸問題

図11. 支払とネッティング・システム（続き）

D．多角的双方ネッティング（中央の相手方との「多角的」ネッティング）
 1．ネッティング　　中央機関との相対ネット・ポジション
　　　　　　　　　　（bilateral net position（BNP））の決定

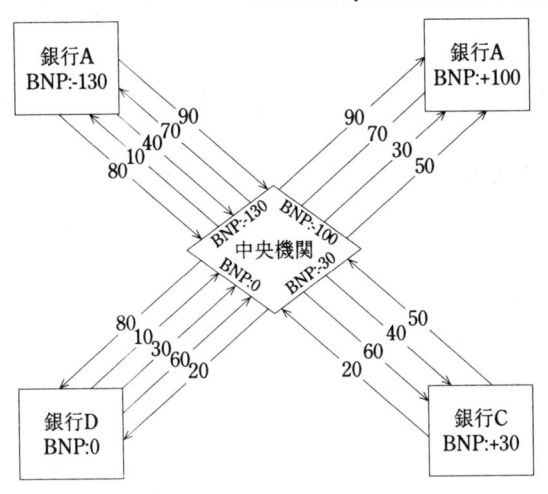

```
銀行A              銀行A
BNP:-130          BNP:+100
         90    90
      70      70
   40       30
 10        50
80       
    BNP:-130  BNP:-100
       中央機関
    BNP:0   BNP:-30
   80        40  50
    10      60
  30     20
   60
    20
銀行D              銀行C
BNP:0            BNP:+30
```

 2．決済

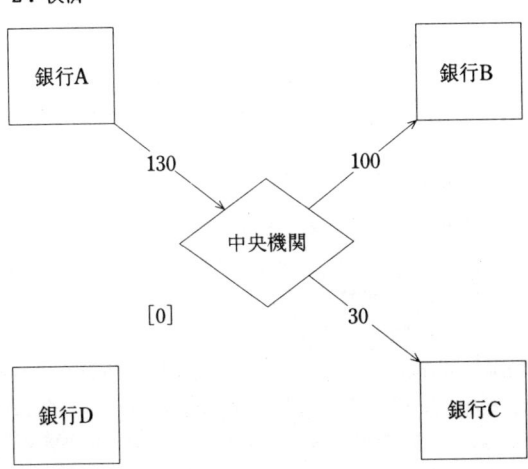

```
銀行A              銀行B
    130      100
       中央機関
   [0]      30
銀行D              銀行C
```

支払数：3
支払総数：130

269

第9章　支払とネッテング・システムに関する法的諸問題

図12．支払システムに係わる様々なリスクの定義

　流動性リスク：参加者が十分な流動資産を有していないことから、弁済期に、ネット金銭債務ポジションを参加者が決済しないリスク
　信用リスク（イクスポージャー〔exposure〕）：参加者が、完全な価値で債務を決済しないリスク。弁済期でも、その後でもない（支払不能）
　システミック・リスク：ある参加者の決済の懈怠の結果、他の参加者（または金融機関）が、弁済期に債務に応じることができなくなるリスク（「連鎖反応」または「ドミノ効果」）
　「手詰まり」（Gridlock）リスク：1以上の参加者が、他の参加者から十分な信用を受け取るまで決済の履行を延ばし、そうすることによりシステムが動き始めることを妨げる、グロス決済または支払システムにおけるリスク

　　　　　　　　　　　　　＊　　＊　　＊

　「ヘルシュタット・リスク」
　（交差通貨決済リスク〔Cross currency settlement risk〕）：契約の当事者の一人が相手方から支払を受け取る前にある通貨を支払うときに生じる外国為替契約の決済に関するリスク（双方契約を履行する際の同時性の欠如：支払決済と支払決済の同時履行の機構がない）。
　証券決済リスク
　（DVP 機構の不存在）：当事者が支払を受け取る前に証券を交付するかまたは証券の交付を受ける前に支払を行うときに生じる証券取引の決済に関するリスク（双務契約における同時履行の欠如）。いわゆる DVP（証券の引渡しと代金決済の同時履行）機構はこのリスクを排除することを狙っている。

　　　　　　　ポジションを得る間接的方法の2つの方法で生じうる。
(22)　図10参照。
(23)　典型的であるが、最初からのやり直しは必要な特徴ではない。ネット債権者は、非決済に基づき完全には単純に支払われることができない。支払の抹消は選択により行われる。
(24)　幾つかの新しいシステムは相対ネッティングで造られている。それは流動性の見地からは効率的ではないが、法的リスクの見地からはより安全と考えられている。
(25)　これは店頭市場（over-the-counter(OTC)）取引において明らかである。
(26)　中央機関は、参加者XとYの間の代位の方法により自ら間に入る。各取引はこのようにして2つの同額の一対の債務に、即ち、第1は参加者Xと中央機関間のそれと第2は中央機関と参加者Yの間のそれに裁断される。図11参照。
(27)　例えば PSA、ISDA および IFEMA 基本契約など。

図13．支払ネッティング・システムにおけるリスク減少

A．ネッティング・システム
　　Ⅰ．入会基準
　　　　・信用（金融）機関に制限
　　　　・最少資本要件
　　　　・組織的および技術的要件
　　Ⅱ．ポジションのモニタリング
　　　　・個々の借方／貸方の最高限度
　　　　・多角的借方／貸方の最高限度
　　　　・即時モニタリング
　　Ⅲ．イクスポージャーの減少
　　　　・同日決済（暗黙の信用）
　　　　・日中当座貸越（daylight overdraft）の値付け
　　　　・1日当たり1回以上のネッティング期間
　　　　・ネッティング前の相対相殺
　　Ⅳ．流動性
　　　　・相互信用便宜
　　　　・中央銀行の信用便宜
　　Ⅴ．決済の保証
　　　　・「不履行者支払」組織（担保の事前差入れ）
　　　　・「監督者支払」組織（損失分担取り決め）
B．（即時）グロス決済システム
　　Ⅰ．入会基準
　　　　・信用（金融）機関に制限
　　　　・最少資本要件
　　　　・組織的および技術的要件
　　Ⅱ．決済の時間
　　　　・即時決済
　　　　・持ち行列取り決め
　　　　・遅れた決済の値付け
　　Ⅲ．流動性
　　　　・支払連鎖の回復
　　　　・事前ネッティング（特定の時間に行われる支払グループ）
　　　　・流動性便宜（明白な信用）

(28)　これは、1994年7月に相対ネッティングのための1988年資本協定に導入された改正目的である。：バーゼル資本協定文書付録1：バーゼル銀行監督委員会により1994年7月に公表された The treatment of the credit risk associated with certain off-balance-sheet items. この改正は1993年4月に公表されたネッティングに関する諮問ペーパーに

第9章 支払とネッテング・システムに関する法的諸問題

より先導されている。

(29) 支払は、例えば、2つの自己勘定の間で金額を移動する口座保有者により行われうるので、必然的には原因債務に関係しない。

(30) 図 8、B 参照。

(31) 図 9 および10参照。双方的ネッティングと多角的ネッティングは、また決済を、多角的ネット・ポジションの決済ができない場合に法的に拘束力がある元の状態に戻るポジション (fall-back position) と同様に、双方的ネット・ポジションの基礎として確保する目的で決済システムにおいて一体化されうる。

(32) このルールは、破産手続の開始の遡及効を規定している。その結果、破産判決の日に判決の交付に先行する時間内に行われた支払のいかなる決済も無効とする。

(33) この機構は、ドイツ法では Skontration として知られている。

(34) 支払システムに係る様々のリスクの定義は図12でなされている。

(35) ニューヨークに基礎を置く私的清算システムである Clearing House Interbank Payments System は、外国為替とユーロ・ドル取引のような主として国際的に関連した移動を扱っている。

(36) ネット支払システムに関するリスク減少方法の一般的表現については図13、A 参照。

(37) 前掲「グロス決済システム」および図12の定義参照。

(38) そのような「循環処理便宜 (circles-processing facility)」は厳密に言うとネッティングを企てないで、むしろ、独立の決済を許すために不十分な流動性がある状況でグロス支払の同時の決済を企てる。

(39) グロス決済システムにおける可能なリスク減少方法の概観については図13、B 参照。

(40) この分野における様々な国際的イニシアチブの概観については10章参照。"Funds Transfers, Payments and Payment Systems—International Initiatives towards legal harmonisation" by G. Heinrich. これはまた *International Lawyer 28* (1994), at pp. 787-824でも公表されている。

(41) 改正の正確な語法はその文書の付録 I に含まれている。加えて、バーゼル委員会は、注釈のために、潜在的先物 (future) 信用リスクのためのアドオン計算の際にネッティングの効果を承認するための提案を公表した。

(42) この関係で、EU では、信用機関の会社更生と清算に関する理事会指令修正案 (COM (88) 4 final-88/C36/01) が、金融機関の場合にその強行性を確保するネッティングのいかなる特別の扱いも規定していないということは、書き留められなければならない。様々な EU 国におけるこの点での国内立法者によって行われた様々の努力 (前掲「立法の発展」参照) が欧州指令によって無効にされるなら、金融の安定化に非常に有害であるので、この点がカバーされることが本質的である。

第9章 支払とネッテング・システムに関する法的諸問題

Mario Giovanoli

Legal Adviser of the Bank For International Settlements, Basle ;
Professor at the Law Faculty, University of Lausanne, Switzerland.

第10章　資金移動、支払及び支払システム——法的調和化に向けた国際的イニシアチブ*

Ⅰ　序

　最近数年の間に国境を越えた銀行活動に重要な進展があった。一方では、銀行は益々自国以外の国で子会社又は少なくとも営業所を設立しようとしている。他方では、銀行の商業活動、とりわけ資金移動は著しく拡大した。この進展は、個々の支払額とある実体から他の実体に「移動する」総額の双方で生じている。

　例えば1978年にSWIFTは16ヵ国の約500の銀行とリンクし、年間約2500万のメッセージ量に達したので、非常に成功したと考えられた。今日ではSWIFTは同じ数のメッセージを数週間で扱う。欧州連合（EU）内では国境を越える支払量は、域内市場が確立し、おそらく完全な経済連合と通貨連合に発展するにつれて、拡大するはずである[1]。

　支払量の増大はリスクの増大を伴う。このことは、特に、条件と技術における透明性の欠如、資金移動の履行の特性および仲介銀行と被仕向銀行による「二重の代金請求」が——少なくとも欧州連合加盟国では——不変の問題である消費者レベルにおいて当てはまるだけではない。

　もちろん自主規制は、理論的には、資金移動において生じる問題のための理想的な解決である。しかし、取引が1以上の管轄権と関係するときには何時でも、どのような特殊なルールが適用されうるのかについて付加的不確実性が存在しうる。そのような潜在的法の抵触を解決する一つの方法は、適用されるルールを調和化することである。調和化は、国際私法の国内ルールに頼る必要性を減らす。同時にルールの調和化は、問題が他の国で別なように扱われ、解決されるリスクを減らし、それ故「法廷ショッピング（forum shoppimg）」に対する傾向を減らす。

　支払の分野では、2つのイニシアチブが、払込、特に国境を越えた払込を規制するルールを調和化することに焦点を合わせたので、かなり国際的な注目を受けた。

第10章 資金移動、支払及び支払システム

―ホールセール電信振込を規制する国内ルールを調和化するための合衆国のイニシアチブ。このイニシアチブの結果、新しい規定が起草され、4A編「資金移動」が統一商法典（UCC）に組み込まれた。そこに含まれた新ルールはその後、合衆国の多くの州、中でも最も重要なニューヨーク州により採択された[2]。および、

―国連国際商業委員会（UNICITRAL）によるイニシアチブ。この結果、1992年5月に国際振込に関するモデル法が採択、公表された[3]。

UNICITRAL モデル法および UCC4A 編は国際的支払の面で生じる一定の問題を標準化することを目的とする最初のかつ唯一の文書ではない[4]。特に銀行界における迅速な技術的変化と支払取引の増大する自動化に照らして、国際レベルでの情報と調和化に対する大きな必要が存在している。[5]

国際レベルでは、国境を越えた振込に関する議論は、UNICITRAL モデル法の公表では終わらないであろう。目下、例えば、EU委員会は、モデル法を国際的振込を規律する方法に関する自己の考えの1つの基礎として利用して[6]、この分野における将来の作業を評価するために共同体内の国境を越えた支払のための法的枠組みに関するワーキング・グループを設立した。しかしUNICITRAL モデル法それ自体が加盟国で制定されることを提案することが、委員会の意図であるようには思われない[7]。EUのワーキング・グループは、政府の代表（普通大蔵大臣および／または法務大臣）から構成されている；国の代表団には中央銀行出身の代表者が加わっている。当該グループは、EUにおいて、支払の完了性および撤回可能性、破産、支払指図を処理するために必要な時間等を扱うルールの調和化のための必要がどこにあるのかを研究している。

いずれにせよ、モデル法は、支払問題についての議論を促進するから、有益である。例えば、モデル法の全部または一部を採用しようとする各国は、新しい概念と古い条約および規則との両立性を調査し始めるであろう。また、UNICITRAL ワーキング・グループの中で最初議論されたが、モデル法の最終版には具体化されなかった問題―抵触法ルールまたは原因債務の履行のような問題―は、将来再検討されるであろう。加えて、新しい問題が将来の議論の間に生じ、モデル法に追加したりまたは変更する要求になるかもしれない[8]。

これに関連して、この分野に存在している幾つかのイニシアチブを指摘することは有益のように思われる。いくつかのイニシアチブは、支払または資金移動のような問題を直接扱うルールを調和化する目的で考えられた。破産または

消費者保護に関係するような他のイニシアチブは、支払問題にもっと間接的効果を有する。いくつかは政府間条約になり、他は取引グループにより示唆された標準契約約款、勧告またはガイドラインの形式になった。イニシアチブのいくつかは他のものと同じようには成功せず、国内法として採択されなかった。しかしいくつかの条約草案は、他の条約または国内制定法に定められたいくつかのルールのモデルとして役立った限りで、重要な間接的影響を有した。

　網羅的でないが、次のリストは、そのような大抵制定法上の[9]イニシアチブの迅速な参考として役立つであろう。しかし債務証券（debit instruments）は含まれていない[10]。紹介は体系的で、―利用できる場合―（ a ）イニシアチブの名前またはタイトル、（ b ）どこで何時当該文書が採択または公表されたか、（c/d/e）条約の施行、批准または加入（accessions）、（ f ）イニシアチブの内容、（ g ）イニシアチブの典拠目録および、（ h ）各イニシアチブのための基本的な 2 次的文献の選択に関する情報を提供する。イニシアチブによって向けられた問題に関する一般的事柄の文献目録は、関係する節に分類され、各節の最初に挙げる。

II　国際的イニシアチブ

（ 1 ）　支払場所／支払時期／時間的制限
〈一般的文献目録〉
Schönle, "Ort und Zeit bargeldloser Zahlung" in *Festschrift für Winfried Werner zum 65. Geburtstag* (Berlin/New York 1984), pp. 817-839; Vroegop, "The time of payment in paper-based and electronic funds transfer systems" 64-87 *Lloyd's Martime and Comm. L.Q.* [1990].

1．ヨーロッパ評議会 (Council of Europe)
（ a ）金銭債務の支払場所に関する欧州条約 (European Convention on the Place of Payment of Money Liabilities/Convention Européenne relative au lieu de paiement des obligations monétaires)

（ b ）バーゼル、1972年 5 月16日

（ c ）未施行；要件： 5 カ国の批准。しかし条項は、物品売買に関する

277

第10章　資金移動、支払及び支払システム

UNICITRAL 条約またはハーグ条約のような他の条約で具体化された。
（e）オーストリア、ドイツ、オランダ
（f）条約は5カ条から構成されている。支払は支払時期に債権者の住所でなされなければならない（2条1項）。支払が異なる場所で行われる場合には、支払地の変更によって生じる費用または財務的損失の増加を債権者が負担しなければならない（4条）。
（g）European treaty series, no. 75, Strasbourg 1972.
（h）Council of Europe, *Explanatory Report on the European Convention on the Place of Payment Liabilities*, Strasbourg 1972.

2．ヨーロッパ評議会

（a）期間の計算に関する欧州条約（European Convention on the Calculation of Time Limits/Convention européenne sur la computation des délais）
（b）バーゼル、1972年5月16日
（c）施行、1972年5月16日
（d）オーストリア＝1977年8月11日；リヒテンシュタイン＝1983年1月27日；ルクセンブルク＝84年10月10日（85年1月11日施行）；ポルトガル＝1979年11月20日；スイス＝1980年5月20日
（e）ベルギー、フランス、ドイツ、イタリア、ポルトガル、スウェーデン
（f）条約は7カ条から構成されている。日、週、月または年で表される期間は、真夜中の初日から真夜中の末日に進行すべきである（3条1項）。
（g）European treaty series, no. 76, Strasbourg 1972.
（h）Council of Europe, *Explanatory Report on the European Convention on the Caluculation of Time Limits*, Strasbourg 1973.

3．ハーグ外交会議

（a）国際物品売買統一法に関する条約（Convention relating to a Uniform Law on the Internationale Sale of Goods/Convention portant sur la vente internationale des objets mobiliers corporels）
（b）ハーグ、1964年7月1日
（c）5カ国批准に続いて1972年8月18日施行
（d）ベルギー、英国、イスラエル、オランダ、サンマリノ。
（e）その後の署名、批准または加盟（adhesions）：ドイツ、ガンビア、イ

第10章　資金移動、支払及び支払システム

タリア（イタリアは1986年12月11日に失効を通告したが、条約は1987年12月31日まで効力を有することを宣言した）；またドイツでは、国連売買条約加入法が1990年1月1日から1964年ハーグ条約を廃止した。Ⅰ節5c) 参照。

(f) 統一法の目的（104カ条）―同法は国際物品売買契約成立に関する条約および統一法と共に推敲された―は、できるだけ国際私法のルールの適用を排除することである（2条）。同法は、当事者の国籍とは無関係に、営業所が異なる国の領土にある当事者によって締結された物品売買に適用される（1条）。しかし同法の適用は、明示または暗黙の合意により排除することができる（3条）。支払場所に関しては、買主は、原則として、売主の営業所／常居所、「または、支払が物品もしくは証書の譲り渡しに対してなされるべき場合には，その譲り渡しが行われる場所で」で支払われなければならない（59条1項）。「契約締結後の売主の営業所または住所の変更の結果、支払に付帯する費用が増加する場合には、そのような増加を売主が負担しなければならない」（59条2項）。当事者が支払日を合意したかまたはそのような日が慣習によって決まる場合には、買主は、他のいかなる形式的手続を要することなく、その日に支払をしなければならない（60条）。

(g) *UNTS*, Vol. 834, p. 107.

(h) Dölle, *Kommentar zum Einheitlichen Kaufrecht,* (München, 1976)（771頁―803頁には条約と統一法の英語、フランス語およびドイツ語のリ・プリントがある）；Graveson/Cohn/Graveson, *The Uniform Laws on International Sales Act 1967* (London, 1968)；Honnold, "The 1964 Hague Conventions and Uniform Laws on the International Sale of Goods" (1964) 13 Am.J.Com.L. 326 *et seq.*；Ndulo, "The Vienna Sales Convention 1980 and the Hague Uniform Laws on International Sale of Goods1964: A comparative analysis" (1989) 38 ICLQ1-25；Padovini, "La vendita internazionale dalle convenzioni dell'Aja alla convenzione di Vienna" (1987) 23 Riv.dir.int.priv.proc. 47-58.

4．国際法協会（国際通貨法委員会）

(a) 金銭債務の支払時期に関するモデル法（Model rules on the time of payment of monetary obligations）

第10章　資金移動、支払及び支払システム

（b）ソウル、1986年8月／ワルソー、1988年8月

（f）4つのルールが制定された。

ルール1：支払は、支払うべき額が有効に債権者の自由に置かれた時に、なされたものとみなされる。

ルール2：電子資金移動を含む、銀行またはジーロ移動による支払は、支払うべき額が無条件に債権者の口座に貸方記入された時に、なされたものとみなされる。

ルール3：小切手による支払に関する。

ルール4：無条件に保証された支払証券による支払。

（g）International Law Association (ILA), Report of the 62nd Conference held at Seoul, 24 August to 30 August 1986 (ILA, London, 1987), pp. 24-25（モデルルール草案に関する注解：pp. 497-510, 会期の議事録：pp. 511-514）—ILA, Report of the 63rd Conference held at Warsaw, 21-27 August (ILA, London, 1988), p. 457 (Boechoten Smits氏による批評、定義、覚え書き)：pp. 440-453.

（h）モデル・ルールは、MOCOMILAが1984年の国際法協会に提出した、ジュネーブ大学のSchonle教授の報告書を大層参考にしている。：ILA, Report of the Sixty-first Conference, Paris, 1984 (London, 1985), pp. 162-168；前掲文献目録参照。

5．国連——UNCITRAL

（a）国際物品売買契約に関する国連条約（United Nations Convention on Contracts for the International Sale of Goods/Convention des Nations Unies sur les contrats de vente internationale de marchandises）

（b）ウイーン、1980年4月11日

（c）10カ国による批准により1988年1月1日施行：アルゼンチン、中国、エジプト、フランス、ハンガリー、イタリア、レソト、シリア、米国、ユーゴスラビアおよびザンビア。署名、批准、加入および承認（1994年5月11日現在）に関する詳細については、United Nations, "Status of Conventions", Document A/CN.9/401 (25 May 1994) 参照。最新版は規則的間隔をおいて公表されている。

（d）その後の批准、加入または承認（1993年7月12日現在）：オーストラリ

第10章　資金移動、支払及び支払システム

ア、オーストリア、ベラルーシ、ブルガリア、カナダ、スイス、チリ、(旧)チェコスロバキア連邦共和国(連邦は1993年1月1日に存在を終えた)、ドイツ、デンマーク、スペイン、エクアドル、エストニア、フィンランド、ギニア、イラク、メキシコ、ノルウェー、オランダ、ルーマニア、ロシア、スウェーデン、スロバキア、ウガンダ、ウクライナ。

(e) 署名のみ：ガーナ＝1980年4月11日、ポーランド＝1981年9月28日、シンガポール＝80年4月11日、ベェネズエラ＝1981年9月28日

(f) 条約(101カ条)は、営業所が異なる国にある当事者間の物品契約であって、それらの国がいずれも締約国であるか、または国際私法の準則が締約国の法の適用に導く場合に適用される。ルールは、一定の取引を禁止し、禁止された契約を無効にする国内法を無効にしない。条約は、売買取引の2つの基本的局面、即ち契約の形成および契約当事者の義務を扱っている。

　支払場所は原則として「売主の営業所；又は物品若しくは書類の交付と引換えに代金を支払うべきときは、その交付が行われる場所」である(57条1項)。「契約締結後に売主が営業所を変更したことにより生じた代金支払に付随する費用の増加は、売主の負担とする」(57条2項)。

　支払の時期に関しては、58条1項は、「代金を他の一定期日に支払うことを要しない場合には、契約および本条約に従い売主が物品又はその処分を支配する書類を買主の処分に委ねた時に、買主は代金を支払わなければならない。……」と明示している。

(g) United Nations, *Final Act of the UN Conference on Contracts for the International Sale of Goods*, UN.Doc.A/CONF.97/18, 10 April 1980, Annex Ⅰ.

(h) Audit, *La vente internationale de marchandise. Conventions des Nations-Unies du 1 avril 1980* (Paris, 1990); Bianca/Bonell (eds.), *Commentary on the International Sales Law : the 1980 Vienna Sales Convention* (Milan, 1987) (条約は6国連公式語全部で pp. 683-806にリ・プリントされ、ドイツ語は pp. 807-823に、イタリア語は pp. 825-840にリ・プリントされている); Bonell, "L'entrata in vigore della convenzione di Vienna sulla vendita e le sue conseguenze nella prassi delle contrattazioni commerciali internazionali" [1987] Dir.comm.int. 415-427 (条約のイタリア語条文は pp. 428-451); Brandi-Dohrn, "Das UN-Kaufrecht—Entste-

第10章　資金移動、支払及び支払システム

hungsgeschichte und Grendstruktur" (1991) 7 Computer & Recht 705-708 ; Caemmerer/Schlechtriem, *Kommentar zum UN-Kaufrecht* (München, 1990) ; Conetti, "Problemi di diritto internazionale privato derivanti dalla partecipazione dell'Italia alla Convenzione di Vienna del 1980" (1987) 23 Riv.dir.int.priv.proc.41-46 ; Conseil Federal Suisse, "Message (du 11 janvier 1989) concernant la Convention de Vienne sur les contrats de vente internationale de marchandises", *Feuille federale*, 21 March 1989, pp.709-830 ; *Enderlein/Maskow/Strohbach, Internationales Kaufrecht : Kaufrechtskonventio, Verjährungskonvention, Vertretungskonvention, Rechtsanwendungskonvention* (Berlin, 1991) ; Gert, *Kommentar zum Übereinkommen ... über den internationalen Warenkauf* (Heidelberg, 1991) ; Honnold, *Uniform Law for Internationalen Sales under the 1980 United Nations Convention* (Deventer, 1982)（条約は pp. 469-503にリ・プリントされている）; Ndulo, 前掲 Sect. I 3 h) ; Padovini, 前掲 Sect. 3 (h) ; Schlechttriem, *Einheitliches UN-Kaufrecht* (Tübingen, 1981)（条約は pp. 120-167にリ・プリントされている）; Witz, "L'adhésion de la RFA à la Convention des Nations Unies sur les contrats de vente internationale de marchandises" [1990], RDAI/IBLJ No. 1, pp. 57-63. 英語版とドイツ語版の条約の条文は (1987) 51 Rabels Z135-195にも掲載されている。

　国連は、定期的に、物品売買だけでなく、国際仲裁・調停、運輸、弁済および建設契約に関する UNCITRAL の作業に関する最近の著作に関する文献目録を出版している。A/CN.9/402 (13 May 1994) 参照；加えて UNCITRAL texts に関す判例法の抜粋 (CLOUT) が出版されている。A/CN.9/SER.C/ABSTRACTS/1 of 17 May 1993 CLOUT User Guide : A/CN.9/SER.C/GUIDE/ 1 OF 19 MAY 1993参照。

（2）　外国通貨債務

ヨーロッパ評議会

（a）　外国通貨債務に関する欧州条約（European Convention on Foreign Money Liabilities/Convention européenne relative aux obligations en monnaire étrangère）

(b) パリ、1967年12月11日
(c) 未施行；要件：批准3
(d) ルクセンブルク―1981年2月9日
(e) オーストリア、フランス、ドイツ
(f) 9カ条で規定されているルールは、当事者の異なる意思が明らかか又は異なる慣習が適用できなければ、支払場所の通貨以外の通貨で支払うべき額を地方通貨で支払う権利を債務者に付与している（1条）。ルールは、そのような期間の間に、債権者が権利を有している通貨が支払場所の通貨との関係で下落する場合には、債権者に支払の遅滞の際に損害を回復する権利を認めている。ルールは、法廷の国の通貨に切り替えることから生じる損失のリスクを避けるために、訴訟手続において、債権者が権利を有する通貨を請求することを債権者に可能にしている。
(g) European treaty series, no. 60, Strasbourg 1967.
(h) Council of Europe, *Explanatory Report on the European Convention on Foreign Money Liabilities* (Strasbourg, 1968)

(3) 資金移動／支払――一般的問題
〈一般的文献〉

一般的問題： Banca d'Italia (ed.), *Proceedings of the Workshop on Payment Systems in the Perspective of European Monetary Unification, Perugia, 22-23.11.1990* (Rome, 1991)；同、*I rischi finanziari nei sistemi di pagamento interbancari* (March, 1992)；Crawford, "International money transfers" in *Current developments in international banking and corporate financial operations* (Singapore Conference on International banking Business Law), (London, 1989), pp. 6-39；Delierneuz, "Les instruments du paiement international"/"International Payment instruments" (1993) RDAI/IBJL987-1024；Dole "A Japanese insight with respect to the finality of wholesale wire transfers" (1991) 12 U.Pa.J.Int'l Bus.L. 661-710；Effros, "A Banker's Primer on the Law of Electronic Funds Transfers of Funds" [1988] Banking L.J. 510-543；Ellinger, "The GIRO System and Electronic Transfers of Funds" [1986] LMCLQ 178-217；Hellner, "Rechtsfragen des Zahlungsverkehrs unter besonderer Berücksichtigung des Bildschirmtext-

第10章　資金移動、支払及び支払システム

verfahrens" in *Festschrift für Winfried Werner zum 65. Geburtstag* (Berlin/ New York, 1984), pp. 252-280 ; L'Heureux, "L'harmonisation du droit dans les les transferts de fonds internationaux par télécommunications interbancaires" (1991) 32 Cahiers de droit 937-970 ; Huber, "Grenzüberschreitender Zahlungsverkehr und Valutaverhältnis (underlying obligation)" in Hadding/Schneider (eds.), Rechtsprobleme der Auslandsüberweisung (Berlin, 1992), pp. 33-78 ; 本論文の英語版: Huber, "The international credit transfer and the underlying obligation" in Hadding/Schneider (eds.), *Legal issues in international credit transfers* (Berlin, 1993), pp. 31-75 ; OECD, *Electronic funds transfer—Plastic cards and the consumer* (Paris, 1989) ; Schönle, 前掲 I節一般的文献 ; Thunis "Tendancies récentes de la responsabilité des banques dans les opérations de transferts électroniques de fonds"/"Recent trends affecting the Bank's liability during EFT operations" [1991] RDAI/ IBJL 645-976 ; UNICITRAL, *Legal Guide on Electronic Funds Transfers* (Vienna, 1987) (全国連公用語で出版されている) ; Vasseur, "Aspects juridiques des nouveaux moyens de paiement" [1982] Rev. de la Banque 577-600 ; 同、"Le paiement electronique—Aspects juridiques" [1985] 1 Sem. juridique 3206.

　英国: Arora, Electronic Banking and the Law (2nd ed., London, 1993) ; Lang Wing Wo. "Fiunds transfer—A risk analysis" [1992] JIBL. 16-22.

　フランス: Gallouedec-Genuys, *Nouvelles technologies de l'information et droit de la preuve* (Paris, 1990) (pp.117-133) ; Martin, "Aspects juridiques du virement" (1989) Rev.dr.bancaire et de la bourse 149-152.

　ドイツ: *Bankrecht und Bankpraxis* (Köln) (Loseblatt), Bd. III Nr. 6 : Zahlungsverkehr ; Canaris in Staub, *Großkommentar* HGB (4. Aufl. 1988), 10 Lfg. : Bankvertragsrecht, 1. Teil ; Hadding/Häuser, *Rechtsfragen des bargeldlosen Zahlungsverkehr*, RWS-Skript127 (Köln, 1984).

　イタリア: Banca D'Italia, *White Paper on the Payment System in Italy* (Rome, 1986) ; idem, "Analyzing the Italian Payment System : The Current Status and the Future;" [1987] World of Banking 6-12 ; Maccarone, "I trasferimenti elettronici di fondi nel diritto italiano" [1984] Bancaria 1090 -1101.

第10章 資金移動、支払及び支払システム

ラテン・アメリカ: Delpazzo, "Regulación de las transferencia electronicas de fonds" in *Memorias FELABAN*, No.7, September 1991: X Encuentro Lationamericano de abogados expertos en derecho bancario, Caracas, 3-5 de Junio de 1991, pp.41-70; Mille, "Aspectos legales de la transferencia electronica de fonds": Lay Ley (Buneos Aires), Año No. 175, 11/09/89, pp. 1-3.

スイス: Bilotte-Tongue, *Aspects juridiques du virement bancaire—Implications des developments informatiques* (Zürich, 1992); Goetz, *Das internationale Kreditkartenverfahren* (Basel, 1992); Heini, *Rechtsprobleme der bargeldlosen Zahlung—insbesondere zur Rechtzeitigkeit und zur Möglichkeit des Widerrufs* (Zürich, 1991); Thevenoz, "Le banquier, son client et l'ordinateur" (1993) 115 Sem. judiciaire 17-52.

アメリカ合衆国: American Bankers Association (ed.), UCC Article 4A—*A practical guide for bankers and* bank *counsel* 1991; Patrikis/Baxter/Bhala, *Wire transfers—A Guide to US and International Laws Governing Funds Transfers* (Chicago, Cambridge, 1993); Patriks, "Development in the Law of Large Dollar Electronic Payment in the United State" [1987] RDAI/IBLJ 639-648;（様々の著者）"Special issue on the UCC (in particular Art. 4A, EDI, financial services)", *Banking Technology*, July/August 1991, pp. 38-40 (on a recent case involving Security Pacific and UCC Art. 4A); Lewis, "Allocation of loss due to fraudulent wholesale wire transfers: Is there a negligence action against a beneficiary's bank after Art. 4A of the Uniform Commercial Code?" (1990) 90 Michigan L.Rev. 2565-2611; Lingl, "Risk Allocation in International Interbank Electronic Funds Transfers: CHIPS & SWIFT" (1981) 22 Harvard Int'L 621-660. また、一般的問題に関する参考書については Kokkola, "An international bibiography of payment instruments and systems literature for years 1985-1991", Bank of Finland Discussion Papers14/92, (April 1992) 参照。

1. **国際銀行業協議会** (*Council on International Banking (C.I.B.)*)
   (a) 銀行間補償ルール (Interbank Compensation Rules)
   (b) ニューヨーク、1977年11月1日初施行；あらゆる改正および有効な解

第10章 資金移動、支払及び支払システム

釈を織り込む最新版は1983年1月1日施行。
（c）（契約により組み入れなければならない。例えば CHIPS ルールでの引用）
（f）銀行間の支払の誤りの結果である、CIB 構成員銀行間の補償請求権を定めるルールを設定することを目的とする。3種の誤りがカバーされる。即ち、誤ったまたは重複支払、支払の遅滞、および正しい銀行に対する支払であるが、受取人が正しくなかった場合である。ルールは資金の失われた利用可能性に対する補償のみを規律し、失われた元本の回復には適用されない。ルールは、小切手によろうが、CHIPS によろうが、準備金移動（Federal Funds Transfer）の帳簿上の移動（book transfer）によろうが、米ドルでの外国顧客へのおよび外国顧客からの全ての支払に適用される。

　CIB は会員365行以上の―3地区の CIB から構成されている―アメリカの事業者団体である。
（g）Council on International Banking, Approved Rules, (09-069G), 23.09.1982.
（h）Garrison, "Interbank Standards Set for Misdirected Wire Transfer" in *American Banker*, 23 March 1983, p. 10; Lingl, 前掲文献目録「アメリカ」pp. 639-640 at nn. 103-110; Preston, "Banks now have rules on international transfer errors" in *American Banker*, 6 April 1983, p. 14; Scott, "Corporate wire transfers and the Uniform New Payments Code" (1983) COl.L.Rev. 1664-1715 (at nn. 47 and 60).

　後掲III節9（NCUIC）も参照のこと。

2．欧州共同体
（a）電子支払に関する欧州行為準則に関する理事会勧告（Commission recommendation on a european Code of conduct relating to electronic payment/ Recommendation de la Commission portant sur un code européen de bonne conduite en matière de paiement électronique）
（b）ブリュッセル、1987年12月8日
（f）勧告（4ヵ条）は、金融機関、トレーダー、サービス施設および消費者間の関連する「全経済的相手」宛であるが、関連は、カード支払システム又は POS 端末およびカバーに制限される。：契約、内部操作可能性、設備、データ保護およびセキュリティ、フェア・アクセス、発行者／トレ

一ダー／消費者間の諸関係。
(g) [1987] O.J.L365/72 (Recommendation 87/598)
(h) EC Commission 前掲一般文献「欧州共同体」; Favre-Bulle, 前掲一般文献「ヨーロッパ」; Schauss Thunis, "Quelques réflexions à propos du Code européen de bonne conduite en matière de paiment électronique" (1988) *Droit de l'informatique et de Télécoms* 54-56 ; Thouvenel, *Les aspects juridiques des moyens de paiment français et le contexte européen* (Paris, 1990).

3．欧州共同体
(a) 支払システム、特にカード保有者とカード発行者間の関係に関する理事会勧告 (Commission Recommendation concerning payment systems, and in particular the relationship between card holder and card issuer/Recommendation de la Commission concernant les systèmes de paiement et en particulier les relations entre titulaires et émetteurs de cartes)
(b) ブリュッセル、1988年11月17日
(f) 勧告は、金融消費者保護を考慮にいれて、特に、契約条件を調和し、電子的に通知された支払指図の撤回不能性を達成することを狙った付属書（8つの項）を含んでいる。支払カードおよび類似のデバイス（devices）の発行者およびシステム供給者は勧告の規定に従って活動を行わなければならない。
(g) [1988] O.J.L.317/55 (Recommendation88/590).
(h) EC Commission, 前掲一般文献「欧州共同体」; Favre-Bulle, 前掲一般文献「欧州共同体」; Knobbout-Bethlem, La recommandation européenne du 17 novembre 1988—les systèmes de paiement [1990] Rev.europ. dr.de la consommation 241-254 ; Nicolas, "La recommandation de la Commission des Communautés européennes du 17 novembre 1988 concernat les systèmes de paiement" [1989] Banque et Droit 37-81 ; Sousi-Roubi, "Les dispositions communautaires en matière de cartes" [1989] Rev.dr.bancaires et de la bourse, no. 13 87-91 ; Thouvenel, 前掲III節 2 (h) ; Trinquet, "Relations entre organismes financiers et consommateurs dans un système de paiement étendue à l'ensemble de la

第10章　資金移動、支払及び支払システム

Communauté" [1989] Rev. Banque 423-431, 435.

4．欧州共同体

(a) 国境を越える金融取引に適用される銀行業の透明性に関する理事会勧告 (Commission Recommendation on the transparency of banking applicable to cross-border financial transactions/Recommendation de la Commission concernant la transparence des conditions de banque applicables aux transactions financières transfrontalières)

(b) ブリュッセル、1990年1月14日

(f) 勧告の目的（6つの「原則」で定められている）は、機関（信用機関および郵便サービス業）が遵守すべき情報と送り状規則の透明性を増すことである。

(g) [1990] O.J.L.67/1 (Recommendation 90/109).

(h) EC Commission 後掲5

5．欧州共同体——関連作業グループ及びディスカッション・ペーパー

(i) EC Commission, Discussion Paper-Making payments in the Internal Market, Doc. COM (90) 447, 26.09.199 ; Easier cross-border payments : Breaking down the barries-Commission Working Document, SEC (92) 621 final. 27.03.1992 ;

(ii) European Parliament, *Report of the Committee on Economic and Monetary Affaires on the system of payments in the context of Economic and Monetary Union* (報告者 Mr. BofillBeilhe), 28.01.1993 (Doc : A3-0029/93) ; 同、*Report of the Commission on Legal Affaires and Citizens' Rights on easier cross-border payments in the Internal Market* (報告者：Simpson), 28.01.1993 (Doc : A3-0028/93) ;

(h) Dixon, "Breaking Down the barriers on cross-border payments", SMM, October 1992, pp.2-3 ; Favre-Bulle, *Le droit communautaire du paiement électronique* (Zürich, 1992) ; Gutwirth/Joris, 注5参照 ; Levitt, "Payment systems in EMU", (1991) 3 De Pecunia 63-84 ; Troberg, "Integration of EEC payment systems : European Commission initiatives" in Banca d'Italia (ed.), 前掲一般的文献・一般的問題 Proceedings pp.285-313. また注6参照。

第10章　資金移動、支払及び支払システム

6．欧州共同体銀行連盟／欧州貯蓄銀行グループおよびEC協同組合銀行協会
(Fédération Bancaire de le Communauté Européenne/European Savings Bank Group, and Association of Cooperative Banks of the EC)

(a) 国境を越えた遠方支払に関する顧客情報についてのヨーロッパ銀行産業ガイドライン (European Banking Industriy Guidelines on customer information on coross-border remote payment)

(b) ブリュッセル、1992年3月2日。

(f) ガイドラインは、内部市場における支払システムの検討との関係でEC委員会により実施された作業を考慮して3つのヨーロッパ信用部門協会 (European Credit Sector Associations) により準備された（前掲及び一般的文献「ヨーロッパ共同体」参照）。これらの目的は、顧客のための情報パンフレットの印刷物の製作に関する会員銀行に対する勧告を発行する際の会員組織に対するガイドラインを用意することである。

(g) 92年3月27日のEC Commission Document SEC (92) 621の「Annex A」に付けられている。III節4参照。

7．国際商業会議所

(a) 国際的銀行間資金移動および補償に関するガイドライン (Guidelines on International Interbank Funds Transfer and Compensation/Principes directeurs pour le transfert international interbancaire de fonds et pour l'indemnisation)

(b) パリ、1990年1月

(c) ガイドライン（18カ条）の目的は、洗練されたルールのセットを用意することではなくて、むしろ、特に既存のシステムを有しない場合に、最大数の数の銀行が作用できるフレームワークを用意することである。ガイドラインは、（異なる国の）銀行間の資金移動メッセージにのみ適用され、原因債務の履行又は支払時間に関するルールを含んでいない。ガイドラインの細別：定義、処理、債務と責任、資金移動メッセージの不正確な執行に対する金銭賠償手続。

(g) ICC Publication No. 457 (February 1990); identical draft of 8.07.1988: ICC—Policy and Programme Department, Document No. 470-30/5.

(h) ICC, Commission on Banking Technique and Practice, *Working Party Report "Inter-bank Funds Transfer and Compensation Rules"*, Document No. 470/Int. 232, 21 September 1987.

8．国際標準化機構 (International Organisation for Standardization)

(a) 銀行電気通信－資金移動メッセージ（Bank telecommunication—Funds transfer messages/Télécommunication bancaire—Message de transfert de fonds)

(b) ジュネーブ、1987年9月15日。

(c) 1部：国際標準；2部：草案（f参照）。

(f) 1部 (ISO7982-1) 語彙とデータ要素；Annex A：移動当事者；Annex B：テレックス資金移動メッセージ分野記述語（Annexは標準部分を形成しない）。標準は目下改訂中で、荷為替信用状に及ぶであろう：Bank telecommunication—Documentary credit messages：Part 1：Univeral set of data segments and elements for electronic funds transfer messages（改訂は1993年5月14日にISOとして確認された）。（2部 (ISO7982-2)：電子資金移動メッセージのためのデータ・セグメントと要素の普遍的セット。これはまだ草案である (DIS—Draft International Standard)。公表は1994年に予定。それは最近改訂を受けた。Bank telecommunication—Part 2：Documentary credit messages—Universal set of data segments and data elements for electronic documentary credit messages. 付加的に3部（取立メッセージ）と4部（残高報告メッセージ）は1994年に公表されるであろう）。

1部は資金移動支払指図の記述、処理及びフォーマットの際に使用される用語とデータ要素を定義している。そのようなメッセージの完全な意思と意味を解釈し、理解するのは受取人の責務であるから、用語は、一般に、資金移動メッセージの受取人の視野から定義されている。

(g) International Organisation for Standardisation, ISO 7982-1：1987 (ISO Central Secretariat, CH-1211 Genève).

(h) 標準グループ015（銀行業及び金融サービス）内のその他のISO規準は銀行文書（下位グループ140）並びにアイデンティフィケーション及びクレジット・カード（下位グループ150）に関する。なかんずく、*ISO 4217：1990*—Codes for the representation of currencies and funds；*ISO 6260*

第10章　資金移動、支払及び支払システム

—Mail payment orders ; *ISO 7746 : 1988*—Banking, Telex formats for interbank messages ; *ISO 61611 : 1987*—International securities identification numbering system (ISIN) ; *ISO 775 : 1991*—Securities, Scheme for message authentication (wholesale) ; *ISO 10126-1* and *10126-2*—Banking, Procedures for message encypherment (wholesale) ; *ISO 1131 : 1992*—Banking and related services, Sing-on authentication. *ISO 6680 : 1987*—International cheque remmittance ;

9．統一利息補償会社全国評議会 (National Council for Uniform Interest Compensation, Inc.) (NCUIC)
　(a) 銀行間補償規則 (Rules on interbank compensation)
　(b) ワシントン D.C.、1993年3月1日
　(c) ルールは、銀行間資金移動支払（自動化資金決済所［ACH］支払を除く）又は合衆国ドル証券の移動から生じる、ルールによって拘束されることに合意した多数の（合衆国）手形交換所又は地方協会－海外支店を含む－の銀行間の補償請求権の決済を規律する（1.1条）。請求権は、財源、支払の最終受取人、外国か国内か、原因債務の性質（例えば証券取引、外国為替）にかかわらず、存在しうる。
　　ルールは単独の手形交換所、地方協会又は全国協会の会員間の請求権の決済を規律する補償ルール又はガイドライン（例えばCIBルール）に入れ替わらない。ルールは、存在しない場合の地域又は地方ルールの発展の基礎として役立つことが意図され、また(i)浪費された資金の迅速な返還のためのインセンティブ、(ii)請求権のタイムリーな寄託、(iii)請求権の規律正しい解決、(iv)紛争解決のための一般的機構を創設することが意図されている（1.1条）。
　　NCUICは最初アメリカ銀行協会（American Bankers Association）(1980年―1985年) と、1986年に最初の全国的に調和化された「資金移動ルール」を承認した、特別委員会（1985年）により始められた特別専門家委員会（task force）から発生した。NCUICは1989年に公式の事業グループとして法人組織化された。
　(g) 条文は、NCUIC (1120 Connecticut Ave. N.W., Washington, D.C. 20036) から入手できる。

(h) Ferris, "New Council adopts rules for settling wire transfer disputes" in *American Banker*, 24 July 1985, p. 10.

10. 国連——UNCITRAL

(a) 国際資金移動モデル法（Model Law on International Credit transfers/ Loi type sur les virements internationaux (Appendix 2)）

(b) ニューヨーク、1992年5月15日

(f) UNCITRAL 国際支払ワーキング・グループにより起草された本モデル法は、国際的枠組みで議論された支払に関する最も完全な法改正のイニシアチブを完結した。モデル法は、資金移動取引の当事者間の関係を規律する包括的ルールの集まりを示すことが予定されている。このルールは、国際条約の一部であることを意図されていないが、立法者による使用を予定している。従ってモデル法は、制定法としての採択のために（国の政府を通して）立法機関に向けられている。ワーキング・グループで述べられたように、モデル法は、諸国が、有用と分かる部分を取り、それを必要に合わせることができるから、条約よりもっと柔軟である（UNCITRAL, Report of the Working Group on International Payments, 18th Session, UN Doc. A/CN.9/318 ; 27 January 1989, p. 3)。UNCTRAL の国際的仕事は、振込に関するルールを調和化する合衆国の国内計画に匹敵した。UCC4A 編は、一定の程度、UNCITRAL のモデル法にインパクトを持っている。一方では、US の立法イニシアチブは UNCITRAL の議論より早く始まり、常にそれに「先んじ」た。他方、双方の一組のルールは類似の問題に取り組み、資金移動の司法上の性質、その結果1以上の管轄権が関係すると創造される権利と義務に関して存在する不安定性を除く願望から生じた。

1986年に UNCITRAL は、初めに電子資金移動に限定されたモデルルールの準備を始めることを決定した。後に、モデル法草案は、移動が「国際的」である限り、どのような形態の振込もカバーするために拡大された。それは、モデル法1条によると、送信銀行と受信銀行が異なる国である振込」に適用される。(「振替」から区別される)「振込」は、「一定の又は特定可能な額の金銭の受取人の処分にゆだねるべき旨の送信人の受信銀行に対する、あらゆる形式の無条件の指示」と定義される「支払指図」によって始められる一連の作業からなると理解されている。

第10章 資金移動、支払及び支払システム

19カ条は以下をカバーする。
I 総則：適用範囲、定義、条件付指示、契約による変更
II 当事者の義務：送信人の義務、受信銀行に対する支払、被仕向銀行以外の受信銀行による支払指図の承諾または拒絶、被仕向銀行以外の受信銀行の義務、被仕向銀行による支払指図の承認または拒絶、被仕向銀行の義務、受信銀行による支払指図の執行および通知の期限、撤回
III 振込の失敗、過誤又は遅滞の効果：援助、払戻、不足額の補塡、超過額の返還、利息の責任、救済の排他性
IV 振込の完了

(g) Annex I to: United Nations, Report of the Annual session of UNCITRAL on the work of its 25th Session, New York, 4-22May 1992, Official Records of the General Assembly, 47th Session (A/4/17).

情報総覧："Unicital Model Law on International Credit Transfer: Note by the Secretariat", UN Doc.A/CN.9/384 (19.11.1993). 予備作業については Report of the United Nations, UNCITRAL, "Comments on the Draft Model Law on International Credit Transfers, Report of the Secretary General", UN Doc.A/CN.9/346, 15 May 1991, (1991) 22 *UNCITRAL Yb.* 52-102; *idem*, "Report of the Working Group on International Payments on the work of its twenty-second session, Vienna, 26 November-7 December 1990", UN Doc.A/CN.9/344; 10 January 1991, (1991) 22 *UNCITRAL Yb.* 195-214参照。

(h) モデル法の最終テキスト（又はワーキンググループの最終起草会期に推敲されら草案）を斟酌する論文

Bergsten, "The work of the United Nations Commission on International Trade Law in electronic funds transfers" in Effros (ed.), *Current Legal Issues Affecting Central Banks* (Washington, D.C., 1992), pp. 447-460; Bischoff, "Das UNCITRAL-Modelgesetz über den internationalen Überweisungsverkehr" (1993) 3 SZIER285-311 (English text of Model Law at pp. 312-323); idem, "Das UNCITRAL-Modellgesetz über den internationalen Überweisungsverkehr" (1993) 65 SZW/RSDA 217-222.

Crawford, *The UNCITRAL Model Law on International Credit*

第10章 資金移動、支払及び支払システム

Transfers (Remarks made at the International Trade Law Conference, Canberra, 18-19 October 1991) (Canberra, 1992) ; Crawford, "International Credit Transfers—The influence of art. 4A on the Model Law", in *Essays in honour of Jacob S. Ziegel* (1991) 19 Can.Bus.L.J./Rev.can. dr.comm. 166-190 ; Felsenfeld, "The compatability of the UNCITRAL Model Law on International Credit Transfers with Article 4A of the UCC" (1990) 60 Fordham L.Rev. 53-75.

Geva, "UNCITRAL Model Law on International Credit Transfers" in *The law of electronic funds transfers* (New York, 1992) (loose-leaf release), Chap. 4, pp. 133-148 (text of Model Law reproduced in Appendix) ;

Hadding/Schneider, "Die einheitliche Regelung des internationalen Überweisungsverkehr durch das UNCITRAL-Modellgesetz" (1993) 47 WM629-638（モデル法の英語版は664-668頁に、欧州委員会による国内使用のためのドイツ語訳は668-673頁に収録されている）; Heinrich, "UNCITRAL-International credit transfers" (1992) 11 Int' Banking and Fin.L. 78-79 ; Lojendo Osborne, "La ley modelo de UNCITRAL sobre transferencias internactionales de credito" (1993) Rev.Der.Mercantil No. 207, p. 95.

Patrikis/Baxter/Bhala, *Wire trasfers—A Guide to U.S. and International Laws Governing Funds Transfers* (Chicago, Cambridge, 1993), Part V (pp. 235-327) : United Nations Model Law on International Credit Transfers ;

Schneider, "Die einheitliche Regelung des internationalen Überweisungsverkehr durch das UNCITRAL-Modellgesetz" in Hadding/Schneider (eds.), *Rechtsprobleme der Auslandsüberweisung* (Berlin, 1992), pp. 491-516 ; 本論文の英語版は、Schneider, "The uniform rules for international credit transfers under the UNCITRAL Model Law" in Hadding/Schnider (eds.), *Legal issues in international credit transfers* (Berlin, 1993), pp. 451-474.

Vasseur, "Brèves observations (Loi-type de la CNUDCI sur les virements internationaux)" (1992), Banque & Droit, No.26 196-198（法文は191-196頁）; Vasseur, "Les principaux articles de la loi-type de la

294

第10章 資金移動、支払及び支払システム

CNUDCI sur les virements internationaux et leur influence sur les travaux de la Commission de Bruxelles concernant les paiements transfrontalières"/"The main articles of UNCITRAL's Model Law governing international credit transfers and their influence on the EC Commission's work concerning transfrontier payments" [1993] RDAI/IBJL155-207 (モデル法のフランス語版は207-210頁)。

モデル法のより早い草案を考察する論文：
Bergsten, "Legal aspects of international electronic funds transfers" [1987] RDAI/IBLJ1-20 ; Bergsten "UNCITRAL Model on International Credit Transfers" [1991] JIBL 276-283 ; Bergsten, "The draft UNCITRAL Model on International Credit Transfers" in *International Contracts and Payments* (London, 1991), p. 33 Carey, ; "Electronic funds transfers : model rules" (1988) 16 Int'l Bus.Lawyer 104-105 ; Dole, 前掲、一般的文献「一般的問題」; Federación Latinoamericana de Bancos (ed.) (Bogotá) , "Reunion conjunta de FELABAN y la Secretaría de UNICITRAL sobre letras de cambio y aspectos legales de la transferencia electrónica de fondos", [1988] Rev. FELABAN pp. 13-209 ; Felsenfeld, "Strange bedfellows for electronic funds transfers—Proposed Art. 4A of the Uniform Commercial Code and the UNCITRAL Model Law" (1991) 42 Alabama L.Rev. 723-772 ; Gómez Araújo, "Introducción al estudio del proyecto de Ley Modelo sobre Transferencias Internacionales de Crédito", Rev.FELABAN, Jul.-Sept. 1990, pp. 8-10 ; Gottlieb, "A perspective on the UNCITRAL Draft Model Law on International Credit Transfers", *Payment Systems Worldwide*, Autumn 1991, pp. 30-33 ; Harscher/Le Guen, "Le projet de loi modèle de la CNUDCI sur les virements internationaux", Droit de l'informatique, no. 4, 1990, pp. 95-106 ; Heinrich, "Building a universal payments law? The UNCITRAL Model Law on International Credit Transfers", *Payment Systems Worldwide*, Summer 1991, pp. 4-16 ; Patrikis, "Unicitral payments efferts" [1989] Brooklyn J.Int'l L. 45-48 ; Radcliffe, *Towards uniformity in the rules governing electronic funds transfers* (Butterworths, 1988) 364-366 ; Schinnerer, "Zum 'Leitfaden'—Entwurf von UN-

第10章 資金移動、支払及び支払システム

CITRAL über den internationalen elektronischen Überweisungsverkehr", (1985) 26 ZfRV 226-240; Schneider, "Das UNCITRAL-Modellgesetz über den internationalen Überweisungsverkehr" (1989) 43 WM285-293; Thévenoz, *Error and Fraud in Wholesale Funds Transfers : U.C.C. Articke 4A and the UNCITRAL Harmonization A Process* (Zürich, 1990); Vasseur, "*Information sur les aspects juridiques des transferts internationaux de fonds par d'autres moyens que les cartes*" [1989] *Banque & Droit* 61-66; Wulff, "*Two ways to achieve the same goal : the model law on international credit transfers and the new UCC Article 4A in the national and international contexts*" (1990) 9 *Wisconsin Int'L.J.* 69-123.

UNCITRALの文献一般についてはⅠ節5（h）。

11．万国郵便連合（Universal Postal Union/Union Postale Universelle）
（a）郵便為替及び郵便旅行小為替に関する約定（*Arrangement concernant les mandats de poste et les bons postaux de voyage*）
（b）ハンブルク、1984年7月27日
（c）1986年1月1日施行
（f）ルール（52カ条）は郵便為替（*mandats*）と郵便旅行小為替（*bons postaux de voyage*）に関する。なかんずく、支払通貨と換算（3条）と郵政庁間の相殺及びネッティングを扱う条文（28条―30条）がある。
（g）*Acts of the Universal Postal Union,* Vol. Ⅳ (Berne)（フランス語、スペイン語等でも得られる）（協定はスイスでは法として出版されている：RO. 1985, pp. 2175-2190）

12．万国郵便連合
（a）郵便為替に関する約定（Money Orders Agreement/Arrangement concernant les mandats de poste）
（b）ワシントン、1989年12月14日
（c）1991年1月1日施行
（f）ルール（13カ条）は、締約国が相互関係で実施することを合意する郵便為替（mandats）の交換を規律している。前の郵便為替に関する約定（1984年ハンブルク会議）に含められていた郵便旅行小切手に関するルール

第10章　資金移動、支払及び支払システム

は1989年ワシントン会議で廃止された。なかんずく、支払通貨と換算（3条）及び計算書の作成と決済（12条及び13条）を扱う規定がある。

（g）Universal Postal Union, *Annotated Code*, vol. 4, Berne, 1991, pp. 4-78.（Acts of the UPU revised at Washington 1989 and annotated by the International Bureau—アラビア語、英語、フランス語およびスペイン語で利用できる。協定はスイス：RO. 1991, pp. 1797-1805およびドイツ：BGBl. 1992, Teil II, pp. 887-983では法として出版されている）

13. 万国郵便連合

（a）ジーロ協定／郵便小切手業務に関する約定（Giro Agreement/Arrangement concernant le service des chèques postaux）

（b）ワシントン、1989年12月14日

（c）1991年1月1日施行

（f）規則（17ヵ条）は、郵便振替口座の利用者に提供される全てのサービスであって、締約国が相互関係で実施することを合意するものを規律している。郵政機関以外の機関も参加することができる（1条）。ルールは、振替、払込、為替（money order）又は払出小切手（outpayment cheque）による払渡し、及び郵便保証小切手（postcheque）に関する規定を含んでいる。

（g）Universal Postal Union, *Annotated Code*, vol. 4, Berne, 1991, pp. 79-140.（Acts of the UPU revised at Washington 1989 and annotated by the International Bureau—アラビア語、英語、フランス語およびスペイン語で利用できる。約定はスイスでは法として出版されている。RO.1991, pp.1806-1814)

（4）支払システム／清算／ネッティング

〈一般的批評〉

Borio/Van Den Bergh, *The nature and management of payment system risks : An international perspective*, BIS Economic Paper No. 36, Basle, February 1993；Cunningham/Rogers, "Netting in the law" (1990) 5 Butterworths 354-362；Folkerts-Landau, "Systemic financial risk in payment systems" in *Determinants and systemic consequences of international capital flows* (IMF: Washington DC, March, 1991), pp. 46-64；Givanoli, "Legal issues regarding payment and Netting Systems", Charpter 9, pp. 205-230/ Hess "Zur Rolle der Girokonten bei der Schweizerischen Nationalbank im Zusammenhang mit dem Swiss Interbank Clearing (SIC)" [1988] Wirtschaft und Recht 31-49. *iedm*, "Rechtliche Aspekte der Banküberweisung, unter besonderer Berücksichtigung des Interbankzahlungsverkehrssystems Swiss Interbank Clearing (SIC)" [1991] SZW/RSDA101-116 ; Wirtschaft und Recht, *Sonderheft elektronischer interbank-Zahlungsverkehr in der Schweiz*, (1988) Heft 1, 1-83 ; Jacklin, "Netting and close out—Understanding the scope of US law", Clifford Chance—EC Financial Services, September 1992, pp. 29-32 ; Juncker, "A primer on the settlement of payments in the United States", *Federal Reserve Bulletin*, February 1992, pp. 847-858 ; Le Guen, "Netting and legal protection for interbank settlment systems", *Banque de France Bulletin*, No. 10, October 1994, pp. 33-44 ; McGaw, *The worlds' clearing houses—A comprehensive report and analysis of clearing for exchange traded futures and options*, loose-leaf (FOW, London, 1993) ; Nahbantian/Smedresman/Hoser, "Netting and derivatives—a practical guide", IFL Rev., September 1993, pp. 38-41 ; Patrikis/Walraven, "The netting provisions of the Federal Deposit Insurance Corporation Improvement Act of 1991"? Futures Int' L.Letter, No. 3, 12 (1992), 1-8 ; Summers, "clearing and payment systems : The role of the central bank", *Federal Reserve Bulletin*, February 1991, pp. 81-90 ; Wood, *Principles of netting:A comparative law study : The rose and the thorn*, Amsterdam : NIBE, 1994, また前掲III節の一般的文献目録参照。

1．バーゼル銀行監視委員会
  （a）自己資本十分性目的のためのネッテイング監督の承認（The supervisory recognition of netting for capital adequacy purposes/Reconnaissance prudentielle de la compensation aux fins de la mesure des fonds propres）
  （b）バーゼル、1993年4月
  （c）提案
  （f）法文は、中央銀行総裁協定のゆえにバーゼル委員会が公的注釈のために発した諮問的提案である。法文は、ネッティング、マーケット・リスク

および利子率リスクに関する諮問的ペーパーを含む、国際的に活動する銀行のための3部からなる一括監視提案の一部を形成している。制定されると、ネッティングを含む提案は―注意深く定められた条件と国の監督官による承認の下に―1988年バーゼル資本協定（Basle Capital Accord）の条件を自由化する。というのは、これらは、一定の種類の金融証券と関連する信用リスクの測定の際に相対ネッティングの使用に適用されるからである。多角的ネッティングに関し提起された諸問題は、一般的性質のものであり、さらに研究がなされるまで、資本協定の改正が行われないであろう。

2．欧州共同体：ECC加盟国中央銀行総裁委員会（Committee of Governors of the Central Banks of the Member States of the EEC）
　（a）EC加盟国の決済システム（Payment Systems in EC Member States）
　（b）1992年9月
　（f）レポート（a.k.a.青書）は、総裁委員会により1991年1月に創設されたEC支払システムに関する特別（ad hoc）グループにより準備された。青書は、特に「先進11ヵ国の支払システム」に関するG-10研究の公表（下6（h）参照）以来3年の間に生じた新しい発展を考慮し、中央銀行にとっての現在及び将来の直接的関心問題を目的とした共同体の支払システムに対する説明的ガイドである。付加的に、研究は国境を越えた取り決め、中央銀行の役割及び大口資金移動システムを強調している。研究は13論文を含み、1編はEC国に関し、最後の1編は国境を越えた取り決めに関している。

3．欧州共同体――ECC加盟国中央銀行総裁委員会
　（a）決済システムの分野におけるEC中央銀行の共通関心問題（Issues of common concern for EC central banks in the field of payment systems）
　（b）1992年9月
　（f）報告書はEC決済システムに関する特別ワーキング・グループにより準備された。報告書は、6領域を最小の共通の特徴の見地から明細項目を必要とするものとして確認している。即ち、アクセスの条件、リスク・マネージメント政策、法律問題、標準と下部構造、価格政策及び事業時間。報告書は、続いて始められるEC支払システムに関するワーキング・グループのために4つの行動方向を立てている。即ち、（1）EC諸国の支払

第10章　資金移動、支払及び支払システム

システムの協力的監督のための諸原則の定義、(2)国内システムのための最小共通特徴の確立と実施、(3)EMUの見地における大口の国境を越えた支払領域における準備作業、(4)ECU清算決済システムの監督の継続。

4．欧州共同体――EC決済システムに関するワーキング・グループ
　(a) 国内決済システムの最少の共通した特徴（Minimum common features for domestic payment systems）
　(b) 1993年11月
　(f) 欧州共同体加盟国中央銀行総裁委員会に対する報告書は、前掲3の「共通関心問題」報告書のフォローアップを意味する。報告書は、主に、決済システムの分野におけるEC中央諸銀行の関心とEC中央諸銀行が翌年以降行おうとしている政策を理解してもらうために、銀行諸集団に注意のために公表された。文書は、前掲3の「共通関心問題」報告書で確認された6つの領域をカバーする10の原則につき意見を述べて終えている。：(1)銀行間資金移動システムへの直接的アクセス；(2)アクセスの非差別、(3)アクセス基準の透明性、(4)即時グロス清算システム、(5)大口ネット清算システム、(6)その他の銀行間資金移動システム、(7)法律問題：「国内決済システムの法的基礎は健全でかつ実施可能でなければならない。支払システムのリスクを増すEC内の国内法システム間の不一致は分析される必要があり、できるだけ、減少させる必要がある。最初の処置として、必要な場合には、EC中央銀行は、国の破産法の一定の面を改正するよう勧告する（例えば「ゼロ時間条項」）、(8)技術問題、(9)EC中央銀行の価格政策、(10)営業時間。

　　欧州連合の各加盟国における原則の実施は、共通市場の新しい可能性から銀行が利益を受けることを可能にすべきである。他方、保険には、新しい国境を越えた支払システムが、国内支払システムのリスクを増やさないことが必要である。

　(h) Tehan, "Cross-border bank payment to be made safer", The Times, 15 November 1993

5．「10カ国」中央銀行「グループ」（国際決済銀行）("Group of Ten" Central Banks (Bank for International Settlements))

第10章　資金移動、支払及び支払システム

（a）ネッティング組織に関する報告書（Report on Netting Schemes）
（b）バーゼル、1989年1月
（f）「Lamfalussy Report」（6参照）に対する本準備報告書（a.k.a. Angell Report）は、双方ベース又は多角ベースで、外国為替契約又は支払指図の交換から生じる銀行間の支払期日のきた額を相殺する（net out）ために使用される取り決めを評価している。分析は、信用リスクの配分と「国境を越えた」（又は「オフショア」）支払システムと契約ネッティング取り決めの発展と作用から起こされる国際的金融政策問題に焦点を当てている。5章（11-14頁）は、ネッティングのための法的基礎の簡単な分析を含んでいる。
（g）Bank for International Settlements, *Report on Netting Schemes*, prepared by the Group of Experts on Payment Systems of the central banks of the Group of Ten countries, Basle, February 1989（英語、フランス語、ドイツ語およびイタリア語入手可能）
（h）[1989] World of Banking 4-8 ; Commission Bancaire, "Les compensations ('netting') bilaterales ou unilaterales d'obligations et de paiements" in *Rapport* 1989, Paris, pp. 361-366.

6．「10カ国」中央銀行「グループ」（国際決済銀行）
（a）10カ国グループ中央銀行銀行間ネッティング組織に関する委員会報告書（Report of the Committee on Interbank Netting Schems of the Central banks of the Group of Ten Countries/Rapport du comité sur les systèms de compensation interbancaires des banques centrales des pays du group des Dix）
（b）バーゼル、1990年11月
（f）本報告書（a.k.a. Lamfalussy Report）は、中央銀行が分析されたネッティング・システムに関して共通に有する政策目標を記述し、信用リスクと流動性リスク及びシステミック・リスクのレベルに対するネッティングのインパクトの委員会の分析を示し、中央銀行及び監督当局にとってのネッティング取り決めの広い含意を記述している。報告書は、国境を越えた及び多種通貨のネッティングと決済組織の目的と作用のための委員会が勧告する最小標準を説明し、またこれらの組織の中央銀行の協力的監督のた

第10章　資金移動、支払及び支払システム

めの諸原則を示している。

最少基準は以下の通りである。

I．ネッテイング組織はあらゆる関連管轄権において十分な根拠のある法的基礎を有していなければならない。

II．ネッテイング組織参加者は、ネッテイング方法によって影響される金融リスクの各々に対する特別組織の影響の明瞭な理解を有していなければならない。

III．多角的ネッテイング・システムは、ネット供給者と参加者の各自の責任を特定する信用リスクと流動性リスクの管理のための明確に定められた手続を有していなければならない。これらの手続は、また、全当事者が負担する各リスクを管理し、抑制するインセンティブと能力の双方を有し、各参加者が起こしうる信用リスクの最高限度が置かれることを確実にすべきである。

IV．多角的ネッテイング・システムは、最小限、最大のネット借方ポジションを有する参加者が決済できない場合に、日々の決済のタイムリーな完了を保証しなければならない。

V．多角的ネッテイング・システムは、公平な且つ開かれたアクセスを許す入会に関する客観的かつ公開の基準を有していなければならない。

VI．あらゆるネッテイング・システムは、技術的システムの操作上の信頼性と日々の処理要求を満たすことができるバック・アップ施設の利用性を保証しなければならない。

　　報告書はまた拘束的ネット・イクスポウジャを達成することに関連する抵触法上の問題を避けるために国家法の調和化を示唆している（p. 17）。

（g）Bank for International Settlements, *Report of the Committeee on Interbank Netting Schemes*, Basle, November 1990（英語、フランス語、イタリア語およびドイツ語入手可能）

（h）報告書の要約は World of Banking, November-December 1990, pp. 25-27 and 30 で出版されている。: Lamfalussy, "The Report on Netting Schems", in : Banca d'Italia, 前掲III節一般的文献、Proceedings, pp. 99-104.

　　更に BIS で公表された支払／電子決済に関する協力的努力は以下のも

のを含む。:Bank for International Settlements, *Large-value Funds Transfer Systems in the Group of Ten Countries* (Basle, May, 1990)；同、*Payment Sytems in Eleven Developed Countries* (a.k.a. Red Book) (Basle, April, 1989)；revised edition, December 1993；同、*Security and Reliability in Electronic Systems for Payments* (Basle, revised edition, May 1978)。

7．「10カ国」中央銀行「グループ」（国際決済銀行）
   （a）証券決済システムにおける支払に対する交付 (Delivery versus Payment in Securities Settlement Systems/Livraison contre paiement dans les systèmes de règlement de titres)
   （b）バーゼル、1992年9月
   （f）報告書の第1部分は、支払に対する交付（DVP）の概念を含む、証券清算と決済におけるリスクの種類と源のグループ研究によって行われた分析を含んでいる。報告書はDVPに対する共通のアプローチを記述し、中央銀行の政策目標のための様々なアプローチの含畜された意味を評価している。報告書の第2部は、用語集とG-10諸国における有価証券移動システムの根本特徴の体系的概観を含んでいる。報告書は分析的性質のもので、公式の政策的勧告を含んでいない。しかし、5章 (pp.30-38) では、報告書は、有価証券決済システムの金融安定性にとっての意味が「Lambalussy Report」（前掲6）で確認された意味と類似しているかどうか検討している。報告書はまた国境を越えた証券取引に係わる諸問題に対する研究の必要性を示している。
   （g）Bank for International Settlements, *Delivery versus Payment in Securities Settlement Systems*—, Report prepared by the Committee on Payment and Settlment Systems of the central banks of the Group of Ten countries, Basle, September 1993（英語、フランス語、ドイツ語およびイタリア語で入手可）

8．「10カ国」中央銀行「グループ」（国際決済銀行）
   （a）国境を越えた及び多種通貨取引に関する中央銀行の支払・決済サービス (Central Bank Payment and Settlement services with respect to Cross-Border and Multi-currency Transactions)

303

第10章　資金移動、支払及び支払システム

(b) バーゼル、1993年9月
(f) 本報告書(「Noël Repor」)は「Lamfalussy Report」(前掲6)のフォローアップであって、中央銀行が国境を越えた及び多種通貨の銀行間取引の決済におけるリスクの減少と効率性の増加を助けるための努力において考えることができる一連の選択を検討している。ゴールは、好ましい意見を勧告することなく、「中央銀行が提供しうる様々の支払と決済サービスの長所および短所の共通の理解を明らかにし且つ促進すること」であった。報告書は、本国の通貨支払システムの特定の特色における変更が国際的決済のリスクおよび効率性にどのような影響を及ぼすことができるのかを明らかにしている。加えて、それは決済過程におけるリスクの減少と効率性の増加の民間部門の努力の範囲と必要性を強調している。
(g) Bank for International Settlements, *Central Bank Payment and Settlement services with Respect to Cross-Border and Multi-Currency Transactions*, prepared by the Committee on Payment and Settlement Systems of the central banks of the Group of Ten countries, Basle, September 1993.

9．30カ国グループ (Group of Thirty)

(a) 世界の証券市場における決済システム (Clearance and Settlement Systems in the World's Securities Markets)
(b) ニューヨーク／ロンドン、1989年3月
(f) 報告書は専門家国際ワーキング委員会の援助により国際運営委員会により準備された。報告書は、参加者に不当なリスクと不必要な費用を負担させている点で、大抵の証券市場における決済実務は欠陥があるという普及した認識に応じている。報告書は、会社の証券、特にエクィティの全市場に適用されることを意図した9つの勧告された基準および実施のための示唆された時間枠を表にしている。基準は、特に、中央証券保管所、取引のネッティング・システムの利益、支払に対する交付 (delivery versus payment : DVP) の使用、「同日」資金転換および「回転決済 (rolling settlement system)」のような問題を扱っている。
(g) G-30, *Clearance and Settlment Systems, Status Report : Spring* 1990 (17 country reports)；同、*Status Reports-Year-End 1990* (New York/

第10章　資金移動、支払及び支払システム

London, May, 1991)；同 *Status Reports-Autumn 1992* (Washington D.C., December, 1992) (34 country reports)

10．30カ国グループ
（a） デリバティブ：実務と原則 (Derivatives: Practices and Principles)
（b） ワシントン D.C., 1993年7月
（f） 私的研究は、市場実務に焦点を合わせている（適当な監督実務を発展させる中央銀行およびその他の取締人の継続的努力とは別に）。それは、デイラーと最終利用者のための一連の健全なリスク管理実務を明らかにしている。研究の一部を形成する勧告およびワーキング・ペーパーはこれらを詳細に述べている。ネッティグに関する問題は主に "Working Paper of the Enforceability Subcommittee" (*Appendix I : Working Paper*, pp. 42-61) および様々の国の報告書 (*Appendix* II : *Legal enforceability—Survey of nine jurisdictions*) で論じられている。
（h） Woodman/Plews, "The Group of Thirty : Global derivatives report —Part two, Enforceability issues", *Clifford Chance—Asian Financial Services Newsletter*, October 1993 ; Plews/Woodmann, "The Group of Thirty derivatives report—Enforceability issues", *Clifford Chance—EC Financial Services Newsletter*, October 1993, Plews, "The Group of Thirty—Global derivatives report (part)", *Clifford Chance—EC Financial Services Newsletter*, September 1993, pp. 30-33.

（5） 電子データ交換——EDI
〈一般的文献〉
UNICTRAL, Legal Value of Computer Records—Report by the secretary General, UN Doc. A/CN/9/265, 21 Febuary 1985 ; Baum/Perritt, Jr., *Electronic Contracting, Publishing and EDI LAW* (New York ; Wily Law Publications, 1991) ; Chandler, "Negotiable transactions using EDI" [1992] *Diritto del Commercio Internazionale* 505-509 (pp. 510-514 : CMI Rules for Electronic Bills of Lading) ; Deeg, "EDIFACT—The bank and its EDI link to the customer", *Payment Systems Worldwide*, Summer 1991, 16-23 : De Sèze, "Electronic Data Interchange Developments in Europe in : Banca d'

第10章　資金移動、支払及び支払システム

Italia, 前掲Ⅲ節一般的文献、Proceedings..., pp. 233-241 ; Electronic Messaging Services Task Force : (Boss/Ritter), "The commercial use of electronic data interchange—A report and Model Trading Partner Agreement" (1990) 45 Bus.Lawyer 1945-1716 (モデル条約と注釈 : pp. 1717-1749) ; Franke, "EDI—Ohne Edifact droht die Kleinstaaterei wie anno 1648" Computerwoche, 23.10.1992, pp. 43-47 ; Frizmeyer/Heun, "Rechtsfragen des EDI" (1992) 8 *Computer & Recht* 129-133 ; Gallouede et al., *Une société sans papier? Nouvelles technologies de l'information et droit de la preuve* (Paris : Observatoire juridique des technologies de l'information, 1990) ; Giovanoli, "Télécommunication et forme écrite dans les contrats internationaux" in *Mélanges Paul Piotet* (Berne, 1990) pp. 425-449 ; ICC—Joint Working Party on Legal and Commercial Aspects of EDI, *Draft ICC policyo statement on the development of EDI in international trade*, ICC Doc. No. 460-10, 12 April 1991 ; Schmalfuss, "Edifact-Konzept sollte auch Migrationshilfen beinhalten", *Computerwoche*, 23.10.1992, pp. 51-54 ; SWatman/Swatmann, "EDI system integaration : A definition and literature survey" (1992) 8 The Information Society 169-205 ; Tapper/Tombs, *The Legal Admissibility of Document Imaging Systems'* Westport, CT., 1992) ; Walden, "EDI—Austauschvereinbarungen" (1994) 10 *Computer und Recht* 1-13 ; Whitaker, "Electronic documentary credits" (1991) Bus. Lawyer 1781-1786 ; Whybrow, "The storm before the calm-Legal and technical issues continue to thwart the growth of EDI for payments", *Banking Technology*, October 1992, pp.18-22.

　EU の EDI の成果については : Bertrand, "EDI—The final draft of the European Interchange Agreement" (1991) 5 Int'l Computer Law Adviser 4-15(TEDIS による欧州モデル EDI 契約の最終草案および注釈を含む)" ; EC Commission, *EDI Perspectives* (Brussels/Luxembourg, 1989)パンフレットが General Directorate XⅢにより EC の全公用語で出版されている)。Telecommunications, Information-Industry and Innovation, document number EUR-CD-NA-11883 (英語版の ISBN : 92-825-9874-8) ; 同、*EDI et sécurité—Comment gérer le problème* (EDI and security—How to manage the problem) (KPMG により TEDIS 計画のために用意された) (Brussels/Luxembourg, 1992) (document number EUR 13794; フランス語版 ISBN: 92-826-2876-0; ドイツ語版: 92-826-2873-6); 英語およびフランス語での手に入れうるもの: *EC Commission, TEDIS—The legal situation in the Member States regarding trade electronic data interchange,* september 1989; 同、*Implementing EDI—an evaluation of 12 pilot projects,* 1992; 同、*Survey of the current level of implementations, use and general awareness of electronic data interchange in all the EC Member States and the EFTA countries,* 1989-1990; Hoeren, "Evidential problems of electronic documents—the need for EC policies" (1994) 1 EDJ L.Rev. 77-81

また関連 ISO 規格、前掲III節 8 および ISO 9736: 1988—Electronic data interchange of administration, commerce and transport (EDIFACT)—application level syntax rules (amended 1990) 参照。

1. 国際商業会議所

(a) 遠距離伝送による取引データ交換行為統一規則 (Uniform Rules of Conduct for Interchange of Trade Data by Teletransmission ("UNCID"))

(b) パリ、1988年

(f) 電気通信技術使用者およびネットワーク・サービス供給者が指示することにより通信契約に組み入れることができる一連の強行的でない規則。最初の規定は、以下の事項をカバーしている。即ち、メッセージの移転と受け取りの際に要求される注意;当事者の身元確認;受信の確認;受け取ったメッセージの完全性の検証;交換された情報の保護;記録の維持およびデータの保管。

(g) ICC Publication No. 452

(h) Boss, "The international commercial use of electronic data interchange and electronic communications technologies" (1991) 46 Bus. Lawyer 1787-1502 (1791-179); Cunliffe, "Electronic Data Interchange (EDI) and international trade" (1991) 5 Int'l Computer Law Adviser 15-23; Wheble, "The legal obstacles to efficient use of EDI" in Del Busto (ed.), *Funds transfer in international banking—A Compedium on capital adequacy, SWIFT, EDI, bank's liability, and payment systems in the 1990s* (Paris: ICC, 1992), pp. 76-81.

第10章　資金移動、支払及び支払システム

2．UNCITRAL
　（a）電子データ交換（EDI）および取引データ通信の関連手段の法的局面に関するモデル制定法（Model statutory provisions on the legal aspects of electronic data interchange (EDI) and related means of trade data communication/Dispositions réglementaires types sur les aspects juridiques de l'échange de données informatisées et les moyens connexes de communication des données commerciales）
　（b）草案、1993年8月9日
　（f）25回会期（ニューヨーク、1992年5月）に、UNCITRAL は EDI に関する法的規則の準備を国際データ交換に関するワーキング・グループと名前を変更した国際支払に関するワーキング・グループに委託した。ワーキング・グループは、定義、形式要件ならびに、当事者自治、解釈、仲裁および衝突法に関する一般規定のような、一連の統一規則に組み入れられうる論点を定義中である。

　　最初の草案の15カ条—1994年10月3日から14日のワーキング・グループの会期に議論された—は、次の事項をカバーしている[11]。
　Ｉ．総則：適用範囲、定義、統一規則の解釈、解釈規則、契約による変更
　Ⅱ．形式要件：［機能的同等性］「書面」の［要件］、［機能的同等性］「署名」の［要件］、［機能的同等性］「正本」の［要件］、取引データ・メッセイジの同価値性；
　Ⅲ．データの通信［記録］：（拘束的性質）取引データ・メッセージの（有効性）；取引に伴って生じる債務：契約書の作成；取引データ・メッセージの受信；取引データ・メッセージの記録化および保管；（責任）

　（g）UNCITRAL, Newly revised draft model statutory provisions... UN Doc. A/CN.9/WG.IV/WP.62（20 July 1994）；同 Report of the Working Group on Electronic Data Interchange (EDI), 26th Session (11-22 October)', UN Doc.A/CN.9/384（17.11.1993）

　　準備文書：UNCITRAL, "Electronic Data Interchange, Preliminary Study of legal issues related to the formation of contracts by electronic means—Report by the Secretary General", UN Doc.A/CN.9/333（1990）；同、"Legal issues of electronic data interchange—Report of the Secretary-General", UN Doc.A/CN.9/350：(1991) 22 *UNCITRAL Yb.*

381-397；同 Report of the Working Group on International Payments, 24th Session (27 January-7 February 1992), "UN Doc.A/CN.9/360 (17.02.1992), pp. 7-35；同, "Outline of possible uniform rules on the legal aspects of electronic data interchange", UN Doc.A/CN.9/WD.IV/WP.55 (27.11.1992)；"Report of the Working Group on Electronic Data Interchange (EDI)", 25th Session (4-15 January 1993), "UN Doc.A/CN.9/373 (9.03.1993).

(h) Heinrich, "UNCITRAL und EDI" (1994) 10 Computer und Recht, 120-124；Madrid Parra, "Sobre los trabajos de UNCITRAL en materia de intercambio electrónico de datos—EDI (Electronic Data Interchange)" (1992) 45 Rev.der.bancario y bursátil 284-288.

UNCITRAL 文献一般については前掲Ⅰ節 5 （h）。

（6） 取　立
前掲Ⅲ節 8 の関連 ISO 規格も参照。

1．国際商業会議所
（a）取立統一規則 (Uniform Rules for Collections)
（b）パリ、1978年
（f）契約当事者は、規則（23ヵ条）に同意しなければならない。しかし特定の法的見解によると、規則は現在の取引慣行を定義している。規則は、国家法／州法／地方法に反対の規定がなければ、拘束的である。「取立」とは受けた指示に基づき銀行が行う文書の扱いを意味する。規則は特に債務と責任、支払（地方通貨（11条）または支払国の通貨以外の通貨（12条）で支払うことができる文書、利息、手数料及び費用）をカバーしている。
（g）ICC publication No. 322
（h）Nielsen, *Das Inkassogeschäft* (Köln, 1987).

2．万国郵便連合
（a）為替手形取立協定 (Collection of Bills Agreement/Arrangement concernant les recouvrements)
（b）ハンブルク、1984年 7 月24日
（c）1986年 1 月 1 日施行。1984年ハンブルク会議の決議に従って始められ

た EC 研究を考慮し1989年連合ワシントン会議で廃止された。
(f)「協定」（23カ条）は広い種類のコマーシャル・ペーパーの取立を規律する。ルールは特に、取立可能物（collectibles）の預金、資金・債務の取立および転送をカバーしている。
(g) *Acts of the Universal Postal Union*, Vol.IV (Berne)（フランス語、スペイン語等でも得られる）（協定はスイスでは法として出版されている：RO. 1985, pp.2213-2218)

(7) 破　産
〈一般的所見と文献〉
破産は調和化することが最も難しい法領域であるように思われる。破産規制は、国の経済構造組織の核心に関係する。それ故破産規制は一般に強行的で、しばしば公法―商法でない―の一部であると考えられている。そこで破産の規則は合意により変更することができない。

Didier, "La problématique du droit de la faillite internationale" [1989] RDAI/IBLJ201-206 ; Kirchhof, "Grenzüberschreitende Insolvenzen im Europäischen Binnenmarkt―Insbesondere unter Beteiligung von Kreditinstituten" (1993) 47 WM1364-1370, 1401-1407 ; Scoles/Hay, 1 (h), pp. 938-946 (International bankruptcy), Volken, "Europäische Harmonisierung des Konkursrechts: frühe Staatsverträge" in *Festschrift für Oscar Vogel* (Freiburg (Schweiz), 1991), pp. 465-481 ; 同、"L'harmonisation du droit international privé de la faillite", Rec.des cours (1991) V, pp. 343-431参照。

1．欧州評議会
(a) 破産の特定の国際的局面に関する欧州条約 (European Convention on Certain International Aspects of Bankruptcy/Convention européenne sur certains aspects internationaux de la faillite)
(b) イスタンブール、1990年6月5日
(c) 未施行：3カ国の批准が必要。
(e) 1990年11月現在：ベルギー、ドイツ、フランス、ギリシャ、ルクセンブルク、トルコ（訳者注：批准はキプロス（1994年3月17日）のみ）
(f) 条約（44カ条）は1981年に始まった計画を終えている。特に、それは、

支払不能の必要性を地方レベルで立証することなく、破産者が資産を所有する他の署名国における 2 次的破産を開始することを許容している：2 次的破産は、破産が開始された国の法により規律される。それは、外国で任命された破産管財人が財産を保護する措置をとることと、法的手続を起こすことを許容している。；また、外国の債権者が国の破産手続に請求権を用意できるな保障条項を含んでいる。

（g）(1991) 30ILM167-180（英語テキスト）

（h）Fletcher, "Cross-border developments", in *Financial Times—Business Law Brief*, May 1992-, pp. 7-9；Vallens, "La convention du Conseil de l'Europe sur certain aspects internationaux de la faillite" (1993) 82 Rev.crit.dr.priv. 136-166（条約のフランス語版は pp. 121-136）。

破産法専門家委員会により準備された1984年の前の条約草案については、Arnold,, "Entwurf eines Europäischen Übereinkommens über den Konkurs", *ZIP/Zeitschrift für Wirtschaftsrecht 4* (1984) 1114-1152（条約草案のドイツ語訳は pp. 1152-1155）；Guillenschmidt, "Projet de convention du Conseil de l'Europe sur certain aspects internationaux de la faillite", *Banque & Droit*, No. 7, 1989, pp. 191-194；Lowry, "The harmonisation of bankruptcy law in Europe, The role of the Council of Europe" [1985] J.Bus.L.73-76.

2．欧州共同体

（a）委員会、破産、清算、和議、債務免除及び類似の手続に関する条約草案 (Draft of a Convention on Bankruptcy, Winding-up, Arrangments, Compositions and Similar Proceedings/Projet de Convention relative à la faillite, aux concordats et aux procédures analogues)

（b）ブリュッセル、1980年 6 月26日

（c）草案

（f）条約は 9 ヵ章、87ヵ条からなる。即ち、Ⅰ章：目的、Ⅱ章：管轄権、Ⅲ章：適用可能な法、Ⅳ章：破産の一般的効力、Ⅴ章：承認および実施、Ⅵ章　EC 裁判所による解釈、Ⅶ章：経過規定、Ⅷ章：他の条約との関係、Ⅸ章：最終規定。Ⅳ章Ⅴ節（過去の行為および現在の契約に対する破産の効果）36条（相殺）：「締約国は破産の場合に相殺を認めなければならない」。

第10章　資金移動、支払及び支払システム

調和化されたルールは、結局、破産問題ではブリュッセル条約（Ⅶ節3）に対する特別法であろう。

（g）［1982］EC Bulletin Supplement No. 2.（報告書/注釈は Supplement の pp. 45-116で公表されている）; Lemontey, "Rapport sur La Convention…" Ⅲ D/222/80-FR (Commission, Direction Ⅲ).

（h）Aminoff, "The EEC Draft Bankruptcy Convention—an exercise in harmonising private international law" [1990] *Legal Issues in European Integration* 121-137 ; Celle, "Sulla legge regolatrice degli effetti del fallimento sui rapporti giuridici presistenti" (1989) 25 Riv.dir.int. priv.proc.837-862 ; Farrar, "The EEC Draft Convention on Bankruptcy and Winding Up, a progress report and evaluation" [1977] J.Bus.L.320-337 ; Hunter, "EEC Bankruptcy Convention and the development of insolvency law in the UK" [1980] Bus.L.Rev. 250-252 ; Thieme, "Der Entwurf eines Konkursübereinkommens der EG-Staaten von 1980" (1981) 45 RabelsZ 459-499 ; (ed.), 同、*Materialien zum ausländischen und internationalen Privatrecht* (Tübingen, 1988), Bd. 32 Vorschlage und Gutachten zum Entwurf eines EG-Konkursübereinkommens (Bearb.von J. Thieme). 準備草案については Fletcher, "The proposed Community Convention on bankruptcy and related matters" in Lipstein (ed.), *Harmonisation of Private International Law by the E.E.C.* (London, 1978), pp. 119-137.

3．**欧州共同体**

（a）信用機関および預金保証計画の更生および清算に関する理事会指令改正案（Amended proposal for a Council Directive concerning the reorganisation and the winding-up of credit institutions and deposit-guarantee schemes）

（b）ブリュッセル、1988年1月8日

（c）草案

（f）提案は、財政上の困難が明らかになるとすぐに、信用機関が支払不能になるのを阻止することを目的とする更生手続を制定する EC 加盟国内の有効な法および実務の傾向を考慮している。

　　指令草案は、特に、更生手続の相互情報、清算手続における権限の分割

および任命された清算人の他の加盟国における権限の行使に関する規則を含んでいる。
（g）［1988］O.J.C36/1.

4．国際法曹協会
（a）国際支払不能協力モデル法（Model International Cooperation Act（MIICA））
（b）ヘルシンキ、1989年6月
（f）MIICA は、条約としてではなくて、国内立法としての制定のための体裁で提案されている制定法モデルである。モデル法は、裁判所が他の国の支払不能手続の救援の際に行為を助ける機構を定めている。主たる目的は、外国の支払不能手続の代表者が出頭し、他の管轄権に位置している資産に付帯的援助を要求する普遍的な権利を取得することである。
（h）Glosband/Katucki, "Current Development in International Insolvency Law and Practice"（1990）45 Bus.Lawyer 2273-2280（2279-2280）.

5．国際連合――UNCITRAL
（a）国境を越えた支払不能
（b）1993年6月23日
（f）ニューヨークで1992年5月に開催された UNCITRAL 会議で、委員会は破産の国際的局面についての作業を行おうと考えているという提案がなされた。当該文書は、委員会が、この分野における調和化されたルールの望ましさおよび可能性に関する徹底的研究が行われるべきか否か決定すること助けるために用意された。

　文書は、国家法の調和の欠如に由来する問題を起こすいくつかの法律問題を考究している（他の国に位置する資産に対するある国の清算手続の効果；国境を越えた司法援助；支払不能手続に参加する債権者の権利；資産の配分における優先ルール；国境を越えた債務免除；担保利益の承認；債権者に損害を与える債務者の行為の弾劾）。

　さらに、文書は、調和化に向けた国際レベルでの簡単な作業の記述を行っている（ブスタマンテ法典（Codigo Bustamante）、モンテビデオ条約；北欧協議会（nordic Council）、欧州評議会、欧州諸共同体、およびその他のイニシアチブ）。

第10章　資金移動、支払及び支払システム

（g） United Nations, UNCITRAL, A/CN.9/378/Add.4.

（8）　国際私法
1．欧州共同体
（a）契約債務の準拠法に関する条約（ローマ条約）(Convention on the Law Applicable to Contractual Obligations ("Rome Convention"))
（b）ローマ、1980年1月19日
（c）施行。1991年4月1日。幾つかの国では、条約の規定は、それ以前に特別法により各法制度に導入されている。例えば、ベルギー―87年7月14日の法、ドイツ―86年7月25日法、デンマーク―84年5月9日法、ルクセンブルク―86年3月27日法
（d）ベルギー―1987年7月14日、ドイツ―1987年1月8日、デンマーク―1986年1月7日、フランス―1983年11月10日（JO.3.3.1991）、連合王国―1991年1月29日、イタリア―1985年6月25日、ルクセンブルク―1986年10月1日、オランダ―91年9月1日。
（e）スペイン（1992年5月18日の附合条約）、ギリシャ（1984年4月10日の附合条約）；アイルランド（1992年1月1日施行）；ポルトガル（1992年5月18日の附合条約）
（f）そのルール（33ヵ条）は、EC加盟国でない国とリンクした契約にも適用される。幾つかの主要な規定：法の明示の選択に効力が与えられる（3条）。そうでない場合には、契約は、契約が最も密接な関連のある国の法、即ち、契約を特徴付ける履行をしなければならない当事者が、契約締結時に、住所／本拠／主たる営業所を有している国により規律される（4条）。特定の状況では、事案と密接な関連を有する他国の強行法規に効果を付与される（7条1項）。
（g）[1980] O.J.L266/1-19 (9.10.1980)；Report by Professors Giuliano and Lagarde. [1980] O.J.C282/1-50 (31.10.1980).
（h）Bonomi, "I nuovo diritto internazionale provato dei contratti", *Banca Borsa* I, 55 (1992), 36-107；Jaffey, "The English proper law doctrine and the EEC Convention" (1984) 33 ICLQ531-557；Foyer, "Entrée en vigueur de la Convention de Rome du 19 juin 1980 sur la loi applicable aux obligations contractuelles" (1991) 118 JDI601-631；

Lagarde, "Les limites objectives de la Convention de Rome : conflits de lois, primauté du droit communautaire, rapports avec les autres conventions" (1993) 29 Riv.dir.int.priv.proc. 33-42 ; Lesguillons "Loi applicable aux obligations contractuelles : entrée en vigueur de la Convention de Rome du 19 juin 1980" (1991) RDAI/JIBL267-283 ; Malatesta, "Considerazioni sull'ambito di applicazione della convenzione di Roma del 1980 : Il caso dei titoli di credito" (1992) 28 Riv.dir.int.priv.proc. 887-904 ; Pelichete, "Quelques réflexions sur obligations contractuelles" in *Mélanges en l'honneur de M. Van Rijin van Alkemand* (Dordrecht, 1993) ; Plender, *The European Contracts Convention—The Rome Convention on the Choise of Law for Contracts* (London, 1991) ; Reithmann-Martiny, *Internationales Vertragsrecht* (4. Auflg. Köln, 1988), pp. 1-33, Scoles/Hay, Conflict of Laws (2nd ed., St.Paul, Minn. 1992), pp. 725-727.Sousi-Roubi "La Convention de Rome et la loi applicable aux contrats bancaires", *Rec.Dalloz Sirey-Chronique*, No. 26 (1993) 183-190 ; Nort (ed.),条文と条約の報告書はまた *Contract Conflicts*, 1982にリ・プリントされている。

2．欧州共同体
（a）民事および商事における管轄権および判決の実施に関する条約（ブリュッセル条約）Convention on Jurisdiction and the Enforcement of Judgements in Civil and Commercial Matters (Brussels Convention)/Convention concernant la compétence judiciaire et l'exécution des décisions en matière civile et commerciale ("Covention de Bruxelles")
（b）ブリュッセル、1968年7月27日
（c）施行（各日についてはd参照）
（d）ベルギー，ドイツ，フランス，イタリア，ルクセンブルク、オランダ＝1973年1月1日；連合王国＝1987年1月1日；アイルランド＝1988年6月1日（附合条約、g参照）。
（f）41カ条（部分的に「附合条約」により変更されている）。
（g）[1972] J.O.L299/32.「附合条約」：[1978] O.J.L.304/1, L388/1 (1982), C97/1 (1983).

(h) Basedow, "Allgemeine Fragen des Europäischen Gerichtsstands und Vollstreckungsübereinkommens (GVU)" in *Handbuch des internationalen Zivilverfahrensrechts*, Bd (Tübingen, 1982), pp. 99-179 ; Cour de jusice des Communautés européenne (ed.), *Compétence judiciaire et exécution des jugements en Europe* (Actes du colloque sur l'interpretation de la convention de Bruxelles par la Cour de justice européene dans la perspective de l'espace judiciare européen, Luxembourg, 11-12 mars 1991) (London, Dublin, etc. 1993) ; Focsaneanu, *Compétence judiciaire, reconnaissance et exécution des décisions civiles et commerciales dans la CEE* (Paris, 1982) ; Hartley, *Civil Jurisdiction and Judgments—The application in England of the Convention on Jurisdiction... under the Civil Jurisdiction and Judgments Act 1982* (London, 1984) ; Juris-Classeur de droit international, T. 9, fasc.630 (Convention, 631 (P. Jenard/J.-P.Lemontey による「概論」に関する注釈) and fasc.632-633 (J.-P. Beraud による特定事項に関する注釈) ; Moloney/Robinson (eds.), The Brussels Convention... (Dublin : I.CE.L., 1989) ; Vander Elst/M.Weser, II *Droit international privé belege et droit conventionnel international*, T. (Bruxelles, 1985).

3．欧州共同体／EFTA
(a) 民事および商事における管轄権および判決の実施に関するEC／EFTA平行条約（ルガーノ条約）(EC/EFTA Parallel Convention on Jurisdiction and the Enforcement of Judgements in Civil and Commercial Matters/ Convention concernant la compétence judiciaire et l'exécution en matières civile et commerciale ("Lugano Covention"))
(b) ルガーノ、1988年9月16日
(c) スイス、フランスおよびオランダについては92年1月1日に、ルクセンブルクについては92年2月1日に施行
(d) スイス：91年10月18日；ルクセンブルク：91年11月5日
(f) 68カ条
(g) [1988] O.J.L319 (Convention and Protocols), Text and Explanatory report/"Tavaux préparatoires"—in *Lugano Convention*, Vol. I 及び II

(Zürich, 1991). また条文は1 (989) 78 Rev.crt.d.i.p.145-175に、英語版は (1989) 28 ILM620-643に；イタリア語版は (1989) 25 Riv.dir.int.priv. proc.735以下にリ・プリントされている。
（h） Bernet/Heim, "The EC/EFTA Parallel Convention...", (1989) Butterworths, 80-82 ; Bernasconi/Gerber, "Der räumliche-persönliche Anwendungsbereich des Lugano-Übereinkommens" (1993) 3 SZIER 39 -72 ; Broggini, "La Convention parallèle de Lugano, vue par un juriste suisse," (1990) 112 Sem.judiciaire 481-512 ; Conseil fédéral suisse, "Message du 21 février 1990 au Parlement suisse et texte de la Convention", *Feuille fédérale/Bundesblatt* n. 16, vol, 24/avril 1990, pp. 269以下 ; Cour de justice des Communautés européenne (ed.), 2h ; Droz, "La Convention de Lugano parallèle" (1989) 78 Rev.crit.d.i.p.1-51 ; Dutzak (ed.), The Lugano and San Sebastián Conventions (London, 1990) ; Gillard (ed.), *L'espace judiciaire européen—La Convention de Lugano du* 16 *septembre 1988* (contributions de : Voyame, Broggini, Poudret, Volken), Laussane 1992 ; Meijknecht, "The Lugano Convention and the San Sebastián Accession Convention viewed in their mutual context" [1993] NILR 487-497 ; Mercier/Dutoit, *L'europe judiciaire : les Conventions de Bruxelles et de Lugano*（バーゼル、フランクフルト・アン・マイン、1991年）; Minor, "The Lugano Convention—some problems of interpretation" (1990) 27 C.M.L.Rev.507.

4．国際私法に関するハーグ会議
（a） 国際物品売買契約の準拠法に関する条約 (Convention on the law applicable to contracts for the international sale of goods/Convention sur la loi applicable aux contrats de vente internationale de marchandises)
（b） 1986年12月22日
（c） 未施行（少なくても五カ国による批准、承諾、承認または加入が必要）。
（d） アルゼンチン
（e） （1993年1月現在）オランダ、(86年12月22日に条約に署名したが、1993年1月1日に連邦国家として存在することを止めたチェコスロバキアの代わりに）チェコ共和国、スロバキア共和国。

第10章 資金移動、支払及び支払システム

(f) 条約（31カ条）は、国際物品売買契約に関する国連条約（前掲）を心に留め、(i) 異なる国に営業所を有する当事者間のそのような契約に、(ii) 裁判所または仲裁の選択を伴っても、そのような選択がただ準拠法に関する当事者の訴訟上の合意にのみ由来するのでなければ、異なる国の法の選択に関係する他の全ての場合に、準拠法を決定する（1条）。また契約の準拠法は、なかんずく、債務を消滅させる様々な方法と時効および訴訟の制限を規律している（12条 g）。

　条約は同じ題目の1955年条約に代わることが意図されている（ベルギー［訳者注：1999年 1 月19日契約破棄.http://www.hcch.net/e/status/stat03e.html］、スイス、デンマーク、スペイン、フランス、イタリア、ルクセンブルク、ノルウエー、オランダ、スェーデン、フィンランド、ニジェールにつき施行)。

(g) *Act.Doc.La Haye* (1987), 690-708（公式条文は英語/フランス語）。付録はアラビア語、中国語、スペイン語およびロシア語の非公式の国連の翻訳を含んでいる；Hague Conference, Collection of Conventions (1951-1988), pp. 326-339；また、公式条文（1985年10月30日の臨時会期の「決定版」）は (1987) 41 ZabelsZ197-213にリ・プリントされている；Hague Conference, *Convention..., and Explanatory Report/Rapport explicatif* (de von Mehrenによる) (1987年 5 月ハーグ)。

(h) Boschiero, "La nuova convenzione dell'Aja sulla legge applicabile alla vendita internazionale" (1986) 22 Riv.dir.int.priv.proc. 507-540；Cohen/Ughetto, "La nouvelle Convention de La Haye relative à la loi applicable aux ventes internationales de marchandises" [1986] Rec. Dalloz No.20pp.20以下, No.21pp.157以下；Enderlein/Maskow/Strohbach、前掲Ⅰ節5 (h)；Lando, "The 1985 Hague Convention on the Law Applicable to Sales" (1987) 51 RabelsZ60-85；Loussouarn, "La Convention de La Haye d'octobre 1985 sur la loi applicable aux contrats de vente internationale de marchandises" (1986) 75 Rev.crit.d.i. p. 271-296；Napoletano "Il progetto di una nuova convenzione sulla legge applicabile alla compravendita internazione di merci" (1985) 24 Dir. Communit.scambi.int.19-54；Pelichet, "La vente internatinale de marchandises et le conflict de lois", Rec.des Cours, tome 201, 1987, Ⅰ, pp. 9-193 (text of Convention in E/F, pp. 195-209)。

1955年条約については：Zweigert/Drobnig, "Einheitliches Kaufrecht und IPR"（1965）29 RabelsZ146-165.

ハーグ会議の歴史については Lipstein, "One Hundred Years of Hague Conference on Private International Law"（1993）42 ICLQ553-653；von Ovebeck, "Les cents ans de la Conférence de La Haye de droit international privé"（1993）3 SZIER/RSDIE137-153；同 "La contribution de la Conférence de La Haye au développement du droit international privé（1992-Ⅱ）RCDAI9-98" 参照。

5．国際私法に関するハーグ会議
（a）国際振込の準拠法の問題に関する覚え書き（Note on the problem of the law applicable to international credit transfers/Note sur le problème de la loi applicable aux virements internationaux）
（b）ハーグ、1991年11月。
（f）文書は国際振込に関する UNCITRAL モデル法の関係で抵触法の様々の問題を指摘している。主要な問題は、モデル法の範囲、支払指図の撤回可能性、払い戻し義務、抵触法に関係している。文書は、抵触法目的のために紙に基づく方法により実行されている方法と全く同じ方法で電子的に行われる移動を取り扱うことは可能には思われないという結論である。国際的振込の準拠法に関する可能な条約の推敲についての詳細な作業に入る前に、会議は、アンケートにより目下存在している銀行および「資金移動システム」の意見を徹底的に聞く予定である。
（g）Hague Conference, Pre.Doc.No.1 for the attention of the Special Commission of June 1992（Michel Pelichet 氏作成）。

また Hague Conference, Note on conflicts of laws occasioned by transfrontier data flows: Preliminary Document No.5 of November 1987；Hague Conference, Questionnaire on the law applicable to international credit transfers—Synthesis of replies: Preliminary Document No.20 of March 1993参照。

＊　本概括は公的性格を持つものではなく、G. Heinrich（スイス・バーゼル Bank for International Settlement 法務部弁護士）によって編集されたものであ

319

第10章 資金移動、支払及び支払システム

る。International Lawyer 28 (1994), pp. 787-824 においても発表されている。
（1） 1992年3月には2,500ECU以下のリーティルの支払量は2億取引と評価された。"Payment systems in Europe" 1993年12月3日の欧州金融会議におけるArchirafiコミッショナーによる開会の辞。EUでは委員会は典型的にリーティルの支払に焦点を合わせている。一方大口支払システムに関する仕事は中央銀行によって引き受けられた。「資金移動」と「支払システム」参照。
（2） 草案は1989年8月に完成された。4A編は連邦法ではなくて、州法であることが予定された。1993年1月1日現在、42の州がA4編を自州のUCCの一部にした（アラバマ、アラスカ、ニュージャージー、南カロライナおよびプエルトリコは制定を考慮中である）。また、条文は1991年1月1日施行の改正された、「Fedwire」を通じた資金移動に適用される連邦準備制度の「レギュレーションJ」の付則を構成している：12CFR§210, Subpart B.4A編は、明確にFedwireを規律する法として指定されている。、合衆国では、Fedwire、CHIPS、SWIFT、telexおよび帳簿移動が4A編によりカバーされている。
（3） III節項目10参照。
（4） 国際的イニシアチブ一般についてはUNIDROIT, *Digest of Legal Activities of International Organisations and Other Institutions* (9th ed., November 1990)；UNCITRAL, "Current activities of international organisations related to the harmonization and unification of international trade law", *Report of the Secretary-General*, UN DOc.A/CN.9/324, 22 March 1989 (published annually in connection with UNCITRAL's annual sessions).
（5） 例えばBank for International Settlements, *Large-Value Funds Transfes Systems in the Group of Ten Countries* (Basle, May 1990)；Organisation for Economic Co-operation and Development(OECD), *Banking and Electronic Funds Transfers*, by J.R.S.Revell(Paris 1983)；U.H.Schneider, "European and global harmonisation of the law of banking transactions", in *European Banking Law* (Ross Cranston, ed.) (London, New York etc. 1993), pp. 267-288；*idem*., "Europäische und internationale Harmonisierung des Bankvertragsrechts, "(1991)44 *Neue Juristische Wochenschrift* [*NJW*] 1985-1993参照。またGutwirth/Joris, "Electronic Funds Transfers and the Consumer: The 'Soft Law' Approach in the European Community and Australia" (1991) 40ICLQ265-301.
（6） EC Commission (DG ⅩⅤ/1), *Rapport du groupe de développement technique des systèmes de paiement* (20 February 1992), pp. 14-17.
（7） 前掲注1 D'Archirafi.
（8） 例えば、1993年5月にニューヨークで開催された国連国際商業委員会会議において逃

第10章 資金移動、支払及び支払システム

避資本および脱税のケースを扱うために、前掲注5、国連国際商業委員会 *Legal Guide on Electronic Funds Transfers* を追加することが示唆された。UN Doc.A/CN.9/378, 23 June 1993, p.4.

(9) しかし本章で例として使用されていない多くの私的な契約的イニシアチブのうち、次のものは述べるに値する。英国銀行協会(BBA)と（合衆国）外国為替委員会（FXC)の協力の結果である IFEMA、即ち、国際外国為替基本契約（International Foreign Exchange Master Agreement)は、1993年に完了した。IFEMA は直物とフォワードの外国為替取引のための共通契約として意図されている。それはディラー間取引のための最善の市場実務を反映する規定を含んでおり、1993年12月1日からすべての外国為替取引に適用されている。外観上は、どの程度 IFEMA が公式的契約なしに適用されうるものか（例えば、「ロンドン市場に関する」という一般的条件）またはそれは公式的契約（例えばニューヨーク）に明確で組み入れられる必要があるのかは、明確でない。

(10) 最も広く知られているのは、1930年―1931年の為替手形、約束手形、小切手および関連発行に関する6つのジュネーブ条約である。1882年の連合王国の為替手形法は自家産の立法であるが、世界を通して多くの他のコモン・ローの立法の基礎を形成した。UNCITRAL 国連為替手形および約束手形に関する国連条約は、カナダ、ロシア連邦およびアメリカ合衆国により署名された。それは現在までギニアおよびメキシコにより批准されたが、施行されるためには10ヵ国の批准が必要である。

(11) 四角の括弧は、UNCITRAL 事務局により挿入され、ワーキング・グループはまだ正確な表現を決定していないことを示す。

Gregor C. Heinrich

A Head of Section in the Legal Department, Bank For International Settlements, Basle, Switzerland.

付録Ⅰ　注釈付きデラウエア法典[1]

第6章　商業および取引

サブタイトルⅠ．統一商法典、4A編．資金移動

第1部　適用範囲および定義

4A―101条「略称」
本編は、「統一商法典……資金移動」として引用することができる。

沿革：68 Del. Laws, c. 430, Section 1.
本編注：校閲者注――州知事の署名に基づき本編1992年7月21日施行。

4A―102条「適用範囲」
4A―108条で別段の定めがなされている場合を除き、本編は4A―104条で定義されている資金移動に適用される。

4A―103条「支払指図－定義」
（a）本編において、
　（1）「支払指図（Payment order）」とは、送信人が口頭により、電子的にまたは文書で受信銀行に伝達する、一定の若しくは特定可能な金銭を受取人に支払うまたは他の銀行に支払わせる旨の指示であって、次の条件を満たすものをいう。
　　（ⅰ）当該指示が、支払時期以外の受取人に対する支払条件を定めていないこと、
　　（ⅱ）送信人の口座からの引き落としによりまたは送信人からの支払の受領より、受信銀行が、償還を受けること、および、
　　（ⅲ）当該指示が、送信人により直接、受信銀行若しくはその代理人、資

323

付録 I　注釈付きデラウエア法典

　　　　金移動システム、または受信銀行に伝送するための通信システムに伝達されること。
　　（2）「受取人（Beneficiary）」とは被仕向銀行より支払を受ける者を意味する。
　　（3）「被仕向銀行（Beneficiary's bank）」とは、支払指図に従って受取人の口座に入金されることが定められている当該支払指図で特定されている銀行、または支払指図が口座への支払を定めていない場合には受取人に支払を行う銀行を意味する。
　　（4）「受信銀行（Receiving bank）」とは、送信人の指示が宛てられる先の銀行を意味する。
　　（5）「送信人（Sender）」とは、受信銀行に対して指示を与える者を意味する。
（b）本条（a）項（1）に従った指示が、1人の受取人に対し2回以上の支払を行うものである場合には、当該指示は、各々の支払については別個の支払指図である。
（c）受信銀行に発信された時に、支払指図は発せられている。

4A—104条「資金移動－定義」

本編において、
　（a）「資金移動（Funds transfer）」とは、支払指図の受取人に支払う目的でなされる振込依頼人の支払指図より始まる一連の取引を意味する。この語は、振込依頼人の支払指図を実行するために仕向銀行または仲介銀行の発するすべての支払指図を含む。資金移動は、受取人のため振込依頼人の支払指図を支払指図の被仕向銀行が承諾することにより完了する。
　（b）「仲介銀行（Intermediary bank）」とは、仕向銀行および被仕向銀行以外の受信銀行を意味する。
　（c）「振込依頼人（Originator）」とは、資金移動における最初の支払指図の送信人を意味する。
　（d）「仕向銀行（Originator's bank）」とは、（i）振込依頼人が銀行ではない場合には、振込依頼人の支払指図が発せられる受信銀行、または（ii）振込依頼人が銀行である場合には、当該振込依頼人を意味する。

4A—105条「その他の定義」

（a）本編においては、

(1)「指定口座（Authorized account)」とは、顧客が銀行に発した支払指図の支払源として、顧客が指定した、銀行の顧客の預金口座を意味する。顧客が預金口座を指定しない場合には、その口座から支払指図の支払をすることが、その口座の利用制限と相反しない限り、顧客のいかなる口座も指定口座である。

(2)「銀行（Bank)」とは、銀行業務に携わる者を意味し、貯蓄銀行、貯蓄貸付組合（S&L)、クレジット・ユニオンおよび信託会社を含む。銀行の支店または分離された事務所（separate office）は、本編の解釈に関するかぎり、独立した別個の銀行とみなされる。

(3)「顧客（Customer)」とは、銀行に口座を保有する者または銀行がその者の支払指図を受けることに合意した支払指図者を意味し、この中には銀行も含まれる。

(4) 受信銀行の「資金移動営業日（Funds-transfer business day)」とは、1日のうち、受信銀行が支払指図の受取、処理および伝送ならびに支払指図の取消および訂正のために開いている時間帯を意味する。

(5)「資金移動システム（Funds-transfer system)」とは、電信資金移動ネットワーク、自動清算機関、または手形交換所若しくはそれを通して銀行による支払指図が、その支払指図が宛てられた銀行に伝送されうる、その他の銀行協会のその他の通信システムを意味する。

(6)「善意（Good faith)」とは、現実に誠実であることおよび公正な取引に関する合理的な商業上の基準を遵守することを意味する。

(7) 事実に関する「証明（Prove)」とは、事実を立証する責任を果たすことを意味する（UCC1—201条8項)。

（b）本編に適用されるその他の用語の定義およびそれが使用されている条項は、次のとおりである。「承諾」(Acceptance) 4A—209条、「受取人」4A—103条、「被仕向銀行」(Beneficiary's bank) 4A—103条、「執行された」(Executed) 4A—301条、「執行日」(Executed date) 4A—301条、「資金移動」4A—104条、「資金移動システム・ルール」4A—501条、「仲介銀行」4A—104条、「振込依頼人」4A—104条、「仕向銀行」(Originator's bank) 4A—104条、「被仕向銀行による受取人への支払」(Payment by beneficiary's

付録Ⅰ　注釈付きデラウエア法典

bank to beneficiary) 4A―405条、「振込依頼人による受取人への支払」(Payment by originator to beneficiary) 4A―406条、「送信人による受信銀行への支払」(Payment by sender to receiving bank) 4A―403条、「支払日」(Payment date) 4A―401条、「支払指図」4A―103条、「受信銀行」4A―103条、「セキュリティ手続」(Security procedure) 4A―201条、「送信人」4A―103条。

（c）第4編における次の定義は本編にも適用される。「手形交換所」(Clearing house) 4―104条、「支払手段」(Item) 4―104条、「支払を停止する」(Suspends payment) 4―104条。

（d）これに加えて、第1編は、本編のすべてに適用可能な、一般的な定義、解釈原理および解釈を含んでいる。

4A―106条「支払指図の受取時間」

（a）支払指図または支払指図の取消若しくは訂正の通知の受取時間は、1―201条27項に定められている通知の受取に適用されるルールにより決定される。受信銀行は資金移動営業日につき支払指図および支払指図の取消または訂正通知の受取および処理のための締切時刻または時間を定めることができる。異なる締切時刻が、支払指図、取消または訂正に適用でき、また、異なる種類の支払指図、取消または訂正に適用できる。締切時刻は一般的に送信人に適用でき、また、異なる締切時刻は異なる送信人または異なる種類の支払指図に適用できる。支払指図または支払指図の取消若しくは訂正の通知が、資金移動営業日の終了後または資金移動営業日に関する締切時刻後に受け取られた場合には、受信銀行は、その支払指図または通知を、翌資金移動営業日の始めに受け取ったものとして扱うことができる。

（b）本編で、執行日若しくは支払日に言及している場合または受信銀行が何らかの行為をすることが求められている日を定めていて、その日が資金移動営業日に当たらない場合には、本編に別段の定めがない限り、次の資金移動営業日が、定められた日として扱われる。

4A―107条「連邦準備規則および取扱要領」

連邦準備制度理事会の規則（Regulations of the Board of Governors of the Federal Reserve System）および連邦準備銀行の取扱要領（operating circulars of the Federal Reserve Banks）は、本編と矛盾する場合には、矛盾した範囲で、

本編の規定に優先する。

4A―108条「連邦法によって規制される消費者取引への不適用」
本編は、1978年制定の、以後何回か改正された、電子資金移動法（Title XX, Public Law 95－630, 92 Stat. 3728, 15 U.S.C. Section 1693 *et seq.*）により規制される資金移動には適用されない。

第2部　支払指図の発行と承諾

4A―201条「セキュリティ手続」
「セキュリティ手続」とは、（ⅰ）支払指図または支払指図の訂正若しくは取消の通知が顧客のものであることを証明するために、または、（ⅱ）支払指図若しくは通知の伝送若しくは内容の誤りを見つけるために、顧客と受信銀行との合意により確立された手続を意味する。セキュリティ手続は、アルゴリズム若しくはその他のコード、確認のための文字若しくは数字、暗号化、コールバック手続または類似のセキュリティ・デバイスの使用を必要とする。支払指図または通知上の署名と顧客が認めた署名見本との照合は、それだけではセキュリティ手続ではない。

4A―202条「授権され且つ確認された支払指図」
（a）受信銀行が受け取った支払指図は、その者が指図を授権したかまたは代理法により義務を負う場合には、送信人として確認された者が授権した指示である。
（b）銀行とその顧客が、送信人として顧客の名義でその銀行宛に発せられた支払指図の真正性はセキュリティ手続に従って確認されることを合意した場合には、受信銀行により受け取られた支払指図は、（ⅰ）当該セキュリティ手続が、無権限の支払指図に対する保護を備えた商業的に合理的な方法である場合、および、（ⅱ）銀行が善意で且つセキュリティ手続および顧客の名義で発せられた支払指図の承諾を制限する顧客の文書による合意または指示に従って支払指図を承諾したことを立証する場合には、授権されたか否かにかかわらず、顧客の指示として効力がある。銀行は、顧客との文書による合意に違反するまたはその通知が支払指図が承諾される前に、それに従って行動する合理的機会を銀行に与えるような時期または方

法で受け取られなかった指示に従う必要はない。
(c) セキュリティ手続の商業的合理性は、銀行に示された顧客の希望、顧客が銀行に通常発する支払指図の大きさ、タイプ、頻度を含めて、銀行が知った顧客の事情、顧客に提示された他のセキュリティ手続および類似の状況にある顧客と受信銀行により一般的に使用されているセキュリティ手続を考慮して決定される法律上の問題である。セキュリティ手続は、（i）銀行が顧客にとって商業的に合理的であったセキュリティ手続を提示し、顧客が拒否した後に、セキュリティ手続が顧客によって選択された場合、（ii）顧客が、授権されているか否かを問わず、自己の名義で発せられ、顧客によって選択されたセキュリティ手続に従って銀行が承諾した支払指図に拘束されることを文書で明白に合意した場合には、商業的に合理的であるとみなされる。
(d) 本編における「送信人」という用語は、指図が（a）項に基づき顧客が授権した指図である場合、または（b）項に基づき顧客の指図として効力がある場合には、その名義で支払指図が発せられている顧客も含む。
(e) 本条は、支払指図に適用されるのと同一の範囲で、支払指図の訂正および取消に適用される。
(f) 本条および4A—203条（a）項（1）で定められている場合を除き、本条または4A—203条に基づいて生じる権利および義務は、合意により変更されることができない。

4A—203条「一定の証明された支払指図の強行不能性」

(a) 承諾された支払指図が4A—202条（a）項の、送信人として確認された顧客が授権した指図ではないが、4A—202条（b）項に従って、顧客の指図として効力がある場合には、次のルールが適用される。（1）明示の書面による合意により、受信銀行は支払指図の支払を強行するまたは保有する資格のある範囲を制限することができる。（2）支払指図が、直接的または間接的に、（i）支払指図またはセキュリティ手続に関して、常に顧客のために行動する義務を委ねられている人または（ii）顧客の伝送施設にアクセスした人若しくは顧客により統制されている情報源から、情報の入手方法と顧客の過失の有無を問うことなく、セキュリティ手続の違反を容易にする情報を得た人によりなされなかったことを顧客が証明する場

合には、受信銀行は支払指図の支払を強行するまたは保有する資格がない。ここにいう情報には、すべてのアクセス・デバイス、コンピュータ・ソフトウェアまたはその他類似のものを含む。
(b) 本案は、支払指図に適用されると同一の範囲で、支払指図の訂正にも適用される。

4A—204条「支払の返還および無権限支払指図に関する顧客の通知義務」

(a) 受信銀行が、送信人として顧客の名前で発せられた、(i) 4A—202条では無権限で、顧客の指図としては有効でない、または、(ii) 4A—203条では顧客に対し全部または一部強行可能でない、支払指図を承諾する場合には、受信銀行は、銀行が支払を実施する資格がない範囲まで、顧客から受け取った支払指図の支払を返還しなければならず、また、返還金額に対して、銀行が支払を受け取った日から返還の日まで計算した利息を支払わなければならない。しかし、顧客が、指図が顧客によって権限が与えられてないことを判断するための通常の注意を行使することを怠り、また、顧客が銀行から、指図が承諾された旨または顧客の口座から指図に関連して引き落としが行われた旨の通知を受け取った日から90日を超えない妥当な期間内に、当該事実を銀行に通知することを怠った場合には、顧客は、返還されるべき金額に対する利息を銀行から受け取る権利はない。銀行は、本条に定められた通知を顧客が行わなかったという理由により顧客からいかなる財産回復も要求する権利を有しない。
(b) 本条(a)項の妥当な期間は、1-204条(1)に定めるような合意によって固定できるが、(2)項に定めるような受信銀行の支払の返還義務は、合意によって変更することはできない。

4A—205条「誤った支払指図」

(a) 承諾された支払指図が、誤りの発見のためのセキュリィテイ手続に従って伝送され、また、その支払指図が (i) 送信人により意図されなかった受取人に対する支払を誤って指示したか、(ii) 送信人により意図された金額より大きい金額の支払を誤って指示したか、または (iii) 以前に送信人が発信した支払指図と同一の支払指図を誤って重複発信したものである場合には、以下のルールが適用される。
  (1) 送信人が、送信人または4A—206条に従って送信人のために行動す

る者がセキュリティ手続に従ったこと、および、その誤りは受信銀行もセキュリティ手続に従っていたら、発見されたであろうことを証明する場合には、送信人は、(2)および(3)に定められている範囲においてその指図を支払う義務はない。

(2) 資金移動が、(a) 項 (i) または (iii) に規定されている誤った支払指図に基づいて完了した場合には、送信人は、その指図の支払をする義務はなく、また、受信銀行は、受取人から、受取人に支払われた金額を、過失および原状回復を規律する法によって許容されている範囲で、回復する権利を有する。

(3) 資金移動が、(a) 項 (ii) に規定されている支払指図に基づいて完了した場合には、送信人は、その指図を、受取人が受け取った金額が送信人により意図された金額を上回る範囲において支払う義務を負わない。その場合、受信銀行は、受取人から、過失および原状回復を規律する法によって許容されている範囲で、超過受取金額を回復権利を有する。

(b)(i) 本条 (a) 項に規定されている誤った支払指図の送信人が、その指図の全部または一部を支払う義務を負わず、また (ii) 送信人が受信銀行から、指図が銀行によって承諾された旨または送信人の口座から指図に関連して引き落とされた旨の通知を受け取る場合には、送信人は、送信人に利用できる情報に基づいて、指図に関して誤りを見つけのために通常の注意を行使し、かつ、銀行の通知が送信人によって受け取られてから90日を超えない妥当な期間内に当該事実を銀行に通知する義務を負う。銀行が、送信人がその義務を履行することを怠ったことを証明する場合には、送信人は、その義務を怠った結果として生じた損害であると銀行が証明する損害につき、銀行に責任を負うが、送信人の責任は送信人の指図金額を超えることはない。

(c) 本条は、支払指図に適用されるのと同じ程度に、支払指図の訂正にも適用される。

4A—206条「資金移動システムまたはその他の伝送システムを通した支払指図の伝送」

(a) 受信銀行宛の支払指図が、その銀行に対する伝送のために、資金移動システムまたは他の第三者伝送システムに伝送される場合には、そのシステムはその支払指図を銀行に伝送する目的のために送信人の代理人とみな

される。そのシステムに伝送された支払指図の条件と、そのシステムを通して銀行に伝送された条件に食い違いがある場合には、送信人の支払指図の条件は、そのシステムによって伝送された条件とする。本条は連邦準備銀行の資金移動システムには適用されない。
(b) 本条は、支払指図に適用されるのと同じ程度に、支払指図の取消または訂正に適用される。

4A―207条「受取人の誤記」

(a) 本条(b)項に従い、被仕向銀行が受け取った支払指図において、受取人の名前、銀行口座番号またはその他の同一性確認が、架空または特定不可能な人物または口座を示している場合には、指図の受取人としての権利を有する者は存在せず、また指図の承諾は起こりえない。
(b) 被仕向銀行が受け取った支払指図が、名前および特定番号または銀行口座番号により受取人を特定し、かつ当該受取人名と番号が、異なった人物を特定している場合には、次のルールが適用される。
　(1) 本条(c)項で別段の定めがなされている場合を除き、被仕向銀行は、受取人名と口座番号が異なる人物を指定しているを知らない場合には、指図の受取人の適当な同一性確認として番号に頼ることができる。被仕向銀行は、名前および番号が同一人を指定しているか否か決定する必要はない。
　(2) 被仕向銀行が名前によって特定した人物に支払った場合、または名前および番号が異なる人物を特定していることを知っている場合には、そのような支払を受けた人物が、資金移動の振込依頼人から支払を受け取る権利を与えられていない限り、受取人としての権利を有する者は存在しない。受取人としての権利を有する者が存在しない場合には、指図の承諾は起こりえない。
(c)(ⅰ) 本条の(b)項で記述されている支払指図が承諾される場合、(ⅱ) 振込依頼人の支払指図が、受取人の名前と番号を矛盾して記載してある場合、および、(ⅲ) 被仕向銀行が、(b)項(1)によって許容されているように、番号によって特定された人物に支払う場合には、以下のようなルールが適用される。
　(1) 振込依頼人が銀行である場合には、振込依頼人はその支払指図を支

払う義務を負う。
(2) 振込依頼人が、銀行でなく、かつ、番号により特定された人物は振込依頼人から支払を受け取る権利を有していなかったことを証明する場合には、振込依頼人が、振込依頼人の指図の承諾前に、特定番号または口座番号が受取人として指名された者と異なる者を特定していても、被仕向銀行は、特定番号または口座番号に基づいて、振込依頼人により発せられた支払指図の支払を行うことができる旨通知したことを、被仕向銀行が証明しなければ、振込依頼人はその指図を支払う義務を負わない。通知の証明は、いかなる許容性のある証拠によっても行われうる。振込依頼人が、支払指図が承諾される前に、その通知に関する情報を記載した文書に署名したことを被仕向銀行が立証する場合には、被仕向銀行は立証責任を果たしたこととなる。

(d) 本条(b)項(1)によって規律されるケースにおいて、被仕向銀行が、番号によって特定された人物に合法的に支払を行い、また、その人物が、振込依頼人から支払を受け取る権利を有していなかった場合には、支払った金額を、以下のように、過失と原状回復を規律する法が許容する範囲で、その人物から回復することができる。
(1) 振込依頼人が、(c)項に定められているように、支払指図を支払う義務を負っている場合には、振込依頼人は回復する権利を有する。
(2) 振込依頼人が銀行ではなく、またその支払指図を支払うべき義務を負っていない場合には、仕向銀行は回復権利を有する。

4A—208条「仲介銀行名または受取人の銀行名の誤記」

(a) 本項は、特定番号だけで仲介銀行または被仕向銀行を特定している支払指図に適用される。
(1) 受信銀行は、仲介銀行または被仕向銀行の適正な同一性確認の手段として番号に依拠することができ、またその番号が銀行を特定しているかどうかを決定する必要はない。
(2) 送信人は、受信銀行に対し、受信銀行が指図を執行するか、または執行しようとした際に、番号に依拠したことから生じた一切の損失および費用を捕償する義務を負う。

(b) 本項は、名前および番号が異なった人物を特定している場合において、

名前および特定番号の双方によって、仲介銀行または被仕向銀行を待定している支払指図に適用される。

（1）送信人が銀行である場合において、受信銀行が送信人の指図を執行するときに、名前および番号が異なった人物を特定していることを知らない場合には、受信銀行は仲介銀行または被仕向銀行の適正な同一性確認の手段として番号に依拠することができる。受信銀行は、名前および番号が同一の人物を指示しているか、または番号が銀行を指示しているか否かを決定する必要はない。送信人は、受信銀行に対し、受信銀行が指図を執行するか、または執行しようとした際に、番号に依拠したことから生じた一切の損失および費用を補償する義務を負う。

（2）送信人が銀行でなく、かつ、送信人が、支払指図が承諾される前に、受信銀行は、番号が名前により特定された銀行から異なる者を特定しても、仲介銀行または被仕向銀行を特定するための適正な同一性確認の手段として番号に依拠することができる旨を通知したことを、受信銀行が証明する場合には、送信人は銀行であるとみなして、送信人および受信銀行の権利および義務は、b項（1）によって規律される。通知の証明は、いかなる許容性のある証拠によっても行われうる。支払指図が承諾される前に、送信人がその通知に関連する情報を記載している文に署名したことを受信銀行が証明したときは、受信銀行は立証責任を果たしている。

（3）送信人が銀行であるか否かを問わず、受信銀行が、送信人の支払指図を執行する時点で、名前および番号が異なる人物を特定していることを知らない場合には、受信銀行は、仲介銀行または被仕向銀行を特定するための適正な同一性確認の手段として名前に依拠することができる。受信銀行は、名前と番号が同一人を指示しているか否かを決定する必要はない。

（4）受信銀行が、名前および番号が異なる人物を特定していることを知っている場合には、送信人の支払指図を執行する際に、名前か番号のどちらか一方に依拠することは、4A—302条（a）項（1）に定める義務の違反となる。

付録Ⅰ　注釈付きデラウエア法典

4A—209条「支払指図の承諾」

（a）（d）項に従い、被仕向銀行以外の受信銀行は、支払指図を執行する時に、支払指図を承諾する。

（b）本条（c）項および（d）項に従い、被仕向銀行は、次に掲げる時点のうち一番早い時点で支払指図を承諾する。

　（1）銀行が、（ⅰ）4A—405条（a）項または4A—405条（b）項に定められているような受取人に支払う時、または、（ⅱ）受取人に指図の受領、若しくは、受取人の口座に指図に関連した入金がなされたことを通知する時。但し、通知が、銀行が指図を拒絶していること、または、送信人から支払を受領するまで、指図に関連する資金が引き出され、使用ができない旨を示している場合はこの限りでない。

　（2）銀行が、4A—403条（a）項（1）または4A—403条（a）項（2）に従い、送信人の指図する金額の全額の支払を受け取る時。または、

　（3）指図の支払日の翌資金移動取扱日の始業時に、送信人の指図の金額が、送信人の指定口座の引出可能貸方残高により十分にカバーされているか、または銀行が別な方法で送信人から全額を受け取った場合には、指図の支払日の翌資金移動取扱日の始業時。但し、指図がその時以前に拒絶されたか、または、（ⅰ）その時から1時間以内に、若しくは、（ⅱ）支払指図の支払日の次に到来する送信人の資金移動営業日が遅い場合には、その開始後1時間以内に拒絶される場合は、この限りではない。拒絶の通知を支払日が過ぎてから送信人が受け取り、かつ、送信人の指定口座は付利でない場合には、銀行は指図金額に対し、支払日から送信人が拒絶通知を受け取った日、または指図が承諾されなかったことを知った日までの経過日数の利息を送信人に支払う義務がある。その期間中の引出可能貸方残高が、指図金額を下回る場合には、支払う利息は相当分だけ減額される。

（c）支払指図の承諾は、受信銀行が指図を受け取る前には起こりえない。支払指図の受取人が受信銀行に口座を保有していない場合、口座が閉鎖された場合、または、法律により受信銀行が受取人のために信用を受け取ることを許可されていない場合には、（b）項（2）または（b）項（3）による承諾は生じることはない。

（d）仕向銀行に対して発せられた支払指図は、銀行が被仕向銀行である場

合には支払日まで、または銀行が被仕向銀行でない場合には執行日まで承諾されることはできない。仕向銀行が、執行日の前に振込依頼人の支払指図を執行するか、または、支払日の前に振込依頼人の支払指図の受取人に対して支払い、後に支払指図が4A—211条（b）項に従って取り消される場合には、銀行は受取人から過失および原状回復を規律する法律が許す範囲において、受け取られた支払を回復することができる。

4A—210条「支払指図の拒絶」

（a）支払指図は、口頭で、電子的にまたは文書により、送信人に伝達される拒絶通知により、受信銀行によって拒絶される。拒絶通知は、特定の単語を使用する必要はなく、受信銀行が指図を拒絶するか、または指図を執行しない若しくは支払わないことを示せば十分である。拒絶は、状況に照らして合理的な方法によって伝達される場合には、通知が受け取られた時に効力を生ずる。拒絶の通知が、合理的でない方法によってなされる場合には、通知が受け取られた時に拒絶の効力を生ずる。送信人と受信銀行の合意が、支払指図の拒絶に使用される方法を定めている場合には、（ⅰ）合意に合致したいかなる方法も合理的であり、また、（ⅱ）合致しないいかなる方法も合理的ではないが、但し、合致しない方法の使用により通知の受領が大きく遅延しない場合にはこの限りでない。

（b）本項は、被仕向銀行以外の受信銀行が、送信人の指定口座に指図をカバーするに足る引出可能貸方残高が十分あるにもかかわらず、支払指図を執行することを怠った場合に適用される。送信人が、執行日に指図拒絶通知を受け取らず、かつ、送信人の指定口座は付利でない場合には、銀行は指図金額に基づき執行日から4A—211条（d）項に従って指図が取り消される日、送信人が支払指図が執行されなかったことの通知を受け取る日、または、執行されなかったことを知った日までのいずれか早い日までの経過日数の利息を送信人に支払う義務がある。その期間中の引出可能貸方残額が指図金額を下回る場合は、利息の金額は、相当分だけ減額される。

（c）受信銀行が支払を停止する場合には、当該銀行向けに発せられたすべて未承諾の支払指図は、受信銀行が支払を停止する時点で拒絶されたものとみなされる。

（d）支払指図の承諾は、その後の指図の拒絶を排除する。支払指図の拒絶

付録I　注釈付きデラウエア法典

は、その後の指図の承諾を排除する。

4A—211条「支払指図の取消および訂正」

（a）支払指図の送信人による支払指図の取消、訂正に関する通知は、口頭で、電子的に、または文書で、受信銀行に伝達できる。セキュリティ手続が送信人と受信銀行との間で実施されている場合には、通知が、セキュリティ手続に従って確認されるか、または銀行がその取消もしくは訂正に合意するものでないかぎり、取消または訂正の通知は有効ではない。

（b）本条（a）項に従って、受信銀行が支払指図を承諾する前に、その通知に基づいて行動するための合理的な機会を受信銀行に与えるような時および方法で通知が受け取られる場合には、支払指図を取消しまたは訂正する送信人からの通知は有効である。

（c）支払指図が承諾された後では、受信銀行が合意するか、または資金移動システム・ルールが、銀行の合意なしの取消もしくは訂正を許容しているのでなければ、その指図の取消あるいは訂正は有効ではない。

　（1）被仕向銀行以外の受信銀行によって承諾された支払指図に関しては、受信銀行によって発行された支払指図に対応する取消または訂正も同様になされない限り、支払指図の取消または訂正は有効ではない。

　（2）被仕向銀行により承諾された支払指図に関しては、支払指図の取消または訂正は有効ではない。但し、指図が無権限の支払指図の執行という形で発せられた場合、または、支払指図の発行となった資金移動における送信人の誤り、すなわち、（ⅰ）以前に送信人により発せられた支払指図と重複している場合、（ⅱ）振込依頼人から支払を受け取る権利のない受取人に対する支払指図、または、（ⅲ）振込依頼人から受け取る権利がある金額よりも多額の支払指図の場合にはこの限りでない。支払指図が取消しあるいは訂正される場合には、被仕向銀行は、過失および原状回復を規律する法によって許容されている範囲内で、受取人に支払われた金額を受取人から回復する権利を有する。

（d）承諾されない支払指図は、指図の執行日または支払日後、受信銀行の第5資金移動取扱日の営業終了時点をもって、法の作用により取り消される。

（e）取り消された支払指図は承諾されえない。承諾された支払指図が取り

消される場合には、承諾は無効とされ、いかなる人も承諾に基づくいかなる権利も保有せず、また義務も負わない。支払指図の訂正は、訂正の時点において、当初の支払指図の取消とみなされるとともに、同時点における訂正された形での新規の支払指図の発行とみなされる。

（f）当事者の合意または資金移動システム・ルールに別段の定めがない限り、受信銀行が、支払指図の承諾後、送信人による指図の取消または訂正に合意するか、または銀行の合意なしの取消若しくは訂正を許容する資金移動システム・ルールにより拘束される場合には、送信人は、取消または訂正が有効であると否とにかかわらず、取消若しくは訂正または取消若しくは訂正の試みの結果、合理的な弁護士費用も含む、銀行に生じた損失および費用について、銀行に対して責任を負う。

（g）支払指図は、送信人の死亡または法的無能力によってもその効力を失うことはない。但し、受信銀行が、送信人の死亡または管轄の裁判所による無能力の宣告を知っていて、指図の承諾前に対応をなすべき合理的な機会が有している場合はその限りでない。

（h）資金移動システム・ルールは、（c）項（2）と矛盾する場合には、その範囲で有効ではない。

4A—212条「承諾されない支払指図に関する受信銀行の責任と義務」

受信銀行が明示の合意により承諾する義務を負っている支払指図を承諾することを怠る場合には、銀行は、その合意または本編に定める範囲で、合意違反につき責任を負うが、それ以外の場合には、支払指図を承諾する、または、本編または明示の合意で定められているものを除き指図に関し、承諾前に、何らかの対応を行う、若しくは対応を差し控えるいかなる義務も負わない。承諾に基づく責任は、承諾が4A—209条に規定されているような状況で行われる時にのみ生じ、また責任は、本編で定められている範囲に制限される。受信銀行は、自己が承諾する支払指図の送信人若しくは受取人または資金移動のための他の当事者の代理人ではなく、また銀行は、本編および明示の合意に定めがある場合を除き、資金移動のためのいかなる当事者に対しても義務を負わない。

付録I　注釈付きデラウエア法典

第3部　受信銀行による送信人の支払指図の執行

4A―301条「執行および執行日」

（a）支払指図は、受信銀行が受け取った支払指図を実行する意図で支払指図を発する時に、当該銀行によって「執行される」。被仕向銀行が受け取った支払指図は承諾されうるが、執行できない。

（b）支払指図の「執行日」とは、受信銀行が送信人の指図の執行として支払を適切に交付できる日を意味する。執行日は、送信人の指示によって決定されうるが、指図を受け取った日より前の日であることはできず、また、別段の決定がなされていない限り、指図を受け取った日である。送信人の指示が支払日を示している場合には、執行日は支払日または支払日に受取人に支払うためにその執行が合理的にみて必要な前の日である。

4A―302条「支払指図の執行に係る受信銀行の義務」

（a）本条（b）項ないし（d）項で定められている場合を除き、受信銀行が、4A―209条（a）項に従って支払指図を承諾する場合には、同行は支払指図を執行する際に、下記のような義務を負う。

　（1）受信銀行は、執行日に、送信人の支払指図に沿った支払指図を発する義務を負うとともに、（i）資金移動を実行するにあたって利用される仲介銀行、若しくは資金移動システム、または（ii）資金移動にあたって、支払指図が伝送される手段に関する送信人の指図に従う義務を負う。仕向銀行が仲介銀行に支払指図を発する場合には、仕向銀行は振込依頼人の指示に従って仲介銀行にその旨を指示する義務を負う。資金移動における仲介銀行は、同様に、自己が承諾する支払指図に係る送信人の指示に拘束される。

　（2）送信人の指示が、資金移動は、電話若しくは電信により実行されるべき旨を示している場合、または、資金移動は、最も迅速な手段により実行されるべき旨を指示している場合には、受信銀行は、利用しうる最も迅速な手段により支払指図を伝送すべき義務を負い、またそれに応じて、いなかる仲介銀行に対しても指示を行う義務を負う。送信人の指示が、支払日を指定している場合には、受信銀行は自己の支払指図を、支

払日にまたは支払日に次ぐ実行可能な限り早い日に受取人に支払をするために合理的に必要とされる時および方法により伝送する義務を負う。
（b）別段の指示がない限り、支払指図を執行する受信銀行は、（ⅰ）資金移動システムの利用が、状況において合理的である場合には、いかなる資金移動システムをも利用することができ、また、（ⅱ）被仕向銀行または、受信銀行が仲介銀行の選択の際に通常の注意を払う場合には、送信人の指図に従う支払指図を迅速に被仕向銀行に発行しうる仲介銀行に対して、支払指図を発することができる。受信銀行が、善意で、送信人の指示に従うことは実行不可能であると判断する場合、または、送信人の指示に従えば、資金移動の完了が不当に遅延すると判断する場合には、受信銀行は、資金移動を実行する際に利用される資金移動システムを指定する送信人の指示に従うことを要しない。
（c）本条（a）項（2）が適用されない場合、または、受信銀行が別段の指示を受けていない場合には、銀行はファースト・クラス・メールまたは状況において合理的な何らかの手段により、その支払指図を伝送することにより、支払指図を執行しうる。受信銀行が、特別な手段によりその支払指図を伝送することによって送信人の支払指図を執行するよう指示されている場合には、受信銀行は、その指示された手段または指示された手段と同程度に迅速な手段により、自己の支払指図を発することができる。
（d）送信人による指示がない限り、（ⅰ）受信銀行は、送信人の支払指図の金額から諸費用を差し引いた後の金額による支払指図を発行することにより、送信人の支払指図の執行に関連した手数料および諸費用の支払を受けることはできず、また、（ⅱ）後続の受信銀行に対し、同様な方法によって手数料の支払を受けることを指示することができない。

4A—303条「支払指図の誤執行」

（a）（ⅰ）送信人の支払指図の金額より多い金額の支払指図を発することにより、送信人の支払指図を執行し、または（ⅱ）送信人の支払指図の執行として支払指図を発し、さらに重複する支払指図を発行した受信銀行は、4A—402条（c）項の定める条件が別に充足される場合には、同項に従って送信人の支払指図の金額の支払を受ける権利を有する。銀行は、誤った指図の受取人から、受け取られた過剰支払額を、過失および原状回復を規

律する法が許容する範囲内で回復する権利を有する。
（b）送信人の支払指図を、送信人の支払指図より小さい金額の支払指図を発することにより執行する受信銀行は、（ⅰ）4A―402条（ｃ）項の定める条件が別に充足される場合で、かつ（ⅱ）銀行が、送信人の指図の受取人のために追加的な支払指図を発することにより、誤りを正す場合には、4A―402条（ｃ）項に従って、送信人の指図の金額の支払を受ける権利を有する。誤りが正されない場合には、誤った支払指図の発行者は、受けた指図の送信人から、誤った指図の金額を限度として、支払を受けまたは保持する権利を有する。受信銀行が、送信人の指示に従って、手数料と経費の支払を受ける目的で、送信人の指図の金額を下回る金額の支払指図を発することにより、送信人の支払指図を執行する場合には、本項は適用されない。
（c）受信銀行が、送信人の指図の受取人と異なる受取人に対して支払指図を発することにより送信人の支払指図を執行し、資金移動がその誤りに基づいて完了した場合には、誤って執行された支払指図の送信人および資金移動におけるすべての前の送信人は、それらの者が発した支払指図を支払う義務を負わない。誤った支払指図の発行者は、その指図の受取人から、受け取られた支払金額を、過失および原状回復を規律する法が許容する範囲内で回復する権利を有する。

4A―304条「誤って執行された支払指図を通知する送信人の義務」

　4A―303条で定められているような誤って執行された支払指図の送信人が、受信銀行から、支払指図が執行された旨または指図に関して送信人の口座から引き落とされた旨の通知を受け取った場合には、送信人は、送信人に利用可能な情報に基づいて、指図が誤って執行されたものであると判断するための通常の注意を行使し、受信銀行からの通知を送信人が受け取った後、90日を超えない妥当な期間内に、当該事実を銀行に通知する義務を負う。送信人がその義務を履行することを怠るときには、銀行は、4A―402条（ｄ）項に基づき送信人に払い戻される金額に関する受信銀行が執行についての誤りを知るまでの期間の利息を支払う義務を負わない。銀行は、本条に定める義務の履行を送信人が行わなかったという理由により送信人に対しいかなる財産回復も要求する権利を有しない。

4A―305条「支払指図の執行遅延、誤った執行、または執行の失敗に対する責任」

（a）資金移動は完了したが、受信銀行の4A―302条に違反した支払指図の執行が、受取人への支払の遅延に終わる場合は、銀行は、資金移動の振込依頼人または受取人に対し、誤った執行によって生じた遅延期間の利息を支払う義務を負う。（c）項に定められている場合を除き、付加的損害賠償金は回復できない。

（b）4A―302条に違反した受信銀行の支払指図の執行が、（ⅰ）資金移動の不完了、（ⅱ）振込依頼人が指定した仲介銀行の不使用、または（ⅲ）振込依頼人の支払指図条件に一致しない支払指図の発行に終わる場合には、銀行は振込依頼人に対し、不適当な執行から生じる資金移動に要した費用並びに付随的費用および金利損失について、（a）項によりカバーされない範囲内で責任を負う。（c）項に定められている場合を除き、付加的損害賠償金は回復できない。

（c）（a）項および（b）項に基づいて支払われる金額に加え、間接的損害を含む損害は、受信銀行の書面による明示の合意で定められた範囲内で回復できる。

（d）受信銀行が、明示の合意により執行すべき義務を負っている支払指図を執行することができなかった場合は、受信銀行は、取引費用並びに執行をできなかったことから生じる付随的費用および金利損失について、送信人に対して責任を負う。間接的損害を含む付加的損害賠償金は、受信銀行の書面による明示の合意で定められた範囲内で回復できるが、それ以外の損害賠償金は回復できない。

（e）本条（a）項または（b）項に基づく金銭賠償の請求が行われ、その請求権に関する訴訟の提起以前に、拒絶された場合には、合理的な弁護士費用は回復できる。（d）項に基づく合意違反のために請求がなされ、合意が損害賠償金を定めていない場合には、（d）項に基づく金銭賠償の請求が行われ、その請求権に関する訴訟の提起以前に、拒絶された場合には、合理的な弁護士費用は回復できる。

（f）本条に定める場合を除き、（a）項および（b）項に基づく受信銀行の責任は、合意によって変更することはできない。

付録Ⅰ　注釈付きデラウエア法典

第4部　支　　払

4A—401条「支払日」

支払指図の「支払日」とは、指図金額が被仕向銀行により受取人に支払われる日をいう。支払日は、送信人の指示によって決定することができるが、指図が被仕向銀行によって受け取られる日よりも早い日であることはできず、また、別段の定めがない限り、指図を被仕向銀行が受け取った日である。

4A—402条「送信人の受信銀行に対する支払義務」

（a）本条は、4A—205条および4A—207条に従う。
（b）被仕向銀行に対して発せられた支払指図に関して、銀行が指図を承諾すると、送信人は指図金額を被仕向銀行に支払う義務を負うが、指図の支払日まで、支払の履行義務はない。
（c）本項は、（e）項および4A—303条に従う。被仕向銀行以外の受信銀行に対して発せられた支払指図に関しては、受信銀行が指図を承諾すると、送信人は送信人の指図金額を銀行に支払う義務を負う。送信人による指図の執行日まで、送信人による支払の履行義務はない。資金移動が、送信人の支払指図の受取人への支払を指示する支払指図の被仕向銀行による承諾により完了しない場合には、その支払指図を支払うべき送信人の義務は免除される。
（d）支払指図送信人が指図の金額を支払い、かつその支払金額の全部または一部を支払う義務がなかった場合には、支払を受け取った銀行は、送信人が支払う義務がなかった範囲内まで支払を返還する義務を負う。4A—204条および4A—304条に定められる場合を除き、利息は支払日からの返還額に基づいて支払われる。
（e）資金移動が（c）項に定められているように完了しない場合、および、仲介銀行が（d）項で定められているように支払を返還する義務を負っているが、準拠法によって許容されていないため、または銀行が支払を停止するために、返還義務を履行できない場合には、4A—302条（a）項（1）で定められているように、資金移動を仲介銀行経由で実行すべくという指示に従って支払指図を執行した資金移動の送信人は、仲介銀行が承

諾した支払指図の送信人から支払を受け取りまたは保有する権利を有する。仲介銀行を経由するよう要求する指示を発した資金移動の最初の送信人は、（d）項で定められているように、仲介銀行に支払った銀行の返還を受ける権利に代位する。
（f）本条（c）項で定められているような指図を支払う義務を免れるまたは（d）項に基づき返還金を受け取る支払指図の送信人の権利は、合意によって変更することはできない。

4A—403条「送信人による受信銀行への支払」
（a）4A—402条に基づく送信人の受信銀行に対する支払義務の履行は、次の時に行われたことになる。
　（1）送信人が銀行である場合には、受信銀行が連邦準備銀行または資金移動システムを通して債務の最終決済金を受け取る時に、支払は行われる。
　（2）送信人が銀行であって、送信人が（i）受信銀行の送信人における口座に入金した場合、または（ⅱ）他の銀行における受信銀行の口座に入金させた場合には、支払は、入金が引き出される時、または、それが引き出されない時は、貸方記入されたお金が引出し可能でかつ受信銀行がその事実を知った日の夜12時に行われる。
　（3）受信銀行が、受信銀行の送信人の口座から引き落とす場合には、引き落としが、その口座の引出可能な入金残高によりカバーされる範囲で、引き落としが行われた時に、支払は行われる。
（b）送信人および受信銀行が、参加者間の債務を多角的にネッティングする資金移動システムの構成員である場合には、受信銀行は、決済がシステムのルールに従って完了する時に、最終決済（金）を受け取る。資金移動システムを通して伝達された支払指図の金額を支払う送信人の債務は、システムのルールで許容される範囲内で、送信人の債務を、資金移動システムを通して受信銀行により送信人宛てに伝達された他の支払指図の金額を受信銀行から受け取る送信人の権利と相殺し、充当することによって支払をすることができる。資金移動システムにおいて各送信人が各受信銀行に対して負っている債務の総残高は、システムのルールで許容される範囲内で、その残高をシステムの他の構成員が送信人に対して負っている債務の

グロス残高と相殺し、充当することによって、支払をすることができる。グロス残高は、本項2分で定められている相殺権が行使された後に決定される。
（ｃ）二つの銀行が、4A―402条に基づく一方の銀行の他の銀行に対する債務の決済を、当日の終わり、またはその他の期間の終わりに行うとの合意に基づいて、相互に支払指図を伝達する場合には、一方の銀行により伝達されたすべての指図に関して負う債務の合計金額は、他の銀行により伝達されたすべての支払指図に関して負う債務の合計金額と相殺される。その相殺の限度において、各銀行は他の銀行に対する支払を行った。
（ｄ）本条（ａ）項の適用がない場合においては、4A―402条（ｂ）項または4A―402条（ｃ）項に基づく送信人の債務の支払時点は、債務の支払時点を決定する法原理の適用により規律される。

4A―404条「被仕向銀行の受取人に対する支払と通知義務」

（ａ）4A―211条（ｅ）項、4A―405条（ｄ）項および4A―405条（ｅ）項に定める場合は別として、被仕向銀行が支払指図を承諾する場合は、銀行は、支払指図の金額を指図の受取人に支払う義務を負う。支払は、指図の支払日になすべきであるが、承諾が銀行の資金移動営業日終了後の支払日に行われる場合には、支払は、翌資金移動営業日になすべきである。銀行が、受取人による支払請求のあった後および不払の結果として間接的損害を引き起こす特別の事情について通知を受けた後に支払を拒絶する場合には、受取人は、銀行が、受取人の支払を受ける権利に関して、合理的な疑いがあるために支払わなかったことを証明しない限り、銀行がその損害額について通知を受けた範囲内において、支払を拒絶したことから生じる損害額の賠償を請求することができる。
（ｂ）被仕向銀行によって承諾された支払指図が、受取人の口座への支払を指示している場合には、銀行は受取人に、支払日に次ぐ翌資金移動営業日の深夜12時前までに、当該支払指図の受け取りを通知する義務を負う。支払指図が受取人の口座への支払を指示していない場合には、銀行は、指図によって通知が義務づけられている場合に限って、受取人に通知する義務を負う。通知は、ファースト・クラス・メールまたは状況に応じたその他合理的な手段によって行うことができる。銀行が、義務づけられている通

知を怠る場合には、銀行は、受取人に対し、支払指図の金額に基づく、通知がなされるべきであった日から、受取人が銀行による支払指図の受け取りを知った日までの利息を支払う義務を負う。これ以外の損害は回復不可能である。利息の支払請求がなされ、その請求権に基づく訴訟の提起前に、利息の支払請求が拒絶された場合には、合理的な弁護士費用も回復可能である。
（ｃ）本条（ａ）項に規定されている、支払および損害賠償金を受け取る受取人の権利は、約定または資金移動システム・ルールによって変更することができない。（ｂ）項に規定されている通知を受ける受取人の権利は、受取人の合意または、資金移動の開始前に受取人がそのルールについて通知を受けている場合には、資金移動システムのルールによって変更することができる。

4A―405条「被仕向銀行による受取人への支払」

（ａ）被仕向銀行が、支払指図の受取人の口座に入金する場合、4A―404条（ａ）項の銀行債務の支払は、（ⅰ）受取人が入金を引き出す権利について通知された時、（ⅱ）銀行が適法に入金を受取人の債務の弁済に充当する時、または、（ⅲ）当該指図に関する資金が銀行により別の方法で受取人に提供される時に、その限度で生じる。
（ｂ）被仕向銀行が、支払指図の受取人の口座に入金しない場合においては、4A―404条（ａ）項の銀行債務の支払が行われる時期は、債務の履行時期を決定する法原理により規律される。
（ｃ）本条（ｄ）項および（ｅ）項に定める場合を除き、銀行が指図の支払を受け取らないときは、受取人から支払を取り戻す権利を銀行に付与するという支払条件あるいは合意の下に、被仕向銀行が支払指図の受取人に支払う場合には、支払条件または合意は強行可能でない。
（ｄ）資金移動システム・ルールは、システムを通して行われた資金移動の受取人に対して行われた支払は、被仕向銀行が承諾した支払指図の、被仕向銀行による支払金の受け取りまで、暫定的であると規定することができる。このルールの下において暫定的な支払を行う被仕向銀行は、（ⅰ）ルールが、受取人および振込依頼人の双方に、資金移動を開始する前に、支払の暫定的な性質についての通知がなされることを要求している場合、

付録 I　注釈付きデラウエア法典

　　（ii）受取人、被仕向銀行および仕向銀行が、ルールに拘束されることに合意した場合、および（iii）被仕向銀行が、自己が承諾した支払指図により受け取るべき支払金を受け取らなかった場合には、受取人から資金を回収する権利を有する。受取人が被仕向銀行に対して支払金を返済する義務を負っている場合には、被仕向銀行による支払指図の承諾は無効とされ、4A―406条の下で振込依頼人による受取人に対する資金移動の支払は生じない。

（e）本項は、（i）参加者間において債務を多角的に決済し、かつ（ii）決済すべき債務を履行しない1行もしくはそれ以上の参加者の債務の決済を完了するために必要な資金を供与する目的で、参加者間で実際上損失分担の約定を備えている、資金移動システム通して伝達される支払指図を包含する資金移動に適用される。資金移動における被仕向銀行が支払指図を承諾し、かつ当該システムが、資金移動における支払指図に関するルールに従った決済を完了しえない場合には、（i）被仕向銀行による承諾は無効であり、何人も承諾に基づく権利を有することも、義務を負うこともないし、（ii）被仕向銀行は、受取人から支払金を回復する権利を有し、（iii）4A―406条の下における振込依頼人による受取人に対する支払は生ぜず、また（iv）4A―402条（e）項に従い、資金移動における各送信人は、資金移動が完了していないことを理由として、4A―402条（c）項における支払指図の支払義務を免除される。

4A―406条「振込依頼人による受取人に対する支払；原因債務の履行」

（a）4A―211条（e）項、4A―405条（d）項および4A―405条（e）項に従い、資金移動の振込依頼人は、（i）受取人のための支払指図が資金移動の被仕向銀行により承諾された時点において、および、（ii）被仕向銀行により承諾された指図額に等しい、しかし振込依頼人の指図金額を超えない金額で、振込依頼人の支払指図の受取人に支払う。

（b）本条（a）項における支払が、債務を履行するためになされる場合には、その債務は、同額の金銭を受取人に支払うことから生じるのと同じ範囲で履行される。但し、（i）本条（a）項における支払が、当該債務に関する受取人の契約により禁止されている手段によって行われた場合、（ii）受取人が、被仕向銀行による指図の受け取りの通知を受けた後妥当

な期間内に振込依頼人に受取人の支払拒絶を通知した場合、(ⅲ)指図に関する資金が受取人によって引き出されないかまたは受取人の債務に充当されなかった場合、(ⅳ)支払が契約に従った手段で行われたなら、合理的に回避できたであろう損失を受取人が被る場合には、この限りでない。振込依頼人による支払が本条における履行にならない場合には、振込依頼人は、4A―404条（a）における被仕向銀行から支払を受ける受取人の権利に代位する。
(c) 本条（b）項における債務の履行が行われたか否かを決定するために、被仕向銀行が資金移動における1行以上の受信銀行の手数料を差し引いた振込依頼人の支払指図の金額と同額の支払指図を承諾する場合には、受取人に対する支払は、振込依頼人の金額によるとみなされる。但し、受取人による請求に基づき、振込依頼人が差し引かれた手数料の金額を受取人に支払わない場合にはこの限りでない。
(d) 本条における資金移動の振込依頼人または受取人の権利は、振込依頼人および受取人の合意によってのみ変更できる。

第5部　雑　　則

4A―501条「合意による変更および資金移動システムに関するルールの効果」
(a) 本編に別段の規定がある場合を除き、資金移動に関する当事者の権利および義務は、関係当事者の合意により変更することができる。
(b) 「資金移動システム・ルール」とは、(ⅰ)銀行協会の資金移動システムによる支払指図の伝送またはこれらの指図に関する権利および義務を規律するか、または、(ⅱ)ルールが、仲介銀行として行為する連邦準備銀行が支払指図を被仕向銀行に発信する場合の資金移動の当事者である銀行間の権利および義務を規律する範囲における、銀行協会のルールを意味する。本編で別段の定めがなされている場合を除き、システムを使用する参加銀行間の権利および義務を規律する資金移動システム・ルールは、当該ルールが本編と抵触し間接的にルールに同意しない資金移動の他の当事者に影響を与える場合であっても有効である。また資金移動システム・ルールは、4A―404条（c）項、4A―405条（d）項および4A―407条（c）項に定める範囲内でシステムを利用する参加銀行以外の当事者の権利およよ

び義務を規律することができる。

4A—502条「受信銀行に送達された債権者の令状」
（a）本条で使用される「債権者の令状」とは、ある口座に関して債権者または他の権利主張者によりまたはこれらの者のために発せられた差押え（levy）、仮差押え（attachment）、債権差押え（garnishment）、リーエンの通知、強制管理またはこれらと類似の令状を意味する。
（b）本項は、債権者の令状が受信銀行に対して送達される場合には、支払指図の送信人の指定口座に関する債権者の令状に適用される。債権者の令状に関する権利を決定する目的で、受信銀行が支払指図を承諾する場合には、指定口座の残高は、銀行が他に指図の支払を受け取らなかった範囲において、支払指図の金額だけ減少されるものとみなされる。但し銀行が支払指図を承諾する前に、債権者の令状に従って行動する合理的な機会を銀行に与える時期および方法で債権者の令状が送達される場合はこの限りでない。
（c）被仕向銀行が銀行の受取人の口座に対する支払の支払指図を受け取った場合には、以下のルールが適用される。：
　（1）銀行は受取人の口座に入金ができる。入金がなされた額は受取人が銀行に負っている債務と相殺するかまたは口座に関し銀行に送達された債権者の令状に応じるために充当することができる。
　（2）銀行は受取人の口座に入金をし、入金された額の引き出すを認めることができる。ただし口座に関する債権者の令状が引出を阻止する合理的な機会を銀行に与える時期および方法で口座に関する債権者の令状が送達される場合はこの限りでない。
（d）資金移動による振込依頼人の受取人への支払に関する債権者の令状は、被仕向銀行が受取人に負った債務に関し、当該銀行に対してのみ送達される。債権者の令状の送達を受けた他のいかなる銀行も令状に関して行為する義務がない。

4A—503条「資金移動に関する差止命令または一方的緊急差止命令」
　適法な原因のためおよび準拠法に従って、裁判所は（ⅰ）ある者が資金移動を開始するための支払指図を発すること、（ⅱ）仕向銀行が振込依頼人の支払指図を履行すること、または（ⅲ）被仕向銀行が受取人に資金を解放すること、

もしくは、受取人が資金を引き出すことを禁止することができる。裁判所はそれ以外の場合には、ある者が支払指図を発すること、支払指図の支払を行うこと、もしくは支払指図の支払を受け取ること、または資金移動に関する他の行為を禁止することができない。

4A—504条「支払手段および支払指図の口座からの引き落としの順序；口座からの引出の順序」

(a) 受信銀行が送信人の2以上の支払指図または送信人の口座から支払われるべき1以上の支払指図およびその他の支払手段を受け取った場合には、銀行は、どのような順序でも種々の指図および支払手段につき送信人の口座から引き落とすことができる。

(b) 口座に入金された資金が口座の保有者により引き出されたか否か、または口座の保有者の債務に充当されたか否かを決定するときには、口座に最初に行われた入金が初めに引き出されるかまたは充当される。

4A—505条「顧客の口座の借方に対する異議の排斥」

受信銀行は送信人として顧客の名前で発せられかつ銀行により承諾された支払指図に関し顧客から支払を受け取り、および顧客が指図を合理的に特定する通知を受け取った場合には、顧客が通知を受け取った後1年以内に、顧客が銀行に対し支払に対する顧客の異議を通知しない限り、顧客は、銀行が支払を保有し続ける権利を有しない旨を主張することから排斥される。

4A—506条「利率」

(a) 本編において、受信銀行が銀行に発せられた支払指図につき利子を支払う義務がある場合には、支払われる利息の額は、(i) 送信人と受信銀行の合意または、(ii) 支払が資金移動システムを通して伝送される場合には、資金移動システムに関するルールにより決定されることができる。

(b) 利息の額が (a) 項で定める合意またはルールによって決まらない場合には、その額は、利息が支払われる対象となっている金額に、適用されるフェデラル・ファンド・レート (Federal Funds rate) を乗じ、その積に利息が支払われる日数を乗じることによって計算される。適用されるフェデラル・ファンド・レートは、ニューヨーク連邦準備銀行によって公表される、利息が支払われるべき各々の日についてのフェデラル・ファンド・

レートの平均値を360で割ったものである。公表されたレートが利用できない日のフェデラル・ファンド・レートは、公表レートがある直近の日の公表レートと同一である。支払指図を承諾した受信銀行が、資金移動が未完了であったといういう理由で、指図の送信人に支払を払い戻すことが要求されているが、未完了が銀行による過失によらない場合には、支払うべき利息は、受信銀行の預金に対して課される準備金要件に等しい率によって減額される。

4A―507条「準拠法の選択」（Choice of law）

（a）関係当事者が異なる約定を結んでいない限りまたは（c）項が適用されない限り、以下のルールが適用される。
　（1）支払指図の送信人と受信銀行との間の権利および義務は、受信銀行が所在する地の管轄権を有する法によって規律される。
　（2）被仕向銀行と受取人との間の権利および義務は、被仕向銀行が所在する地の管轄権を有する法によって規律される。
　（3）振込依頼人による受取人への資金移動に従って支払がなされる時点についての問題は、被仕向銀行が所在する地の管轄権を有する法によって規律される。
（b）本条（a）項各号に規定されている当事者が、互いの権利および義務を規律する特定管轄権を有する法を選択する合意をした場合には、支払指図または資金移動が当該管轄権と合理的関係を有するか否かにかかわらず、管轄権を有する法が、これらの権利および義務を規律する。
（c）資金移動システム・ルールは、（ⅰ）システムを通して伝送されるかもしくは処理される支払指図に関する参加銀行間の権利および義務、または（ⅱ）資金移動のいずれかの部分がシステムによって実行される資金移動の一部もしくは全部の当事者の権利および義務を規律する特定の管轄権を有する法を選択することができる。（ⅰ）条項に従って行われた準拠法の選択は、参加銀行を拘束する。（ⅱ）条項に従って行われた準拠法の選択は、資金移動システムが資金移動において利用されかもしれない旨の通知を受け、また、振込依頼人、他の送信人または受信銀行が支払指図を発するかまたは承諾したときには、システムによる準拠法の選択の通知を受ける振込依頼人、他の送信人または受信銀行を拘束する。資金移動の受取人

は、資金移動が開始されるときに、資金移動システムが資金移動において利用されるかもしれないことおよびシステムによる準拠法の選択の通知を受ける場合には、準拠法の選択によって拘束される。本項に従って選択された管轄権の法は、その法が問題の内容に合理的関係を有するか否かにかかわらず、規律する。

(d) 本項 (b) 項の合意と (c) 項の準拠法の選択の間に不一致がある場合には、(b) 項の合意が優先する。

(e) 資金移動が1以上の資金移動システムの使用によって行われ、システムの準拠法の選択ルールの間に不一致がある場合には、問題の内容は、その問題の内容に最も重大な関係を有する選択された管轄権を有する法によって規律される。

(1) 黒瀬雄三「合衆国統一商法典4A編(資金移動)―公式テキスト(付、序文およびコメント)―(1)〜(13・完)」国際商事法務 Vol.20、2号130頁、3号279頁、4号411頁、5号555頁、6号708頁、7号830頁、8号980頁、9号1132頁、10号1294頁、11号1386頁、12号1510頁、Vol.21、1号70頁、2号204頁以下に訳と解説が掲載されている。本翻訳は同訳と必ずしも一致していない。

付録 II　国際振込に関する UNCITRAL モデル法

（1992年5月15日国連国際商取引法委員会において採択）

（注）『金融法研究資料編（8）』35頁以下および藤下健「国際振込に関する UN-CITRAL モデル法（仮訳）上・下」国際商事法務20巻9号1069頁以下、同10号1245頁以下で翻訳がすでになされているので、これらを参照した。

第1章　総　則[1]

第1条（適用範囲）[1]
（1）この法律は、送信銀行の一つとその受信銀行が異なる国にある振込に適用する。
（2）この法律は、通常の業務の一環として支払指図の執行に携わる他のものにも、銀行と同様に適用する。
（3）この法律の適用範囲の決定に関しては、異なる国にある銀行の支店および事務所は、別の銀行とみなす。

第Y条（抵触規定）
（1）支払指図から生ずる権利義務は、当事者の採択する法律による。それがないときは、受信銀行の国の法律が適用される。
（2）前項第2文の規定は、支払指図の現実の送信人が送信人とされた者を拘束する権限を有するかどうかの問題を規律する法律の決定に影響を及ぼすものではない。
（3）本条に関しては、
　（a）法制を異にする複数の地域を有する国については、各地域を別の国となみし、
　（b）異なる国にある銀行の支店および事務所は、これを別の銀行とみなす。

第2条（定義）
（a）本法において「振込」とは、資金を受取人の処分にゆだねることを目的

付録II　国際振込に関する UNCITRAL モデル法

として行われる、振込依頼人の支払指図に始まる、一連の作業をいう。この語は、振込依頼人の支払指図を実行するために、仕向銀行または仲介銀行の発するすべての支払指図を含む。そのような指図のための支払を行う目的で発せられる支払指図は、別の振込の一部をなすものとみなす。
（b）本法において「支払指図」とは、一定のまたは特定可能な額の金銭を受取人の処分にゆだねるべき旨の、送信人の受信銀行に対する、あらゆる形式の無条件の指示であって、次の条件を満たすものをいう。
　（i）送信人の口座からの引き落としまたは送信人からの支払の受領により受信銀行が償還を受けること、および
　（ii）受取人の請求により支払をなすべき旨の指示でないこと
　　指示は、それが、被仕向銀行に口座を有しない受取人のために、その者が支払を要請するまで資金を保持すべき旨被仕向銀行に指示するものであるとの理由のみで、支払指図でなくなるものではない。
（c）本法において「振込依頼人」とは、振込において最初の支払指図を発する者をいう。
（d）本法において「受取人」とは、振込依頼人の支払指図において、振込の結果資金を受領すべき者と指定されている者をいう。
（e）本法において「送信人」とは、支払指図を発する者をいい、振込依頼人およびすべての送信銀行を含む。
（f）本法において「受信銀行」とは、支払指図を受け取る銀行をいう。
（g）本法において「仲介銀行」とは、仕向銀行および被仕向銀行以外のすべての受信銀行をいう。
（h）本法において「資金」または「金銭」という場合には、銀行における口座への入金のほか、政府間国際組織によりまたは二若しくはそれ以上の国家間の合意により制定された通貨単位で表示された入金を含む。ただし、本法の適用は、当該政府間国際組織の規則または当該合意の規定に影響を及ぼすものではない。
（i）本法において「認証」とは、支払指図、その訂正または撤回が、送信人と表示された者によって発せられたかどうかを決定するために、合意により定められた手続をいう。
（j）本法において「銀行営業日」とは、1日のうち、その銀行が当該種類の行為を遂行している時間帯をいう。

(k) 本法において「執行期間」とは、第11条第1項により支払指図を執行し得る最初の日に始まり、同項によりこれを執行し得る最後の日に終わる、1日または2日の期間をいう。
(l) 本法において「執行」とは、被仕向銀行以外の受信銀行について用いられる場合には、受信銀行の受け取った支払指図を実行するために支払指図を発することをいう。
(m) 本法において「利息」とは、別段の合意のない限り、当該資金または金銭について銀行界で慣習的に用いられている利率および方法により算定される、当該資金または金銭の時間価値をいう。

第3条（条件付指示）
（1）指示が条件付きであるために支払指図とならない場合であっても、これを受け取った銀行が無条件の支払指図を発することによりそれを執行したときは、それ以後その指示の送信人は、本法の下で支払指図の送信人に認められているのと同様の権利義務を有し、その指示において受取人とされている者は、支払指図の受取人として扱われるものとする。
（2）本法は、銀行が受け取った条件付き指示の執行時期について規定するものではなく、また条件成就にかからしめられている条件付指示の送信人の権利義務に影響を与えるものではない。

第4条（契約による変更）
　本法に別段の規定がある場合を除き、振込の当事者の権利義務は、その合意により変更することができる。

第2章　当事者の義務

第5条（送信人の義務）
（1）送信人は、支払指図、その訂正または撤回が、その者またはその者を拘束する権限を持つ者により発せられたものであるときは、それに拘束される。
（2）支払指図、その訂正または撤回が、単なる署名の対照以外の方法による認証に服する場合において、送信人とされた者は、前項により拘束されないときでも、次の場合には拘束される。

(a) 当該認証がその状況の下で無権限の支払指図に対する取引上合理的な安全確保の手段であり、かつ
　(b) 受信銀行が当該認証を履践した場合
(3) 当事者は、認証がその状況の下で取引上合理的でない場合には、送信人とされた者が前項により拘束される旨合意することは許されない。
(4) しかしながら、送信人とされた者は、受信銀行が受け取った支払指図が次の者以外の者の行為から生じたものであることを証明したときは、第2項により拘束されることはない。
　(a) 送信人とされた者の現在または過去の従業員、または
　(b) 送信人とされた者との関係により認証手続に接近し得た者
　　前文の規定は、受信銀行が、その支払指図が送信人とされた者の責に帰すべき事由により認証手続に接近し得た者の行為から生じたものであることを証明した場合には、適用しない。
(5) 支払指図に拘束される送信人は、受信銀行が受け取らた指図の内容に拘束される。しかしながら、送信人は、次の場合には、支払指図の二重発行、誤りまたは食い違いに拘束されない。
　(a) 送信人と受信銀行が、支払指図の二重発行、誤りまたは食い違いを検出するための手続につき合意し、かつ
　(b) 受信銀行が、当該手続の使用により、二重発行、誤りまたは食い違いを発見しまたは発見したであろうとき
　銀行が検出したであろう誤りまたは食い違いが、送信人の意図した金額よりも多額の支払を指示するものであった場合には、送信人は、その意図した金額の範囲内でのみ拘束される。本項は、支払指図の誤りまたは食い違いと同様に、訂正または撤回の指図の誤りまたは食い違いにも適用する。
(6) 送信人は、受信銀行が支払指図を承諾したときには、受信銀行に対し、その支払指図につき支払義務を負う。ただし、その支払期日は執行期間の始めまでは到来しない。

第6条（受信銀行に対する支払）
　本法に関しては、前条第6項に基づく送信人の受信銀行に対する支払義務の履行は、次の時に行われたことになる。
(a) 受信銀行が送信人の受信銀行における口座から引き落とすときは、引き

落としが行われた時、または
（ｂ）送信人が銀行であって、前号が適用されないときは
　（ｉ）送信人からの受信銀行の送信人における口座への入金が使用された時、もしくは、使用されなかったときは、当該入金が使用可能となり、受信銀行がその事実を知った日の翌銀行営業日、または
　（ii）送信人からの受信銀行の他の銀行における口座への入金が使用された時、もしくは、使用されなかったときは、当該入金が使用可能となり、受信銀行がその事実を知った日の翌銀行営業日、または
　（iii）受信銀行が口座を保有する中央銀行において、受信銀行のために最終決済が行われた時、または
　（iv）次のルールまたは合意に従い、受信銀行のために最終決済が行われた時
　　ａ．二当事者間または多数当事者間でその債務の決済を行う資金移動システムのルール、または
　　ｂ．送信人との間の差額決済の合意、または
（ｃ）第ａ号または第ｂ号がいずれも適用されないときは、法律の定めるそれ以外の方法によった時

第７条（被仕向銀行以外の受信銀行による支払指図の承諾または拒絶）
（１）本条の規定は、被仕向銀行以外の受信銀行に適用する。
（２）受信銀行は、次の各号のうち最も早い時に、送信人の支払指図を承諾したものとされる。
　（ａ）銀行が支払指図を受け取った時。ただし、送信人と銀行との間で、銀行は当該送信人からの支払指図を受け取り次第執行する旨合意している場合に限る。
　（ｂ）銀行が、送信人に対し承諾の通知を行った時
　（ｃ）銀行が、受け取った支払指図を実行するための支払指図を発した時
　（ｄ）銀行が、支払指図についての支払として、送信人のその銀行における口座から引き落としを行った時
　（ｅ）拒絶通知がなされないまま、第３項による拒絶の通知期限が経過した時
（３）支払指図を承諾しない受信銀行は、次の場合を除き、執行期間経過後の

翌銀行営業日以前に、拒絶の通知をしなければならない。
　（a）送信人の受信銀行における口座からの引き落としにより支払が行われるときは、支払指図につき支払をなすに十分な資金がその口座にないとき
　（b）他の方法により支払が行われるときは、支払が行われなかったとき、または
　（c）送信人を特定するための情報が不十分であるとき
（4）支払指図は、執行期間経過後の5銀行営業日目の営業終了前に、本条により承諾も拒絶もされないときは、効力を失う。

第8条（被仕向銀行以外の受信銀行の義務）
（1）本条の規定は、被仕向銀行以外の受信銀行に適用する。
（2）支払指図を承諾した受信銀行は、当該支払指図に従い、第11条の規定する期限内に、被仕向銀行または仲介銀行のいずれかに対し、受信銀行が受け取った支払指図の内容と一致し、かつ振込を適当な方法で実施するのに必要な指示を含む、支払指図を発する義務を負う。
（3）振込の実行に当たり特定の仲介銀行若しくは資金移動システムを使用するようにとの送信人の指示に従うことが不可能であるか、またはそれに従うと振込の遂行に当たり過大な出費若しくは遅延を招くと判断した受信銀行は、執行期間の終了前に、送信人に対し、いかなる措置を採るべきか照会したときは、第2項を履践したものとみなされる。
（4）支払指図とすることが意図されているようにみえる指示を受け取ったものの、それが十分な情報を含んでいないため支払指図とはいえない場合、または支払指図ではあるが情報が不足しているためにこれを執行することができない場合において、送信人を特定することができるときは、受信銀行は、第11条の規定する期間内に、送信人に対しその旨を通知するものとする。
（5）受信銀行が、送金額についての情報に食い違いがあることを検出した場合において、送信人を特定することができるときは、第11条の規定する期間内に、送信人に対しその旨を通知するものとする。本項の規定する通知を行わなかったことにより第17条第4項により支払うべきものとされる利息は、本条第2項の規定に従わなかったことにより第17条第1項により支払うべき利息から控除されるものとする。
（6）本条に関しては、銀行の支店および事務所は、たとえ同一の国にある場

合であっても、別の銀行とみなす。

第9条（被仕向銀行による支払指図の承諾または拒絶）
（1）被仕向銀行は、次の各号のうち最も早い時に支払指図を承諾したものとされる。
　（a）銀行が、支払指図を受け取った時。ただし、送信人と銀行との間で、銀行は当該送信人からの支払指図を受け取り次第執行する旨合意している場合に限る。
　（b）銀行が、送信人に対し承諾の通知を行った時
　（c）銀行が、支払指図についての支払として、送信人のその銀行における口座から引き落としを行った時
　（d）銀行が、受取人の口座に入金し、または他の方法で資金を受取人の処分にゆだねた時
　（e）銀行が、受取人に対し、資金を引き出し、または入金を使用する権利がある旨通知した時
　（f）銀行が、支払指図の指示に従い、入金を他の方法に充当した時
　（g）銀行が、当該入金を、受取人に対する債権に充当し、または裁判所その他の権限ある当局の命令に従って充当した時
　（h）拒絶通知がなされないまま、第2項による拒絶の通知期限が経過した時
（2）支払指図を承諾しない被仕向銀行は、次の場合を除き、執行期間経過後の翌営業日以前に、拒絶の通知をしなげればならない。
　（a）送信人の被仕向銀行における口座からの引き落としにより支払が行われるときは、支払指図につき支払をなすに十分な資金がその口座にないとき
　（b）他の方法により支払が行われるときは、支払が行われなかったとき、または
　（c）送信人を特定するための情報が不十分であるとき
（3）支払指図は、執行期間経過後の5銀行営業日目の営業終了前に、本条により承諾も拒絶もされないときは、効力を失う。

第10条（被仕向銀行の義務）
（1）被仕向銀行は、支払指図を承諾したときは、当該支払指図および銀行と受取人との間の関係に適用される法律に従い、資金を受取人の処分にゆだね、

付録II　国際振込に関する UNCITRAL モデル法

または他の方法で入金を充当する義務を負う。
（2）支払指図とすることが意図されているようにみえる指示を受け取ったものの、それが十分な情報を含んでいないため支払指図とはいえない場合、または支払指図ではあるが情報が不足しているためにこれを執行することができない場合において、送信人を特定することができるときは、被仕向銀行は、第11条の規定する期間内に、送信人に対しその旨を通知するものとする。
（3）被仕向銀行が、送金額についての情報に食い違いがあることを検出した場合において、送信人を特定することができるときは、第11条の規定する期限内に、送信人に対しその旨を通知するものとする。
（4）被仕向銀行が、受取人を特定する情報に食い違いがあることを検出した場合において、送信人を特定することができるときは、第11条の規定する期間内に、送信人に対しその旨を通知するものとする。
（5）支払指図に別段の指示がない限り、被仕向銀行は、第11条の規定する執行のための期間内に、当該銀行に口座を持たない受取人に対し、その者のために資金を保持している旨を通知するものとする。ただし、当該通知をするに十分な情報を有している場合に限る。

第11条（受信銀行による支払指図の執行および通知の期限）
（1）原則として、支払指図を執行する義務を負う受信銀行は、支払指図を受け取った銀行営業日にこれを執行する義務を負う。そうしない場合は、指図受領の翌銀行営業日にこれをしなければならない。しかしながら、
　（a）支払指図中でそれより後の日が指定されているときは、その日に支払指図を執行するものとし、また
　（b）支払指図中で資金を受取人の処分にゆだねるべき日が指定されており、かつその日付が、被仕向銀行がその日に支払指図を承諾し執行するためには、後で執行するのが適切であることを示しているときは、その日に支払指図を執行するものとする。
（2）受信銀行が、支払指図をその受領の翌銀行営業日に執行するときは、第1項第a号および第b号による場合を除き、受領日の価額で執行しなければならない。
（3）受信銀行が、第7条第2項第e号の規定により支払指図を承諾したために、その執行義務を負うに至ったときは、支払指図の受領日または次に掲げる

日のいずれか遅い方の日の価額で執行しなければならない。
　（a）送信人の受信銀行における口座からの引き落としにより支払が行われるときは、支払指図につき支払をなすに十分な資金がその口座にある日、または
　（b）他の方法により支払が行われるときは、支払が行われた日
（4）第8条第4項若しくは第5項または第10条第2項、第3項若しくは第4項による通知は、執行期間経過後の翌銀行営業日以前に行うものとする。
（5）受信銀行が支払指図を受け取った場合において、その種の支払指図についての締切時間が既に経過していたときは、受信銀行は、その種の支払指図についての翌取扱日にその指図を受け取ったものとして扱うことができる。
（6）受信銀行が、その種の行為を遂行していない日にこれを行うべきものとされているときは、その次のこれを行っている日にこれを遂行しなければならない。
（7）本条に関しては、銀行の支店および事務所は、たとえ同一の国にある場合であっても、別の銀行とみなす。

第12条（撤回）
（1）送信人による支払指図の撤回は、被仕向銀行以外の受信銀行が、実際の執行の時、または第11条第1項第a号若しくは第b号により支払指図を執行すべきであった日の始めの時の、いずれか遅い方より前に、これを行う合理的な機会を持つ程に十分な時間および方法で、撤回の指図を受け取る場合でなければ、これをすることができない。
（2）送信人による支払指図の撤回は、被仕向銀行が、振込の完了の時、または資金を受取人の処分にゆだねるべき日の始めの時の、いずれか遅い方より前に、これを行う合理的な機会を持つ程に十分な時間および方法で、撤回の指図を受け取る場合でなければ、これをすることができない。
（3）前2項の規定にかかわらず、送信人と受信銀行は、合意により、当該送信人から当該受信銀行に対して発せられた支払指図を撤回不可能なものとし、または前2項に規定するよりも前に撤回の指図を受け取る場合でなければ撤回することができないものとすることができる。
（4）撤回の指図は認証されなければならない。
（5）被仕向銀行以外の受信銀行が、その執行した支払指図について、または

被仕向銀行が、その承諾した支払指図について、有効な撤回の指図を受領していたか、または後にこれを受領した場合には、当該支払指図に関し支払を受けることはできない。振込が完了しているときは、銀行は既に受けた支払を払い戻さなければならない。
（6）振込依頼人以外の者が払戻を受けたときは、これを自己の送信人に渡さなければならない。
（7）銀行が、自己の送信人に払戻をする義務を負う場合において、それより前の送信人に直接払戻をしたときは、銀行はその限度で義務を免れる。当該送信人より後のすべての銀行も、同じ限度で義務を免れる。
（8）本条による払戻を受ける権利を有する振込依頼人は、払戻義務を負ういかなる銀行からも、その銀行がそれまで払戻をしていない限度で、払戻を受けることができる。払戻義務を負う銀行は、振込依頼人に直接払戻をした限度で、義務を免れる。同様の義務を負う他のすべての銀行も、同じ限度で義務を免れる。
（9）第7項および第8項の規定は、ある銀行の、合意または資金移動システムのルールに基づく権利義務に影響を与えるときは、その銀行には適用しない。
（10）振込が完了したが、受信銀行が、その執行した支払指図について、有効な撤回の指図を受領していたか、または後にこれを受領した場合には、受信銀行は、別に法律の定めるところに従い、振り込まれた金額を受取人から回復する権利を有する。
（11）送信人または振込依頼人の死亡、支払不能、破産または無能力は、それだけで支払指図の撤回の効果を生ぜしめることはなく、また送信人の権限を終了せしめることもない。
（12）本条に含まれる原則は、支払指図の訂正にも適用する。
（13）本条に関しては、銀行の支店および事務所は、たとえ同一の国にある場合であっても、別の銀行とみなす。

第3章　振込の失敗、過誤または遅延の効果

第13条（援助義務）
　振込が完了するまで、各受信銀行は、振込の業務を完了させるに当たり、振

込依頼人およびそれ以後の各送信銀行を援助し、かつ次の受信銀行の助力を求めることを要請される。

第14条（払戻義務）
（１）振込が完了していないときは、仕向銀行は振込依頼人に対し、同人から受けた支払および支払の日から払戻の日までの間の利息を払い戻す義務を負う。仕向銀行およびそれより後の各受信銀行は、自らの受信銀行から、これに支払った資金および支払の日から払戻の日までの間の利息を回復することができる。
（２）第１項の規定は、思慮分別のある仕向銀行であれば、その振込に伴う著しい危険のゆえに、当該支払指図を承諾しなかったであろうという場合を除き、合意により変更することはできない。
（３）受信銀行は、振込の実施に当たり利用することを指示された仲介銀行が支払を停止し、または法律により払戻をすることを妨げられたため、自らが払戻を受けられないときは、第１項による払戻をする義務を負わない。受信銀行は、同種の事例においてそのような指示を組織的に要求していないことを証明しない限り、その仲介銀行の利用を指示されたものとはみなされない。最初にその仲介銀行の利用を指示した送信人は、当該仲介銀行から払戻を受ける権利を有する。
（４）銀行が、自己の送信人に払戻をする義務を負う場合において、それより前の送信人に直接払戻をしたときは、銀行はその限度で義務を免れる。当該送信人より後のすべての銀行も、同じ限度で義務を免れる。
（５）本条による払戻を受ける権利を有する振込依頼人は、払戻義務を負ういかなる銀行からも、その銀行がそれまで払戻をしていない限度で、返還を受けることができる。払戻義務を負う銀行は、振込依頼人に直接払戻をした限度で、義務を免れる。同様の義務を負う他のすべての銀行も、同じ限度で義務を免れる。
（６）第４項および第５項の規定は、ある銀行の、合意または資金移動システムの規則に基づく権利義務に影響を与えるときは、その銀行には適用しない。

第15条（不足額の補塡）
　受信銀行の執行した支払指図の額が、その承諾した支払指図の額より少ないときは、それが手数料を差し引いたことによる場合を除き、受信銀行はその差額分につき支払指図を発する義務を負う。

付録II　国際振込に関するUNCITRALモデル法

第16条（超過額の返還）
　振込が完了している場合において、受信銀行の執行した支払指図の額がその承諾した支払指図の額より多いときは、受信銀行は、法律の定めるところに従い、受取人からその差額を回復する権利を有する。

第17条（利息の責任）
（1）振込が完了している場合において、第8条第2項の義務を履践しなかった受信銀行は、受取人に対し責任を負う。受信銀行は、その懈怠により生じた遅延の期間にかかる、支払指図額に対する利息を支払う責任を負う。支払指図額の一部についてのみ遅延が生じたときは、遅延の生じた額についての利息を支払う責任を負う。
（2）前項の規定に基づく受信銀行の責任は、自己の受信銀行に対する支払、または受取人に対する直接の支払により、これを果たすことができる。その支払を受けた受信銀行が、受取人でないときは、これを次の受信銀行に渡すものとし、被仕向銀行であるときは、受取人に渡すものとする。
（3）振込依頼人は、振込の完了の遅延を理由として、受取人に利息を支払った限度で、受取人が前2項に基づいて請求し得るのに受け取っていない利息を、回復することができる。仕向銀行およびそれ以後の各受信銀行は、第1項に基づく責任を負うものでない場合には、自己の受信銀行または第1項に基づく責任を負う銀行から、その送信人に対して支払った利息を回復することができる。
（4）第8条第4項または第5項に基づいてなすべき通知をしなかった受信銀行は、送信人に対し、第5条第6項により当該送信人から受け取った金額に対する、これを保持した期間にかかる利息を支払うものとする。
（5）第10条第2項、第3項または第4項に基づいてなすべき通知をしなかった被仕向銀行は、送信人に対し、第5条第6項により当該送信人から受け取った金額に対する、支払の日から必要な通知をなす日までの間の利息を支払うものとする。
（6）被仕向銀行は、受取人と銀行との間の関係を規律する法律の規定する限度で、受取人に対し、第10条第1項または第5項に基づく義務の懈怠につき責任を負う。
（7）本条の規定は、銀行の他の銀行に対する責任が増加または減少する限度で、合意によりこれを変更することができる。そのような責任を減少させる

合意は、銀行の標準取引条項にこれを含ましめることができる。銀行は、銀行でない振込依頼人または受取人に対する責任を増加させる旨合意することはできるが、そのような振込依頼人または受取人に対する責任を減少させることはできない。特に、銀行は、利率を定める合意により、その責任を減少させることはできない。

第18条（救済の排他性）
　第17条の救済は排他的なものであって、第8条または第10条の違反に関しては、銀行が、（a）損害を生じさせる明確な意図で、または（b）損害が発生しそうなことを現実に認識しながらこれを顧慮せずに、支払指図を不適切に執行し、またはその執行を怠った場合の救済を除き、他の法理論から生ずるいかなる救済も認められない。

第4章　振込の完了

第19条（振込の完了）[3]
（1）振込は、被仕向銀行が支払指図を受取人のために承諾した時に完了する。振込が完了した時に、被仕向銀行は、受取人に対し、その承諾した支払指図の限度で、債務を負担する。完了は、それ以外の点で、受取人と被仕向銀行の関係に影響を与えるものではない。
（2）振込は、被仕向銀行の承諾した支払指図の額が、一またはそれ以上の受信銀行が手数料を差し引いたことにより、振込依頼人の支払指図の額よりも少ないときでも、完了する。振込の完了は、受取人が、原因債務関係を規律する準拠法に基づき、当該手数料相当額を、振込依頼人から回復する権利に影響を与えるものではない。

（1）　委員会は、その採用を望むかもしれない国のために、以下の規定を示唆する
　　　（Y条 at（1993）32 I.L.M. 589参照）。
（2）　本法は、消費者保護に関連する問題は扱わない。
（3）　委員会は、その採用を望むかもしれない国のために、以下の規定を示唆する。

付録II　国際振込に関する UNCITRAL モデル法

振込が、振込依頼人の指定する口座への振込により弁済可能な、振込依頼人の受取人に対する債務の弁済を目的とする場合には、当該債務は、被仕向銀行が支払指図を承諾した時に、それと同額の現金の支払によって弁済される限度で弁済される。

索　引

あ　行

アメリカ合衆国
　LVTS ……………………………14
　支払不能手続におけるネッティングに
　　関する立法 ……………………254
　消費者向けの EFT サービスに対する
　　規制 ……………………………102
　1987年コンピュータ・セキュリティ法
　　(Computer Security Act 1987) ……37
暗号化システム………………………84
EC 協同組合銀行協会 (Association of
　Cooperative Banks of the EC)
　国境を越えた遠方支払に関する顧客情
　　報についてのヨーロッパ銀行産業ガ
　　イドラインを付加する (European
　　Banking Industry Guidelines on
　　customer information on cross-bor-
　　der remote payment) ……………289
エラー
　CIB 銀行間補償ルール ……………285
遠距離伝送による取引データ交換行為統
　一規則 (Uniform Rules of Conduct for
　Interchange of Trade Data by
　Teletransmission, UNCID) ……69, 307
大口資金移動システム (Large Value
　Transfer System, LVTS) ……………4
　合衆国 ………………………………14
　カナダ ………………………………18
　決　済 ………………………………10
　ゲートウェイ・ネットワーク………8-11
　構成要素 ……………………………8
　国際振込 ……………………………4
　コンピュータ化 ……………………10
　スイス ………………………………16
　ドイツ ………………………………20
　日　本 ………………………………17
　フランス ……………………………19
　リスク ………………………………11
　連合王国 ……………………………16
　SWIFT ネットワークの利用 …………9
欧州委員会
　国境を越えた支払の調和 ……………276
　国境を越える金融取引に適用される銀
　　行業の透明性に関する勧告 (Recom-
　　mendation on the transparency of
　　banking applicable to cross-border
　　financial transactions) ……………288
　支払システムの分野における EC 中央
　　諸銀行の共通関心の論点 (Issues of
　　Common Concern to EC Central
　　Banks in the Field of Payment
　　Systems) …………………………257
　支払システム及び特にカード保有者と
　　カード発行者間の関係に関する勧告
　　(Recommendation Concerning Pay-
　　ment Systems and in Particular the
　　Relationship between Cardholder
　　and Card Issuer) ……………103, 287
　消費者契約における不公正条項に関す
　　る EC 指令………………………104, 115
　信用機関および預金保証計画の更生お
　　よび精算に関する理事会指令改正案
　　……………………………………312
　データ保護に関する指令草案
　　……………………………38, 145, 152-162
　電子支払に関する欧州行為準則に関す

367

索 引

る勧告（Recommendation on a European Code of Conduct relating to electronic payment）……286
破産、清算、和議、債務免除及び類似の手続に関する条約草案（Draft of a Convention on Bankruptcy, Winding-up, Arrangements, Compositions and Similar Proceedings）……311
民事および商事における管轄権および判決の実施に関する条約（ブリュッセル条約）……315
民事および商事における管轄権および判決の実施に関するEC／EFTA平行条約（EC/EFTA Parallel Convention on Jurisdiction and the Enforcement of Judgements in Civil and Commercial Matters）……316
TEDIS（Trade Electronic Date Interchange Systems）プログラム……69
欧州共同体
　EC加盟国の決済システム……299
　EC決済システムに関するワーキング・グループ……300
　ECC加盟国中央銀行総裁委員会……299
　欧州共同体銀行連盟（Federation Bancaire de le Communaute Europeenne）……289
　契約債務の準拠法に関する条約（ローマ条約）……314
　決済システムの分野におけるEC中央銀行の共通関心問題……299
欧州貯蓄銀行グループ（European Saving Bank Group）
　国境を越えた遠方支払に関する顧客情報についてのヨーロッパ銀行産業ガイドライン……289
欧州通貨研究所（European Monetary Institute）……258
欧州通貨連盟（European Monetary Union）……257
オレンジブック……42

か 行

外国為替取引……7
　ヘルシュタット・リスク……7, 193, 253, 270
化学産業
　CEFIC EDI規則……70
過 失
　データ・セキュリティ……40
カナダ
　大口資金移動システム（LVTS）……18
貨物運送状……125, 128
為替手形
　定 義……139
キャッシュレス支払……247, 260
　→「振込」を参照
記録保存……49
銀行間支払指図……3
銀行業
　銀行実務準則（Code of bank practice）……109
　データ・セキュリティ標準……42
銀行―顧客関係
　デビットカード……102-112
　UCC4A編……239, 342-347
金融市場と資金移動法……181-230
ゲートウェイ・ネットワーク……8-11
契 約
　EDI……67, 77, 81, 87, 89
　EDI通信ネットワーク・プロバイダ……75, 85
　EDIにおけるコンピュータ・ソフトウェア……70

368

デビットカード ·····················112
法的義務の発生のタイミング ············90
権原証券 ·····························128
小切手
　署　名 ·····························98
　制定法上の要件 ······················45
　小切手用紙の省略 ····················46
国際決済銀行（Bank for International Settlements)
　国際的協力 ·························258
　国境を越えた多種通貨取引に関する中央銀行の支払・決済サービス（Central Bank Payment and Settlement Services with Respect to Cross-Border and Multi-Currency Transactions） ····················258, 303
　証券決済システムにおける支払に対する交付（Delivery versus Payment in Securities Settlement Systems) ···303
　ネッティング組織に関する報告書（Report on Netting Schemes）（"Angell Report"） ··············255, 301
　10カ国グループ中央銀行銀行間ネッティング組織に関する委員会報告書（Report of the Committee on Interbank Netting Schemes of the Central Banks of the Group of Ten Countries)（"Lamfalussy Report"）
　································255, 301
国際私法 ····························314
国際私法に関するハーグ会議
　国際物品売買契約の準拠法に関する条約 ····························317
　国際振込の準拠法の問題に関する覚え書き ····························319
国際商業会議所
　遠距離伝送による取引データ交換行為

統一規則（Uniform Rules of Conduct for Interchange of Trade Data by Teletransmission, UNCID)
　································69, 307
国際的銀行間資金移動および補償に関するガイドライン（Guidelines on International Interbank Funds Transfer and Compensation) ······289
取立統一規則（Uniform Rules for Collections) ··························309
国際標準化機構（International Organization for Standardization, ISO)
　銀行電気通信―資金移動メッセージ···290
国際振込 ·······························4
　オフショア ···························4
　オンショア ···························4
　国際私法に関するハーグ会議における国際振込の準拠法問題に関する覚書
　································319
UNCITRAL モデル法
　21, 182, 190, 193, 258, 276, 292, 353-366
国際法協会（国際通貨法委員会）
　金銭債務の支払時期に関するモデル法（Model rules on the time of payment of monetary obligations) ····279
国際法曹協会
　国際支払不能協力モデル法（Model International Insolvency Co-operation Act, MIICA) ······················313
国連作業グループ
　EDI の法的側面に関する統一規則案 ···69
個人データ
　開　示 ····························150
　管理人 ····························151
　技術的処理 ························151
　銀行によるマーケティング活動における使用 ······················160-162

369

索 引

指令案における定義……………152
使　用……………………………150
データ保護………………………148-152
データ保護に関する指令案………38, 152
取　扱……………………………150
バーチャル・データ……………150
コルレス移動……………………………4
コルレス銀行……………………………4
コンピュータ証拠……………50, 89, 139
コンピュータ・セキュリティ…………37
信頼されるコンピュータ・システム・セキュリティの評価基準（*Trusted Computer Systems Security Evaluation Criteria*, TCSEC）……………42
コンピュータ不正使用法（1990年）………39

さ 行

詐　欺………………………………96-101
資金移動
資金移動の国際調和に関する文献
………………………………283-297
ハイ・スピード、ロー・コスト、ハイ・セキュリティ………………184
資金移動法
金融市場…………………………181-230
消費者保護………………………193-195
システミック・リスク………204, 248, 252
自動車産業
ODETTE EDI 規則………………70
支払指図………………………………3
電子化
→「電子資金移動」を参照
UCC4A 編における誤りに対する責任
…………………………………232, 340
UCC4A 編における支払日………235, 342
UCC4A 編における支払指図を承諾する銀行の債務………………233, 338
UCC4A 編における伝送…………234, 338
UCC4A 編における定義…………231, 323
UCC4A 編における無権限指図…232, 340
UNCITRAL モデル法における国際振込の定義………………………353
支払システム
グロス決済システム………249, 254, 269
グロス支払システムにおけるリスクの減少……………………………254
国際的調和………………………258
参考文献………………………297-305
中央銀行の役割……………………248, 264
ネット決済システム……250-254, 266-273
ネット支払システムにおけるリスクの減少……………………………253
法的諸問題……………………247-273
リスク……………………………252
EC 青書…………………………299
Padoa-Schioppa Report………………257
支払取引……………………………145
機能………………………………146
データ保護に関する指令案………152
プライバシー立法………………148
法的諸問題……………………247-273
モデルシステムのための具申………163
支払に関する法の調和………258, 275-321
国際的イニシアチブ………………277-321
支払不能
法の調和………………………310-314
ネッティング協定…………………11
事務部門（back office）……………201-204
証拠法
裁判所におけるコンピュータ記録の使用
…………………………………50, 89, 139
デビットカード……………………111
消費者保護

消費者保護と資金移動法 ……………193
消費者信用法（1974年）……………11
デビットカード ……………………104
情報技術の標準化………………………42
署　名
　権原証券 ………………………128
　小切手 …………………………98
　定　義 …………………………48
書　面 …………………………………47
ジーロ移動 ……………………………2
　「ジーロ」の定義 ……………………2
ジーロ・サービス
　万国郵便連合協定 ……………297
信用状 …………………………………126
スイス
　支払不能手続におけるネッティングに
　関する立法 ……………………255
　仲介銀行 ………………………26
　振込法 …………………………21
　LVTS …………………………16
スカンジナビア
　ATM および EFTPOS に対する規制
　………………………………………103
清算所（clearing house）………………8
セキュリティ
　デビットカード取引 ……………99
　パスワード ……………………138
　EDI ……………………………87
ソフトウェア
　ライセンス ……………………71
　EDI 契約 ………………………70

た 行

ダイレクト・マーケティング ………160
中央銀行
　支払システムにおける役割‥248, 263, 264

仲介銀行 …………………………………3
　スイス ……………………………26
　ドイツ ……………………………27
　復代理、復代理人または被用者／履行
　補助者 ……………………………26
　フランス …………………………27
通信接続
　個別電気通信ライセンス ………75
　借用回線 …………………………73
　借用回線とダイアルアップ接続の統合‥73
　専用ネットワーク ………………74
　ダイアルアップ接続 ……………72
　通信ネットワーク・プロバイダとの契約
　………………………………75, 78, 85
　付加価値サービス・ネットワーク ……74
　EDI システムの使用不能性 ………78
データ・セキュリティ
　責　任 ……………………40-42
　標準化 ……………………42-44
　法 …………………………35-44
データ保護 ………………………………37
　欧州委員会の指令草案 ………38, 152
　個人データ ……………………148
　銀行によるダイレクト・マーケティング
　………………………………………160
　デビットカード取引 ……………99
　EDI メッセージ …………………91
データ保護登録官 ………………………38
デビットカード
　アメリカ合衆国における規制 ……102
　契約条件 ………………………111
　技　術 …………………………95
　顧客・銀行関係の規制 …………102
　消費者保護 ……………………104
　消費者信用法（1974年）………111
　使　用 …………………………95
　スカンジナビア諸国における規制 ……103

371

索 引

データ保護とプライバシー……………99
PINs………………………………………96
デリバティブ……………………………305
電子銀行業…………………………95-123
　→「電子資金移動」、「ATMs」、「EFTPOS」を参照
電子資金移動（EFT, Electronic Funds Transfer）
　支払場所、支払時期、時間的制限に関するヨーロッパ評議会条約…………277
　定　義……………………………………5
　法と金融市場………………………181-230
電子的記録の法的効力…………………45
ドイツ
　LVTS………………………………20
　支払不能手続におけるネッティング…255
　仲介銀行……………………………27
　振込法………………………………21
統一利息補償会社全国評議会（National Council for Uniform Interest Compensation, Inc., NCUIC）
　銀行間補償規則……………………291
取　立
　ICC統一規則………………………309
取引証券の電子化……………………125

な 行

荷為替信用状……………………………126
日中当座貸越（daylight overdraft）……14
日　本
　LVTS………………………………17
　振込法………………………………24-27
ネッティング
　国際的研究と立法………………254-258
　定　義……………………………251
　ネッティング協定…………………12

Angell Report………………………255, 301
Lamfalussy Report…………………256, 301
New York Clearing House Association………………………………………15
Noël Report…………………………256, 303

は 行

ハッキング………………………………39
EDIメッセージ……………………80-89
破　産
　法の調和………………………310-314
バーゼル銀行監督委員会
　国際的協力………………………258
　自己資本十分性目的のためのネッティング監督の承認（The Supervisory Recognition of Netting for Capital Adequacy Purposes）のための諮問提案…………………………256, 298
ハーグ外交会議
　国際物品売買統一法に関する条約……278
パスワード……………………………138
バーチャル・データ……………………150
万国郵便連合
　為替手形取立協定（Collection of Bills Agreement）……………………309
　ジーロ協定（Giro Agreement）………297
　郵便為替及び郵便旅行小為替に関する約定（Arrangement concernant les mandats de poste et les postaux de voyage）………………………296
　郵便為替に関する約定（Money Orders Agreement）……………………296
引渡と代金決済の同時履行の機構（delivery against payment (DVP) mechanism）……………………………7
G—10報告書…………………………303

372

標準化
　ITシステムと生成物
複合移動 …………………………4
不公正条項法（Unfair Contract Terms Act 1977）（1977年）………………114
物品売買
　国際物品売買契約に関する国連条約…280
　国際物品売買契約の準拠法に関する条約
　　…………………………………317
　国際物品売買統一法に関する条約 …278
船積書類の不発行化………………125
船荷証券 ……………………………125
　電子化 …………………………128-138
　電子化に関するCMIモデル………130-137
プライバシー立法…………………148-152
　支払取引…………………………148
フランス
　LVTS ……………………………19
　支払不能手続におけるネッティング…255
　仲介銀行 ………………………26
　振込法 …………………………21
振　替（debit transfer）………………2
振　込（credit transfer）
　………………1, 21-27, 247, 260-263
ヘーグ・ヴィスビー・ルール（Hague-Visby Rules）………………………140
ベルギー
　支払不能手続におけるネッティングに関する立法………………………255
ヘルシュタット・リスク……7, 193, 253, 270
補　償
　CIB銀行間補償ルール………………285
　NCUIC銀行間補償ルール……………291
ホールセール資金移動
　UCC4A編 ………………………231

ま 行

マネー・ロンダリング………………39

や 行

郵便為替に関する万国郵便連合協定 …296
幽霊引出 …………………………95, 99
ヨーロッパ・セキュリティ・フォーラム・43
ヨーロッパ評議会
　外国通貨債務に関する条約……………282
　期間の計算に関する条約 ………………278
　金銭債務の支払場所に関する条約 ……277
　破産の特定の国際的局面に関する条約
　　…………………………………310

ら 行

利子率
　UCC4A編
　　…240, 329, 334, 335, 340, 341, 342, 349
リスク
　LVTS ……………………………11
　システミック………………204, 248, 252
　支払システム……………………252
連合王国
　LVTS ……………………………16
　支払不能手続におけるネッティングに関する立法………………………255
連邦準備銀行通信システム（Federal Reserve Communication System, FRCS）………………………………15
ロンドン・タウン清算所………………9

索 引

欧文索引

Atlantic Container Line
　船荷鍵受領計画（cargo key receipt scheme）……125
ATMs
　詐　欺……97, 99-101
　スカンジナビア諸国における規制……103
　デビットカード……95
Banking Services: Law and Practice White Paper……100, 108
BOJ-NET 資金振込システム……17
CEFIC……70
CHAPS……16
CHIPS……14, 182, 206
　リスク減少プログラム……253
CIB
　銀行間補償ルール……285
DISH（船舶データ交換 [Data Interchange for Shipping]）計画……125
ECSA (European Credit Sector Associations)
　最良実務準則……105
EDI (Electronic Data Interchange)
　EDI 協会……69
　機密性と不正アクセス……84
　契　約……67-70, 77-81, 82, 87-91
　国際的な調和……258
　国連作業グループの統一規則案……69
　コンピュータ・ソフトウェア契約……70
　正式契約……68
　セキュリティ……87
　送信中の EDI メッセージの修正……81
　通信接続……72-77
　通信接続またはコンピュータ・システムの使用不能性……77
　通信ネットワーク・プロバイダとの契約……75-77, 78, 85
　特定産業の EDI 取り決め……70
　標準契約……68
　文　献……305-307
　メッセージ送信者の識別……87
　ユーザ・マニュアル……68
　連合王国 EDI 協会による標準 EDI 規約……69
EC TEDIS (Trade Electronic Data Interchange Systems) プログラム……69
EDI メッセージの紛失または不達……78
UNCID 規則……69, 307
UNICITRAL 統一規則……308
EFTA
　電子的資金移動システムの規制のためのガイドライン……104
　民事および商事における管轄権および判決の実施に関する EC／EFTA 平行条約……316
EFTPOS (Electronic Funds Transfer at Point of Sale)
　スカンジナビア諸国における規制……103
　デビットカード……96
Fedwire……14, 207
Gaitame-Yen（外国為替）システム……17
G-30
　世界の証券市場における決済システム 304
　デリバティブ：実務と準則……305
IIPS (Interbank International Payment System)……18
Intertanko (international Association of Independent Tanker Owners)……126
Jack 報告書

374

索 引

セキュリティ ………………………101
データ保護法の下での権利 …………99
ペイメントカード／PIN の詐欺的使用
　に対する銀行の責任に関する改正勧
　告 …………………………………107
ペイメントカード／PIN の詐欺的使用
　に対する顧客の責任に関する改正勧
　告 …………………………………105
論争の解決と損害の配分に関する勧告
　……………………………………107
Lamfalussy Report ……………256, 301
ODETTE ……………………………70
Padoa-Schioppa Report ……………257
P & O Containers Ltd
　DISH 計画 ………………………125
PINs
　消費者のセキュリティ義務 ………115
　デビットカード ……………………96
　無権限使用 …………………………97
SAGITTAIRE (Systeme Automatique
　de Gestion Intégrée par Télétransmis-
　sion de Transactions avec Imputation
　de Réglement Etranger) …………19
Seadocs (Seaborne Trade Documenta-
　tion System) 計画 ………………126
SIC (Swiss Interbank Clearing) システ
　ム ……………………………………16
SWIFT ………………………………6, 275
SWIFT II ……………………………6
TBF (Transferts Banque de France) ‥19
TEDIS プログラム …………………69
UCC4A 編（統一商法典）(Article　4A
　(Uniform Commercial Code))
　…………21-27, 231-246, 276, 323-351
　受取人に支払う被仕向銀行の債務

　　(obligation of beneficiary's bank to
　　pay beneficiary) …………236, 334-335
　受取人への支払 …………………237, 346
　起　草 (drafting) …………189-191, 276
　銀行間の支払および履行 …………235, 346
　銀行―顧客関係 (bank-customer rela-
　　tions) ………………239-240, 342-347
　契約または資金移動ルールによる変更
　　……………………………………238, 347
　債権者の令状 (creditor process)
　　……………………………………238-239, 348
　差押命令 (injunction) ‥238-239, 348-349
　支　払 (payment) ………235-238, 342-347
　支払および履行 …………………237, 346
　支払指図の伝送 …………………234, 338
　支払指図を承諾する銀行の債務 ‥233, 338
　準拠法の選択ルール (choice of law
　　rule) …………………240-241, 350-351
　セキュリティ手続 ………………232, 327
　手数料および決済 (fees and settle-
　　ment) ……………………………234, 339
　利子率 ……………240, 334-336, 340-345
UNCITRAL (United Nations Commis-
　sion on International Trade Law)
　国際物品売買契約に関する国連条約 …280
　国際振込に関するモデル法
　　21-23, 182, 190, 193, 258, 276, 292-296,
　　353-366
　国境を越えた支払不能 ………………313
　電子データ交換および取引データ通信
　　の関連手段の法的側面に関するモデ
　　ル制定法 …………………………308
　モデル法による国境を越えた支払の調和
　　……………………………………276

375

〈編著者紹介〉

Joseph J. Norton
Sir John Lubbock Professor of Banking Law, Centre for Commercial Law Studies, London University ; Professor of Banking Law, S.M.U. School

Chris Reed
Professor of Electronic Commerce Law, Head of the Information Technology Law Unit Centre for Commercial Law Studies, Queen Mary & Westfield College, University of London.

Ian Walden
Tarlo Lyons Senior Fellow in Information Technology Law, Centre for Commercial Law Studies, Queen Mary and Westfield College ; Vice-Chair of E.D.I. Association's Legal Advisory Group.

〈訳者紹介〉

泉 田 栄 一（いずみだ えいいち）
1947年　岩手県に生まれる。
1969年　新潟大学卒業
富山大学、新潟大学教授を経て、
現　在　明治大学法学部教授

〈主要著書・翻訳〉
『有価証券法理と手形小切手法』（中央経済社、平成7年）
『ドイツ有価証券法』ツェルナー著（千倉書房、平成4年）
『ヨーロッパ銀行法』ブランシュ・スズィー・ルビ著（信山社、平成11年）

佐々木信和（ささき のぶかず）
1976年　宮城県生まれ
新潟大学大学院法学研究科修了　修士（法学）
新潟大学大学院現代社会文化研究科博士課程在学中

西 澤 文 幸（にしざわ ふみゆき）
1961年　新潟県生まれ
新潟大学大学院経済学研究科修了　修士（経済学）
新潟商業高校情報処理科教諭

国際電子銀行業

2002年（平成14年）10月30日　初版第1刷発行

編　者　Joseph J. Norton
　　　　Chris Reed
　　　　Ian Reed
監　訳　泉　田　栄　一
訳　者　佐　々　木　信　和
　　　　西　澤　文　幸
発行者　今　井　　貴
発行所　信山社出版株式会社
〒113-0033 東京都文京区本郷6-2-9-102
電　話　03（3818）1019
FAX　03（3818）0344

Printed in Japan

©泉田栄一、佐々木信和、西澤文幸　2002　印刷・製本／共立プリント・大三製本
ISBN4-7972-3089-4 C3332
3089-012-040-020
NDC 分類 328.116

信山社

ブランシュ・スジィー・ルビ著　泉田栄一訳
ヨーロッパ銀行法　A5判　18,000円

後藤紀一・Matthias Voth 著
ドイツ金融法辞典　A5判　9,515円

庄司良男著
ドイツ手形法理論史＜上＞　A5判　13,000円

庄司良男著
ドイツ手形法理論史＜下＞　A5判　17,000円

山下真弘著
国際手形条約の法理論　A5判　6,800円

後藤紀一著
振込・振替の法理と支払取引　A5判　8,000円

庄司良男著
手形抗弁論　A5判　18,000円

安達三季生著
手形小切手の民法的基礎　A5判　8,800円

大野正道著
企業承継法入門　46判　2,800円

郷原資亮監訳
定期傭船契約　第4版　A5判　26,000円

中東正文編著
日本立法資料全集・商法改正[昭和25年・26年]GHQ／SCAP文書
菊判　近刊